Materialien zur rechtswissenschaftlichen
Medien- und Informationsforschung

Herausgegeben von
Prof. Dr. Martin Eifert
Prof. Dr. Wolfgang Hoffmann-Riem
Prof. Dr. Jens-Peter Schneider

Band 81

Martin Eifert | Michael von Landenberg-Roberg
Sebastian Theß | Nora Wienfort

Netzwerkdurchsetzungsgesetz in der Bewährung

Juristische Evaluation und Optimierungspotenzial

Nomos

Die Veröffentlichung der Druckausgabe sowie die Open-Access-Veröffentlichung der elektronischen Fassung wurde ermöglicht mit Unterstützung durch das Bundesministerium der Justiz und für Verbraucherschutz (BMJV).

Die Deutsche Nationalbibliothek verzeichnet diese Publikation in der Deutschen Nationalbibliografie; detaillierte bibliografische Daten sind im Internet über http://dnb.d-nb.de abrufbar.

1. Auflage 2020

Publiziert von
Nomos Verlagsgesellschaft mbH & Co. KG
Waldseestraße 3-5 | 76530 Baden-Baden
www.nomos.de

Gesamtherstellung:
Nomos Verlagsgesellschaft mbH & Co. KG
Waldseestraße 3-5 | 76530 Baden-Baden

ISBN (Print): 978-3-8487-6848-6
ISBN (ePDF): 978-3-7489-0947-7

DOI: https://doi.org/10.5771/9783748909477

Onlineversion
Nomos eLibrary

Vorwort

Das Netzwerkdurchsetzungsgesetz (NetzDG) steht auf grundsätzlicher Ebene für einen weitreichenden Perspektivenwechsel bei der staatlichen Regulierung sozialer Medien. In den ersten Jahrzehnten der Entwicklung internetbasierter Dienstleistungen ging es vor allem um eine Förderung dieser Innovationen, die sich in der durchlaufenden Linie von Haftungsprivilegierungen zunächst im Teledienstegesetz von 1997, in der davon stark beeinflussten E-Commerce-Richtlinie der EU (Richtlinie 2000/31/EG, ABl. Nr. L 178 v. 17.7.2000) und dann entsprechend im umsetzenden Telemediengesetz von 2007 ausdrückte. Jetzt rückt demgegenüber gerade die Verantwortlichkeit dieser Dienste in den Vordergrund und es geht um ihre angemessene Ausgestaltung im multipolaren Spannungsfeld von Freiheitsrechten der Nutzer*innen, neuen Gefährdungen der Rechte Dritter, unternehmerischer Freiheit der Netzwerkanbieter und öffentlichen Interessen wie einer freien öffentlichen Meinungsbildung oder funktionsfähigen Märkten.

Dieser Perspektivenwechsel spiegelt die veränderte ökonomische Situation nach dem Aufstieg einiger Internetunternehmen zu marktmächtigen Oligopolen, die veränderte gesellschaftliche Situation nach der Durchdringung und sich beschleunigenden Transformation aller Bereiche durch die Digitalisierung mit Plattformanbietern als zentralen Akteuren sowie die veränderten Geschäftsmodelle der Netzwerkanbieter, bei denen die Strukturierung der Vermittlungsleistungen entlang eigener Geschäftsinteressen eine immer aktivere Rolle mit sich brachte.

Konkret gestaltet das NetzDG die Verantwortlichkeit sozialer Netzwerke im Bereich strafbarer Postings der Nutzer*innen im Bereich der sog. Hassrede aus und reagiert damit auf das drängende Problem einer durch Hassrede zunehmend vergifteten Diskussionskultur und deren tatsächliche Bedrohungsfolgen. Dabei knüpft es an die zentrale Rolle der sozialen Netzwerke für die Verbreitung an und bewegt sich im Spannungsfeld von Persönlichkeitsschutz der Betroffenen, Meinungsfreiheit der Postenden, Gestaltungsfreiheit der Netzwerkanbieter und dem öffentlichen Interesse an einer freien und umfassenden Meinungsbildung unter Beteiligung aller Interessierten und aller inhaltlichen Positionen.

Angesichts des grundlegenden Perspektivenwechsels und der schwierigen Ausbalancierung dieser multipolaren Spannungslage war der regulatorische Aufschlag des NetzDG notwendig mit prognostischen Unsicherheiten über seine Wirkungen behaftet und entsprechend von vornherein mit dem gesetzlichen Auftrag zur Evaluation verknüpft. Die hier vorliegende Untersuchung entstand im Auftrag und gefördert durch das Bundesministerium der Justiz und für Verbraucherschutz als unabhängige juristische Evaluation des NetzDG im Rahmen der umfassenderen Evaluation des Gesetzes durch das Ministerium. Sie bezieht sich ausschließlich auf das NetzDG im Sinne seiner Erstfassung. Wir möchten uns für die Unterstützung durch das Ministerium und die Zustimmung zu einer Publikation in Buchform bedanken.

Unser besonders großer Dank gilt den stud. iur. Janina Kusterka und Schirin Hafezi, die uns mit größtem Engagement und größter Zuverlässigkeit bei den Recherchen, der Auswertung der Fragebögen und der Fertigstellung des Berichts und dieses Buches geholfen haben.

Berlin, im Mai 2020

Martin Eifert
Michael von Landenberg-Roberg
Sebastian Theß
Nora Wienfort

Inhaltsverzeichnis

Teil 1: Auftrag und Methodik der Evaluation 17

A. Anlass und Gegenstand der Evaluation 17

B. Die vom NetzDG erfassten Netzwerkanbieter (§ 1 NetzDG) 18

C. Auswahl der Adressat*innen von Fragebögen 20

I. Anbieter sozialer Netzwerke (Darstellung der Anbieter und der Plattformen) 21

II. Nichtregierungsorganisationen (NGOs), Berufsverbände und sonstige Verbände 21

III. Rechtsanwält*innen 21

IV. Staatsanwaltschaften 21

V. BfJ 22

D. Quellen 22

I. Tagungen / Veranstaltungen 22

II. Rechtsprechung 22

III. Rechtswissenschaft und kritische Öffentlichkeit 23

IV. Mediale Bewertung 23

Teil 2: Das NetzDG im Kontext 24

A. Einordnung des NetzDG in das Verfassungs- und Unionsrecht 24

I. Das Unionsrecht und seine Entwicklung 25

1. Unionaler Rechtsrahmen beim Erlass des NetzDG 25

2. Weitere Rechtsentwicklung in der EU 26

II. Verfassungsrecht 31

1. Verfassungsrechtliche Diskussionspunkte 31

2. Strukturelle Herausforderungen im Lichte des NetzDG 33

a) Kompetenzen 33

b) Grundrechte 34

B. Medienschau 35

Teil 3: Evaluation der einzelnen Regelungen des NetzDG 38

A. Das NetzDG und die Gemeinschaftsstandards 38

I. Was sind Gemeinschaftsstandards? 38

II. Das Verhältnis des NetzDG zum Beschwerdemanagement nach Gemeinschaftsstandards 43

B. § 3 NetzDG – Beschwerdemanagement 49

I. Einleitung 49

II. § 3 Abs. 1-2 NetzDG: Beschwerdeverfahren 50

1. § 3 Abs. 1 S. 2 NetzDG: Übermittlung von Beschwerden über rechtswidrige Inhalte durch leicht erkennbares, unmittelbar erreichbares, ständig verfügbares Verfahren 51

a) Maßstab des NetzDG 51

aa) Leicht erkennbar 52

bb) Unmittelbar erreichbar 52

cc) Ständig verfügbar 53

b) Praxis 53

aa) Leicht erkennbar und unmittelbar erreichbar 53

bb) Insbesondere: Ausgestaltung des NetzDG-Meldewegs im Verhältnis zur Meldung nach Gemeinschaftsstandards 54

cc) Ständig verfügbar 55

2. § 3 Abs. 1 NetzDG: Inhaltliche und formelle Anforderungen an die Beschwerde 56

a) Maßstab des NetzDG 56

b) Praxis 58

aa) Anforderungen inhaltlicher Art 58

bb) Angaben formeller Art 60

3. Beschwerdeweg: Belehrungen durch die Netzwerkanbieter 60

4. § 3 Abs. 1 NetzDG: Beschwerdeführer*innen 61

5. § 3 Abs. 1 S. 1 NetzDG: rechtswidrige Inhalte 63

6. § 3 Abs. 1 S. 1 NetzDG: wirksames und transparentes Verfahren für den Umgang mit Beschwerden 64

7. § 3 Abs. 2 Nr. 1 NetzDG: unverzügliche Kenntnisnahme und Prüfung 64

a) „unverzüglich Kenntnis nimmt“ 64

b) „prüft, ob der in der Beschwerde gemeldete Inhalt rechtswidrig und zu entfernen oder der Zugang zu ihm zu sperren ist“ 65

aa) Prüfverfahren: Verhältnis von NetzDG und Gemeinschaftsstandards 65

bb) Ausgestaltung der Prüfung nach NetzDG 67

8. § 3 Abs. 2 Nr. 2 NetzDG: Entfernung / Sperrung offensichtlich rechtswidriger Inhalte innerhalb von 24 Std. 68
a) Differenzierung zwischen „offensichtlich rechtswidrig“ und „rechtswidrig“ 68
b) Kollision mit der Störerhaftung? 70
c) Frist von 24 Stunden für offensichtlich rechtswidrige Inhalte ausreichend? 70
d) Differenzierung zwischen Löschung und Sperrung 71
9. § 3 Abs. 2 Nr. 3 NetzDG: unverzügliche Entfernung / Sperrung (in der Regel nach sieben Tagen) 72
10. Beschwerdeanzahl und Anzahl stattgebender Entscheidungen 74
a) Absolute Beschwerdeanzahl 74
b) Relative Anzahl von Löschungen bzw. Sperrungen im Verhältnis zum Beschwerdeaufkommen 75
11. Strukturelle juristische Fehlbewertungen: Over- und Underblocking 76
a) Anreizstruktur 76
aa) Vorgefundene faktische und ökonomische Anreize 76
bb) Durch das NetzDG gesetzte Anreize 77
b) Praxis 78
c) Zwischenergebnis Over- und Underblocking 79
12. § 3 Abs. 2 Nr. 3 lit. a NetzDG: Anhörungsrechte vor der Entscheidung 80
13. Erneute Überprüfung durch den Netzwerkwerkanbieter (ggf. auf Replik des*der Beschwerdeführer*in) 81
14. § 3 Abs. 2 Nr. 4 NetzDG: Sicherung zu Beweiszwecken / Speicherung 82
15. § 3 Abs. 2 Nr. 5 NetzDG: Informations- und Begründungspflicht 83
16. § 3 Abs. 3 NetzDG: Dokumentation der Beschwerden und Abhilfemaßnahmen 84
III. § 3 Abs. 4 NetzDG: Qualitätssicherung innerhalb des Netzwerkanbieters 85
1. § 3 Abs. 4 S. 1 NetzDG: Monatliche Kontrollen durch Leitung 85
2. § 3 Abs. 4 S. 2 NetzDG: Beseitigung organisatorischer Unzulänglichkeiten 86

3. § 3 Abs. 4 S. 3 NetzDG: Schulungs- und Betreuungsangebote 86
IV. § 3 Abs. 5 NetzDG: Monitoring durch beauftragte Stelle 87
V. Einrichtungen der Regulierten Selbstregulierung, § 3 Abs. 6-9 NetzDG 88
VI. § 3 NetzDG im Spiegel der Rechtsprechung 90
VII. (Unbeabsichtigte) (positive wie negative) Nebenwirkungen des § 3 NetzDG 90
VIII. Abschließende Bewertung des § 3 NetzDG und Verbesserungsvorschläge 91

C. § 2 NetzDG – Transparenzberichte 92
I. Gesetzgeberisches Ziel der Berichtspflicht 93
II. Allgemeine Berichtspflicht (§ 2 Abs. 1 NetzDG) 93
1. Auslösender Tatbestand: Netzwerkanbieter erhält mehr als 100 Beschwerden über rechtswidrige Inhalte 93
2. Berichtspflicht nach § 2 Abs. 1 NetzDG als Rechtsfolge 96
a) Halbjährige Veröffentlichung eines deutschsprachigen Berichts im Bundesanzeiger und auf der eigenen Homepage spätestens einen Monat nach Ende eines Halbjahres 96
b) Besondere Transparenzpflicht für die Veröffentlichung auf der Homepage 97
III. Inhaltliche Anforderungen an die Berichte (§ 2 Abs. 2 NetzDG) 99
1. Allgemeine Ausführungen des Anbieters zu seinen Anstrengungen, strafbare Handlungen auf den Plattformen zu unterbinden (§ 2 Abs. 2 Nr. 1 NetzDG) 100
2. Darstellung der Mechanismen zur Übermittlung von Beschwerden über rechtswidrige Inhalte und der Entscheidungskriterien für Maßnahmen (§ 2 Abs. 2 Nr. 2 NetzDG) 102
a) Mechanismen der Beschwerdeübermittlung 102
b) Entscheidungskriterien 103
3. Anzahl der im Berichtszeitraum eingegangenen Beschwerden über rechtswidrige Inhalte (§ 2 Abs. 2 Nr. 3 NetzDG) 104
a) Anzahl sowie Aufschlüsselung nach Beschwerdegrund 108
b) Aufschlüsselung zwischen Nutzer*innen und Beschwerdestellen 111

4. Berichtsinhalte bezüglich des Prüfpersonals (§ 2 Abs. 2 Nr. 4 NetzDG) 111
a) Organisation und Personalausstattung 112
b) Schulungen 113
c) Betreuungsangebote 114
5. Mitgliedschaft in Branchenverbänden (§ 2 Abs. 2 Nr. 5 NetzDG) 114
6. Konsultation externer Stellen (§ 2 Abs. 2 Nr. 6 NetzDG) 115
7. Anzahl der Beschwerden, die im Berichtszeitraum zur Löschung oder Sperrung des beanstandeten Inhalts führten (§ 2 Abs. 2 Nr. 7 NetzDG) 116
a) Anzahl der zur Löschung/Sperrung führenden Beschwerden, aufgeschlüsselt nach Beschwerdegrund 117
b) Aufschlüsselung nach Beschwerdeführer*innen 118
c) Fall des § 3 Abs. 2 Nr. 3 lit. a NetzDG sowie Stellungnahmeangebot an Nutzer*innen 118
d) Übertragung an anerkannte Einrichtung der Regulierten Selbstregulierung 119
e) Überobligatorische Informationen durch einzelne Netzwerkanbieter 119
8. Zeit zwischen Beschwerdeeingang und Löschung/ Sperrung des rechtswidrigen Inhalts (§ 2 Abs. 2 Nr. 8 NetzDG) 120
9. Maßnahmen zur Unterrichtung der Beschwerdeführer und Nutzer (§ 2 Abs. 2 Nr. 9 NetzDG) 120
IV. Bewertung der Berichtspflicht durch befragte Netzwerkanbieter, Berufsverbände, sonstige Verbände, NGOs und Rechtsanwält*innen 122
1. NGOs, Berufsverbände und sonstige Verbände 122
2. Rechtsanwält*innen 123
3. Netzwerkanbieter 123
V. Abschließende Bewertung und Verbesserungsanregungen 124

D. § 5 NetzDG – Zustellungsbevollmächtigter und empfangsberechtigte Person 126
I. § 5 Abs. 1 NetzDG – „Zustellungsbevollmächtigter“ 126
1. Gesetzliche Anforderungen und Reichweite 126
a) Anforderungen des § 5 Abs. 1 NetzDG an Netzwerkanbieter 128
aa) Person des Zustellungsbevollmächtigten und Benennungsakt – § 5 Abs. 1 S. 1 Var. 1 NetzDG 128

bb) Transparenz der Benennung: Umfang und Art der Darstellung – § 5 Abs. 1 S. 1 Var. 2 NetzDG 129
b) Verhältnis des § 5 Abs. 1 NetzDG zu den Zustellungsvorschriften 131
c) Reichweite des § 5 NetzDG 132
aa) Beschränkung auf bestimmte Verfahrensarten 132
bb) Beschränkung auf Verfahren wegen der „Verbreitung rechtswidriger Inhalte“ 133
cc) Beschränkung des Anwendungsbereiches auf Löschansprüche – keine Geltung bei Wiederherstellungsansprüchen? 134
dd) Weitere Beschränkung des Anwendungsbereichs auf Schriftstücke im Rahmen eines laufenden Gerichtsverfahrens (S. 2) und auf Schriftstücke zur Einleitung eines solchen Verfahrens (S. 3) 136
2. Umsetzung, Akzeptanz und Praktikabilität 136
a) Person des Zustellungsbevollmächtigten und Benennungsakt – § 5 Abs. 1 S. 1 Var. 1 NetzDG 136
b) Transparenz der Benennung: Umfang und Art der Darstellung – § 5 Abs. 1 S. 1 Var. 2 NetzDG 137
c) Zustellungspraxis 138
aa) Zustellungspraxis im unstreitigen Anwendungsbereich 138
bb) Zustellungspraxis im streitigen Anwendungsbereich (Wiederherstellungsverfahren) 139
d) Einschätzung BfJ 140
3. Zielerreichung 141
4. Konsequenzen und Verbesserungsvorschläge 142
II. § 5 Abs. 2 NetzDG – Empfangsberechtigte Person für Auskunftsersuchen der Strafverfolgungsbehörden 143
1. Gesetzliche Anforderungen 146
a) Pflicht zur Benennung einer empfangsberechtigten Person im Inland 147
b) Umfang und Reichweite der Benennungspflicht 148
c) Pflicht zur Antwort und Begründung 149
2. Umsetzung, Akzeptanz und Praktikabilität 149
a) Pflicht zur Benennung einer empfangsberechtigten Person im Inland 149
b) Pflicht zur Antwort und Begründung 150

c) Praxis der inhaltlichen Auskunftserteilung 151
aa) Angaben der Netzwerkanbieter 151
bb) Schlussfolgerungen aus den Angaben der Netzwerkanbieter 155
cc) Angaben der Staatsanwaltschaften 156
dd) BfJ 157
ee) Mögliche Ursachen für divergierende Angaben und Auskunftsquoten 157
3. Zielerreichung 158
4. Konsequenzen und Verbesserungsvorschläge 160

E. § 14 Abs. 3 TMG – Auskunftsanspruch über Bestandsdaten 162
I. Zweck des Gesetzes und Hintergrund 162
1. § 14 Abs. 3 TMG als Stärkung der Rechtsdurchsetzung zwischen Verletzten und Verletzer*innen 162
2. § 14 Abs. 3-5 TMG im datenschutzrechtlichen Spannungsfeld 163
II. Europarechtskonformität und Anwendbarkeit des § 14 Abs. 3 TMG 164
III. Gesetzliche Anforderungen 165
1. § 14 Abs. 3 TMG als reine datenschutzrechtliche Erlaubnisnorm 166
2. Reichweite: Nur Verletzung absolut geschützter Rechte aufgrund von Inhalten, die von § 1 Abs. 3 NetzDG erfasst werden 166
3. Adressat der Auskunftserlaubnis: Alle Diensteanbieter i.S.d. § 2 Nr. 1 TMG oder nur Netzwerkanbieter i.S.d. § 1 Abs. 1 NetzDG? 167
IV. Umsetzung, Akzeptanz und Praktikabilität 167
1. Praxis nach den Angaben der Netzwerkanbieter 167
2. Schlussfolgerungen aus den Angaben der Netzwerkanbieter 169
3. Praxis nach den Angaben der Rechtsanwält*innen, Verbände und NGOs 169
4. § 14 Abs. 3 TMG im Spiegel der Gerichtsbarkeit 170
V. Zielerreichung 170
VI. Unbeabsichtigte Nebenwirkungen 171
VII. Mögliche Ursachen für die geringe Relevanz der privaten Rechtsdurchsetzung 172
1. Effektivität der Löschpflichten nach NetzDG 172
2. Zeit-, Verfahrens-, und Kostenaufwand 173

3. Fehlender gesetzlicher Auskunftsanspruch 174
VIII. Konsequenzen und Verbesserungsvorschläge 175
1. Verbesserungsmöglichkeiten unter Beibehaltung der datenschutzrechtlichen Wertentscheidung 176
2. Verbesserungsmöglichkeiten unter (teilweiser) Aufgabe der datenschutzrechtlichen Wertungsentscheidung 177

F. Der Umgang des Bundesamts für Justiz mit dem NetzDG 178
I. Rolle des Bundesamts für Justiz (BfJ) 178
1. Status quo 178
2. Bewertung durch BfJ und Netzwerkanbieter 179
II. Bußgeldbezogene Überwachungspraxis des BfJ bezüglich des NetzDG im Ganzen 179
III. Bußgeldbezogene Überwachungspraxis des BfJ bezüglich des NetzDG im Einzelnen 180
1. Bußgeldbezogene Überwachungspraxis der Pflichten nach § 3 NetzDG 180
a) Meldungen 180
b) Verfahren von Amts wegen 182
2. Bußgeldbezogene Überwachungspraxis der Berichtspflichten nach § 2 NetzDG 182
3. Bußgeldbezogene Überwachungspraxis der Pflichten nach § 5 NetzDG 183
a) Meldungen 183
b) Verfahren von Amts wegen 184
IV. Kooperation mit der Zentral- und Ansprechstelle Cybercrime (ZAC) NRW 185
V. Einschätzung 185

Teil 4: Zentral diskutierte Änderungs- und Verbesserungsvorschläge 187

A. Einführung von Wiederherstellungsansprüchen 187
I. Gesetzliche Ausgangslage 187
II. Bestehende Vorschläge 188
III. Zentrale Fragen bei der Einführung eines Wiederherstellungsanspruchs 188

B. Grundstruktur: Private Rechtsdurchsetzung als Alternative zum NetzDG 189

Teil 5: Abschließende Gesamtbetrachtung 194

Literaturverzeichnis und weiterführende Literatur 199

Sonstige Studien zum NetzDG 205

Anhänge 207

Statistische Angaben zur Anzahl der NetzDG Beschwerden und Löschquoten 207

Netzwerkdurchsetzungsgesetz (NetzDG und Änderungen des TMG) 212

Gesetzesentwurf der Fraktionen CDU/CSU und SPD – BT-Drucks. 18/12356 v. 16.05.2017 218

Gesetzesentwurf der Bundesregierung – BT-Drucks. 18/12727 v. 14.06.2017 247

Gesetzesentwurf – Beschlussempfehlung und Bericht des Ausschusses für Recht und Verbraucherschutz – BT-Drucks. 18/13013 v. 28.06.2017 278

NetzDG-Bußgeldleitlinien des BMJV v. 22.03.2018 302

Teil 1: Auftrag und Methodik der Evaluation

A. *Anlass und Gegenstand der Evaluation*

Die Gesetzesbegründung zum Netzwerkdurchsetzungsgesetz (NetzDG) sieht vor, dass innerhalb von drei Jahren nach seinem Inkrafttreten eine Evaluation des Gesetzes erfolgen soll:

> *„Dieses Gesetz wird spätestens drei Jahre nach Inkrafttreten evaluiert. Dabei wird die Bundesregierung in fachlich geeigneter Weise prüfen, ob und inwieweit die beabsichtigten Wirkungen auf die sozialen Netzwerke mit Blick auf ihren Umgang mit Beschwerden über Hasskriminalität und andere strafbare Inhalte erreicht worden sind. Die Bundesregierung wird ferner untersuchen, wie sich der Erfüllungsaufwand für Wirtschaft und Verwaltung entwickelt hat und ob die Entwicklung in einem angemessenen Verhältnis zu den festgestellten Regelungswirkungen steht. Die Evaluierung wird die Frage nach unbeabsichtigten Nebenwirkungen sowie nach der Akzeptanz und Praktikabilität der Regelungen einschließen."*[1]

Die vorliegende Evaluation bildet ein Element im Rahmen der vom BMJV koordinierten Gesamtevaluation.

Entsprechend der Leistungsbeschreibung im Vergabeverfahren werden vorliegend „im Wege eines juristischen Gutachtens die Regelungsbereiche des § 2 NetzDG (Transparenzberichte), des § 3 NetzDG (Beschwerdemanagement), des § 5 NetzDG (Zustellungsbevollmächtigter / empfangsberechtigte Person) und des § 14 Abs. 3 TMG (Erweiterung der datenschutzrechtlichen Erlaubnisnorm des Telemedienrechts)" anhand der Kriterien Zielerreichung, unbeabsichtigte Nebenfolgen sowie Akzeptanz und Praktikabilität der Regelungen evaluiert. Zu untersuchen sind im Rahmen der Zielerreichung insbesondere das Erreichen der beabsichtigten Wirkungen des Gesetzes auf Netzwerkanbieter hinsichtlich deren Umgangs mit Beschwerden über rechtswidrige Inhalte. Hierbei sollen eine juristische Bewertung der Umsetzungsschritte durch die Netzwerkanbieter vorgenommen und die daraus entstehenden Wirkungen dargestellt werden. Hinsichtlich der Akzeptanz und Praktikabilität soll die Beurteilung durch die

---

1 BT-Drucks. 18/12356, S. 18.

Rechtswissenschaft, die Netzwerkanbieter und die Nutzer*innen aus juristischer Perspektive erörtert werden.

Vor diesem Hintergrund geht die Evaluation insbesondere der Fragestellung nach, ob die gesetzlichen Vorgaben umgesetzt wurden, und wenn ja, wie dies erfolgt ist. Sofern eine Nichtumsetzung der Vorgaben zu beobachten ist, werden mögliche Ursachen identifiziert und benannt. Ferner wird untersucht, ob unbeabsichtigte Nebenwirkungen eingetreten sind, und wenn ja, welche. Mögliche Gründe dafür werden diagnostiziert und aufgezählt.

Die Evaluation stellt keine juristische Begutachtung des Gesetzes im Allgemeinen dar. Auf die Fragen der Verfassungsmäßigkeit und Europarechtskonformität wird deshalb nicht näher eingegangen. Allerdings erfolgt eine Skizzierung des bisherigen Diskurses und seiner weiteren Entwicklung, um den Kontext des NetzDG darzustellen. Schließlich sind auch die aktuellen Referentenentwürfe zur Überarbeitung des NetzDG nicht Gegenstand der Evaluation.

Im Rahmen des so bestimmten Evaluationsauftrags stellen sich selbstverständlich auch Rechtsfragen. Bei deren Behandlung wurde wie folgt vorgegangen: Sofern im Rahmen der juristischen Untersuchung Unklarheiten der gesetzlichen Vorgaben festgestellt werden können, werden diese konkret benannt. Bei Unklarheiten, die sich mit Blick auf die gesetzgeberische Zielsetzung, die gerichtliche Praxis oder den rechtswissenschaftlichen Diskurs eindeutig auflösen lassen, wird dieses sich aufdrängende Verständnis zu Grunde gelegt. Bei Unklarheiten, für die mehrere vertretbare Auslegungsmöglichkeiten ernsthaft in Betracht kommen, werden die vertretenen Auslegungsmöglichkeiten und deren jeweilige Konsequenzen aufgezeigt. Hierdurch wird sichergestellt, dass die Wirkungen des Gesetzes für die noch offenen und letztlich maßgeblich durch gerichtliche Entscheidungen bestimmten Konkretisierungen abschätzbar werden. Die Bewertung der bisherigen Anwendung und Umsetzung des NetzDG durch die Netzwerkanbieter erfolgt in einer Gesamtschau. Die Erfüllung einzelner Vorgaben durch jeweils konkrete Anbieter wird nicht geprüft. Sie ist im Gesetzesvollzug durch das BfJ vorzunehmen.

B. Die vom NetzDG erfassten Netzwerkanbieter (§ 1 NetzDG)

Für die Evaluation der Zielerreichung des NetzDG, seiner unbeabsichtigten Nebenwirkungen und seiner Akzeptanz und Praktikabilität ist es notwendig, die relevante Gruppe von Netzwerkanbietern für die Evaluation zu bestimmen.

Der Anwendungsbereich des NetzDG ist in § 1 Abs. 1, 2 NetzDG in mehrfacher Hinsicht begrenzt: Nach § 1 Abs. 1 S. 1 NetzDG gilt das Gesetz nur für Telemediendiensteanbieter, die mit Gewinnerzielungsabsicht Plattformen im Internet betreiben, welche dazu bestimmt sind, dass Nutzer beliebige Inhalte mit anderen Nutzern teilen oder der Öffentlichkeit zugänglich machen (soziale Netzwerke). Nach dessen Satz 2 gelten hingegen Plattformen mit journalistisch-redaktionell gestalteten Angeboten, die vom Diensteanbieter selbst verantwortet werden, nicht als soziale Netzwerke im Sinne dieses Gesetzes. Ebenso gilt das Gesetz nicht für Plattformen, die zur Individualkommunikation oder zur Verbreitung spezifischer Inhalte bestimmt sind. Darüber hinaus sind Anbieter sozialer Netzwerke von den Pflichten nach §§ 2, 3 NetzDG befreit, wenn das soziale Netzwerk im Inland weniger als zwei Millionen registrierte Nutzer hat.

Ausgehend von diesen Beschränkungen ist die genaue Feststellung, welche Anbieter unter den Anwendungsbereich des NetzDG fallen, schwierig. Insbesondere das BfJ weist diesbezüglich auf zwei Probleme hin:

Erstens sei die Anzahl der registrierten Nutzer schwer zu ermitteln, da die Netzwerkanbieter kein belastbares Zahlenmaterial herausgäben. Die öffentlich zugänglichen Sekundärquellen seien nicht eindeutig und oft gingen Schätzungen sehr weit auseinander. Genauere Erkenntnisse könnten auch nicht durch informatorische Befragungen der Netzwerkanbieter gewonnen werden, da das BfJ nach dem NetzDG eine Verfolgungs- und keine Aufsichtsbehörde sei.

Zweitens hätten die Netzwerkanbieter den Begriff des registrierten Nutzers häufig nicht übernommen, sondern sprächen in eventuellen Veröffentlichungen eher von „angemeldeten" bzw. „aktiven Nutzern". Soweit damit nicht nur begriffliche, sondern auch inhaltliche Unterschiede verbunden sind, können für den Anwendungsbereich des NetzDG nicht einfach diese veröffentlichten Nutzerzahlen zu Grunde gelegt werden. So könnten nach Angaben des BfJ insbesondere auch registrierte Nutzer*innen teilweise ohne Anmeldung eine Vielzahl von Informationen frei einsehen, würden von den Netzwerken nach einiger Zeit ohne Anmeldung als inaktive Nutzer*innen geführt, seien aber begrifflich als „registrierte Nutzer" und mit Blick auf den Zweck des NetzDG dennoch einzubeziehen.

Eine abschließende Liste der vom NetzDG erfassten Netzwerkanbieter existiert nicht.[2] Zur näheren Eingrenzung der vom NetzDG betroffenen Netzwerke stützt sich die Evaluation daher auf die nachfolgenden konkreten Anhaltspunkte:

- Selbsteinschätzung der Netzwerkanbieter,
- Veröffentlichung von Transparenzberichten im Bundesanzeiger,
- Anhaltspunkte aus Sekundärquellen über Netzwerke mit hohen Nutzerzahlen.

Ausgehend davon bezieht sich die Evaluation auf die nachfolgend benannten Netzwerkanbieter:

- Change.org e.V. (change.org),
- Facebook Ireland Limited Dublin (Facebook, Instagram),
- Google Ireland Limited (YouTube, Google+ – Einstellung des Dienstes laut Angabe von Google zum 02.04.2019),[3]
- Pinterest Europe Ltd. (Pinterest),
- Reddit Inc. (Reddit),
- SoundCloud Ltd. Berlin (SoundCloud),
- TikTok Inc. (TikTok),
- Twitter International Company (Twitter)

Im Rahmen der Evaluation werden nur diese Anbieter als Netzwerkanbieter im Sinne des NetzDG behandelt, ohne dass damit eine abschließende rechtliche Bewertung im Einzelfall verbunden ist.

C. *Auswahl der Adressat*innen von Fragebögen*

Um Erkenntnisse über die Auswirkungen, Akzeptanz und Praktikabilität des NetzDG sowie ggf. bestehenden Nachbesserungsbedarf zu erfassen, wurden in Übereinstimmung mit der Leistungsbeschreibung im Vergabeverfahren die nachfolgenden in den Überschriften benannten Gruppen von Akteuren durch Fragebogen beteiligt. Für jede Gruppe von Beteiligten wurde ein speziell auf sie zugeschnittener Fragebogen entwickelt. In den

2 Antwort der Bundesregierung auf eine Kleine Anfrage von Abgeordneten der FDP, BT-Drucks. 19/11348, S. 2.

3 Für das Netzwerk Google+ werden ausschließlich die bis zur Einstellung des Netzwerks veröffentlichten Transparenzberichte im Kontext der Evaluation des § 2 NetzDG und die in der von Google angegebenen Statistik zu Auskunftsersuchen von Strafverfolgungsbehörden aufgenommenen Zahlen berücksichtigt. Im Übrigen wird das Netzwerk nicht bei der Evaluation berücksichtigt.

jeweiligen Gruppen wurden die nachfolgend aufgelisteten Akteure befragt und Antworten von den ebenfalls aufgelisteten Akteuren erhalten.

I. Anbieter sozialer Netzwerke (Darstellung der Anbieter und der Plattformen)

Folgende Netzwerkanbieter haben die Gelegenheit zur Beteiligung durch Fragebögen erhalten: Change.org e.V. (change.org), Facebook Ireland Limited Dublin (Facebook, Instagram), Google Ireland Limited (YouTube San Bruno, Google Mountain View, Google+ – Einstellung des Dienstes laut Angabe von Google zum 02.04.2019), Pinterest Europe Ltd. (Pinterest), Reddit Inc. (Reddit), SoundCloud Ltd. Berlin, TikTok Inc. (TikTok), Twitter.

II. Nichtregierungsorganisationen (NGOs), Berufsverbände und sonstige Verbände

Folgende NGOs, Berufsverbände und sonstige Verbände haben die Gelegenheit zur Beteiligung durch Fragebögen erhalten: Bundesrechtsanwaltskammer, Deutscher Anwaltsverein, Deutscher Richterbund, Neue Richtervereinigung, Deutscher Juristinnenbund e.V., Das NETTZ, ichbinhier e.V., Meldestelle Respect!, Hate Aid.

III. Rechtsanwält*innen

Folgende Rechtsanwält*innen haben die Gelegenheit zur Beteiligung durch Fragebögen erhalten: Joachim Nikolaus Steinhöfel, Prof. Dr. Christian Schertz, Prof. Dr. Ralf Höcker, LL.M., Verena Haisch, Anke Stelkens, Prof. Dr. Matthias Prinz, LL.M., Jörg Heidrich, Gesa Stückmann.

IV. Staatsanwaltschaften

Folgende Staatsanwälte / Staatsanwaltschaften haben die Gelegenheit zur Beteiligung durch Fragebögen erhalten: Staatsanwalt Ulf Bornemann, Staatsanwalt Martin Elsner, Zentral- und Ansprechstelle Cybercrime Nordrhein-Westfalen (ZAC NRW), Zentralstelle zur Bekämpfung der Internet- und Computerkriminalität (ZIT).

V. BfJ

Das BfJ hat ebenfalls Gelegenheit zur Beteiligung durch Fragebogen erhalten.

D. Quellen

Für die gesamte Evaluation wurde auf die Antworten der o.g. Akteure auf die Fragebögen und die veröffentlichten Transparenzberichte der Netzwerkanbieter zugegriffen. Aufgrund des vorgegebenen Zeitfensters für die Evaluation und zur Wahrung der Vergleichbarkeit wurden nur die bis 31.12.2019 veröffentlichten Transparenzberichte, im Ergebnis also nur die Transparenzberichte bis einschließlich der dritten Berichtsrunde (1. Januar – 30. Juni 2019) berücksichtigt. In einzelnen Fällen, wie z.B. bei der Frage nach den Benennungen der Zustellungsbevollmächtigten und der Darstellungsform der Transparenzberichte, wurde eine Primärerhebung durch direkten Aufruf der Webseite vorgenommen. Zudem wurde auf den bisher unveröffentlichten aber hier vorliegenden ersten Bericht der Monitoringstelle nach § 3 Abs. 5 NetzDG (Testzyklus erstes Halbjahr 2019) zurückgegriffen. Im Übrigen wird mit den folgenden Quellen gearbeitet.

I. Tagungen / Veranstaltungen

Die Ersteller*innen der Evaluation haben an zahlreichen öffentlichen Tagungen und Veranstaltungen von Verbänden und Netzwerkanbietern teilgenommen.

II. Rechtsprechung

Die Evaluation bezieht die bislang zum NetzDG öffentlich zugänglichen (juris, beck-online, Landesjustizveröffentlichungsportale) gerichtlichen Entscheidungen mit ein. Da die Evaluation auf eine juristische Bewertung der Anwendung und Folgen des Gesetzes zielt und diese von der Rechtsprechung bestimmt sind, wird soweit verfügbar auf gefestigte Rechtsprechung Bezug genommen. Sofern keine gefestigte Rechtsprechung besteht, wird auf aktuelle Streitigkeiten hingewiesen. Soweit keine Rechtsprechung verfügbar ist, wird im Schwerpunkt auf den Diskurs in der Rechtswissenschaft Bezug genommen.

III. Rechtswissenschaft und kritische Öffentlichkeit

Die Evaluation bezieht die öffentlich zugänglichen wissenschaftlichen Veröffentlichungen und Berichte der kritischen Öffentlichkeit zum NetzDG ein (vgl. dazu die Liste im Anhang).

IV. Mediale Bewertung

Die Evaluation bezieht auch die mediale Begleitung des NetzDG anhand von Berichterstattungen repräsentativ ausgewählter Medienunternehmen in die Evaluation ein. Zu den ausgewählten Medienunternehmen zählen: Frankfurter Allgemeine Zeitung (online), Süddeutsche Zeitung (online), Bild (online), Zeit (online), Spiegel (online), TAZ (online), Netzpolitik.org, Deutschlandfunk.

Bei jedem Medienunternehmen wurden die zwischen Mai 2017 und Dezember 2019 veröffentlichten und das NetzDG betreffenden Berichte ausgewertet. Insgesamt hat die Evaluation ca. 100 Berichte berücksichtigt.

Die Ersteller*innen des Gutachtens verfügen über keinen kommunikationswissenschaftlichen Hintergrund. Daher kann die Aufbereitung der Medien keinen Anspruch auf wissenschaftliche Vollständigkeit und Richtigkeit erheben. Sie dient primär dazu, einen informierten Eindruck über die breitere gesellschaftliche Bewertung des NetzDG zu erhalten, insbesondere ob das NetzDG überwiegend positiv oder negativ aufgenommen wurde, welche zentralen Kritikpunkte und positiven Aspekte herausgehoben wurden und inwieweit sich nach Erlass des NetzDG die Aufmerksamkeit verschoben hat. Zudem dient die Einschätzung einer Kontextualisierung und Validierung von gesellschaftlich thematisierten Problemen des Gesetzes.

Teil 2: Das NetzDG im Kontext

A. Einordnung des NetzDG in das Verfassungs- und Unionsrecht

Das NetzDG steht in einem spezifischen unionsrechtlichen und verfassungsrechtlichen Kontext und wurde in Politik und Literatur von Beginn an aus diesen Perspektiven kritisiert.

Es stellt Anforderungen an „Dienste der Informationsgesellschaft“ und dabei insbesondere an die Verantwortlichkeit von Vermittlern im Sinne des Abschnitt 4 der Richtlinie über den elektronischen Geschäftsverkehr (RiL 2000/31/EG)[4] – nachfolgend „E-Commerce-RiL“ – und muss die dort geregelten unionsrechtlichen Begrenzungen der Verantwortlichkeit einhalten. Mit seinem auf Löschung rechtswidriger Inhalte zielenden Compliance-Regime nimmt es (auch) an die Allgemeinheit gerichtete Inhalte in Bezug und muss die Zuständigkeitsgrenzen des Bundes im Medienbereich sowie die grundrechtliche Meinungsfreiheit berücksichtigen.

Die vorliegende Evaluation untersucht die rechtlichen Wirkungen des NetzDG. Sie zeigt auf, wie das NetzDG in der Rechtspraxis verstanden und von den Akteuren umgesetzt wurde sowie welche rechtlichen Fragen sich daraus ergeben. Sie umfasst nicht die rechtsgutachterliche Untersuchung seiner Vereinbarkeit mit Unions- und Verfassungsrecht. Diese beiden Rechtsebenen werden entsprechend hier nur als Verständnishintergrund skizziert, um insbesondere die Wirkungen des NetzDG auf die europäische Rechtsentwicklung aufzuzeigen und den rechtlichen Rahmen für die Fragen der Fortentwicklung des NetzDG präsent zu halten.

4 Richtlinie 2000/31/EG des Europäischen Parlaments und des Rates vom 08.06.2000 über bestimmte rechtliche Aspekte der Dienste der Informationsgesellschaft, insbesondere des elektronischen Geschäftsverkehrs, im Binnenmarkt ("Richtlinie über den elektronischen Geschäftsverkehr"), Abl. L 178 v. 17.7.2000, S. 1.

I. Das Unionsrecht und seine Entwicklung

1. Unionaler Rechtsrahmen beim Erlass des NetzDG

Auf der Ebene des Unionsrechts steht das Sekundärrecht und namentlich die E-Commerce-RiL im Zentrum.

Die E-Commerce-RiL sieht in Art. 14 für die vom NetzDG betroffenen Host-Provider vor, dass diese insbesondere nicht für die im Auftrag eines Nutzers gespeicherten Informationen verantwortlich sind, sofern sie keine Kenntnis von den rechtswidrigen Informationen haben oder unverzüglich tätig wurden, sobald sie diese Kenntnis erlangt haben. In Art. 15 wird es den Mitgliedstaaten verboten, die Host-Provider zur Überwachung der von ihnen übermittelten oder gespeicherten Informationen zu verpflichten. Art. 3 der E-Commerce-RiL erlaubt den Mitgliedstaaten ungeachtet der koordinierten Vorschriften Maßnahmen „im Hinblick auf einen bestimmten Dienst der Informationsgesellschaft“ unter bestimmten Voraussetzungen und aus näher benannten Gründen. Zu diesen Gründen gehört insbesondere die öffentliche Ordnung (einschließlich der Prävention, Aufklärung und Verfolgung von Straftaten und der Bekämpfung näher bezeichneter Hetze).

Diese Regelungen werden durch die Erwägungsgründe näher erläutert. Nach dem sachlich auf Art. 14 Bezug nehmenden Erwägungsgrund 46 bleibt davon „die Möglichkeit unberührt, spezifische Anforderungen vorzuschreiben, die vor der Entfernung von Informationen...unverzüglich zu erfüllen sind“ und Erwägungsgrund 48 belässt den Mitgliedstaaten ausdrücklich die Möglichkeit, „von Diensteanbietern...die nach vernünftigem Ermessen von ihnen zu erwartende und in innerstaatlichen Rechtsvorschriften niedergelegte Sorgfaltspflicht anzuwenden, um bestimmte Arten rechtswidriger Tätigkeiten aufzudecken und zu verhindern“.

Nach der Begründung des NetzDG nutzen dessen Regelungen die ausdrücklich von den Erwägungsgründen eingeräumten Möglichkeiten; sollten diese überschritten sein, so wären die Regelungen jedenfalls durch Art. 3 der E-Commerce-RiL gedeckt.[5] In der Literatur wird überwiegend von einem Verstoß gegen die E-Commerce-RiL ausgegangen.[6]

---

5 BT-Drucks. 18/12356, S. 13 ff.

6 Vgl. *Spindler* Gutachten Bitkom e.V. 05.05.2017; *ders.* ZUM 2017, S. 473 (474 ff.); *ders.* K&R 2017, S. 533 (535 f.); *Feldmann* K&R 2017, S. 292 (296); *Wimmers/Heymann* AfP 2017, S. 93 (96 f.); *Heckmann/Wimmers* CR 2017, S. 310 (311 f.); *Hain/Ferrau/Brings-Wiesen* K&R 2017, S. 433 f.; *Liesching* MMR 2018, S. 26 (29); *Guggen-*

Die zentralen Diskussionspunkte betreffen zunächst die Frage, ob das NetzDG die unionsrechtlich geregelten Privilegierungen des Art. 14 E-Commerce-RiL unterläuft. Hierbei ist vor allem relevant, ob die Fristen des NetzDG die Sperrung des Zugangs oder die Löschung der Information „unverzüglich ab Kenntnisnahme" in Art. 14 zulässig konkretisieren oder unzulässig modifizieren. Die Kritiker*innen halten die Pauschalisierung als solche, aber auch die Anknüpfung des NetzDG an die Beschwerde statt an die Kenntnis der Information und ihrer Rechtswidrigkeit für unzulässig.[7] Allerdings ist zu berücksichtigen, dass eine mögliche Abweichung auch stark davon abhängt, welche Anforderungen nach dem NetzDG an die Beschwerde zu stellen sind (siehe näher dazu Teil 3 B.).

Soweit davon ausgegangen wird, dass sich das NetzDG nicht im Rahmen der Art. 14, 15 E-Commerce-RiL hält, kommt es auf dessen Vereinbarkeit mit Art. 3 an. Hierbei geht es zentral um die Frage, ob ein „bestimmter Dienst der Informationsgesellschaft" i.S.d. Art. 3 Abs. 4 nur ein individueller Anbieter sein kann, oder auch eine nach allgemeinen Merkmalen beschriebene bestimmte Gruppe solcher Anbieter.[8]

Diese unionsrechtlichen Fragen wurden nach den häufig auf Gutachten basierenden Aussagen im Rahmen des Erlasses des NetzDG soweit ersichtlich nicht weiter vertieft. Auch wurden von unionsrechtlicher Seite auf die Notifikation des Gesetzes hin keine Schritte unternommen. Dies dürfte zentral mit der weiteren Entwicklung in der Europäischen Union zusammenhängen, die hier nicht umfassend, aber exemplarisch in ihrer Linie skizziert werden soll.

2. Weitere Rechtsentwicklung in der EU

Zum Zeitpunkt des Erlasses des NetzDG spiegelte die E-Commerce-RiL schon einen erkennbar unterkomplexen Grundansatz wider. Ihre Regelungen waren auch als Technologieförderung entstanden, bei der die Verantwortlichkeiten der Anbieter zugunsten ihrer Entwicklungsmöglichkeiten

---

berger ZRP 2017, S. 98 (100); differenzierend *Eifert*, Netzwerkdurchsetzungsgesetz und Plattformregulierung, in: Eifert/Gostomzyk (Hrsg.), Netzwerkrecht, S. 9, 21 ff.; kein Verstoß gegen Europarecht sehend *Höch* K&R 2017, S. 289 (291).

7 Statt vieler siehe *Spindler* ZUM 2017, S. 473 (479 ff.); *Wimmers/Heymann* AfP 2017, S. 93 (96 f.).

8 Kritisch dazu *Spindler* ZUM 2017, S. 473 (476).

pauschal begrenzt wurden.[9] Beim Erlass des NetzDG war auch auf europäischer Ebene selbstverständlich, dass den mittlerweile teilweise marktmächtigen und immer stärker die öffentliche Kommunikation prägenden Anbietern sozialer Netzwerke mit ihrer veränderten Rolle zunehmend Verantwortung insbesondere bei der Bekämpfung von sog. Hate Speech zukommt.

Allerdings setzte die EU hier zunächst vor allem auf freiwillige Selbstverpflichtungen der Anbieter, Mitteilungen, Empfehlungen und gemeinsame Foren.[10] Bemerkenswert ist dabei, dass schon der im Rahmen des EU-Internetforums entstandene Verhaltenskodex der IT-Unternehmen, welcher ausdrücklich auf die Ermutigung zur Einrichtung von Verhaltenskodizes in Art. 16 der E-Commerce-RiL gestützt wird, erhebliche Parallelen zu den Regelungen des NetzDG aufweist.[11] Dies gilt namentlich für eine Prüfpflicht im Anschluss an gültige Meldungen durch eingerichtete Überprüfungsteams, eine Frist, die Mehrheit der gültigen Meldungen in Bezug auf die Entfernung illegaler Hate Speech in weniger als 24 Stunden zu prüfen und den Zugang zu ihnen gegebenenfalls zu entfernen oder zu deaktivieren sowie Transparenzpflichten und eine Kommunikation mit den Nutzer*innen. Dem Verhaltenskodex schließen sich immer mehr Unternehmen an. Er wird durch die EU-Kommission überwacht.[12] Neben diesen

---

9 Vgl. *Spindler* ZUM 1996, S. 533; *ders.*/Schmitz, TMG, 2. Aufl. 2018, Vor §§ 7-10 TMG Rn. 33 ff.; *Eifert*, Das Netzwerkdurchsetzungsgesetz und Plattformregulierung, in: Eifert/Gostomzyk (Hrsg.), Netzwerkrecht, S. 9 (11).

10 Vgl. nur Mitteilung der Kommission, Umgang mit illegalen Online-Inhalten. Mehr Verantwortung für Online-Plattformen v. 28.09.2017, COM (2017) 555 final mit der Darstellung aller Ansätze auf S. 3 ff.

11 Verhaltenskodex für die Bekämpfung illegaler Hassreden im Internet vom Mai 2016, https://ec.europa.eu/info/policies/justice-and-fundamental-rights/combatting-discrimination/racism-and-xenophobia/eu-code-conduct-countering-illegal-hate-speech-online_de#theeucodeofconduct (zul. abgerufen am 15.05.2020).

12 Vgl. zuletzt den vierten Evaluationsbericht zur Einhaltung und Umsetzung der Vereinbarungen für 2018, https://ec.europa.eu/info/sites/info/files/code_of_conduct_factsheet_7_web.pdf (zul. abgerufen am 15.05.2020); der Evaluationsbericht dürfte insbesondere mit Blick auf die angegebenen Löschquoten jedoch nur eine geringe Aussagekraft entfalten, da dem Bericht eine äußert kleine Anzahl an gemeldeter Inhalte (in Deutschland z.B. lediglich knapp 200) und nur Meldungen von Beschwerdestellen zu Grunde liegen und nicht hinreichend berücksichtigt wird, wenn ein Inhalt erst nach mehrfachen (erfolglosen) Meldungen hin gelöscht wurde.

Kodex ist zusätzlich 2018 ein Verhaltenskodex zur Bekämpfung von Desinformation getreten.[13]

Bei diesen freiwilligen Maßnahmen wurden allerdings auch deren Grenzen in Bezug auf den erfassten Anbieterkreis sowie den Umfang und die Geschwindigkeit der Fortschritte deutlich.[14] Nicht zuletzt deshalb liegen auf der unionalen Ebene mittlerweile zahlreiche Rechtsetzungsvorhaben vor, auch wenn sie sich bislang noch nicht zu einem kohärenten Ansatz zusammenfügen. Dabei handelt es sich bislang nicht um horizontale, sondern nur um sektorspezifische oder spezielle Maßnahmen. Diese markieren aber bereits deutlich einen Umbau der Verantwortungsstruktur für Plattformbetreiber und lassen eine Reihe gemeinsamer Elemente erkennen.

Mit der 2018 erfolgten Änderung der AVMD-Richtlinie[15] müssen Video-Sharing-Anbieter gem. Art. 28b „unbeschadet der Art. 12-15“ der E-Commerce-RiL angemessene Maßnahmen treffen, um die Allgemeinheit u.a. vor nutzergenerierten Hass-Videos und bestimmten strafrechtlich relevanten Inhalten zu schützen (Abs. 1) sowie ein transparentes, leicht zu handhabendes und wirksames Beschwerdeverfahren einrichten und betreiben (Abs. 3 d), i)). Ferner müssen die Mitgliedsstaaten ein außergerichtliches Rechtsbehelfsverfahren zur Verfügung stellen (Abs. 7). Durchgängig wird dabei auf Möglichkeiten der Koregulierung verwiesen.

Die Verantwortlichkeit von Plattformbetreibern für Urheberrechtsverstöße wurde 2019 mit der Urheberrechtsrichtlinie (RiL 2019/790/EU) fortentwickelt.[16] Auf die intensiven Diskussionen um ihre Regelungen kann

---

13 Vgl. EU Verhaltenskodex zur Bekämpfung von Desinformation, https://ec.europa.eu/digital-single-market/en/news/code-practice-disinformation (zul. abgerufen am 15.05.2020).

14 Vgl. stellvertretend die Begründung zum Vorschlag der Kommission für eine Verordnung des Europäischen Parlaments und des Rates zur Verhinderung der Verbreitung terroristischer Online-Inhalte, COM(2018) 640 final 2018/0331(COD), S. 1 f.

15 Vgl. Richtlinie 2018/1808 EU des Europäischen Parlaments und des Rates vom 14.11.2018 zur Änderung der Richtlinie 2010/13/EU zur Koordinierung bestimmter Rechts- und Verwaltungsvorschriften der Mitgliedstaaten über die Bereitstellung audiovisueller Mediendienste (Richtlinie über audiovisuelle Mediendienste) im Hinblick auf sich verändernde Marktgegebenheiten, Abl. L 303 v. 28.11.2018, S. 69.

16 Richtlinie 2019/790/EU des Europäischen Parlaments und des Rates v. 17.04.2019 über das Urheberrecht und die verwandten Schutzrechte im digitalen Binnenmarkt und zur Änderung der Richtlinien 96/9/EG und 2001/29/EG, Abl. L 130 v. 17.05.2019, S. 92.

und muss hier nicht näher eingegangen werden. Festzuhalten ist aber, dass in Art. 17 eine differenzierte Ausgestaltung der Verantwortlichkeit der Diensteanbieter unter Einschluss von Beschwerde- und Rechtsbehelfsverfahren sowie daran anschließender unverzüglicher Prüfpflichten durch Menschen erfolgt und dabei in Abs. 3 auch ausdrücklich die Haftungsprivilegierung des Art. 14 Abs. 1 E-Commerce-RiL bei öffentlicher Zugänglichmachung von Inhalten verdrängt wird.

Hinsichtlich der Regulierung von Kommunikationsinhalten liegt der Vorschlag der Kommission für eine Verordnung zur Regulierung bei terroristischen Online-Inhalten[17] vor. Dieser Entwurf verdeutlicht, dass an der Haftungsprivilegierung der Art. 14 und 15 der E-Commerce-Richtlinie zwar grundsätzlich festgehalten wird, aber – soweit erforderlich – gefahrenspezifisch abweichende Regelungen unter Berücksichtigung der Grundrechte erfolgen können.[18] So fordert der Entwurf von den Hostingdiensteanbietern allgemeine Sorgfaltspflichten im Sinne geeigneter, angemessener und verhältnismäßiger Maßnahmen zur Verhinderung der Verbreitung terroristischer Inhalte (Art. 2), die gegebenenfalls auch proaktive Maßnahmen umfassen können (Art. 6, 9) und über die jährlich ein Transparenzbericht informiert (Art. 8). Die Inhaltskontrolle soll bei den terroristischen Inhalten nach dem Entwurf letztlich im Zusammenspiel von Behörden und eigenen Maßnahmen der Diensteanbieter erfolgen (vgl. Art. 4 ff., Art. 13). Die Diensteanbieter treffen Unterrichtungs- und Übermittlungspflichten gegenüber den nationalen Strafverfolgungsbehörden (vgl. nur Art. 13 Abs. 4) und die staatlichen Behörden können ihrerseits (elektronische) Meldungen von Inhalten vornehmen. Diese werden von den Anbietern dann an den Nutzungsbedingungen gemessen und ggf. entfernt und die Behörden über das Ergebnis unverzüglich informiert (Art. 5). Die Behörden können aber auch selbst Löschungs- oder Sperrungsanordnungen treffen, die innerhalb von 24 Stunden von den Diensteanbietern umzusetzen sind (Art. 4). Diese Kooperation von Anbietern und Behörden wird effektiviert durch Anforderungen an die Ausgestaltung von Kontaktstellen (Art. 14) und die Benennung von gesetzlichen Vertretern (Art. 16) auf Seiten der Anbieter sowie die Pflicht zur angemessenen Ausstattung der Behörden (Art. 12) auf Seiten der Mitgliedstaaten. Für die Inhalteanbieter, deren Inhalte gelöscht werden, sieht der Vorschlag deren Informati-

---

17 Vorschlag der Kommission für eine Verordnung des Europäischen Parlaments und des Rates zur Verhinderung der Verbreitung terroristischer Online-Inhalte, COM(2018) 640 final 2018/0331(COD).

18 Vgl. Begründung des Vorschlags, S. 3.

on, eine Begründungspflicht der (Dienste-)Anbieter einschließlich des Hinweises auf die Anfechtungsmöglichkeit bei Anfrage (Art. 11), einen Beschwerdemechanismus bei den Anbietern (Art. 10) und bei unberechtigter Löschung eine Wiederherstellungspflicht (Art. 10 Abs. 2) vor.

Diese Entwicklung weist eine sich zunehmend gefahrenspezifisch ausdifferenzierende Verantwortungsstruktur aus, in der sich Sorgfaltspflichten der Anbieter einschließlich des Einsatzes algorithmischer Verfahren, ein interessenausgleichendes Beschwerdemanagement, Löschpflichten von Inhalten, Transparenzanforderungen und ein kooperatives Vorgehen von Anbietern und Behörden als wichtige Elemente herausbilden.[19]

Eine Rahmenregelung des Bereichs dürfte mit dem Gesetz über Digitale Dienste (Digital Services Act) erfolgen, an dem die EU-Kommission derzeit arbeitet. Nach den bisher bekannt gewordenen Inhalten werden seine Regelungen auf der Linie der „Empfehlungen für wirksame Maßnahmen im Umgang mit illegalen Online-Inhalten" liegen und entsprechend auf die voranstehend herausgearbeiteten Bausteine zurückgreifen.[20]

Die Entwicklung auf Unionsebene wird begleitet (und im Interesse einheitlicher Regeln im Binnenmarkt sicher auch beschleunigt) durch neue Regelungen über die Verantwortlichkeit von Netzwerkanbietern auch in anderen Mitgliedstaaten. In Frankreich hat der Conseil Constitutionnel die „Loi Avia" zur Bekämpfung von Hate Speech im Internet allerdings im Juni 2020 kurz vor Inkrafttreten weitgehend für verfassungswidrig erklärt.[21] Sie enthielt die Pflicht zur Bereitstellung eines Beschwerdemanagementverfahrens, Transparenzpflichten, eine durch Beschwerde ausgelöste Löschpflicht der Netzwerkanbieter (mit einer 24-Stunden-Frist für offensichtlich rechtswidrige Inhalte) und Sanktionen bei Verstößen. Im Verei-

---

19 Detailliert zur Entwicklung auf europäischer Ebene mit Blick auf die Urheberrechtsrichtlinie (2019/790) und dem Non-Paper der EU-Kommission zur Überarbeitung der E-Commerce-Richtlinie siehe *Wagner*, GRUR 2020, S. 329 ff., 447 ff., der in der Entwicklung auf europäischer Ebene ebenfalls zwar noch kein klares Bild erkennt, wohl aber einen eindeutigen Trend in Richtung der Intensivierung der Verantwortlichkeit der Plattformen sieht.

20 Vgl. nur https://netzpolitik.org/2019/leaked-document-eu-commission-mulls-new-law-to-regulate-online-platforms/ (zul. abgerufen am 15.05.2020).

21 Gesetz abrufbar unter http://www.assemblee-nationale.fr/dyn/15/textes/l15t0419_texte-adopte-provisoire.pdf (zul. abgerufen am 22.06.2020), für teilweise verfassungswidrig erklärt durch Décision n° 2020-801 DC du Conseil Constitutionnel du 18 juin 2020.

nigten Königreich befindet sich ein Vorschlag der Regierung im Diskussionsprozess (Online Harms White Paper[22]).

Insgesamt zeigt sich, dass das NetzDG ungeachtet seiner unionsrechtlichen Bewertung im Einzelnen als Vorreiter der weiteren Entwicklung auf unionaler Ebene angesehen werden kann. Das unionale Instrumentarium weist beträchtliche Übereinstimmungen mit seinen Ansätzen auf und die französische Regelung ist ganz offenkundig am NetzDG orientiert. Die Erfahrungen mit dem NetzDG können entsprechend in die Weiterentwicklung des Unionsrechts eingespeist werden. Es ist davon auszugehen, dass es zunehmend detaillierter durch Unionsrecht überformt werden wird.

II. Verfassungsrecht

1. Verfassungsrechtliche Diskussionspunkte

Das NetzDG wurde von Beginn an in der Literatur und von Verbänden massiv verfassungsrechtlich kritisiert. Dabei wurden zahlreiche verfassungsrechtliche Verstöße behauptet, insbesondere Verstöße gegen die Kompetenzbestimmungen, den Bestimmtheitsgrundsatz, die Verhältnismäßigkeit (im Rahmen des Eingriffs in die Berufsfreiheit der Anbieter), die Meinungsfreiheit, den rechtsstaatlichen Justizgewährungsanspruch und das Gleichbehandlungsgebot.[23]

Im Zentrum der Kritik standen dabei die Kompetenzfrage angesichts des Bezugs der Regelungen auf mediale Inhalte, ein angenommener Verstoß gegen die Justizgewährleistung wegen der „Privatisierung der Rechtsverfolgung" durch die Löschpflicht privater Anbieter für rechtswidrige Inhalte sowie die angenommene Verletzung der Meinungsfreiheit durch die Gefahr des Overblockings, also der systematischen Löschung auch recht-

---

22 Abrufbar unter: https://www.gov.uk/government/consultations/online-harms-white-paper/online-harms-white-paper (zul. abgerufen am 15.05.2020).

23 Siehe *Feldmann* K&R 2017, S. 292; *Gersdorf* MMR 2017, S. 439 (446 f.); *Guggenberger* ZRP 2017, S. 98; *ders.* NJW 2017, S. 2577 (2581 f.); *Hain/Ferrau/Brings-Wiesen* K&R 2017, S. 433 f.; *Heckmann/Wimmers* CR 2017, S. 310; *Hong*, Verfassungsblog vom 09.01.2018, https://verfassungsblog.de/das-netzdg-und-die-vermutung-fuer-die-freiheit-der-rede/ (zul. abgerufen am 15.05.2020); *Kalscheuer/Hornung* NVwZ 2017, S. 1721 (1723); *Koreng* GRUR-Prax 2017, S. 203 (204 f.); *Ladeur/Gostomzyk*, Gutachten für die BitKom, 2017; *dies.* K&R 2017, S. 390; *Liesching* MMR 2018, S. 26; *Müller-Franken* AfP 2018, S. 1; *Nolte* ZUM 2017, S. 552; *Spindler* K&R 2017, S. 533; *Warg* DÖV 2018, S. 473; *Wimmers/Heymann* AfP 2017, S. 93.

mäßiger Inhalte unter dem Eindruck insbesondere der bußgeldbewehrten Löschpflichten.

Andere Stimmen in der Literatur argumentierten für die Verfassungsmäßigkeit in diesen zentralen Punkten und verwiesen in der Kompetenzfrage insbesondere auf die Regulierung der spezifischen Gefahren dieses Wirtschaftszweiges hinsichtlich der Einhaltung allgemeiner Gesetze, hinsichtlich der Meinungsfreiheit auf ein mögliches Verständnis der Prüfpflichten als Vermeidung von Under- wie Overblocking sowie hinsichtlich der Justizgewährung auf die Wahrnehmung eigener Rechtspflichten durch die Anbieter und den unberührt bleibenden Rechtsweg.[24]

Eine gerichtliche Klärung dieser Fragen ist nicht erfolgt. Im Rahmen dieser Evaluation kann es nicht um eine rechtsgutachterliche Beantwortung dieser Fragen gehen. Es kann nur beobachtet werden, dass die Kritikwelle beim Erlass des Gesetzes sich nicht als breite Kritik verstetigte oder sogar verfestigte und sich die Diskussion eher von der fundamentalen Kritik weg und hin zu konkreten Fragen der Umgestaltung oder Fortentwicklung des Gesetzes zu bewegen scheint.[25] In der Frage des Overblockings haben sich in der Praxis auch keine belastbaren Anhaltspunkte für eine Realisierung der angenommenen Gefährdungen ergeben (vgl. Teil 3 B. II. 11.).

Hier soll nur kurz auf strukturelle Herausforderungen hingewiesen werden, die im Zuge der Diskussion um das NetzDG deutlich wurden und auf denen auch zukünftig ein Augenmerk liegen dürfte. Sie betreffen die Kompetenzen und die Justierung des grundrechtlichen Interessenausgleichs.

Nicht näher eingegangen wird auf Fragen wie die verfassungsrechtliche Bestimmtheit, die nicht mit dem Gegenstand oder Instrumentarium des NetzDG als solchem zusammenhängen, sondern nach den allgemeinen, gerade bei der Bestimmtheit im Übrigen recht weiten Maßstäben zu beur-

---

24 Vgl. *Schiff* MMR 2018, S: 366; *Eifert*, Netzwerkdurchsetzungsgesetz und Plattformregulierung, in: Eifert/ Gostomzyk (Hrsg.), Netzwerkrecht, S. 9 ff.; *Lang* AöR 143 (2018), S. 220; *Schwartmann* GRUR-Prax 2017, S. 317; einige Vorwürfe entkräftend auch *Pfeiffer* AfP 2018, S. 14.

25 Indizien dafür sind die Stellungnahmen der Sachverständigen bei der öffentlichen Anhörung im Ausschuss für Recht und Verbraucherschutz am 15.5.2019 zum Thema Netzwerkdurchsetzungsgesetz (https://www.bundestag.de/dokumente/textarchiv/2019/kw20-pa-recht-netzwerkdurchsetzungsgesetz-636616) (zul. abgerufen am 15.05.2020) sowie die zahlreichen Bewertungen des NetzDG in der jüngeren Zeit (vgl. Bibliographie) sowie die Inhalte der medialen Berichterstattung.

teilen sind. Ausdrücklich ist insoweit aber darauf hinzuweisen, dass Hinweise auf „Unklarheiten“ im NetzDG in dieser Evaluation nur darauf verweisen, dass mehrere Interpretationen des Gesetzestextes plausibel möglich sind und noch keine entsprechende Klärung durch Rechtsprechung oder Rechtswissenschaft stattgefunden hat. Es ist grundsätzlich normal, dass Gesetze mehrere Auslegungsmöglichkeiten zulassen und im Zuge der Rechtsanwendung konkretisiert werden. In diesem Bericht geht es nur darum, die Unklarheiten zu markieren, an denen zu entscheiden wäre, ob und inwieweit eine schnelle Rechtssicherheit durch gesetzliche oder untergesetzliche Konkretisierungen erreicht oder auf die weitere Rechtsanwendung vertraut werden soll. Der verfassungsrechtliche Bestimmtheitsmaßstab wird mit diesen Aussagen ausdrücklich nicht in Bezug genommen.

2. Strukturelle Herausforderungen im Lichte des NetzDG

a) Kompetenzen

Im Bereich der Kompetenzen aktualisiert das NetzDG das schon lange politisch umstrittene Verhältnis der Bundes- zu den Landeskompetenzen im Bereich der Telemedien. Nach anfänglicher Regelungsdualität von Bund und Ländern in diesem Bereich einigten sich beide, dass die allgemeinen Anforderungen an Telemedien im Telemediengesetz des Bundes geregelt werden (in dem sich schließlich auch die Verantwortungsregelungen in Umsetzung der E-Commerce-RiL befinden) und die Länder die inhaltlich ausgestaltenden Regelungen, insbesondere alle journalistisch-redaktionellen Regelungen, vornehmen. Die Einordnung von Regelungen, die zwar inhaltsbezogen sind, aber nur die Einhaltung der allgemeinen Gesetze und nicht die Vielfalt als Voraussetzung öffentlicher Meinungsbildung sicherstellen, wird nun offenbar unterschiedlich wahrgenommen. Auch im Abschlussbericht der Bund-Länder-Kommission zur Medienkonvergenz[26] wurden Landesregelungen immer nur mit Bezug zur Vielfaltssicherung der Angebote und damit zur positiven Ausgestaltung der Medienordnung angesprochen. Soweit es in diesem Bericht um andere Regelungen für Intermediäre ging, betrafen sie Regelungen auf europäischer Ebene.

---

26 Vgl.https://www.bundesregierung.de/resource/blob/997532/473870/07ba875e860ada4556526641bd9151b6/2016-06-14-medienkonvergenz-bericht-blk-data.pdf?download=1 (zul. abgerufen am 15.05.2020).

Da die verfassungsrechtlichen Kompetenzen unverfügbar sind,[27] vermögen politische Vereinbarungen die Kompetenzfrage nicht zu lösen. Die Unsicherheit zeigt aber auf, dass die verfassungsgerichtlich mit Blick auf die Abgrenzung der Telekommunikationskompetenz des Bundes gegenüber dem Rundfunk vorgenommene Konturierung der Kompetenzen hier keine abschließende Antwort bieten kann. Der Begriff des „Rundfunks" wird zwar auch durch das BVerfG weit ausgelegt,[28] aber dabei geht es regelmäßig um den sachlichen Schutzbereich der Rundfunkfreiheit und die Reichweite möglicher Ausgestaltung einer positiven Medienordnung, nicht aber um die Kompetenzabgrenzung von Bund und Ländern oder die Überwachung der Einhaltung allgemeiner Gesetze.

b) Grundrechte

Hinsichtlich der Grundrechte wurden mit der wachsenden Bedeutung der sozialen Medien und den Veränderungen der öffentlichen Kommunikation, insbesondere der Verbreitung und dem instrumentellen Einsatz von sog. Hate Speech, erhebliche grundsätzliche Fragen aufgeworfen. Auf der Ebene der Maßstäbe ist zu fragen, ob der bestehende, verfassungsrechtlich fein austarierte Ausgleich insbesondere zwischen Meinungsfreiheit und Allgemeinem Persönlichkeitsrecht neu justiert werden muss und ob dies gegebenenfalls generell oder medienspezifisch zu erfolgen hätte.

Auf der Ebene der Instrumente ist zu fragen, welche Ansatzpunkte in sozialen Netzwerken für eine Sicherung des angemessenen Ausgleichs dieser Grundrechte adressiert werden sollen und wie eine grundrechtskonforme Ausgestaltung aussieht. Dies betrifft technische Fragen mit Blick auf die Regulierung einer schädigenden Eigendynamik der Kommunikation in sozialen Netzwerken,[29] die Einwirkung der Grundrechte auf die selbst gesetzten Regeln der Netzwerke (Gemeinschaftsstandards)[30] sowie die ange-

---

27 Vgl. statt aller BVerfGE 119, 331 (Job-Center).

28 Vgl. stellvertretend für alle den Überblick bei Dreier/*Schulze-Fielitz*, GG, 3. Aufl. 2013, Art. 5 Abs. 1, 2 Rn. 99 ff.

29 Vgl. nur *Eifert*, Regulierung von Dynamik und dynamische Regulierung als netzwerkgerechtes Recht – Eine Skizze am Beispiel von Hate Speech in sozialen Netzwerken, Working paper No. 4 (https://www.rewi.hu-berlin.de/de/lf/oe/rdt/pub/working-paper-no-4) (zul. abgerufen am 15.05.2020).

30 Vgl. unten Teil 3 A. I.

messene Ausgestaltung der Verfahren und Prüfpflichten für die Netzwerkanbieter.[31]

Weil die rechtlichen Prüfungen von Kommunikationsinhalten bei den Netzwerkanbietern regelmäßig häufiger und früher erfolgen als bei den staatlichen Gerichten, diese Prüfungen aber jedenfalls auch am Maßstab des staatlichen Rechts erfolgen müssen, ist die Herstellung einer angemessenen Rechtssicherheit für die Netzwerkanbieter ebenfalls eine strukturelle Herausforderung. Dabei muss zugleich gesichert bleiben, dass die Fortentwicklung der Maßstäbe und damit der grundrechtliche Interessenausgleich vor allem den staatlichen Gerichten überlassen ist.

Alle diese Fragen sind grundrechtliche Fragen. Inwieweit hier allerdings zukünftig jeweils europäische oder grundgesetzliche Grundrechte anzuwenden sind, hängt davon ab, wie stark die Regulierung der sozialen Netzwerke europäisch oder national erfolgen wird.

B. Medienschau

Das NetzDG wurde im Vorfeld seines Erlasses und in den darauffolgenden Monaten von nahezu allen Medien äußerst kritisch betrachtet. Neben der Kritik einer überhasteten und vorschnellen Beschlussfassung ohne ausreichende Beteiligung der Öffentlichkeit wurde nahezu einhellig die Verpflichtung der Netzwerkanbieter zur Löschung der strafbaren Inhalte auf ihren Plattformen beanstandet. Als zentraler Vorwurf wurde insbesondere die Gefahr des Overblockings, also der Löschung zulässiger Meinungsäußerungen, hervorgehoben, wodurch das NetzDG den freien Meinungsaustausch erheblich beschränke. In der Kombination aus starrer Löschverpflichtung mit kurzen Fristen und drohenden Bußgeldern bei Verstößen gegen die Löschpflicht sah man einen Anreiz für Overblocking. Unter dem Schlagwort „Privatisierung der Rechtsdurchsetzung“ wurde zudem kritisiert, dass das NetzDG die Verantwortung über die Entscheidung rechtswidriger Inhalte von Gerichten auf Private übertrage und damit die Entscheidungsmacht über zulässige Inhalte den ohnehin bereits marktmächtigen Akteuren überantworte. Demgegenüber wurde die ebenfalls im NetzDG eingeführte Stärkung der Rechtsdurchsetzung durch die Pflicht zur Benennung eines Zustellungsbevollmächtigten und einer empfangsbe-

31 Vgl. nur oben die Skizze der Bausteine einer sich abzeichnenden europäischen Regulierung.

rechtigten Auskunftsperson (§ 5 NetzDG) überwiegend positiv aufgenommen.

Lediglich vereinzelte Stimmen nahmen das NetzDG gegen die Kritik als „Notlösung" oder „ersten Aufschlag" in Schutz. Ein regulatorischer Vorstoß zur effektiven Bekämpfung strafbarer Inhalte auf Plattformen wurde von diesen Stimmen als längst überfällig angesehen, da die Netzwerkanbieter dem Problem zuvor nicht selbst wirksam entgegengetreten seien. Die zuvor praktizierte Selbstregulierung habe ersichtlich nicht funktioniert. Unter Betonung der beschränkten Bußgeldandrohung auf systemische Verstöße konzedierten sie zwar im Grundsatz die Gefahr des Overblockings, sahen diese jedoch als bewusst überzeichnet dargestellt. Auch den Einwand der Privatisierung der Rechtsdurchsetzung erachteten sie als nicht durchgreifend, da staatliche Stellen ihre Zuständigkeit behielten und die Inpflichtnahme der Netzwerkanbieter als Mitverursacher nicht außergewöhnlich sei.

Nach der anfänglich intensiven und teils hitzig geführten Diskussion über das NetzDG ließ der mediale Fokus etwas nach. Es erfolgte aber regelmäßig eine verstärkt anlassbezogene Berichterstattung. Ausgangspunkte waren unmittelbare NetzDG-bezogene Ereignisse wie Sperren prominenter Accounts, die Veröffentlichung der Transparenzberichte der Netzwerkanbieter oder kriminelle Taten, die mit Hate Speech als Regelungsgegenstand des NetzDG in Verbindung gebracht wurden. Im Einzelnen:

Anlässlich einiger medienwirksamer Sperrungen von Beiträgen und Accounts, wie z.B. die Sperrung des Titanic-Accounts bei Twitter wegen einer Persiflage auf Beatrix von Storch oder die Sperrung des Twitter-Accounts von Beatrix von Storch und die Sperrung eines Facebook-Postings von ihr in Reaktion auf in Arabisch verfasste Neujahreswünsche der Kölner Polizei, flammte die grundsätzliche Kritik am NetzDG Anfang 2018 noch einmal auf. Abgesehen davon verschob sich die mediale Aufmerksamkeit zunehmend weg von der grundsätzlichen Kritik am NetzDG hin zur konkreten Beobachtung und Bewertung der tatsächlichen Umsetzung des Gesetzes durch die Netzwerkanbieter. Auffällig ist, dass die Berichterstattung im Umfang und – mit einigen Ausnahmen – in der Tiefe deutlich hinter der anfänglichen Berichterstattung über die möglichen Nachteile und Gefahren des NetzDG zurückblieb. Thematisiert wurden dabei vor allem die ersten Runden der halbjährlich zu veröffentlichenden Transparenzberichte der Netzwerkanbieter. Hierbei standen insbesondere die sehr unterschiedlichen Beschwerdezahlen im Vergleich der Netzwerkanbieter, die teils überraschend geringen Löschquoten und der Befund, dass einige Netzwerkanbieter viel stärker Löschungen über Gemeinschaftsstandards als über

NetzDG vornehmen, im Fokus. Dies veranlasste einige zum kritischen Hinterfragen der ursprünglich angenommenen Gefahr des Overblockings. Begleitend wurden ebenso die personellen und organisatorischen Bemühungen der Netzwerkanbieter zur Umsetzung des NetzDG thematisiert, teils auch durch Besuche in neu eingerichteten Löschzentren. Schnell geriet auch die Ausgestaltung der Beschwerdewege für Nutzer*innen in den Fokus. Dabei wurden erneut die extrem unterschiedliche Ausgestaltung der Beschwerdewege bei den Netzwerkanbietern beschrieben und die teils erheblichen Hürden für Nutzer*innen zum Auffinden und / oder Abgeben der Beschwerde angesprochen.

Das NetzDG geriet anlässlich des Mordes am Kasseler Regierungspräsident Walter Lübcke und der Veröffentlichung zahlreicher Hasskommentare hierzu auf den Plattformen der Netzwerkanbieter ab Mitte 2019 wieder in den Fokus medialer Berichterstattung. In Reaktion auf diesen Mord und den Anschlag auf eine Synagoge in Halle stellte die Bundesregierung ein Maßnahmenpaket zur Bekämpfung des Rechtsextremismus und der Hasskriminalität vor, in dem auch Änderungen des NetzDG, insbesondere die Einführung einer Meldepflicht der Netzwerkanbieter für gewisse Straftatbestände an das BKA, vorgesehen waren. Die Justizministerkonferenz forderte eine Verbesserung der Auskunfts- und Strafverfolgungsmöglichkeiten der Staatsanwaltschaften. Auch wenn die Vorschläge im Einzelnen durch Medien teilweise negativ beurteilt wurden, war insgesamt doch eine gewisse Verlagerung der Perspektive zu beobachten. Der Fokus medialer Berichterstattung verschob sich zunehmend weg von grundsätzlicher Kritik am NetzDG hin zur Relevanz der Verfolgung strafrechtlicher Inhalte im Netz. Im Zuge dessen wurde vermehrt und intensiver die bisherige Arbeitsweise der Strafverfolgungsbehörden thematisiert, wobei insbesondere die Tätigkeit der Schwerpunktstaatsanwaltschaften und deren Relevanz positiv hervorgehoben wurden. Ebenfalls wurde die Effektivierung der Strafverfolgung, insbesondere durch verbesserte Auskunftsrechte und die Behebung von Personalengpässen, angemahnt.

Teil 3: Evaluation der einzelnen Regelungen des NetzDG

A. *Das NetzDG und die Gemeinschaftsstandards*

I. Was sind Gemeinschaftsstandards?

Alle Netzwerkanbieter haben als Teil ihrer oder neben ihren Allgemeinen Nutzungsbedingungen Gemeinschaftsstandards (Community Standards) ausgestaltet. Bei diesen handelt es sich um privatrechtliche Vereinbarungen, die mit Nutzung der Plattform in Form Allgemeiner Geschäftsbedingungen (§§ 305 ff. BGB) Bestandteil des zwischen Netzwerkanbieter und Nutzer*in geschlossenen Nutzungsvertrags werden.[32] Gemeinschaftsstandards beinhalten in der Regel spezifische Ge- und Verbote, wie z.B. das Verbot, gewalttätige Inhalte, Spam, Hate Speech oder sexuell explizite Inhalte zu posten. Nur selten enthalten sie einen umfassenden Hinweis darauf, dass illegale Inhalte nicht geduldet werden.[33] Abgesehen von etwaigen grundrechtlichen Überformungen des privatrechtlichen Verhältnisses zwischen Netzwerkanbieter und Nutzer*innen (dazu sogleich) steht Netzwerkanbietern im Rahmen des geltenden AGB-Rechts (§§ 305 ff. BGB) frei, wie sie die Gemeinschaftsstandards ausgestalten. Dabei können sie grund-

32 S. etwa OLG Dresden, Beschl. v. 08.08.2018 - 4 W 577/18 -, juris, Rn. 17; OLG München, Beschl. v. 17.09.2018 - 18 W 1383/18 -, juris, Rn. 20 , 36; *Elsaß/Labusga/Tichy* CR 4/2017, S. 234 (237).

33 Change.org: „Keine Gesetzesverletzung – Sie können mittels Change.org ein Bewusstsein in Bezug auf bestimmte Gesetze vermitteln, die Sie ändern möchten, jedoch sehen wir uns nicht als eine Plattform für illegale Aktivitäten. Stellen Sie sicher, dass Ihre Nutzung von Change.org gegen keinerlei geltende, nationale Gesetze verstößt, u. a. gegen Gesetze zum Schutz der Rechte anderer Menschen. Stellen Sie unter anderem sicher, dass Sie Beweise für alle Behauptungen, die Sie vorbringen, vorlegen können, da wir Inhalte entfernen müssen, die verleumderisch sind.“ Facebook verbietet „Inhalte, die folgende kriminelle Handlungen, die von dir oder von mit dir in Verbindung stehenden Personen begangen wurden, darstellen, zugeben oder begünstigen: Körperverletzung, Gewalt gegenüber Tieren; Ausnahmen: Jagen, Angeln, religiöse Opferungen oder Zubereitung/Verarbeitung von Nahrungsmitteln, Wilderei oder Verkauf gefährdeter Tierarten oder ihrer Körperteile, Tierkampfveranstaltungen, Diebstahl, Vandalismus oder Sachbeschädigung, Betrug, Menschenhandel gemäß Abschnitt 2, Sexuelle Gewalt oder Ausbeutung, einschließlich sexueller Nötigung, wie in Abschnitt 7 und Abschnitt 8 beschrieben.“

sätzlich auch solche Inhalte auf ihrer Plattform verbieten, die weder rechtswidrig i.S.d. § 1 Abs. 3 NetzDG noch aus anderen Gründen (etwa wegen Verstoßes gegen Urheberrecht) rechtswidrig sind, etwa weil es sich um sog. „Not Safe For Work Content" handelt. Dies sind Inhalte, bei deren Auftauchen man nicht von Arbeitskolleg*innen oder der Öffentlichkeit beobachtet werden möchte, etwa Pornographie.[34]

Ob und inwieweit die Netzwerkanbieter bei der Ausgestaltung und Anwendung von Gemeinschaftsstandards die Grundrechte der Nutzer*innen bzw. der Betroffenen zu wahren haben, ist noch umstritten. Für die Evaluation des NetzDG ist diese Frage zentral: Das Verhältnis des NetzDG zu Gemeinschaftsstandards lässt sich nur beurteilen und ggf. nachjustieren, wenn feststeht, inwiefern die Vorgaben des NetzDG sich von zulässigen Gemeinschaftsstandards der Netzwerkanbieter unterscheiden. Davon hängt wiederum ab, ob für die Netzwerkanbieter Anreize bestehen, durch vorrangige Anwendung von Gemeinschaftsstandards den Vorgaben des NetzDG auszuweichen.

Eine weitgehende grundrechtliche Überformung würde etwa bedeuten, dass Netzwerkanbieter beim Löschen von Inhalten, die gegen ihre Gemeinschaftsstandards verstoßen, die Grundrechte der Poster*innen, d.h. insbesondere die durch Art. 5 Abs. 1 S. 1 GG garantierte Meinungsfreiheit und eventuell auch das Gleichheitsgebot des Art. 3 Abs. 1 GG,[35] berücksichtigen müssten. Überwöge das grundrechtlich geschützte Interesse an der Nichtlöschung des Beitrags das ebenfalls grundrechtlich geschützte Interesse des Netzwerkanbieters (etwa aus Eigentum, Art. 14 GG, Berufsfreiheit, Art. 12 GG, und Privatautonomie, Art. 2 Abs. 1 GG; jeweils i.V.m. Art. 19 Abs. 3 GG[36]) und / oder Dritter (etwa aus dem Allgemeinen Persönlichkeitsrecht, Art. 2 Abs. 1 i.V.m. Art. 1 Abs. 1 GG) an der Löschung, dürfte der Netzwerkanbieter den Beitrag trotz Verstoßes gegen die Ge-

34 So bei Reddit: „Content that contains nudity, pornography, or profanity, which a reasonable viewer may not want to be seen accessing in a public or formal setting such as in a workplace should be tagged as NSFW. This tag can be applied to individual pieces of content or to entire communities."

35 Siehe dazu BVerfGE 148, 267, 283 Rn. 39 ff. (Stadionverbot); für ein vorrangiges Abstellen auf Art. 5 I 1 GG *König* AcP 219 (2019), S. 611, (630 f.).

36 Zur Grundrechtsträgerschaft sozialer Netzwerke vgl. *Müller-Terpitz*, Soziale Netzwerke als Gegenstand des geltenden Rechts. Eine rechtssystematische Einordnung, in: Eifert/Gostomzyk (Hrsg.), Netzwerkrecht, S. 45, 51 ff.; *Gostomzyk*, Grundrechtsträgerschaft für soziale Netzwerke? Der Anwendungsbereich des Art. 19 Abs. 3 GG, in: ebd., S. 109 ff.; *Ingold*, Grundrechtsträgerschaft sozialer Netzwerke!, in: ebd., S. 125 ff.

meinschaftsstandards nicht entfernen. Die Frage nach der grundrechtlichen Überformung gestaltet sich besonders komplex, wenn das betroffene Grundrechtsverhältnis dreipolig ist: Ist etwa ein Inhalt herabsetzend, ohne die Beleidigungsschwelle (§ 185 StGB) zu überschreiten, so sind die Grundrechte von Poster*in (Meinungsfreiheit), Betroffenen (Allgemeines Persönlichkeitsrecht) und Netzwerkanbieter (Eigentum, Berufs- und Vertragsfreiheit) zu berücksichtigen.

Grundsätzlich binden Grundrechte unmittelbar nur den Staat (Art. 1 Abs. 3 GG). Private müssen die Grundrechte ihrer Vertragspartner*innen demgegenüber grundsätzlich nicht wahren. Grundrechte können jedoch mittelbar auf Privatrechtsverhältnisse einwirken.[37] Entscheiden etwa staatliche Gerichte über ein Privatrechtsverhältnis, so haben sie dabei insbesondere bei der Auslegung unbestimmter Rechtsbegriffe und der Anwendung von Generalklauseln die Grundrechte zu berücksichtigen (sog. mittelbare Drittwirkung; Ausstrahlung ins Privatrecht).[38] Auf diesem Wege „können Private [...] unbeschadet ihrer eigenen Grundrechte ähnlich oder auch genauso weit durch die Grundrechte in Pflicht genommen werden, insbesondere, wenn sie in tatsächlicher Hinsicht in eine vergleichbare Pflichten- oder Garantenstellung hineinwachsen wie traditionell der Staat."[39] Private, die aufgrund eigener Entscheidung Veranstaltungen zur Verfügung stellen, die einem großen Publikum ohne Ansehen der Person geöffnet werden und für die Betroffenen in erheblichem Umfang über die Teilnahme am gesellschaftlichen Leben entscheiden, unterliegen gleichheitsrechtlichen Anforderungen aus Art. 3 Abs. 1 GG.[40] Dies gilt umso mehr, wenn die private Infrastruktur „in erheblichem Umfang über die Teilhabe am gesellschaftlichen Leben entscheidet".[41] Inwieweit dies nun auch für große Internetplattformen gilt, die zwar in privater Hand sind, auf denen aber ein erheblicher Teil des öffentlichen Diskurses ausgetragen wird, ist noch nicht abschließend geklärt.[42]

---

37 BVerfGE 7, 198 (Lüth); 42, 143, 148; 89, 214, 229; 103, 89, 100; 137, 273, 313 Rn. 109; st. Rspr.

38 Ebd.

39 BVerfGE 128, 226, 248 (Fraport).

40 BVerfGE 148, 267, 283 f. (Stadionverbot).

41 Ebd.

42 So auch BVerfG, einstweilige Anordnung v. 22.05.2019 - 1 BvQ 42/19 -, juris, Rn. 15 („Der III. Weg"). Einige Bundestagsabgeordnete und die Fraktion Bündnis 90/Die Grünen forderten in ihrem Antrag vom 22.11.2018 die Bundesregierung auf, „eine rechtliche Einschätzung zur Grundrechtsbindung für Betreiber

In der fachgerichtlichen Rechtsprechung werden unterschiedliche Ansichten vertreten. Teile der Rechtsprechung fokussieren ausgehend von einer starken Grundrechtsbindung auf die Meinungsfreiheit der Nutzer*innen und sehen es als generell unzulässig an, eine „zulässige Meinungsäußerung“ auf Grundlage von Gemeinschaftsstandards zu löschen.[43] „Zulässige Meinungsäußerung“ in diesem Sinne ist dabei wohl jede Meinungsäußerung, die vom Schutzbereich des Art. 5 Abs. 1 S. 1 GG erfasst ist und nicht gegen die allgemeinen Gesetze i.S.d. Art. 5 Abs. 2 GG (die eine Abwägung mit den Grundrechten potenziell Verletzter bereits beinhalten) verstößt. Entgegenstehende Grundrechte der Netzwerkanbieter werden bei der Frage nach der Zulässigkeit nach diesem Verständnis jedenfalls in den Entscheidungsgründen regelmäßig nicht berücksichtigt.

Die einschlägige Rechtsprechung der meisten Oberlandesgerichte berücksichtigt dagegen die Grundrechte der Netzwerkanbieter stärker und leitet daraus einen breiteren Spielraum für die Gemeinschaftsstandards ab.[44] Das bedeutet, dass Netzwerkanbieter auch von Art. 5 Abs. 1 S. 1 GG geschützte Inhalte löschen dürfen, die nicht gegen die allgemeinen Gesetze verstoßen. Inwieweit diese (grundrechtlich geschützte) Freiheit der Netzwerkanbieter durch die Grundrechte der Nutzer*innen begrenzt wird, hänge insbesondere von der Wirkmacht des Netzwerks[45] und dem Anspruch desselben, einen Kommunikationsraum für eine Vielzahl unterschiedlicher Menschen und Themen zu bieten,[46] ab. Schließlich seien auch auf Anbieterseite Grundrechte zu berücksichtigen, insbesondere deren sog. „virtuelles Hausrecht“.[47] Zudem wird auf die Vertragsfreiheit der Netzwer-

---

sozialer Netzwerke und zu den Auswirkungen auf die Gemeinschaftsstandards vorzulegen“, BT-Drucks. 19/5950, S. 4.

43 OLG München, Beschl. v. 24.08.2018 - 18 W 1294/18 -, juris, Rn. 30; OLG München, Beschl. v. 17.09.2018 - 18 W 1383/18 -, juris, Rn. 19 ff.; LG Frankfurt a.M., Beschl. v. 14.05.2018 - 2-03 O 182/18 -, juris, Rn. 16; LG Bamberg, Urt. v. 18.10.2018 - 2 O 248/18 -, juris, Rn. 78, 86.

44 OLG Dresden, Beschl. v. 08.08.2018 - 4 W 577/18 -, juris, Rn. 23; OLG Stuttgart Beschl. v. 06.09.2018 - 4 W 63/18 -, juris, Rn. 73 f.; OLG Karlsruhe Beschl. v. 28.02.2019 - 6 W 81/18 -, juris, Rn. 55.

45 OLG Dresden, Beschl. v. 08.08.2018 - 4 W 577/18 -, juris, Rn. 24; OLG Stuttgart Beschl. v. 06.09.2018 - 4 W 63/18 -, juris, Rn. 73.

46 OLG Dresden, Beschl. v. 08.08.2018 - 4 W 577/18 -, juris, Rn. 24.

47 Dieses beruhe auf dem Eigentumsrecht bzw. dem Recht zum Besitz des Anbieters an der Hardware, auf der die Beiträge von Nutzer*innen gespeichert werden. Zum virtuellen Hausrecht s. nur OLG Hamburg, NJW 2007, 3361; OLG Hamm, MMR 2008, 175; *Kunz*, Rechtsfragen des Ausschlusses aus Internetforen, 2005; *Kohl*, Die Haftung der Betreiber von Kommunikationsforen im Internet und virtuelles Hausrecht, 2007; *Piras*, Virtuelles Hausrecht?, 2016.

kanbieter verwiesen.[48] Nicht zuletzt sei auch die berechtigte Gefahr für den Netzwerkanbieter, selbst gem. § 4 NetzDG oder als mittelbarer Störer in Anspruch genommen zu werden, in die Abwägung einzustellen.[49]

Die Oberlandesgerichte setzen dem Löschen bzw. Sperren von Beiträgen, die nicht gegen die allgemeinen Gesetze verstoßen, jedoch auch Grenzen: Das Entfernen von Inhalten bedürfe eines sachlichen Grundes[50] und dürfe sich nicht gegen bestimmte Meinungen richten.[51] Sanktionen dürften nicht willkürlich festgesetzt werden und müssten verhältnismäßig sein, d.h. Nutzer*innen dürften nicht vorschnell und dauerhaft gesperrt werden.[52]

Auch in der Rechtswissenschaft wird mehrheitlich von einer weitgehenden grundrechtlichen Bindung jedenfalls derjenigen Netzwerkanbieter ausgegangen, die nahezu eine Monopolstellung hinsichtlich der Eröffnung von Kommunikationsräumen innehaben, wobei sich die Ansichten zum Grad der Bindung unterscheiden.[53] Selbst für Netzwerke mit einer großen Anzahl an Nutzer*innen und weitreichendem Einfluss auf die öffentliche Meinungsbildung gilt aber, dass sie ihr Verhalten im Ausgangspunkt nicht in gleichem Maß an Grundrechten von Nutzer*innen und Betroffenen ausrichten müssen wie der Staat, da sie, anders als der Staat, selbst grundrechtsberechtigt sind.[54] Während der Staat Grundrechtskonflikte Privater im Wege praktischer Konkordanz in *optimalen* Ausgleich bringen muss, tritt bei Netzwerkanbietern zu den beiden Privaten ein je nach Einzelfall zu bemessender Spielraum auf Grund ihrer Grundrechte hinzu.

---

48 OLG Dresden, Beschl. v. 08.08.2018 - 4 W 577/18 -, juris, Rn. 23; OLG München, Beschl. v. 17.09.2018 - 18 W 1383/18 -, juris, Rn. 20.

49 OLG Stuttgart Beschl. v. 06.09.2018 - 4 W 63/18 -, juris, Rn. 74.

50 OLG Karlsruhe Beschl. v. 28.02.2019 - 6 W 81/18 -, juris, Rn. 55.

51 OLG Dresden, Beschl. v. 08.08.2018 - 4 W 577/18 -, juris, Rn. 25.

52 Ebd.; in der Literatur wird daneben ein sachlicher Grund für jede Abweichung der Löschpraxis von gesetzlichen Standards gefordert. Standards dürften zudem nicht diskriminierend sein oder angewendet werden. Siehe *Eifert*, Das Netzwerkdurchsetzungsgesetz und Plattformregulierung, in: Eifert/Gostomzyk (Hrsg.), Netzwerkrecht, S. 9, 29 f.

53 Siehe nur *Eifert*, Das Netzwerkdurchsetzungsgesetz und Plattformregulierung, in: Eifert/Gostomzyk (Hrsg.), Netzwerkrecht, S. 9, 27 ff.; *Elsaß/Labusga/Tichy* CR 2017, S. 234 (239); *Lang* AöR 143 (2018), S. 220 (241 ff., insb. 245); *Mayen* ZHR 182 (2018), S. 1 ff.; *Peukert* MMR 2018, S. 572 (575).

54 So auch *König* AcP 219 (2019), S. 611 (636); *D. Holznagel* CR 2019, S. 518 (520).

II. Das Verhältnis des NetzDG zum Beschwerdemanagement nach Gemeinschaftsstandards

Das NetzDG ließ und lässt diese Gemeinschaftsstandards unberührt. Es erfasst hinsichtlich des in ihm geregelten Beschwerdemanagements nur Beschwerden über die in § 1 Abs. 3 NetzDG definierten rechtswidrigen Inhalte und damit sogar nur über einen Ausschnitt rechtswidriger Inhalte.[55] Sein begrenztes Ziel ist die effektive Bekämpfung der mittels § 1 Abs. 3 NetzDG definierten Hasskriminalität und strafrechtlich relevanten Fake News. Erkennbar sollten Umfang und Geschwindigkeit der Löschung dieser als besonders gravierend erkannten Inhalte erhöht und eine Transparenz über den Umgang mit ihnen hergestellt werden.

Für das Verhältnis dieses Compliance-Systems nach NetzDG zum sonstigen Beschwerdemanagement, etwa für Beschwerden wegen Verstoßes gegen Gemeinschaftsstandards, enthält das NetzDG keine ausdrücklichen Regelungen. In der Sache ergänzen sich beide grundsätzlich. Denn im Zusammenspiel mit der allgemeinen Störerhaftung kann das sonstige Beschwerdemanagement eine Löschung rechtswidriger Inhalte jenseits der Tatbestände des § 1 Abs. 3 NetzDG sichern und insofern auch den Schutz der Rechtsordnung ergänzen. Der primäre Bezugspunkt des allgemeinen Beschwerdemanagements sind allerdings die jeweiligen Gemeinschaftsstandards. Diese Nutzungsbedingungen enthalten – wie oben dargestellt – regelmäßig eigene Standards für verbotene Hate Speech etc., während sich eine ausdrückliche vertragliche Pflicht zur Einhaltung der Gesetze nur selten findet. Der Prüfungsmaßstab für das allgemeine Beschwerdemanagement der Netzwerkanbieter überschneidet sich also mit jenem des NetzDG, ist aber regelmäßig nicht mit ihm identisch und insgesamt erheblich umfangreicher.

Weil das Compliance-Regime des NetzDG grundsätzlich neben den anderen Beschwerden steht, bemisst sich seine Reichweite jeweils nach seinen konkreten, den Netzwerkanbietern auferlegten Pflichten. Zentraler Bezugspunkt für die Pflichten nach NetzDG sind dabei die „Beschwerden über rechtswidrige Inhalte".[56] Für diese muss ein wirksames und transparentes Verfahren vorgehalten werden, das den näher spezifizierten Anfor-

---

55 Vgl. auch BT-Drucks. 18/12356, S. 12.

56 Es gibt allerdings auch Pflichten jenseits dieser Anknüpfung, so insbesondere die Berichtspflicht gem. § 2 Abs. 2 Nr. 1 und die Pflichten gem. § 5 NetzDG. Hier geht es jedoch um das Beschwerdemanagement, das durchgehend an die Beschwerden über rechtswidrige Inhalte anknüpft.

derungen des § 3 Abs. 2 NetzDG entspricht, also vor allem die Einhaltung der Lösch-/Sperrfristen sicherstellt (§ 3 Abs. 2 Nr. 2 und 3 NetzDG), aber auch die Qualitätssicherungsmaßnahmen (§ 3 Abs. 4 NetzDG) und Dokumentationspflichten (§ 3 Abs. 3 NetzDG) erfüllt. An diese „Beschwerden über rechtswidrige Inhalte" knüpfen auch zahlreiche Transparenzpflichten ausdrücklich oder erkennbar an (§ 2 Abs. 2 Nr. 2-4, 6-9 NetzDG).

Unklar ist allerdings, wann eine solche „Beschwerde über rechtswidrige Inhalte" vorliegt. Denn zwei Bezugspunkte kommen für die Qualifikation der Beschwerden in Betracht: Es könnte entweder eine inhaltliche Bezugnahme der Beschwerde auf eine Verletzung der über § 1 Abs. 3 NetzDG i.V.m. den Normen des StGB geschützten Rechtsgüter entscheidend sein oder aber formal die Benutzung eines Meldewegs, der ausdrücklich für diese rechtswidrigen Inhalte eingerichtet wurde („Meldung nach NetzDG" bzw. die Inanspruchnahme eines so gekennzeichneten Meldewegs).[57] Zu dieser Frage gibt es, soweit ersichtlich, weder Gerichtsentscheidungen noch nähere Erörterungen im Schrifttum. Sie ist aber, wie nachfolgend deutlich wird, praktisch von hoher Relevanz.

Hier sollen die Auslegungsvarianten zunächst aus einer rein gesetzesbezogenen Perspektive dargestellt werden, um anschließend vor diesem Hintergrund die Praxis der Netzwerkanbieter einzubeziehen.

Für eine Anknüpfung an die inhaltliche Bezugnahme der Beschwerden spricht, dass mit dem NetzDG gerade die hierdurch bezeichneten besonders problematischen Inhalte erfasst, angemessen geprüft und hinreichend schnell gelöscht werden sollten. Voraussetzung wäre dann allein die Darlegung, dass ein Beitrag einen rechtswidrigen Inhalt im Sinne des § 1 Abs. 3 NetzDG darstellt. Grundsätzlich wäre es gleichgültig, welcher Beschwerdeweg von den Nutzer*innen gewählt wurde, wobei allerdings die entsprechende Darlegung bei der Nutzung eines genau für diese Inhalte eingerichteten Beschwerdewegs schon durch die Wahl des Beschwerdewegs nahe gelegt wird, während sie bei der Nutzung anderer Wege explizit, etwa durch entsprechende Kommentare, vorzunehmen wäre. Näher zu klären wären allein Inhalt und Reichweite solcher Darlegungslasten (vgl. auch unten B. II. 2.). Offenkundig ist allerdings, dass dies zu einer erheblichen

---

57 Der bei „rechtswidrigen Inhalten" ebenfalls mögliche Bezugspunkt des allein objektiven Charakters des gemeldeten Inhalts kommt hingegen nicht in Betracht, weil die „Beschwerde über einen rechtswidrigen Inhalt" schon begrifflich an die Beschwerde anknüpft und die materiell zu Grunde liegende Störerhaftung auch grundsätzlich eine Darlegung der Rechtswidrigkeit verlangt – auch wenn das NetzDG letztlich allein wegen des objektiv besonders verletzenden Inhalts auf die schnelle und umfassende Löschung der Beiträge zielt.

Belastung für die Netzwerkanbieter führte, weil sie die Meldungen unabhängig vom Meldeweg inhaltlich qualifizieren und dann alle entsprechend einschlägigen Beschwerden (jedenfalls auch) dem NetzDG-Regime unterwerfen müssten.

Für eine (jedenfalls zunächst) formale Anknüpfung an den Meldeweg kann demgegenüber die ausdrückliche Vorgabe eines solchen Meldewegs angeführt werden, wobei man dem Gesetzgeber hierfür unterstellen muss, dass es ihm dabei nicht nur um die Erleichterung von Beschwerden insgesamt ging, sondern eben um einen Meldeweg, der auf die vom NetzDG in Bezug genommenen Inhalte abgestimmt ist. Vor allem sprechen für eine formale Anknüpfung die Rechtssicherheit und die leichtere Handhabbarkeit für die Netzwerkanbieter. Denn für die Anforderungen an die Darlegungslast könnte immer die Wahl des dafür eingerichteten Beschwerdewegs einbezogen werden. Die Netzwerkanbieter müssten von vornherein nur für Beschwerden auf diesem Meldeweg die Anforderungen des NetzDG einhalten. Offenkundig ist allerdings, dass die Vorgaben des NetzDG dann von der Wahl des Meldeweges durch die Nutzer*innen und nicht von der Art des relevanten Inhalts abhingen. Und ebenso offenkundig würden die Angaben in den Transparenzberichten über Beschwerdezahlen und -gründe sowie Löschquoten etc. sich nur auf die Meldungen dieses speziellen Meldeweges beziehen und kein Bild über die Beschwerdelage insgesamt vermitteln. Schließlich entstünde ein Anreiz, den Meldeweg für solche Beschwerden unattraktiver zu machen als jenen für (die unregulierten) Beschwerden über Verstöße gegen Gemeinschaftsstandards.

Wie groß der tatsächliche Unterschied zwischen einer Anknüpfung an den Inhalt der Beschwerde einerseits und den formalen Beschwerdeweg andererseits ist, hängt letztlich davon ab, in welchem Umfang die Nutzer*innen für die vom NetzDG einbezogenen Inhalte auch den Beschwerdeweg nach NetzDG wählen. Hier liegen keine Zahlen vor. Diese wären nur mittels einer umfassenden Auswertung aller Meldungen auf dem Beschwerdeweg für Gemeinschaftsstandards zu gewinnen. Unter Plausibilitätsgesichtspunkten dürfte die Treffgenauigkeit zumindest gegenwärtig aber eher gering sein. Denn es dürfte den Beschwerdepersonen regelmäßig um die Veranlassung einer Prüfung unabhängig von den rechtlichen Grundlagen gehen, sodass bei denjenigen, die gegenüber der Unterscheidung indifferent sind, vielleicht sogar eine Präferenz für den bereits bekannten Meldeweg in Sachen Gemeinschaftsstandards besteht. Diejenigen, denen die Unterscheidung bekannt ist, könnten wegen ihres Interesses an einer weltweiten statt nur inländischen Sperrung bzw. Löschung ebenfalls die Meldung nach Gemeinschaftsstandards vorziehen.

Für eine gezielte Nutzung des Meldewegs als Weichenstellung für differenzierte Anforderungen der Netzwerkanbieter wären realistischerweise zwei Anforderungen einzuhalten: eine Platzierung der Meldewege unmittelbar nebeneinander und eine hinreichende Information der Nutzer*innen über die Unterschiede zwischen beiden. Wären diese Anforderungen gewahrt, spiegelte eine formale und leicht handhabbare Anknüpfung aller Verpflichtungen des NetzDG an den Beschwerdeweg die bewussten Entscheidungen der Nutzer*innen für ein bestimmtes Compliance-Regime wider. Dies beließe zwar die Zuordnung von Inhalten zu Compliance-Regimen weiter bei den Nutzer*innen, angesichts des Umfangs der Kommunikation in den sozialen Medien ist eine Sicherung rechtmäßiger Zustände ohne bedeutungsvolle Rolle der Nutzer*innen aber auch kaum möglich.

Schließlich ist auch eine Kombination der beiden Qualifizierungsarten in dem Sinne möglich, dass solange an den Inhalt der Beschwerde anzuknüpfen ist, wie die Beschwerdewege nicht gleichrangig sind. Dies ließe nicht nur den bei formaler Betrachtungsweise bestehenden Anreiz zur unattraktiven Ausgestaltung der Meldewege für NetzDG-Beschwerden entfallen, sondern setzte zugleich umgekehrt einen starken Anreiz zur Einrichtung gleichrangiger Beschwerdewege.

Der Gesetzgeber sollte angesichts dieser bestehenden Unklarheit den Anknüpfungspunkt für die Qualifikation als „Beschwerde über rechtswidrige Inhalte" im Sinne des NetzDG konkretisieren. Dabei dürfte eine formale Anknüpfung bei entsprechender Absicherung eines diskriminierungsfreien und verständlichen Nebeneinanders der Beschwerdewege am praktikabelsten sein.

Besondere Schwierigkeiten treten auf, wenn man die Praxis des Beschwerdemanagements bei den Netzwerkanbietern einbezieht. Denn in der Praxis der Netzwerkanbieter werden zwar meist getrennte Beschwerdewege eingerichtet, die anschließenden Prüfverfahren nach NetzDG und jene nach den allgemeinen Beschwerdesystemen aber nicht nebeneinander durchlaufen, sondern miteinander verschlungen. Die inhaltliche Prüfung der Beschwerden erfolgt überwiegend nach einem einheitlichen Schema. Die meisten Netzwerkanbieter prüfen unabhängig davon, ob eine Meldung über den NetzDG-Meldeweg oder den Gemeinschaftsstandard-Meldeweg[58] erfolgt, zunächst eine mögliche Verletzung der Gemeinschaftsstandards. Liegt eine solche vor, werden die Inhalte gelöscht – und zwar

58 Der Gemeinschaftsstandard-Meldeweg wird teilweise als „Flagging-Meldeweg" bezeichnet, so etwa vom BfJ in Bußgeldverfahren. „Flagging" ist jedoch ein sehr uneinheitlich genutzter Begriff: Teilweise wird unter Flagging-Meldung materiell

regelmäßig weltweit. Liegt kein Verstoß gegen die Gemeinschaftsstandards vor, erfolgt anschließend eine Prüfung am Maßstab des NetzDG regelmäßig nur dann, wenn die Beschwerde über den NetzDG-Meldeweg erfolgte. Wird im Zuge dieser Prüfung das Vorliegen eines in seinem Sinne rechtswidrigen Inhalts festgestellt, erfolgt die Sperrung des Inhaltes regelmäßig nur in Deutschland.

Das Vorgehen der Netzwerkanbieter weist zunächst aus, dass die Netzwerkanbieter überwiegend eine formale Qualifikation der „Beschwerde über rechtswidrige Inhalte“ vornehmen. Denn allein diese Beschwerden werden am Maßstab des NetzDG gemessen, wenn keine Löschung nach Gemeinschaftsstandards erfolgte. Hinsichtlich der Inhalte-Prüfung kann dies dazu führen, dass Inhalte, die über den Gemeinschaftsstandards-Meldeweg gemeldet werden und nach diesen Standards zulässig sind, aber dennoch rechtswidrige Inhalte gem. NetzDG darstellen, nicht als solche erkannt und deshalb nicht rechtzeitig gelöscht werden. Dies kann etwa beim Verwenden von Kennzeichen verfassungswidriger Organisationen der Fall sein (§ 1 Abs. 3 NetzDG i.V.m. § 86a StGB).

Vor allem führt die Verschränkung aber dazu, dass für solche Inhalte, die bereits auf der ersten Prüfstufe als Verstoß gegen die Gemeinschaftsstandards gelöscht oder gesperrt werden, die Übereinstimmung mit den Anforderungen des NetzDG teilweise unklar ist. Die Inhalte wurden zwar im Ergebnis gelöscht. Die Reichweite der Entfernung ist sogar bei der Löschung nach Gemeinschaftsstandards regelmäßig größer (weltweit) als bei einer Löschung nach NetzDG (Deutschland). Unklar bleibt allerdings, ob und inwieweit im Verfahren die anderen Anforderungen an das Compliance-Regime des NetzDG eingehalten wurden, also ggf. die Fristen, vor allem aber das Verfahren einschließlich seiner Qualitätssicherungen und die Beweissicherung. Weil das Vorgehen erkennbar darauf zielt, zunächst das allgemeine Beschwerdemanagement zur Anwendung zu bringen und

---

jede Meldung verstanden, die einen Verstoß gegen Gemeinschaftsstandards rügt (im Unterschied zu einer Meldung, die einen rechtswidrigen Inhalt i.S.d. § 1 Abs. 3 NetzDG rügt). Teilweise wird unter Flagging-Meldung formal jede Meldung verstanden, die unmittelbar beim Inhalt platziert ist (im Gegensatz zu einem Meldeformular, das sich zentral etwa im Impressum befindet), unabhängig vom Beschwerde*grund*. Teilweise wird „Flagging-Meldung“ als Oberbegriff für alle Beschwerden verstanden. Im Folgenden wird daher der Begriff „Gemeinschaftsstandards-Meldeweg“ genutzt, um auszudrücken, dass es sich um einen Meldeweg handelt, mit dem Nutzer*innen einen Verstoß gegen Gemeinschaftsstandards melden. Der Begriff „Flagging-Meldeweg“ wird nur genutzt, wenn auf Äußerungen des BfJ Bezug genommen wird.

eventuelle Sonderpflichten nach NetzDG quantitativ zu beschränken, dürfte die Übereinstimmung zumindest bei den qualitativen Anforderungen an Organisation und Verfahren der Inhaltsprüfung weitgehend davon abhängen, inwieweit dieses allgemeine Beschwerdemanagement ohnehin mit den Anforderungen des NetzDG übereinstimmt. Eine abweichende Zusammensetzung der Prüfteams oder ihrer Vorgehensweise für „Beschwerden über rechtswidrige Inhalte" gem. NetzDG unterliefe den Sinn einer vergleichbaren und einheitlichen Überprüfung aller Beschwerden am Maßstab der Gemeinschaftsstandards. Hinsichtlich der Löschfristen kann eine Priorisierung der Beschwerden über den NetzDG-Meldeweg dagegen auch innerhalb des einheitlichen Vorgehens erfolgen und die Einhaltung der Vorgaben des NetzDG sicherstellen.

Ein externes Monitoring der Vorgaben des NetzDG setzt voraus, dass die „Beschwerden über rechtswidrige Inhalte" hinsichtlich des ursprünglichen Beschwerdewegs (formales Verständnis) bzw. des Beschwerdeinhalts (Anknüpfung an die Darlegung) markiert werden, dadurch in ihrer Behandlung nachvollziehbar bleiben und diese dann an den Vorgaben des NetzDG gemessen werden können.

Dem gestuften Vorgehen der Netzwerkanbieter liegt erkennbar der Gedanke zu Grunde, dass es auf die Pflichten aus dem NetzDG nicht ankommen könne, wenn ein Inhalt ohnehin schon aus anderen Gründen, namentlich wegen eines Verstoßes gegen Gemeinschaftsstandards, rechtmäßig gelöscht oder gesperrt wird. Dies läuft allerdings letztlich auf einen Vorrang des allgemeinen Beschwerdemanagements gegenüber dem Compliance-System des NetzDG hinaus, das dem Ausgangspunkt des gesetzlichen Nebeneinanders nicht entspricht. Ein in den Augen des BfJ extremes derartiges Vorgehen führte zum laufenden Bußgeldverfahren gegen Facebook. Die bei allen Anbietern sehr viel höheren Löschzahlen wegen Verstößen gegen die Gemeinschaftsstandards gegenüber Verstößen gegen das NetzDG verdeutlichen aber ebenfalls die Problemlage.

Diese Betrachtung zeigt, dass der Gesetzgeber nicht nur den Anknüpfungspunkt der „Beschwerde über rechtswidrige Inhalte" konkretisieren sollte, sondern auch eine Bestimmung des Verhältnisses der Beschwerdemanagement-Systeme zueinander oder allgemeiner Mindestanforderungen zu prüfen wären. Denn auf der einen Seite ist der genannte Grundgedanke, der dem abgeschichteten Prüfverfahren vieler Netzwerkanbieter zu Grunde liegt, plausibel. Auf der anderen Seite verlagern sich damit die Prüfvorgänge stark in jenen Bereich, der zunächst durch die privatautonom gesetzten Gemeinschaftsstandards geprägt ist und in noch ungeklärter Reichweite erst langsam durch die fallweise, fachgerichtliche Kontrolle am Maßstab der mittelbaren Drittwirkung der Grundrechte überformt werden wird. Jedenfalls muss sich der Gesetzgeber aber immer bewusst sein, dass alle organisatorischen und verfahrensrechtlichen Sicherungen des Interessensausgleichs im NetzDG von vornherein nur die von diesem Gesetz erfassten Verfahren betreffen. Dies gilt auch mit Blick auf eventuelle Wiederherstellungsansprüche (s.u. Teil 4 A.). Und je höher die Anforderungen nach dem NetzDG sind, desto größer ist der Anreiz für die Netzwerkanbieter, die Beschwerden in das weniger stark regulierte System der Beschwerden nach Gemeinschaftsstandards zu lenken.

Darüber hinaus hat das abgeschichtete Vorgehen der Netzwerkanbieter auch Auswirkungen für die Angaben in den Transparenzberichten. Soweit sich die Angaben auf Zahlen und Beschwerdegründe beziehen (§ 2 Abs. 2 Nr. 3, 6 NetzDG), sind sie grundsätzlich möglich, allerdings davon abhängig, nach welchem Kriterium die Qualifizierung als „Beschwerde über rechtswidrige Inhalte“ erfolgt. Soweit es aber um Angaben geht, die eine inhaltliche Bewertung am Maßstab des NetzDG erforderlich machen, namentlich die Angabe gem. § 2 Abs. 2 Nr. 7 NetzDG (ob ein Fall des § 3 Abs 2 Nr. 3 lit. a NetzDG vorlag, also ein Fall, bei dem „die Entscheidung über die Rechtswidrigkeit des Inhalts (!) von der Unwahrheit einer Tatsachenbehauptung...“ o.ä. abhing) und man naheliegenderweise davon ausgeht, dass hier unter der „Rechtswidrigkeit“ eine solche gem. § 1 Abs. 3 NetzDG gemeint ist, läuft diese Anforderung beim gestuften Vorgehen zumindest teilweise ins Leere. Denn bei allen Inhalten, die bereits wegen Verstoßes gegen Gemeinschaftsstandards gelöscht wurden, wird eine solche Prüfung auf die Rechtmäßigkeit des Inhalts gem. NetzDG ja gar nicht mehr vorgenommen.

B. § 3 NetzDG – Beschwerdemanagement

I. Einleitung

§ 3 NetzDG regelt in Abs. 1-3 mit dem *Beschwerdeverfahren* über rechtswidrige Inhalte das Herzstück des Gesetzes. Gesetzgeberisches Ziel des Beschwerdeverfahrens ist, dass den gesetzlichen Verpflichtungen, rechtswidrige Inhalte zu entfernen, schnell und umfassend nachgekommen wird.[59] Daneben werden in Abs. 4 Regelungen zur Organisation und Infrastruktur des Beschwerdemanagements bei den Netzwerkanbietern getroffen. Abs. 5

59 BT-Drucks. 18/12356, S. 21.

ermöglicht die Überwachung der Beschwerdeverfahren durch eine beauftragte Stelle. Abs. 6-9 regeln die Anerkennung von Einrichtungen der Regulierten Selbstregulierung. Die gesetzlichen Pflichten aus § 3 sind gem. § 4 Abs. 1 Nr. 2-6 NetzDG bußgeldbewehrt.

Inwieweit die Netzwerkanbieter den Anforderungen aus § 3 NetzDG nachkommen, lässt sich mit den dieser Evaluation zur Verfügung stehenden Mitteln nur teilweise beantworten. Insbesondere das netzwerkinterne Prüfverfahren ist von außen nicht einsichtig. Gleiches gilt für den Ablauf interner Schulungs- und Betreuungsangebote. Auch die Ausgestaltung der Meldewege ließ sich nicht für alle Netzwerkanbieter in allen Einzelheiten nachvollziehen, da je nachdem, von welchem Endgerät aus man meldet und ob man angemeldete*r Nutzer*in ist oder nicht, eine große Anzahl von Meldewegen existiert. Soweit Primärquellen nicht erreichbar waren, beruhen alle Erkenntnisse zu netzwerkinternen Abläufen auf den Antworten aus den im Rahmen dieser Evaluation erstellten Fragebögen, da dies die aktuellsten vorliegenden Angaben sind. In zweiter Linie wurde auf die letzten Transparenzberichte der Netzwerkanbieter zurückgegriffen. Dies sind in der Regel die Transparenzberichte über das erste Halbjahr 2019. Soweit auch diese keine hinreichenden Erkenntnisse boten, wurde auf den ersten Bericht der Monitoringstelle nach § 3 Abs. 5 NetzDG (Testzyklus erstes Halbjahr 2019) zurückgegriffen.[60]

Im Folgenden werden die Regelungen des § 3 NetzDG im Einzelnen jeweils in einem ersten Schritt daraufhin untersucht, welchen Maßstab sie vorgeben. In einem zweiten Schritt werden jeweils der Umgang der Praxis – also aller von uns befragten Akteur*innen, der Rechtsprechung und der Wissenschaft – mit den gesetzlichen Vorgaben dargestellt und mögliche Reformen und ihre Konsequenzen aufgezeigt.

II. § 3 Abs. 1-2 NetzDG: Beschwerdeverfahren

§ 3 Abs. 1-2 NetzDG treffen Anforderungen an die Ausgestaltung des Beschwerde- und Prüfverfahrens durch Netzwerkanbieter einschließlich etwaiger Entfernung von rechtswidrigen Inhalten, unabhängig davon, ob es sich um eigene oder fremde Inhalte des Netzwerks handelt.[61]

---

60 Bericht zum 1. Testzyklus vom 01.01.2019–30.06.2019.

61 BT-Drucks. 18/12356, S. 21.

1. § 3 Abs. 1 S. 2 NetzDG: Übermittlung von Beschwerden über rechtswidrige Inhalte durch leicht erkennbares, unmittelbar erreichbares, ständig verfügbares Verfahren

a) Maßstab des NetzDG

Bezugspunkt der Anforderungen an das Übermittlungsverfahren sind „Beschwerden über rechtswidrige Inhalte". Hier ist wiederum das ungeklärte Verhältnis des NetzDG zum Verfahren nach Gemeinschaftsstandards entscheidend: Mit „Beschwerden über rechtswidrige Inhalte" können Beschwerden gemeint sein, die auf einem ausdrücklich auf Entfernung nach NetzDG hinzielenden Meldeweg gemeldet werden oder die sich – unabhängig vom Meldeweg – auf rechtswidrige Inhalte i.S.d. § 1 Abs. 3 NetzDG beziehen (s. dazu ausführlich oben A. II.).

Die Trias „leicht erkennbar, unmittelbar erreichbar und ständig verfügbar" findet sich ebenso in § 2 Abs. 1 S. 2 NetzDG. „Leicht erkennbar" und „unmittelbar erreichbar" muss ferner gem. § 5 Abs. 1 S. 1 NetzDG auch die Angabe des Zustellungsbevollmächtigten auf der Plattform sein. Laut Gesetzesbegründung entsprechen „leicht erkennbar", „unmittelbar erreichbar" und „ständig verfügbar" den gleichlautenden Begriffen in § 5 Abs. 1 TMG.[62] Daher sind die dazu und zum dieselben Begriffe verwendenden § 7 Abs. 1 S. 3 JMStV entwickelten Kriterien bei der Auslegung zu berücksichtigen. Die Begriffe sind in allen drei Normen einheitlich aus der Nutzer*innenperspektive zu bestimmen. Je nach konkretem Verwendungskontext führt diese Perspektive aber zu unterschiedlichen Ableitungen, sodass die wortgleichen Vorgaben im Ergebnis nicht inhaltsgleich auszulegen sind.

In § 3 Abs. 1 S. 2 NetzDG beziehen sich die Anforderungen „leicht erkennbar, unmittelbar erreichbar und ständig verfügbar" auf das Verfahren zur Übermittlung von Beschwerden über rechtswidrige Inhalte. Sie sollen damit dazu beitragen, dass alle Personen, die auf rechtswidrige Inhalte stoßen, diese niedrigschwellig und ohne großen Aufwand melden können.

---

62 Ebd., S. 22; BT-Drucks. 18/13013, S. 23.

aa) Leicht erkennbar

Leichte Erkennbarkeit erfordert eine für durchschnittliche Nutzer*innen einfache und optisch effektive Wahrnehmbarkeit.[63] Das ist bei Verwendung kleinerer Schrift nicht der Fall.[64] Zudem muss der Anbieter hinreichend klare Begriffe verwenden, durch die durchschnittliche Nutzer*innen unmissverständlich auf die von ihnen gesuchte Angabe hingewiesen werden.[65] Nach einer Ansicht setzt dies eine Bezeichnung voraus, die sich ausdrücklich auf das NetzDG bezieht (wie etwa „NetzDG-Beschwerden").[66] Dem ließe sich entgegnen, dass eine Bezeichnung mit „NetzDG" die leichte Erkennbarkeit für alle diejenigen durchschnittlichen Nutzer*innen gerade hindert, die Bezeichnung, Funktion und Anwendungsbereich des NetzDG nicht kennen. Im Ergebnis lassen sich hier noch keine klaren Vorgaben feststellen.

„Leichte Erkennbarkeit" bezieht sich allein auf den Meldeweg nach NetzDG. Sie entfällt grundsätzlich nicht, wenn es zwei Meldewege gibt – einerseits für die Meldung wegen Verstoßes gegen Gemeinschaftsstandards, andererseits für die Meldung wegen rechtswidrigen Inhaltes i.S.d. § 1 Abs. 3 NetzDG. Dies gilt selbst dann, wenn die Meldung nach Gemeinschaftsstandards über einen zweiten Meldeweg *noch leichter* zu erkennen bzw. näher an den Inhalten platziert ist als die NetzDG-Meldung. Gegenteiliges lässt sich aus § 3 Abs. 1 S. 2 NetzDG grundsätzlich nicht folgern, da der Gesetzgeber das Verhältnis zu Gemeinschaftsstandards nicht geregelt hat (s.o. A. II.). Etwas anderes gilt nur dann, wenn die Meldung nach Gemeinschaftsstandards so stark in den Vordergrund der Aufmerksamkeit gerückt wird, dass die NetzDG-Meldung in der Gesamtwahrnehmung nicht mehr als ein alternativer Meldeweg erkannt wird.

bb) Unmittelbar erreichbar

Unmittelbare Erreichbarkeit setzt die Zugangsmöglichkeit zum Beschwerdeverfahren ohne wesentliche Zwischenschritte voraus.[67] Die überwiegende Meinung in Rechtsprechung und Literatur hält die Anforderung i.R.d.

---

63 Spindler/Schmitz/*Schmitz*, TMG, 2. Aufl. 2018, § 5 TMG Rn. 27 f. m.w.N.
64 Ebd. Rn. 27 m.w.N.
65 Ebd. Rn. 28 ff. m.w.N.
66 Spindler/Schmitz/*Liesching*, TMG, 2. Aufl. 2018, § 3 NetzDG Rn. 7.
67 Entsprechend für § 5 TMG ebd. § 5 TMG Rn. 34.

§ 5 TMG für gewahrt, wenn die Beschwerde mit zwei Klicks von der Startseite aus erreichbar ist.[68] Die Nutzer*innenperspektive des § 5 TMG ist mit der des § 3 NetzDG jedoch nur teilweise vergleichbar, da die in § 5 TMG genannten allgemeinen Informationen von Nutzer*innen in der Regel von der Startseite aus gesucht werden, während die Beschwerde über einen rechtswidrigen Inhalt auch in der Nähe des Inhalts gesucht werden kann. Aus dem Wortlaut lässt sich jedoch wohl nicht ableiten, dass der Meldebutton unmittelbar neben den einzelnen Inhalt platziert werden muss. Sofern Netzwerkanbieter ein zentrales NetzDG-Beschwerdeformular vorhalten, lässt sich der Maßstab des § 5 TMG auf § 3 NetzDG übertragen. Ist der Meldebutton dagegen direkt bei den jeweiligen Inhalten platziert, kommt es auf die Klickzahl vom zu meldenden Inhalt aus an. Ein übermäßig langes Scrollen darf in beiden Fällen nicht erforderlich sein.[69]

cc) Ständig verfügbar

Ständig verfügbar ist das Übermittlungsverfahren, wenn es jederzeit, also rund um die Uhr und an jedem Wochentag, möglich ist, Beschwerden zu übermitteln, wobei kurze technische Unterbrechungen (z.B. wegen Wartungsarbeiten) unschädlich sind.[70]

b) Praxis

aa) Leicht erkennbar und unmittelbar erreichbar

Alle Netzwerke, zu denen insoweit Informationen vorliegen, haben mindestens einen Meldeweg eingerichtet, über den man jedenfalls auch Beschwerden nach NetzDG anbringen kann.[71] Erkennbarkeit und Erreichbarkeit variieren zwischen den Netzwerkanbietern stark. Das Meldeformular ist teilweise zentral von der Startseite aus, teilweise direkt von den einzelnen Inhalten aus zu erreichen; bei einigen Netzwerkanbietern stehen beide Optionen zur Verfügung.

---

68 Für § 5 TMG ebd. Rn. 36 m.w.N.
69 Für § 5 TMG ebd. Rn. 37 m.w.N.
70 Für § 5 TMG ebd. Rn. 40 m.w.N.
71 Change.org, Facebook, Instagram, SoundCloud, Twitter und YouTube (Transparenzberichte 1/2019).

Das Meldeformular nach NetzDG ist bei allen untersuchten Netzwerken, die dazu Angaben in ihrem Transparenzbericht machen,[72] mit „Meldung nach NetzDG“ / „fällt unter das Netzwerkdurchsetzungsgesetz“ o.ä., nicht mit „Beschwerde über einen rechtswidrigen Inhalt“ o.ä. benannt. Dies setzt also stets voraus, dass Nutzer*innen wissen, was das NetzDG ist und welche Inhalte von dessen Anwendungsbereich erfasst sind.

bb) Insbesondere: Ausgestaltung des NetzDG-Meldewegs im Verhältnis zur Meldung nach Gemeinschaftsstandards

Auch die Ausgestaltung des NetzDG-Meldewegs im Verhältnis zur Meldung nach netzwerkeigenen Gemeinschaftsstandards variiert erheblich. Alle Netzwerkanbieter, zu denen Informationen vorliegen, haben zwei unterschiedliche Meldewege ausgestaltet;[73] Beschwerdeführer*innen haben also die Wahl, ob sie einen Inhalt als rechtswidrig i.S.d. § 1 Abs. 3 NetzDG oder wegen Verstoßes gegen Gemeinschaftsstandards melden.

Die Meldewege nach NetzDG und wegen Verstoßes gegen Gemeinschaftsstandards sind nicht überall gleichrangig platziert. Teilweise kann man aus einem bei den Inhalten platzierten Dropdown-Menü auswählen, ob man einen Verstoß gegen Gemeinschaftsstandards oder i.S.d. NetzDG meldet. Bei anderen Netzwerkanbietern können angemeldete Nutzer*innen innerhalb des allgemeinen „Melden“-Links, der sich unmittelbar bei den Inhalten befindet und mit dem insbesondere Verstöße gegen Gemeinschaftsstandards gemeldet werden können, durch Setzen eines Häkchens nach NetzDG melden. Daneben existiert ein eigenständiges NetzDG-Meldeformular, das sich im Hilfebereich und damit nicht unmittelbar bei den Inhalten befindet.[74] Bei einer dritten Gruppe von Netzwerkanbietern dagegen gibt es innerhalb des allgemeinen „Melden“-Links, der bei den Inhalten platziert ist, soweit ersichtlich keine Möglichkeit, einen rechtswidrigen Inhalt i.S.d. NetzDG zu melden.[75] Das NetzDG-Meldeformular befindet sich jeweils im Hilfebereich[76] und ist damit deutlich schwieriger aufzufinden als der allgemeine „Melden“-Link. Diese letztgenannte Praxis wird von

72 Change.org, Facebook, Instagram, Reddit, Twitter, YouTube.

73 Zwei unterschiedliche Meldewege bei Change.org, Facebook, Instagram, SoundCloud, Twitter und YouTube.

74 Twitter (Bericht Monitoringstelle 1. Testzyklus, S. 31 ff.), YouTube Transparenzbericht 1/2019, S. 11.

75 Facebook und Instagram (Bericht Monitoringstelle 1. Testzyklus, S. 3, 18).

76 Bericht Monitoringstelle 1. Testzyklus, S. 7, 22.

einigen der befragten Rechtsanwält*innen, NGOs, Berufsverbände und sonstigen Verbände explizit gerügt. Auch aus Sicht des BfJ ist es jedenfalls dann nicht zulässig, die Meldung wegen Verstoßes gegen Gemeinschaftsstandards deutlich näher an den Inhalten zu platzieren als die NetzDG-Beschwerde, wenn die Gemeinschaftsstandard-Beschwerden nicht im Transparenzbericht erscheinen. Dies ergibt sich aus dem noch nicht rechtskräftigen Bußgeldbescheid gegen die Facebook Ireland Ltd. vom 2. Juli 2019: Dort geht das BfJ davon aus, dass die Anzahl der über den Gemeinschaftsstandards-Meldeweg eingegangenen Beschwerden über rechtswidrige Inhalte nach NetzDG beachtlich sei, diese im Transparenzbericht aber nicht genannt werden. Die Darstellung im veröffentlichten Bericht sei insofern unvollständig.[77] Das BfJ setzt also voraus, dass die Veröffentlichungspflicht des § 2 Abs. 2 Nr. 3, 7 NetzDG nur dann an den Meldeweg anknüpfen kann, wenn Nutzer*innen eine bewusste Entscheidung zwischen zwei unterschiedlichen Meldewegen treffen können. Eine solche bewusste Entscheidung erfordert aus Sicht des BfJ die gleichrangige Erreichbarkeit der Melderegime.

Für die Praxis folgen aus den weitmaschigen und damit zunächst freiheitsschonenden Vorgaben zur Ausgestaltung der Meldewege erhebliche Unsicherheiten. Dies gilt insbesondere für das ungeklärte Verhältnis der Melderegime zueinander. Eine stärkere Standardisierung der Vorgaben, etwa durch untergesetzliche Regelung, wäre wünschenswert. Sie schaffte höhere Rechtssicherheit für die Netzwerkanbieter und erleichterte den Nutzer*innen die Orientierung bei den unterschiedlichen Anbietern.

cc) Ständig verfügbar

Dafür, dass die NetzDG-Meldeformulare der Netzwerkanbieter nicht ständig verfügbar i.S.d. § 3 Abs. 1 S. 1 NetzDG sind, liegen keinerlei Anhaltspunkte vor.

77 PM des BfJ vom 3.7.2019, abrufbar unter https://www.bundesjustizamt.de/DE/Presse/Archiv/2019/20190702.html (zul. abgerufen am 15.05.2020).

2. § 3 Abs. 1 NetzDG: Inhaltliche und formelle Anforderungen an die Beschwerde

a) Maßstab des NetzDG

Das NetzDG enthält keine ausdrücklichen rechtlichen Anforderungen an den Inhalt der Beschwerde. Es ist daher zu klären, ob und inwieweit die „Beschwerde über einen rechtswidrigen Inhalt" voraussetzt, dass Beschwerdeführer*innen einerseits alle für die Beurteilung relevanten Tatsachen, andererseits Rechtsansichten vortragen, die begründen, dass und ggf. warum und inwiefern es sich um einen rechtswidrigen Inhalt nach NetzDG handelt.

Anforderungen an die *Darlegung und Substantiierung* der behaupteten Inhalte sind mit Blick auf die dadurch ausgelöste Prüfpflicht zu bestimmen. Da die materielle Prüfpflicht nicht durch das NetzDG, sondern durch die Störerhaftung begründet wird, ist von den Maßstäben der allgemeinen Störerhaftung auszugehen: Entscheidend ist, welche Informationen vorliegen müssen, damit die Netzwerkanbieter Kenntnis von einem (potenziell) rechtswidrigen Inhalt i.S.d. Störerhaftung haben.[78]

Nach den *Grundsätzen der allgemeinen Störerhaftung* muss die Beschwerde so konkret gefasst sein, dass Adressat*innen des Hinweises den Rechtsverstoß unschwer – das heißt ohne eingehende rechtliche oder tatsächliche Überprüfung – feststellen können.[79] Das Ausmaß des Prüfungsaufwandes hängt dabei von den Umständen des Einzelfalls ab, insbesondere vom Gewicht der angezeigten Rechtsverletzungen auf der einen und den Erkenntnismöglichkeiten des Anbieters auf der anderen Seite.[80] Der Netzwerkanbieter darf die ihm vorliegenden oder zugänglichen Informationen nicht ignorieren, sondern muss sie auswerten und dabei die sich aufdrängenden Schlüsse ziehen.[81] Aus diesen Maßstäben der allgemeinen Störerhaftung folgt also, dass Beschwerdeführer*innen alle Tatsachen angeben müssen, die zur Prüfung der Rechtswidrigkeit des Inhalts nötig sind. Umgekehrt folgt daraus nicht, dass Beschwerdeführer*innen genaue Angaben zur rechtlichen Subsumtion unter einen bestimmten Straftatbestand abver-

---

78 A.A. wohl *B. Holznagel* ZUM 2017, S. 615 (620), der daraus, dass das NetzDG keine Substantiierungslasten auferlegt, auf ein „Spannungsverhältnis" zur Prüf- und Löschfrist der Netzwerkanbieter schließt.

79 MüKo-BGB/*Wagner*, 7. Aufl. 2017, § 823 Rn. 746; BGHZ 191, 19 Rn. 28.

80 BGHZ 191, 19 Rn. 28; BGHZ 191, 219 Rn. 26; BGH NJW 2012, 2345 Rn. 18.

81 MüKo-BGB/*Wagner*, 7. Aufl. 2017, § 823 Rn. 744 m.w.N.

langt werden dürfen, solange der Netzwerkanbieter ohne eingehende rechtliche Überprüfung erkennen kann, welche der in § 1 Abs. 3 NetzDG genannten Straftatbestände in Betracht kommen.

Ob die Darlegungs- und Substantiierungslasten der allgemeinen Störerhaftung durch die Vorgaben des NetzDG modifiziert werden, ist unklar. Jedenfalls müssen die Netzwerkanbieter eine rechtliche Prüfung nach NetzDG auch dann leisten, wenn diese sich als schwierig gestaltet und mit erheblichem Aufwand verbunden ist. Dies folgt aus dem Gesetzeszweck des NetzDG, die Rechtsdurchsetzung in sozialen Netzwerken zu verbessern, und aus den Anforderungen an das Prüfverfahren durch das NetzDG. Dieses verlangt von Netzwerkanbietern in § 3 Abs. 4 S. 3 NetzDG gerade, dass regelmäßig geschulte Personen zur Prüfung der Beschwerden eingesetzt werden. Auch die Möglichkeit, die Entscheidung in schwierigen Fällen an eine Einrichtung der Regulierten Selbstregulierung zu übertragen, spricht dafür, dass das NetzDG den Netzwerkanbietern eine beträchtliche Verantwortung bei der rechtlichen Beurteilung zuweist.

Daraus könnte man folgern, dass eine konkrete rechtliche Einordnung des gemeldeten Inhalts durch Beschwerdeführer*innen nicht verlangt werden darf. Es kann schließlich nicht vorausgesetzt werden, dass rechtliche Laien etwa den Unterschied zwischen Beleidigung, übler Nachrede und Verleumdung kennen und einen Sachverhalt richtig subsumieren. Sollen sie dennoch zwischen verschiedenen Straftatbeständen eine Auswahl treffen, so könnte sie dies von der Meldung abschrecken. Die Netzwerkanbieter sind jedoch gem. § 2 Abs. 2 Nr. 3 NetzDG verpflichtet, im Transparenzbericht die Beschwerden aufgeschlüsselt nach Beschwerdegrund anzugeben. Dem können sie nicht nachkommen, wenn sie nicht wissen, aus welchem Grund Beschwerdeführer*innen die Inhalte gemeldet haben. Wollte man der Abschreckungswirkung einer genauen rechtlichen Einordnung durch Beschwerdeführer*innen entgegenwirken, dürfte man von Netzwerkanbietern nicht die Angabe eines konkreten Beschwerdegrundes im Transparenzbericht verlangen. Zudem wäre eine Modifikation der Darlegungs- und Beweislast genauer an der Privilegierung des Art. 14 E-Commerce-RiL zu messen. Eine Vermittlung zwischen den gegenläufigen Interessen könnte die Bildung von aussagekräftigen Kategorien von Beschwerdegründen sein, die für Nutzer*innen intuitiv zugänglich sind und deshalb keine Abschreckungswirkung entfalten und zugleich dennoch einen Aufschluss über die Verteilung der Beschwerden zwischen inhaltlichen Problembereichen geben. Die Praxis weist teilweise bereits in eine solche Richtung (siehe nachfolgend).

Formelle Informationsanforderungen bei der Beschwerde sind zulässig, soweit sie notwendig sind, um das Prüfverfahren abzuwickeln. Daraus, dass Beschwerdeführer*innen über die Entscheidung gem. § 3 Abs. 2 Nr. 5 NetzDG zu informieren sind, folgt, dass Kontaktdaten erfragt werden dürfen, soweit sie dem Netzwerkanbieter nicht bereits vorliegen. Ebenso darf die Angabe der URL des gemeldeten Inhalts verlangt werden, wenn sich die Meldemöglichkeit nicht direkt bei diesem, sondern zentral z.B. über ein Meldeformular im Impressum befindet, da der Netzwerkanbieter sonst nicht oder nur mit großem Aufwand feststellen kann, um welchen Inhalt es überhaupt geht. Wegen ihrer Abschreckungswirkung sind solche formellen Anforderungen dagegen nach NetzDG hochproblematisch, die für die Bearbeitung der Beschwerde durch den Netzwerkanbieter nicht notwendig sind. Dazu gehören etwa Angaben zum Beruf von Beschwerdeführer*innen. Bei der Erhebung nicht notwendiger persönlicher Daten sind zudem die datenschutzrechtlichen Vorgaben zu beachten.

b) Praxis

Einige Netzwerkanbieter stellen über die für die Wahrnehmung ihrer gesetzlichen Pflichten notwendigen Informationen hinaus Anforderungen inhaltlicher oder formeller Art, die wegen ihrer Abschreckungswirkung dem Gesetzeszweck zuwiderlaufen.

aa) Anforderungen inhaltlicher Art

Die meisten Netzwerkanbieter fordern Beschwerdeführer*innen auf, zu erläutern, warum es sich aus ihrer Sicht um einen rechtswidrigen Inhalt handelt. Angaben dazu sind jedoch nicht bei allen Netzwerken verpflichtend. Soweit damit Ausführungen zu den tatsächlichen Umständen und nicht zu Rechtsansichten erfragt werden, ist diese Praxis der Netzwerkanbieter zur Erfüllung ihrer Prüfpflichten nicht zu beanstanden.

Mehrere Netzwerke fordern die Beschwerdeführer auf, Angaben dazu zu machen, welcher konkrete Straftatbestand aus ihrer Sicht verletzt ist.[82]

---

82 So etwa praktiziert von Twitter (Transparenzbericht 1/2019) und Facebook (Transparenzbericht 1/2019). Anders dagegen YouTube (Transparenzbericht 1/2019): „Der durchschnittliche Beschwerdeführer wird als juristischer Laie überfordert sein, wenn er mit einer Vielzahl von zudem komplexen Einzeltatbestän-

Dies wird von einigen Rechtsanwält*innen, NGOs, Berufsverbänden und sonstigen Verbänden ausdrücklich kritisiert. Es ist jedoch unklar, wie die Netzwerkanbieter mit der Abfrage konkret einschlägiger Straftatbestände umgehen – zwei mögliche Ausgestaltungen der Netzwerkanbieter sind zu unterscheiden:

(1) Die eingeforderten Angaben zu aus Sicht des Beschwerdeführers erfüllten Straftatbeständen können einerseits lediglich dazu dienen, dem Beschwerdeführer den Ernst einer Meldung nach NetzDG zu verdeutlichen, die Beschwerde besser zu verstehen und (auch bei Erfüllung der Transparenzpflichten aus § 2 Abs. 2 Nr. 3 NetzDG) einzuordnen und den Einstieg in die rechtliche Prüfung durch den Netzwerkanbieter zu vereinfachen. Der Netzwerkanbieter prüft die Beschwerde dann aber dennoch auf alle in § 1 Abs. 3 NetzDG genannten in Betracht kommenden Tatbestände.

(2) Andererseits ist eine Ausgestaltung denkbar, die die Prüfung durch die Netzwerkanbieter auf die vom Beschwerdeführer genannten Straftatbestände beschränkt.

Angesichts des noch unklaren Umfangs der Darlegungs- und Substantiierungslasten der Beschwerdeführer*innen sind hier unterschiedliche Ausgestaltungen möglich. Die zweite Alternative steht jedoch erkennbar in Spannung zum zentralen Gesetzeszweck der Löschung gemeldeter rechtswidriger Inhalte.

---

den des Strafrechts konfrontiert und so gegebenenfalls sogar von einer Meldung abgeschreckt wird. Er wird die einschlägigen Straftatbestände in der Regel nicht kennen und wird nicht in der Lage sein, bei der Einreichung seiner NetzDG Beschwerde jeweils den bzw. die richtigen Tatbestände anzugeben. Zudem können gemeldete Inhalte mehr als einen der aufgelisteten Straftatbestände verletzen. So wird beispielsweise ein Video, mit dem neue Mitglieder oder Unterstützer einer kriminellen oder terroristischen Vereinigung (§§ 129, 129a StGB) geworben werden sollen, üblicherweise zugleich Symbole wie etwa eine Flagge verwenden, die gegebenenfalls nach §§ 86, 86a StGB strafbar sind; zusätzlich könnte sogar der Tatbestand einer Vorbereitung einer schweren staatsgefährdenden Gewalttat gemäß § 89a StGB erfüllt sein. Um das Beschwerdeverfahren zu vereinfachen und die Beschwerdeführer bei der Einreichung ihrer Beschwerden nach dem NetzDG zu unterstützen, haben wir daher für das NetzDG-Meldeverfahren sieben Inhaltskategorien gebildet, die die 21 einschlägigen Straftatbestände erfassen, in einer allgemein-verständlichen Weise abbilden und kategorisieren. Damit erreichen wir zugleich, juristische Straftatbestände, die sehr abstrakt sind und einen oft weiten Anwendungsbereich aufweisen, für juristische Laien greifbarer zu machen." (Im Anschluss Auflistung der von YouTube gebildeten Kategorien mit jeweils umfassten Straftatbeständen.).

bb) Angaben formeller Art

Der Blick auf die Praxis der Netzwerkanbieter ergibt ein gemischtes Bild: Bei einem Netzwerkanbieter werden zahlreiche nicht notwendige Angaben zur eigenen Person verlangt, etwa als Pflichtangabe der Name und Anschrift sowie eine gültige Mailadresse, optional die Angabe des Arbeitgebers und eine genaue Berufsbezeichnung.[83] Andere Netzwerkanbieter fordern nur für das Prüfverfahren notwendige Angaben ein, soweit diese nicht bereits vorliegen: einen Link zum Inhalt selbst, Name und Kontaktdaten. Teilweise wird eine Erklärung, dass die Angaben in der Meldung wahr und vollständig sind, gefordert. Die Abfrage nicht notwendiger Angaben ist problematisch.

3. Beschwerdeweg: Belehrungen durch die Netzwerkanbieter

Wegen ihrer *Abschreckungswirkung* sind je nach Ausgestaltung Warnungen von Netzwerkanbietern vor Absenden der Beschwerde nicht unbedenklich. Wird sehr nachdrücklich vor Absenden der Beschwerde gewarnt, kann der Eindruck entstehen, Netzwerkanbieter wollten sich ihrer Prüflast entledigen, statt die Beschwerdeführer*innen zu schützen. Problematisch können in diesem Zusammenhang etwa sein: der Hinweis von Netzwerkanbietern, bei falscher Bezichtigung machten sich Beschwerdeführer*innen ggf. selbst strafbar oder könnten aus der Community ausgeschlossen werden, oder die Empfehlung, ggf. eine*n Rechtsanwält*in hinzuzuziehen. Dasselbe gilt für den Hinweis, bei „falschen" Meldungen könne sich die Wahrscheinlichkeit verringern, dass zukünftige Meldungen überprüft oder akzeptiert werden.

Bei einigen Netzwerkanbietern finden sich Warnungen, denen Abschreckungswirkung zukommt oder je nach Kontext zukommen kann. So etwa werden Beschwerdeführer*innen bei einem Netzwerkanbieter vor einem Ausschluss aus der Community gewarnt.[84] Ein anderer Netzwerkanbieter empfiehlt, ggf. eine*n Rechtsanwält*in hinzuzuziehen.[85] Ein Netzwerkanbieter belehrt: „Ich verstehe, dass sich durch die Einsendung unvollständiger, ungültiger oder falscher Meldungen die Wahrscheinlichkeit verringern kann, dass diese Meldung (sowie zukünftige Meldungen) von den

83 Facebook laut Bericht Monitoringstelle 1. Testzyklus, S. 8.
84 Twitter laut Bericht Monitoringstelle 1. Testzyklus, S. 34.
85 Facebook laut Bericht Monitoringstelle 1. Testzyklus, S. 8.

(...) Systemen überprüft oder akzeptiert werden."[86] Unvollständige, ungültige oder falsche Meldungen reduzieren weder die Störerhaftung von Intermediären in zukünftigen Fällen noch verschieben sie die Darlegungslast zulasten von Beschwerdeführer*innen. Entsprechende Hinweise sind daher sehr problematisch.

Teils geäußerte Befürchtungen einer hohen Zahl *missbräuchlicher Meldungen*, also solcher Meldungen, die erkennbar oder angesichts der Eindeutigkeit höchstwahrscheinlich in Kenntnis der Rechtmäßigkeit des Inhalts gemacht werden, etwa um Poster*innen gemeldeter Inhalte zu schikanieren oder den Arbeitsaufwand der Netzwerkanbieter zu erhöhen, haben sich laut Angaben der Netzwerkanbieter nicht realisiert. Eine Schätzung sei schwierig. Ein Netzwerkanbieter gibt an, dass zwar viele Meldungen sich auf Inhalte bezögen, die nicht rechtswidrig seien (1. Halbjahr 2019: 76,62 %), dass zumeist aber keine Hinweise auf Missbrauch vorlägen. Soweit ersichtlich, hatten missbräuchliche Meldungen bisher keine Konsequenzen für die Beschwerdeführer*innen. Ein Netzwerkanbieter weist jedoch darauf hin, dass missbräuchliche Meldungen für kleinere Netzwerkanbieter problematisch sein könnten und sieht dort eine Gefahr von Overblocking (zu Overblocking s. B. II. 11.).

4. § 3 Abs. 1 NetzDG: Beschwerdeführer*innen

§ 3 Abs. 1 S. 2 NetzDG beschränkt die in Abs. 2 ausdifferenzierten Anforderungen an das Beschwerdeverfahren auf „Nutzer". Dieser Begriff entspricht laut Gesetzbegründung dem Nutzerbegriff in § 2 S. 1 Nr. 3 TMG[87] und erfasst damit „jede natürliche oder juristische Person, die Telemedien nutzt, insbesondere um Informationen zu erlangen oder zugänglich zu machen". Nutzer kann folglich auch sein, wer selbst nicht registriert ist.[88] Nicht erfasst sind dagegen Dritte, insbesondere Betroffene rechtswidriger Inhalte (z.B. Tatopfer von Straftaten gegen die persönliche Ehre wie etwa Beleidigungen), solange sie selbst nicht auf Inhalte zugreifen und damit (registrierte oder nicht-registrierte) Nutzer*innen des sozialen Netzwerks werden. Neben Nutzer*innen können auch Beschwerdestellen Inhalte nach NetzDG melden, wie sich aus § 2 Abs. 2 Nr. 3, 7 und 8 NetzDG er-

86 Twitter laut Bericht Monitoringstelle 1. Testzyklus, S. 34.
87 BT-Drucks. 18/12356, S. 18.
88 So auch Spindler/Schmitz/*Liesching*, TMG, 2. Aufl. 2018, § 1 NetzDG Rn. 53.

gibt. Hinweise zu Aufgaben und Stellung der Beschwerdestellen finden sich in den Gesetzesmaterialien nicht.

Alle Netzwerkanbieter haben Beschwerdeverfahren sowohl für registrierte als auch für nicht registrierte Nutzer*innen eingerichtet. Dazu, wie viele Beschwerden jeweils übermittelt werden, liegen keine Angaben vor. Als Beschwerdestellen sind Eco – Verband der Internetwirtschaft e.V.,[89] jugendschutz.net[90] und FSM[91] in Erscheinung getreten. Der Anteil von Beschwerden durch Beschwerdestellen unterscheidet sich unter den Netzwerkanbietern stark: Beschwerden von Beschwerdestellen machen zwischen null Prozent und einem Drittel der Beschwerden aus.[92] Dabei weist ein Netzwerkanbieter darauf hin, dass diese Zahlen auf der Angabe der Beschwerdeführer*innen beruhen und die Richtigkeit dieser Angabe vom Netzwerkanbieter nicht überprüft werden kann.[93]

Die Abhilfequote bei Beschwerden von Beschwerdestellen ist etwas höher als bei Beschwerden durch Einzelpersonen. Beschwerden von Beschwerdestellen wird in 18,08 % der Fälle und damit bei vielen Netzwerkanbietern etwas häufiger stattgegeben als Beschwerden von Einzelpersonen (Stattgabe 14,05 %).[94] Als Grund wird angegeben, Beschwerdestellen meldeten nicht rechtsmissbräuchlich. Es erscheint jedenfalls plausibel, dass wegen größerer Erfahrung und vertiefter Rechtskenntnisse der Beschwerdestellen weniger Inhalte gemeldet werden, die nur aus Laiensicht rechtswidrig zu sein scheinen. Zudem könnte hinzukommen, dass Meldungen von Beschwerdestellen von einigen Netzwerkanbietern ernster genommen und sorgfältiger geprüft werden. Bei einem Netzwerkanbieter gibt es allerdings laut Angaben im Fragebogen keine nennenswerten Unterschiede zwischen Entfernungen auf Beschwerden von Einzelpersonen und von Beschwerdestellen. Im Zeitraum von Januar bis Juni 2019 seien bei diesem Anbieter 24,5% der von Nutzer*innen als rechtswidrig gemeldeten Inhalte

---

89 ZEIT online, Netzwerkdurchsetzungsgesetz findet kaum Anwendung, 12.03.2019, https://www.zeit.de/politik/deutschland/2019-03/netzdg-netzwerkdurchsetzungsgesetz-jahresbericht-eco-beschwerdestelle?print, (zul. abgerufen am 15.05.2020).

90 Spindler/Schmitz/*Liesching*, TMG, 2. Aufl. 2018, § 2 NetzDG Rn. 17.

91 Twitter Transparenzbericht 1/2019.

92 Change.org 0 %, Facebook rund 18,2 %, Instagram rund 20,5%, Reddit rund 3,5%, YouTube rund 32,5% (jeweils laut Transparenzbericht 1/2019).

93 YouTube Transparenzbericht 1/2019, S. 3.

94 Stattgabequoten im 1. Halbjahr 2019 unter Einbeziehung von Change.org, Facebook, Instagram, Reddit, Twitter und YouTube; vgl. Anhang.

entfernt worden, bei den von Beschwerdestellen gemeldeten Inhalten seien es 20,1%, also sogar etwas weniger.

Die Beschwerdestellen sind damit wichtige Akteure zur Erreichung des gesetzgeberischen Zwecks des NetzDG.

5. § 3 Abs. 1 S. 1 NetzDG: rechtswidrige Inhalte

Der Begriff „rechtswidriger Inhalt" ist in § 1 Abs. 3 NetzDG legaldefiniert. Danach sind dies Inhalte, die einen der genannten Tatbestände erfüllen und nicht gerechtfertigt sind. Auf die Schuld des*der Poster*in kommt es also nicht an. Soweit in der Literatur ein Bruch mit der herkömmlichen Strafrechtsdogmatik kritisiert wird, da nach dieser nur Taten, nicht aber Inhalte strafbar sein könnten,[95] soll dies einen Verstoß der Regelung gegen das verfassungsrechtliche Bestimmtheitsgebot belegen.[96] Da die Einhaltung verfassungsrechtlicher Maßstäbe nicht Bestandteil dieser Evaluation ist, ist hier nur zu beleuchten, ob und wie der Begriff „rechtswidrige Inhalte" sich in der Praxis operationalisieren lässt. Das NetzDG ist von vornherein kein Teil des Strafrechts, sondern setzt auf der allgemeinen zivilrechtlichen Störerhaftung auf. Wie auch sonst im Rahmen der Störerhaftung löst jeder objektiv rechtswidrige Beitrag die Prüf- und Entfernungspflicht aus, unabhängig davon, ob der subjektive Tatbestand erfüllt ist. Mit der Aufzählung bestimmter Straftatbestände in § 1 Abs. 3 NetzDG wollte der Gesetzgeber nicht suggerieren, dass sich die Poster*innen gemeldeter Inhalte nach diesen strafbar gemacht haben müssen, um Pflichten der Netzwerkanbieter auszulösen. Vielmehr dient § 1 Abs. 3 NetzDG dazu, den Anwendungsbereich des NetzDG auf Inhalte mit großem Schädigungspotential zu beschränken.

Dafür, dass der Begriff des rechtswidrigen Inhalts in der Praxis etwa wegen einer Prüfung des subjektiven Tatbestands zu Schwierigkeiten bei der Subsumtion führt, sind keine Anhaltspunkte ersichtlich. Dies könnte daran liegen, dass die Netzwerkanbieter den subjektiven Tatbestand außer Betracht lassen, oder daran, dass sie bei Verwirklichung des objektiven Tatbestands der in § 1 Abs. 3 NetzDG aufgeführten Delikte in der Regel auf das Vorliegen des subjektiven Tatbestands schließen können.

---

95 Spindler/Schmitz/*Liesching*, TMG, 2. Aufl. 2018, § 1 NetzDG Rn. 73.
96 Ebd.

6. § 3 Abs. 1 S. 1 NetzDG: wirksames und transparentes Verfahren für den Umgang mit Beschwerden

§ 3 Abs. 1 S. 1 NetzDG verpflichtet die Netzwerkanbeter zu einem wirksamen und transparenten Verfahren für den Umgang mit Beschwerden.

Die Anforderung „wirksam" wird durch § 3 Abs. 2 und 3 NetzDG konkretisiert, die Anforderung „transparent" durch §§ 2, 3 Abs. 1 S. 2, Abs. 2 Nr. 3a und Nr. 5 NetzDG abgesichert.[97] Die Konkretisierungen bzw. Absicherungen sind jedoch nicht zwingend abschließend zu verstehen. Eine Praxis der Netzwerkanbieter, die der Wirksamkeit oder Transparenz in einer Weise widerspräche, die in §§ 2, 3 NetzDG nicht explizit angesprochen ist, wäre ebenfalls gesetzeswidrig. So lässt sich aus der Anforderung „wirksam" etwa ableiten, dass das Beschwerde- und das Prüfverfahren in einer Sprache angeboten werden müssen, die von den meisten potenziellen Nutzer*innen im Inland verstanden wird. Dies ist jedenfalls die Sprache, in der die Plattforminfrastruktur in Deutschland zur Verfügung steht und genutzt wird, in der Regel also Deutsch bzw. Englisch.

Die meisten Netzwerkanbieter bieten ein deutschsprachiges Beschwerde- und Prüfverfahren an. Es gibt aber Ausnahmen: So erfolgen etwa bei einem Netzwerkanbieter Antworten auf eine Beschwerde hin teils auf Deutsch, teils auf Englisch,[98] obwohl die Plattform in einer deutschen Version genutzt werden kann. Bei einer englischsprachigen Plattform erfolgt der Zugang zum NetzDG-Meldeformular nur in englischer Sprache, das Formular selbst ist aber auf Deutsch,[99] sodass Beschwerdeführer*innen auch davon ausgehen können, es auf Deutsch ausfüllen zu dürfen.

Darüber hinaus wird die Praxis bei den jeweiligen konkretisierenden Tatbestandsmerkmalen dargestellt.

7. § 3 Abs. 2 Nr. 1 NetzDG: unverzügliche Kenntnisnahme und Prüfung

a) „unverzüglich Kenntnis nimmt"

Nach § 3 Abs. 2 Nr. 1 NetzDG muss der Netzwerkanbieter unverzüglich von der Beschwerde Kenntnis nehmen und diese prüfen. Versteht man „unverzüglich" als „ohne schuldhaftes Zögern" und im Lichte von § 3

97 Ähnlich ebd. Rn. 3.

98 Facebook laut Bericht Monitoringstelle 1. Testzyklus, S. 8 f.

99 Reddit Transparenzbericht 1/2019, Kap. 2A.

Abs. 2 Nr. 2 NetzDG, der eine Entfernung unter bestimmten Umständen schon innerhalb von 24 Stunden verlangt, wird „unverzüglich“ hier für die Kenntnisnahme einen Zeitraum von in der Regel nicht mehr als 24 Stunden meinen; für die Prüfung einen Zeitraum von in der Regel bis zu sieben Tagen (vgl. § 3 Abs. 2 Nr. 3 NetzDG).

Ob die Netzwerkanbieter stets unverzüglich Kenntnis nehmen, lässt sich nicht überprüfen (anders aber, ob sie in den vorgegebenen Fristen über die Beschwerde entscheiden (s.u.)).

b) „prüft, ob der in der Beschwerde gemeldete Inhalt rechtswidrig und zu entfernen oder der Zugang zu ihm zu sperren ist“

aa) Prüfverfahren: Verhältnis von NetzDG und Gemeinschaftsstandards

Das NetzDG stellt keine konkreten Anforderungen auf, wie das Prüfverfahren selbst ausgestaltet sein muss. Insbesondere verhält es sich nicht ausdrücklich dazu, inwiefern bei einer Meldung nach NetzDG zunächst das allgemeine Prüfverfahren von Meldungen nach Gemeinschaftsstandards durchlaufen und der Inhalt schon auf dieser Grundlage entfernt werden darf (allg. zum Verhältnis des NetzDG zu Gemeinschaftsstandards s.o. A. II.).

Versteht man als vorrangiges gesetzgeberisches Ziel einer NetzDG-Beschwerde die Entfernung aller gem. § 1 Abs. 3 NetzDG rechtswidrigen Beiträge oder geht man von einer Nachrangigkeit eines NetzDG-konformen Prüfverfahrens auch bei „Beschwerden über rechtswidrige Inhalte“ gem. NetzDG aus, so wird dieses Ziel auch erreicht, wenn die Netzwerkanbieter vorrangig nach Gemeinschaftsstandards prüfen und ggf. entfernen. Betrachtet man als Ziel einer NetzDG-Beschwerde hingegen, formell ein Prüfverfahren nach § 3 NetzDG mit allen daran gestellten Anforderungen auszulösen, so stellt für diese ein vorgeschaltetes Prüfverfahren entsprechend den Meldungen nach Gemeinschaftsstandards auch (oder sogar gerade) im Falle der Löschung eine zumindest partielle Umgehung des NetzDG dar.

Denn im Ansatz keine Rolle spielen bei einem Prüfverfahren wegen Verletzung der Gemeinschaftsstandards die im NetzDG gesetzlich verankerten Garantien für die Beschwerdeführer*innen, namentlich die Fristen aus § 3 Abs. 2 Nr. 2 und 3 NetzDG, die Benachrichtigungspflicht aus § 3 Abs. 2 Nr. 5 NetzDG sowie insbesondere die gesetzlichen Verfahrensanforderungen, die einen angemessenen Interessenausgleich zwischen Betroffenen und Poster*innen (§ 3 Abs. 2 Nr. 3 lit. a NetzDG) oder bestimmte Qualitätsanforderungen an die Prüfung (§ 3 Abs. 4 NetzDG) sicherstellen sollen.

Einige dieser Pflichten können grundsätzlich von den Netzwerkanbietern auch bei einer vorrangigen Prüfung entsprechend der Beschwerden über die Verletzung von Gemeinschaftsstandards eingehalten werden. So können die NetzDG-Fristen unabhängig vom Löschgrund eingehalten werden, soweit sie prioritär behandelt, auch bei Beschwerden gegen Gemeinschaftsstandards ohnehin eingehalten oder noch im Rahmen der Frist bei Übereinstimmung mit den Gemeinschaftsstandards eigenständig mit Blick auf das NetzDG geprüft werden. Die Informations- und Begründungspflicht des § 3 Abs. 2 Nr. 5 NetzDG oder die Beweissicherungspflichten laufen nicht leer, wenn entsprechende Mitteilungen oder Sicherungen auch bei Bejahung eines Verstoßes gegen Gemeinschaftsstandards vorgenommen werden. Die Qualitätssicherungen gem. § 3 Abs. 4 NetzDG sind freilich nur eingehalten, wenn sie entweder auch im Meldeverfahren wegen Verstoßes gegen Gemeinschaftsstandards eingehalten werden oder bei „Beschwerden über rechtswidrige Inhalte“ i.S.d. NetzDG eine nachgelagerte, eigene Prüfung erfolgt.

Die meisten Netzwerkanbieter prüfen auch ausdrücklich wegen Verstoßes gegen das NetzDG gemeldete Inhalte zunächst auf einen Verstoß gegen ihre jeweiligen Gemeinschaftsstandards. Nur wenn ein solcher nicht vorliegt, wird in einem zweiten Schritt geprüft, ob der Inhalt rechtswidrig i.S.d. § 1 Abs. 3 NetzDG ist[100] – damit aktualisieren sich hier bei den nach Gemeinschaftsstandards gelöschten oder gesperrten Inhalten regelmäßig die vorangehend genannten Abweichungen von Vorgaben des NetzDG. Ein Netzwerkanbieter dagegen prüft eine Beschwerde erst auf Rechtswidrigkeit i.S.d. NetzDG, dann auf Verstoß gegen Gemeinschaftsstandards.[101]

Ob ausdrücklich als rechtswidrige Inhalte i.S.d. § 1 Abs. 3 NetzDG gemeldete Inhalte von den Netzwerkanbietern teilweise ungeprüft blieben, lässt sich nicht ermitteln. Zwar hat die Monitoringstelle nach § 3 Abs. 5 NetzDG entsprechende Zahlen von Beschwerden, auf die keine Reaktion erfolgte, erhoben. Allerdings wird hier nicht zwischen Beschwerden nach NetzDG und Beschwerden wegen Verstoßes gegen Gemeinschaftsstandards differenziert. Da viele Netzwerkanbieter Beschwerdeführer*innen

100 So ausdrücklich Facebook und Instagram im jeweiligen Transparenzbericht 1/2019, S. 3; Reddit Transparenzbericht 1/2019, Kap. 2B; Twitter Transparenzbericht 1/2019; YouTube Transparenzbericht 1/2019, S. 18.

101 Change.org Transparenzbericht 1/2019.

bei Prüfung nach Gemeinschaftsstandards nicht benachrichtigen, könnte sich die Zahl der vermeintlich ignorierten Meldungen auch daraus ergeben, dass allein auf einen Verstoß gegen Gemeinschaftsstandards hin gemeldete und geprüfte Inhalte nicht entfernt wurden, weil sie aus Sicht des Netzwerkanbieters nicht gegen Gemeinschaftsstandards verstießen.

bb) Ausgestaltung der Prüfung nach NetzDG

Das NetzDG macht keine näheren Vorgaben zur Ausgestaltung des Prüfverfahrens im Einzelnen.

Soweit aus den Transparenzberichten ersichtlich, haben die Netzwerkanbieter für „Beschwerden über rechtswidrige Inhalte" alle ein *gestuftes Prüfverfahren* mit mehreren Eskalationsstufen eingerichtet: In der Regel erfolgt zunächst eine Prüfung durch interne oder externe Sachbearbeiter*innen, bei Schwierigkeiten wird dann die Rechtsabteilung und anschließend ggf. noch eine externe Rechtsanwaltskanzlei tätig. Welche Stufen unternehmensintern erfolgen und welche an Externe delegiert werden, unterscheidet sich je nach Netzwerkanbieter.[102] Bei einer Gruppe von Netzwerkanbietern sind die für NetzDG-Beschwerden zuständigen Personen dieselben wie die für Verstöße gegen Gemeinschaftsstandards Zuständigen,[103] bei den anderen Netzwerkanbietern sind dagegen unterschiedliche Bear-

102 Bei Change.org etwa wird jeder Beschwerdegegenstand zunächst von einem deutschen Team beurteilt; in schwierigen Fällen wird zunächst im deutschen Team und mit dem globalen Policy Team beraten und im Zweifel externer Rechtsrat eingeholt (Change.org Transparenzbericht 1/2019, Kap. 3.1.). Bei Facebook und Instagram werden NetzDG-Beschwerden, die nicht bereits wegen Verstoßes gegen Gemeinschaftsstandards gelöscht wurden, zunächst durch Mitglieder von Partnerunternehmen in Dublin und Austin überprüft. In schwierigen Fällen wird die Beschwerde an einen Facebook-Mitarbeiter weitergeleitet. Kommt auch dieser zu keinem eindeutigen Ergebnis, wird der Rat externer deutscher Rechtsanwälte eingeholt (Facebook bzw. Instagram Transparenzbericht 1. Halbjahr 2019, Kap. 4A.). Bei Twitter werden Beschwerden nach NetzDG teils von internen, teils von externen Personen geprüft (Twitter Transparenzbericht 1. Halbjahr 2019). Bei YouTube ist zuerst ein Sachbearbeiter mit der Beschwerde erfasst, der diese bei Bedarf einem Senior Content Reviewer übergibt. Komplexe Beschwerden gehen zunächst an die YouTube-Rechtsabteilung, dann ggf. an die Google Germany GmbH-Rechtsabteilung und anschließend bei Bedarf an eine externe Rechtsanwaltskanzlei (YouTube Transparenzbericht 1/2019, S. 19).

103 Change.org Transparenzbericht 1/2019.

beitungsteams zuständig.[104] Unterschiedliche Bearbeitungsteams werfen bei einem gestuften Prüfverfahren die zuvor genannten Fragen auf.

8. § 3 Abs. 2 Nr. 2 NetzDG: Entfernung / Sperrung offensichtlich rechtswidriger Inhalte innerhalb von 24 Std.

a) Differenzierung zwischen „offensichtlich rechtswidrig“ und „rechtswidrig“

Das NetzDG differenziert zwischen „offensichtlich rechtswidrigen Inhalt(en)“, § 3 Abs. 2 Nr. 2 NetzDG, die innerhalb von 24 Stunden zu entfernen bzw. zu sperren sind, und (bloß) „rechtswidrigen Inhalt(en)“, § 3 Abs. 2 Nr. 3 NetzDG, die innerhalb von in der Regel sieben Tagen zu entfernen bzw. zu sperren sind.

Zweck der Differenzierung ist, evident rechtswidrige Inhalte so schnell wie möglich zu entfernen.[105] Diese stellen häufig zugleich besonders schwere Rechtsgutsverletzungen dar. Aus der Offensichtlichkeit des Verstoßes folgt in der Regel eine besondere Missachtung der rechtlichen Grenzen.[106] Andererseits soll eine sorgfältige Prüfung der Netzwerkanbieter gewährleistet werden, soweit dies erforderlich ist.[107]

In der juristischen Literatur wird diskutiert, wann Offensichtlichkeit vorliegt und ob die Netzwerkanbieter eine Unterscheidung zwischen offensichtlich rechtswidrigen Inhalten und bloß rechtswidrigen Inhalten überhaupt treffen können. Laut Gesetzesbegründung liegt Offensichtlichkeit vor, wenn keine vertiefte Prüfung erforderlich ist, insbesondere bei evidenten Fällen von Hasskriminalität und Gewaltverherrlichung.[108] Dass Offensichtlichkeit angesichts der Kontextgebundenheit von Äußerungen und der in der Regel daraus resultierenden komplexen Grundrechtsabwägung je vorliegt, wird von Teilen der Literatur und der Praxis bestritten.[109] Hier ließe sich einwenden, dass etwa Fälle eindeutiger Formalbeleidigun-

104 YouTube Transparenzbericht 1/2019, S. 21.
105 BT-Drucks. 18/12356, S. 22.
106 Vgl. auch *Eifert*, Das Netzwerkdurchsetzungsgesetz und Plattformregulierung, in: Eifert/Gostomzyk (Hrsg.), Netzwerkrecht, S. 9, 17.
107 BT-Drucks. 18/12356, S. 23.
108 Ebd., S. 22.
109 Spindler/Schmitz/*Liesching*, TMG, 2. Aufl. 2018, § 3 NetzDG Rn. 14 f.; ebenso eine Schwerpunkt-StA im Fragebogen.

gen,[110] bewusst unwahrer strafbarer Tatsachenbehauptungen oder „plumper“ und eindeutiger Holocaust-Leugnung (§ 130 Abs. 3 StGB), die keine umfassende Abwägung nach sich ziehen, auch angesichts der grundsätzlich meinungsfreundlichen Rechtsprechung des Bundesverfassungsgerichts[111] möglich sind.[112] Grundsätzlich ist die Offensichtlichkeit jedenfalls ein übliches juristisches Differenzierungskriterium.[113]

Für die Frage, ob der Inhalt offensichtlich rechtswidrig ist, kommt es nach Systematik, Sinn und Zweck auf die Sicht einer*s durchschnittlich geschulten Prüfer*in an.[114] Daraus ergibt sich, dass Inhalte in seltenen Sprachen, die niemand im Prüfteam beherrscht, selbst dann nicht offensichtlich rechtswidrig sind, wenn ihre Bewertung leicht fiele, wäre der Inhalt in deutscher Sprache.

In der Praxis muss sich die genaue Abgrenzung zwischen offensichtlich rechtswidrigen und nicht offensichtlich rechtswidrigen Inhalten noch herausbilden. Das Kriterium der „Offensichtlichkeit“ wird unterschiedlich bewertet. Bedenkt man, dass den Transparenzberichten der Netzwerkanbieter zufolge der weitaus größte Teil der entfernten Inhalte innerhalb der 24-Stunden-Frist des § 3 Abs. 2 Nr. 2 NetzDG entfernt wird,[115] verliert die Unterscheidung an Brisanz: Ob all diese Inhalte von den Netzwerkanbietern als „offensichtlich rechtswidrig“ eingestuft werden oder ob alle Beschwerden ohne Differenzierung in der Regel innerhalb von 24 Stunden bearbeitet werden, ist aus diesen Zahlen unmittelbar nicht ersichtlich. Soweit Netzwerkanbieter zum Anteil offensichtlicher Inhalte in den Fragebögen Angaben gemacht haben, unterscheiden sich diese sehr: Ein Netzwerkanbieter gibt den Anteil offensichtlich rechtswidriger Inhalte mit 95% an, ein anderer mit 8,69%.

Die befragten Rechtsanwält*innen, NGOs, Berufsverbände und sonstigen Verbände halten überwiegend die Unterscheidung zwischen „rechtswidrig“ und „offensichtlich rechtswidrig“ für praktikabel und sachgerecht.

---

110 So auch *Höch* K&R 2017, S. 289 (291).

111 Vgl. nur BVerfGE 61, 1, 9; 85, 1, 15; 90, 241, 247.

112 Im Ergebnis so auch *Nolte* ZUM 2017, S. 552 (556).

113 So auch *Schwartmann* GRUR-Prax 2017, S. 317 f.

114 A.A. Spindler/Schmitz/*Liesching*, TMG, 2. Aufl. 2018, § 3 NetzDG Rn. 14, der auf den „unbefangenen Beobachter“ abstellt, welcher ohne juristische Kenntnisse über die Offensichtlichkeit nicht entscheiden könne.

115 Etwa Facebook Transparenzbericht 2/2018: rund 70,3% innerhalb von 24 Std.; Facebook 1/2019: rund 76,4%; YouTube Transparenzbericht 1/2019: rund 87,8% innerhalb von 24 Std; Change.org Transparenzbericht 1/2019: 98,8% innerhalb von 24 Std.

Die befragten Netzwerkanbieter halten die Unterscheidung dagegen einhellig für schwierig. Ein Netzwerkanbieter weist darauf hin, dass viele auf den ersten Blick „heftige" Äußerungen oft keinesfalls rechtswidrig seien. Ein anderer gibt an, abhängig vom Rechtsbereich seien offensichtlich rechtswidrige Inhalte häufiger oder seltener. Während in einigen Rechtsbereichen der Anteil der etwaig offensichtlich rechtswidrigen Inhalte besonders hoch zu sein scheine, etwa im Bereich der Pornographie, sei der Anteil in anderen Bereichen, etwa bei Persönlichkeitsrechtsverletzungen, besonders niedrig.

b) Kollision mit der Störerhaftung?

In der Literatur wird befürchtet, die 24-Stunden-Frist könne mit der vom BGH etablierten Störerhaftung kollidieren, die den Netzwerkanbieter verpflichte, vor der Entscheidung über Entfernen bzw. Sperrung des Inhalts Stellungnahmen des Nutzers wie des Beschwerdeführers einzuholen.[116] Eine solche Verpflichtung besteht jedoch nur, wenn die Einordnung des Inhalts aus Sicht des Netzwerkanbieters gerade nicht auf der Hand liegt.[117] In diesem Fall handelt es sich auch nicht um einen offensichtlich rechtswidrigen Inhalt i.S.d. § 3 Abs. 2 Nr. 2 NetzDG, sodass die Befürchtung eines Widerspruchs zur Störerhaftung unbegründet ist.

c) Frist von 24 Stunden für offensichtlich rechtswidrige Inhalte ausreichend?

Die Einschätzungen der Akteur*innen zur Länge der Frist fallen differenziert aus. Die 24-Stunden-Frist wird von den befragten Rechtsanwält*innen mehrheitlich für ausreichend lang erachtet. Laut einer befragten NGO ist die Frist von 24 Stunden für einige Inhalte sogar zu lang: Etwa bei Kinderpornographie sei eine unverzügliche Entfernung bzw. Sperrung geboten.

Die Netzwerkanbieter stehen der 24-Stunden-Frist skeptischer gegenüber: Zwar konnte ein Netzwerkanbieter nach eigenen Angaben die Ent-

116 So Spindler/Schmitz/*Liesching*, TMG, 2. Aufl. 2018, § 3 NetzDG Rn. 17 unter Hinweis auf BGHZ 191, 219.

117 BGH, Versäumnisurt. v. 25.10.2011 - VI ZR 93/10 -, juris, Rn. 25; MüKo-BGB/*Wagner*, 7. Aufl. 2017, § 823 Rn. 751.

fernungsfrist des § 3 Abs. 2 Nr. 2 NetzDG bisher für offensichtlich rechtswidrige Inhalte stets einhalten. Ein anderer Netzwerkanbieter weist im Fragebogen darauf hin, dass die Entfernungspflichten des NetzDG insbesondere bei langen Inhalten wie etwa Podcasts schwer zu erfüllen seien. Problematisch seien auch Meldungen am Wochenende; da sei zwar ein Bereitschaftsdienst eingerichtet, es sei aber schwierig, am Wochenende eine zweite Meinung einzuholen oder bei Inhalten in fremden Sprachen Übersetzer*innen zu erreichen (bei Inhalten in seltenen Sprachen liegt allerdings keine Offensichtlichkeit vor, s.o.). Angesichts dessen schlägt ein dritter Netzwerkanbieter vor, die starren Fristen durch „unverzüglich" (ohne schuldhaftes Zögern) zu ersetzen. Eine entsprechende erhebliche Flexibilisierung würde jedoch den Vollzugsaufwand für das BfJ bedeutend erhöhen.

Die 24-Stunden-Frist scheint damit grundsätzlich jedenfalls praktikabel. Probleme können sich in Ausnahmefällen ergeben, in denen sehr lange Inhalte zu prüfen sind: Je länger die Sichtung des Inhalts dauert, desto mehr verliert die 24-Stunden-Frist ihren Charakter als Prüf- und Entscheidungsfrist. Bei solchen Inhalten wäre aber auch ein Hinweis auf den oder die relevanten Zeitpunkt(e) des Inhalt als Bestandteil der Darlegungslast denkbar.

d) Differenzierung zwischen Löschung und Sperrung

Das NetzDG stellt Netzwerkanbietern frei, ob sie rechtswidrige Inhalte i.S.d. § 1 Abs. 3 NetzDG entfernen, also löschen, oder sie sperren. Insoweit ist jede Entscheidung der Netzwerkanbieter gesetzeskonform. Bei Löschung ist der Inhalt weltweit nicht mehr abrufbar. Bei Sperrung kann lediglich aus dem Inland nicht mehr auf den Inhalt zugegriffen werden.

Soweit ersichtlich, richten sich bestehende Differenzierungen der Netzwerkanbieter danach, ob es sich allein um einen Verstoß gegen das NetzDG handelt (dann Sperrung) oder (auch) gegen Gemeinschaftsstandards (dann Löschung).[118] Einige Netzwerkanbieter differenzieren nicht zwi-

---

118 Reddit Transparenzbericht 1/2019, Kap. 2B; YouTube Transparenzbericht 1/2019, S. 1; dagegen heißt es auf S. 18: „Im Rahmen unseres Prüfverfahrens prüft unser spezialisiertes NetzDG Team (...) den beanstandeten Inhalt auch anhand unserer weltweit geltenden Community-Richtlinien und sperrt (Hervorhebung durch die Verf.) ihn weltweit im Falle eines Verstoßes"; auf S. 19 heißt es dagegen wieder: „global entfernt oder lokal gesperrt".

schen Löschung und Sperrung. Rechtswidrige Inhalte werden dort stets gelöscht, nicht gesperrt.[119] Die Differenzierungsmöglichkeit des NetzDG erweist sich damit insbesondere für große global agierende Netzwerkanbieter als attraktiv. Soweit von ihr durch Sperrungen von Inhalten Gebrauch gemacht wird, wird diese dafür genutzt, die Entscheidung über den Zugang zu gemeldeten Inhalten jurisdiktionsabhängig zu treffen.

9. § 3 Abs. 2 Nr. 3 NetzDG: unverzügliche Entfernung / Sperrung (in der Regel nach sieben Tagen)

Ist ein Inhalt nicht offensichtlich rechtswidrig i.S.d. § 3 Abs. 2 Nr. 2 NetzDG, aber rechtswidrig, ist er gem. § 3 Abs. 2 Nr. 3 NetzDG in der Regel innerhalb von sieben Tagen nach Eingang der Beschwerde zu entfernen. Bedenkt man das Interesse der Betroffenen rechtswidriger Inhalte an möglichst unverzüglicher Entfernung, scheint eine Regelfrist von sieben Tagen angemessen. Geht man davon aus, dass in Fällen eines besonderen zeitlichen Rechercheaufwandes eine Ausnahme gem. § 3 Abs. 2 Nr. 3 lit. a NetzDG möglich ist, wird die Fristeinhaltung im Ergebnis zur Kapazitätsfrage. Sie verlangt von den Anbietern, zum Schutz der bedrohten Rechtsgüter die finanziellen und personellen Ressourcen für eine hinreichend schnelle Bearbeitung aller entsprechenden Beschwerden nach Eingang vorzuhalten.

In der Literatur wird teilweise pauschal in Frage gestellt, dass eine Frist von sieben Tagen ausreicht, um auch komplexe Sachverhalte zu prüfen und über die Rechtmäßigkeit bzw. Rechtswidrigkeit zu entscheiden.[120] Die Einschätzungen aus der Praxis sind differenzierter: Die befragten Rechtsanwält*innen halten die Siebentagesfrist mehrheitlich für ausreichend. Die Netzwerkanbieter kommen mit der Siebentagesfrist in den meisten Fällen gut zurecht. Sie weisen auf die Schwierigkeiten der Einhaltung in Sonderfällen hin, machen aber in der Breite keinen übermäßigen Ressourcenaufwand geltend. Schwierigkeiten können sich laut einem Anbieter aus technischen Problemen, komplexen Sachverhalten, bei denen externer Rat einzuholen ist, oder seltenen Sprachen ergeben. Die Beurteilung sei auch in Fällen schwierig, in denen es sich um lange Podcasts handele oder um fremdsprachige, etwa arabische Inhalte.

---

119 Change.org Transparenzbericht 1/2019, Kap. 3.1; SoundCloud Transparenzbericht 2018.

120 *Heckmann/Wimmers* CR 2017, S. 310 (314).

Die von den Netzwerkanbietern genannten Problemfälle werden teilweise durch die Ausnahmeregelung des § 3 Abs. 2 Nr. 3 lit. a und lit. b NetzDG abgefangen: Danach darf die Regelfrist von sieben Tagen überschritten werden, wenn tatsächliche Umstände zu ermitteln sind und ggf. dem Nutzer Gelegenheit zur Stellungnahme eingeräumt wird oder wenn das soziale Netzwerk die Entscheidung einer Einrichtung der Regulierten Selbstregulierung überträgt. Notwendige Sachverhaltsermittlungen, zu der auch die Übersetzung aus einer im Prüfteam nicht beherrschten Fremdsprache gehört, erlauben danach eine Überschreitung der Frist.

Lit. a und b sind dabei nicht nur nach dem Wortlaut des § 3 Abs. 2 Nr. 3 NetzDG, sondern auch nach Sinn und Zweck abschließend zu verstehen: Sonst bestünde die Gefahr, dass die Siebentagesfrist, die grundsätzlich auch für schwierige Fälle ausreichen muss (s.o.), regelmäßig unter Verweis auf die schwierige Bewertung des Inhalts überschritten würde. Die Gesetzesmaterialien sorgen hier scheinbar für Unklarheit, wenn es heißt, eine Überschreitung der Regelfrist komme auch dann in Betracht, wenn „das soziale Netzwerk innerhalb von sieben Tagen eine abschließende Entscheidung nicht mit der angemessenen Sorgfalt treffen kann“, weil die strafrechtliche Relevanz eines Inhalts schwierig zu bewerten ist.[121] Dies ist aber wohl nur als Verweis auf die Ausnahmetatbestände der lit. a und lit. b zu verstehen.[122] In welchen Fällen darüber hinaus Bedarf für die Überschreitung der Siebentagesfrist bestehen könnte, ist nicht ersichtlich. Insbesondere die von einem Netzwerkanbieter vorgebrachten technischen Schwierigkeiten fallen in die Sphäre des Anbieters; sie sollten in der Regel vor Ablauf der Wochenfrist behoben werden können.

Laut den Transparenzberichten der Netzwerkanbieter wird die Siebentagesfrist größtenteils nur selten überschritten.[123] Dies bestätigt die Einschätzung, dass die Frist für das Gros der Fälle angemessen ist.

---

121 BT-Drucks. 18/13013, S. 20.

122 A.A. Spindler/Schmitz/*Liesching*, TMG, 2. Aufl. 2018, § 3 NetzDG Rn. 19.

123 Etwa Change.org Transparenzbericht 1/2019: 0%; Instagram Transparenzbericht 1/2019: rund 15,79%; YouTube Transparenzbericht 1/2019: rund 1,73%.

10. Beschwerdeanzahl und Anzahl stattgebender Entscheidungen

a) Absolute Beschwerdeanzahl

Die absoluten Zahlen der bei den Netzwerkanbietern im ersten Halbjahr 2019 eingegangenen NetzDG-Beschwerden unterscheiden sich stark: Laut Angaben in den Transparenzberichten gingen bei einigen Netzwerkanbietern eine dreistellige, bei anderen eine sechsstellige Anzahl an Beschwerden ein.[124] Insgesamt ist die Beschwerdezahl zwischen dem ersten Halbjahr 2018 und dem ersten Halbjahr 2019 stark gestiegen: von rund 485.000 auf rund 806.000.[125]

Die sehr unterschiedlichen absoluten Beschwerdezahlen dürften von verschiedenen Faktoren abhängen, etwa von der unterschiedlichen Größe der Netzwerke, unterschiedlichen Nutzerklientelen oder unterschiedlichem Engagement der Beschwerdestellen. Welcher Faktor welchen Einfluss auf die Beschwerdezahlen der jeweiligen Netzwerkanbieter hat, kann hier nicht ermittelt werden. Jedenfalls dürfte auch die Ausgestaltung der Meldewege und das Verhältnis zur Prüfung wegen Verstoßes gegen Gemeinschaftsstandards (s. dazu A. II.) für die absolute Zahl der Meldungen, wie in den Transparenzberichten angegeben, eine Rolle spielen. In einigen Transparenzberichten tauchen nur diejenigen Inhalte auf, die nicht schon nach Gemeinschaftsstandards entfernt wurden, selbst wenn sie als NetzDG-Beschwerde gemeldet wurden oder unabhängig vom Meldeweg als rechtswidrig i.S.d. § 1 Abs. 3 NetzDG dargelegt wurden. Ein solches Verhalten rügt das BfJ gegenüber der Facebook Ireland Ltd. mit noch nicht rechtskräftigem Bußgeldbescheid vom 2. Juli 2019: Der gerügte Transparenzbericht führe nur einen Bruchteil der Beschwerden über rechtswidrige Inhalte i.S.d. NetzDG auf, da Nutzer*innen auf ein Flagging wegen Verstoßes gegen Gemeinschaftsstandards gelenkt würden und diese Beschwerden nicht im Transparenzbericht enthalten seien.[126]

Rückschlüsse darauf, wie viele Straftaten i.S.d. § 1 Abs. 3 NetzDG auf vom Anwendungsbereich des NetzDG erfassten Plattformen insgesamt be-

---

124 Change.org 948 Beschwerden, Facebook 500 Beschwerden, Instagram 146 Beschwerden betreffend 252 gemeldete Inhalte, Reddit 173 Beschwerden, Twitter 499.346 Beschwerden und YouTube 304.425 Beschwerden.

125 Unter Einbeziehung von Change.org, Facebook, Google+, Instagram, Reddit, Twitter und YouTube; vgl. Anhang.

126 Pressemitteilung des BfJ vom 3. Juli 2019, abrufbar unter https://www.bundesjustizamt.de/DE/Presse/Archiv/2019/20190702.html (zul. abgerufen am 15.05.2020).

gangen werden, lassen sich deswegen nicht ziehen. Auch in welchem Ausmaß das NetzDG zum Entfernen rechtswidriger Inhalte aus dem Netz beiträgt, ist damit nicht zu beziffern. Einer solchen Erfassung stünde jedoch ohnehin schon entgegen, dass jedenfalls bei manchen Anbietern erhebliche Anteile der Löschungen nach Gemeinschaftsstandards ohne vorherige Meldung auf Grundlage proaktiver eigener Suchalgorithmen erfolgen. Das NetzDG hat aber möglicherweise dazu beigetragen, dass Netzwerkanbieter ihre Gemeinschaftsstandards konkretisiert und deren Durchsetzung intensiviert haben, gerade weil eine Prüfung und Löschung nach Gemeinschaftsstandards jedenfalls aus Sicht einiger Netzwerkanbieter dazu führt, dass das NetzDG-Regime mit seinen Bußgeldvorschriften keine Anwendung findet.

Die insgesamt stark angestiegenen Beschwerdezahlen lassen sich unterschiedlich und jedenfalls nicht nur damit erklären, dass mehr rechtswidrige Inhalte gepostet werden: Denkbar ist, dass die Netzwerkanbieter die Zugänglichkeit der NetzDG-Meldung verbessert haben. Denkbar ist ebenso, dass das NetzDG insgesamt bekannter geworden ist und mehr Menschen rechtswidrige Inhalte melden.

b) Relative Anzahl von Löschungen bzw. Sperrungen im Verhältnis zum Beschwerdeaufkommen

Der Anteil von erfolgreichen NetzDG-Beschwerden, die also zur Entfernung jedenfalls eines Teils der gemeldeten Inhalte führen, ist im Berichtszeitraum Januar bis Juni 2019 ebenfalls sehr unterschiedlich hoch: Er beträgt je nach Netzwerkanbieter zwischen weniger als einem Zehntel und knapp zwei Dritteln.[127] Insgesamt ist er zwischen dem 1. Halbjahr 2018 und dem 1. Halbjahr leicht gesunken, von rund 17,94 % auf rund 14,66 %.[128]

Wie sich der insgesamt geringe Anteil erfolgreicher NetzDG-Beschwerden erklären lässt, kann hier nicht ermittelt werden. Angesichts der oben geschilderten Erfahrungen der Netzwerkanbieter liegt die Erklärung, es werde häufig missbräuchlich gemeldet, fern. Der geringe Anteil könnte auf ein Underblocking hindeuten. Angesichts der nicht nur für juristische

---

127 Change.org rund 8,6%; Facebook rund 31,8%; Instagram rund 26,0%; Reddit rund 63,6%; Twitter rund 9,4%; YouTube rund 23,4%.

128 Unter Einbeziehung von Change.org, Facebook, Twitter und YouTube; vgl. Anhang.

Laien teilweise sehr schwierigen Subsumtion von Inhalten unter die in § 1 Abs. 3 NetzDG aufgeführten Tatbestände kann die hohe Diskrepanz zwischen gemeldeten und daraufhin entfernten Inhalten jedoch auch damit erklärt werden, dass Beschwerdeführer*innen zahlreiche Inhalte für rechtswidrig halten, deren Äußerung jedoch von der Meinungsfreiheit noch gedeckt ist. Aus diesen Zahlen lässt sich daher weder der Rückschluss ziehen, das Beschwerdeverfahren werde systematisch missbraucht, noch, das Prüfverfahren der Netzwerkanbieter funktioniere unzureichend.

11. Strukturelle juristische Fehlbewertungen: Over- und Underblocking

a) Anreizstruktur

Eine eindeutige Beurteilung, ob das NetzDG die Netzwerkanbieter zu strukturellen juristischen Fehlbewertungen in Gestalt von *Overblocking* (Entfernen rechtmäßiger Inhalte) oder *Underblocking* (Unterlassen des Entfernens rechtswidriger Inhalte) verleitet, setzte eine umfassende inhaltliche Überprüfung voraus. Eine solche ist im Rahmen dieser Evaluation mangels überprüfbaren Entscheidungsmaterials nicht leistbar. Dargestellt werden können hier aber die vom NetzDG gesetzte Anreizstruktur und die Einschätzung der Akteur*innen.

Der Gesetzgeber hat jedenfalls die Gefahr des Overblockings gesehen und ist davon ausgegangen, dass sieben Tage für eine sorgfältige Prüfung, ggf. unter Einholung externer Expertise, ausreichten, um strukturellen Fehlbewertungen vorzubeugen.[129]

aa) Vorgefundene faktische und ökonomische Anreize

Bedenkt man das ökonomische Interesse der Netzwerkanbieter an einer möglichst hohen Anzahl von Nutzer*innen als Datenlieferant*innen und Werbeempfänger*innen, ist sowohl der Ruf, das Netzwerk overblocke und unterdrücke damit zulässige Meinungsäußerungen, als auch der, es underblocke und dulde damit Hate Speech, schädlich und daher nicht im In-

129 BT-Drucks. 18/12356, S. 23.

teresse des Netzwerkanbieters.[130] Während fälschlicherweise nicht entfernte Inhalte jedoch präsent bleiben und leicht ins Visier der Öffentlichkeit geraten können, wird die fälschliche Entfernung von Inhalten nur bekannt, wenn die Poster*innen die Öffentlichkeit aktivieren. Dies spricht im Ausgangspunkt für einen leichten Anreiz zugunsten der Entfernung von Inhalten.[131]

bb) Durch das NetzDG gesetzte Anreize

Gem. § 4 Abs. 1 Nr. 2 NetzDG handelt ordnungswidrig, wer entgegen § 3 Abs. 1 S. 1 NetzDG ein dort genanntes Verfahren (...) nicht oder nicht richtig zur Verfügung stellt. Ein Verfahren ist nach Wortlautauslegung sowie unter Berücksichtigung von Sinn und Zweck des Gesetzes sowohl dann nicht oder nicht richtig zur Verfügung gestellt, wenn systemisch zu viel entfernt wird (Overblocking), als auch im gegenteiligen Fall (Underblocking).[132] Die Bußgeldleitlinien des BMJV beziehen nicht ausdrücklich Stellung dazu, ob Bußgelder auch bei systemischem Overblocking verhängt werden können. Inhaltlich in Bezug genommen wird nur das Un-

---

130 So jedenfalls i.E. auch *D. Holznagel* CR 2019, S. 518 (524); *Eifert*, Das Netzwerkdurchsetzungsgesetz und Plattformregulierung, in: Eifert/Gostomzyk (Hrsg.), Netzwerkrecht, S. 9, 34; *Peifer* AfP 2018, S. 14 (19).

131 *Eifert*, Das Netzwerkdurchsetzungsgesetz und Plattformregulierung, in: Eifert/Gostomzyk (Hrsg.), Netzwerkrecht, S. 9, 34; *Elsaß/Labusga/Tichy* CR 2017, S. 234 (235); *Koreng* GRUR-Prax 2017, S. 203 (204 f.); *Liesching* MMR 2018, S. 26 (27 f.); a.A. *Lang* AöR 143 (2018), S. 220 (236): Da sich die Netzwerke durch Werbeeinnahmen finanzierten und diese mit der Zahl der Inhalte korrelierten, bestehe ein Anreiz, möglichst viele Inhalte stehenzulassen. Dazu komme die kulturelle Prägung amerikanischer Netzwerke, die die Meinungsfreiheit sehr weit gewährleiste. Stellt man auf die kulturelle Prägung amerikanischer Netzwerke ab, so darf man aber die im Vergleich zu Europa strengere Zensurpraxis hinsichtlich etwa sexuell expliziter oder Schimpfworte enthaltender Inhalte in den amerikanischen Medien nicht außer Acht lassen.

132 *Eifert*, Das Netzwerkdurchsetzungsgesetz und Plattformregulierung, in: Eifert/Gostomzyk (Hrsg.), Netzwerkrecht, S. 9, 35 f.; *Schiff*, MMR 2018, S. 366 (369); so wohl auch *Frenzel* JuS 2017, S. 414 (415); a.A. jdf. implizit *Feldmann* K&R 2017, S. 292 (295); *Nolte* ZUM 2017, S. 552 (558); *Wimmers/Heymann*, AfP 2017, S. 93 (98); explizit *Hong* https://verfassungsblog.de/das-netzdg-und-die-vermutung-fuer-die-freiheit-der-rede/ (zul. abgerufen am 15.05.2020); *Lang* AöR 143 (2018), S. 220 (234).

derblocking,[133] wobei die Bußgeldverhängung wegen Overblockings an keiner Stelle ausgeschlossen wird. Das NetzDG selbst schafft damit keinen größeren Anreiz, Inhalte im Zweifel zu entfernen, als im Zweifel nicht zu entfernen.[134] Bei in der Öffentlichkeit diskutierten Fällen des Overblockings wurde der Inhalt soweit ersichtlich wegen Verstoßes gegen Gemeinschaftsstandards, nicht gegen das NetzDG entfernt (siehe dazu Teil 2 B.).[135] Eine andere Frage ist es, inwieweit die Bußgeldandrohungen des NetzDG dazu anreizen, gegebenenfalls verstärkt auf Grundlage der Gemeinschaftsstandards zu löschen. Dies erscheint durchaus plausibel, kann aber mit dem vorliegenden Material nicht näher aufgeklärt werden und führt ohnehin zum Verhältnis der Gemeinschaftsstandards zum NetzDG zurück (vgl. oben A.).

b) Praxis

In Expert*innenkreisen lässt sich fast einhellig die Einschätzung vernehmen, dass sich die anfänglichen Befürchtungen eines Overblockings nicht bestätigt haben.[136] Einige Rechtsanwält*innen, NGOs, Berufsverbände und sonstige Verbände schätzen die Gefahr von Underblocking, andere die von Overblocking als größer ein.

Empirisch lässt sich ein Overblocking nicht belegen. Daraus, dass einige Netzwerkanbieter laut Monitoringstelle nicht auf alle Beschwerden überhaupt reagieren,[137] sowie aus den im Bericht der Monitoringstelle nach § 3 Abs. 5 NetzDG genannten Fallbeispielen, in denen etwaig rechtswidrige Inhalte nicht weiter geprüft wurden,[138] lässt sich (wenn überhaupt, s. oben B II. 7. b) aa)) allenfalls auf ein Underblocking schließen. Auch dies lässt sich mangels verlässlicher Daten aber nicht belegen.

---

133 Leitlinien des BMJV vom 22.03.2018, abrufbar unter: https://www.bmjv.de/SharedDocs/Downloads/DE/Themen/Fokusthemen/NetzDG_Bußgeldleitlinien.pdf?__blob=publicationFile&v=3 (zul. abgerufen am 15.05.2020), S. 7 f., z.B.: „dass bestimmte rechtswidrige Inhalte *nicht* gesperrt oder *nicht* gelöscht werden" „systematisch *keine* rechtswidrigen Inhalte gelöscht oder gesperrt werden" (S. 8; Hervorhebungen durch die Verf.).

134 A.A. *Guggenberger* NJW 2017, S. 2577; *B. Holznagel* ZUM 2017, S. 615 (623).

135 *D. Holznagel* CR 2019, S. 518 (519, 523).

136 So einhellige Meinung beim Expert Workshop des CEP vom 29.11.2019, Berlin; Ergebnis der Befragung von Rechtsanwält*innen, NGOs, Berufsverbänden und sonstigen Verbänden; für Hate Speech *D. Holznagel* CR 2019, S. 518 (520, 523).

137 S. oben B. II. 7. b) aa).

138 S. als Bsp. nur Datenblatt Erster Testzyklus, Report BFJCRM-936, S. 1107.

In der Literatur wird bemängelt, dass das Risiko einer falschen Einordnung teils sehr komplexer Sachverhalte beim Netzwerkanbieter liege.[139] Dem ist jedoch entgegenzuhalten, dass ein Risiko für die Netzwerkanbieter nur aus der Bußgeldbewehrung eines *systemischen* Verstoßes gegen Pflichten aus § 3 NetzDG herrühren kann, ein solcher systemischer Verstoß aber nicht vorliegt, soweit die Netzwerkanbieter ihren Pflichten durch den Einsatz geschulten Personals, das strukturell richtige rechtliche Bewertungen trifft, nachkommen: Laut den Bußgeldleitlinien des BMJV „können nur schuldhafte Verstöße gegen die organisatorische Vorgabe, ein Verfahren im Sinne des § 3 Absatz 1 Satz 1 NetzDG (Umgang mit Beschwerden) vorzuhalten, zu einem Bußgeld führen (§ 4 Absatz 1 NetzDG). Bleibt die rechtliche Bewertung bezüglich eines bestimmten Inhalts trotz zumutbarer Anstrengungen des Beschwerdemanagements im Einzelfall zweifelhaft, kann dem Netzwerk wegen der fehlerhaften Behandlung entsprechender Inhalte nachträglich kein Schuldvorwurf gemacht werden. Hierzu gehören Fälle, in welchen widersprechende Entscheidungen von Instanzgerichten vorliegen und es somit an einer höchstrichterlichen Klärung fehlt. Hierzu gehören auch Fälle, in welchen die Einschätzung der Rechtslage aus anderen Gründen rechtlich schwierig ist, etwa bei scharfen Äußerungen im politischen Meinungskampf oder satirischen Beiträgen, die sich an der Grenze zur Strafbarkeit bewegen."[140] Eine unbillige Abwälzung des Risikos falscher Einordnung einzelner komplexer Fälle auf die Netzwerkanbieter ist bei Berücksichtigung dieser Leitlinie fernliegend. Die Netzwerkanbieter haben es dagegen selbst in der Hand, durch Befolgung der gesetzlichen Pflichten, insbesondere den Einsatz kompetenten Personals in ausreichendem Maße, das Risiko struktureller Fehlbewertungen zu minimieren.

c) Zwischenergebnis Over- und Underblocking

Das NetzDG schafft weder einseitige Anreize für Overblocking noch für Underblocking. Die politische und mediale Diskussion war jedoch von Anfang an sehr auf die Gefahr des Overblockings fokussiert (s. dazu Teil 2 B.). Jedoch haben weder Netzwerkanbieter noch NGOs, Berufsverbände

---

139 Spindler/Schmitz/*Liesching*, TMG, 2. Aufl. 2018, § 3 NetzDG Rn. 20.

140 Leitlinien des BMJV vom 22.03.2018, S. 8, abrufbar unter: https://www.bmjv.de/SharedDocs/Downloads/DE/Themen/Fokusthemen/NetzDG_Bußgeldleitlinien.pdf?__blob=publicationFile&v=3 (zul. abgerufen am 15.05.2020).

und sonstige Verbände noch die Medien bisher berichtet, dass sich die Befürchtungen vor systematischem Overblocking realisiert hätten (vgl. auch oben Teil 2 B.). Die ursprünglich weit verbreitete Annahme, das NetzDG führe zu systematischem Overblocking, bleibt damit ohne umfassende inhaltliche Evaluation bloße Spekulation und erscheint angesichts mangelnder Hinweise aus den sensibilisierten Kreisen der Betroffenen oder der beobachtenden Medien unplausibel.

12. § 3 Abs. 2 Nr. 3 lit. a NetzDG: Anhörungsrechte vor der Entscheidung

Nach § 3 Abs. 2 Nr. 3 lit. a NetzDG kann der Netzwerkanbieter den von der Löschung bzw. Sperrung betroffenen Nutzer*innen vor der Entscheidung Gelegenheit zur Stellungnahme geben, wenn die Entscheidung über die Rechtswidrigkeit des Inhalts von der Unwahrheit einer Tatsachenbehauptung oder erkennbar von anderen tatsächlichen Umständen abhängt. Es handelt sich also um ein rein fakultatives Anhörungsrecht, das zudem schon aus Zeitgründen nur bei nicht offensichtlich rechtswidrigen Inhalten gewährt werden kann.

Die nur fakultative Anhörung vor der Entscheidung wird in der Literatur teils als unzureichend kritisiert.[141] Eine darüber hinausgehende Pflicht, die Beschwerde an den*die Poster*in weiterzuleiten, kann aber für Fälle, in denen der Netzwerkanbieter mit einer Beanstandung konfrontiert ist, die richtig oder falsch sein kann, schon aus der sich aus der allgemeinen Störerhaftung ergebenden Pflicht zur Sachverhaltsermittlung folgen.[142]

Von der Anhörungsmöglichkeit wird in der Praxis wenig Gebrauch gemacht. Einige Netzwerkanbieter haben im ersten Halbjahr 2019 gar keine Stellungnahmen eingeholt.[143] Dies begründet ein Netzwerkanbieter damit, dass die Mehrheit der NetzDG-Beschwerden schon unsubstantiiert sei.[144] Ein großer Netzwerkanbieter hat in demselben Zeitraum 17 Mal die

141 *Hain/Ferreau/Brings-Wiesen* K&R 2017, S. 433 (435); *Schiff* MMR 2018, S. 366 (368); *Steinbach* JZ 2017, S. 653 (660).

142 So für die allgemeine Störerhaftung BGH, Versäumnisurt. v. 25.10.2011 - VI ZR 93/10 -, juris, Rn. 25 ff; dazu *Eifert*, Das Netzwerkdurchsetzungsgesetz und Plattformregulierung, in: Eifert/Gostomzyk (Hrsg.), Netzwerkrecht, S. 9, 37.

143 Change.org, YouTube (Transparenzberichte 1/2019).

144 YouTube Transparenzbericht 1/2019, S. 7; „unsubstantiiert" bezieht sich in diesem Zusammenhang jedoch nicht auf eine Prüfpflicht nach NetzDG überhaupt erst auslösende Darlegungs- und Substantiierungslasten, sondern darauf, dass YouTube auch nach Bitte um weiterführende Informationen nicht über genü-

Stellungnahme nach § 3 Abs. 2 Nr. 3a NetzDG eingeholt.[145] Ein anderer großer Netzwerkanbieter nennt keine Zahlen, erwähnt aber die Kommunikation mit Nutzer*innen bei der Prüfung, ob eine Verleumdung vorliegt.[146] Ein weiterer Netzwerkanbieter führt in seinem Bericht aus, dass er in den im Berichtszeitraum eingetretenen sechs Fallkonstellationen, die sich unter § 3 Abs. 2 Nr. 3 lit. a NetzDG subsumieren ließen, deshalb von der Möglichkeit abgesehen habe, die Nutzer*innen zu Stellungnahme aufzufordern, weil die Beschwerdeführer*innen ihrerseits auf klärende Nachfragen des Netzwerkanbieters zuvor nicht reagiert hätten.[147]

Die befragten Rechtsanwält*innen, NGOs, Berufsverbände und sonstigen Verbände sprechen sich unter Verweis auf den Schutz der Meinungsfreiheit mehrheitlich für eine Ausweitung der Anhörungsrechte von Poster*innen gemeldeter Inhalte aus.

Angesichts der geringen Zahlen fakultativer Anhörungen und der unklaren richterrechtlichen Vorgaben aus der allgemeinen Störerhaftung ist jedenfalls für Fälle nicht-offensichtlicher Rechtswidrigkeit die Einführung einer obligatorischen Anhörung von Poster*innen vor der Entscheidung zu erwägen, um eine möglichst umfassende Tatsachengrundlage für die von Netzwerkanbietern zu treffende Abwägungsentscheidung zu garantieren.[148]

13. Erneute Überprüfung durch den Netzwerkwerkanbieter (ggf. auf Replik des*der Beschwerdeführer*in)

§ 3 NetzDG schreibt nicht vor, dass innerhalb des Netzwerks mehrere „Instanzen“ mit der Beschwerde befasst sein müssen. Einige Netzwerkanbieter überprüfen ihre Entscheidungen dennoch teilweise intern, sei es auf erneute Intervention des*der Beschwerdeführer*in hin, sei es im Rahmen eigener Kontrollen.

---

gend Kenntnisse des Sachverhalts verfügt, um über die Rechtswidrigkeit des Inhalts zu entscheiden.

145 Twitter Transparenzbericht 1/2019.

146 Facebook Transparenzbericht 1/2019, Kap. 9B: „Wir kommunizieren auch mit Nutzern, deren Inhalt als verleumderisch gemeldet wird, um zusätzliche Fakten oder Nachweise einzuholen, wenn dies für die Beurteilung der Rechtswidrigkeit des Inhalts erforderlich ist.“

147 Reddit Transparenzbericht 1/2019, S. 8.

148 *Eifert*, Das Netzwerkdurchsetzungsgesetz und Plattformregulierung, in: Eifert/Gostomzyk (Hrsg.), Netzwerkrecht, S. 9, 37.

Die Netzwerkanbieter erhalten, soweit Informationen vorliegen, auf eine Beschwerdeablehnung hin nur gelegentlich Rückmeldungen von Beschwerdeführer*innen. Bei einem Netzwerkanbieter erhalten Poster*innen laut Angaben im Fragebogen grundsätzlich eine entsprechende Nachricht mit einem Link zu einem Antragsformular auf Überprüfung der Entscheidung, wenn Inhalte aufgrund einer NetzDG-Beschwerde gelöscht werden. Ein anderer Netzwerkanbieter gibt an, in der Regel davon abzusehen, sich zu rechtfertigen und es bei der ersten, ablehnenden Benachrichtigung zu belassen.

Ein Netzwerkanbieter berichtet, er revidiere Entscheidungen selten und wenn, dann nach rein interner Kontrolle. Bei einem anderen kommt es laut Fragebogen nach nochmaliger interner Überprüfung in weniger als 1% der Fälle zu einer Änderung der Entscheidung. Ein dritter Netzwerkanbieter gibt an, es lägen keine Daten zu der Frage vor, wie oft Entscheidungen nach interner Kontrolle revidiert würden. Man führe aber regelmäßig interne Qualitätskontrollen durch, um sicherzustellen, dass die Durchsetzung der Gemeinschaftsrichtlinien und die rechtliche Prüfung nach dem NetzDG korrekt durchgeführt werden. Selbstverständlich prüfe man auch alle eingehenden Löschungsersuchen sorgfältig, wenn diese als erneute Beschwerde von denselben Beschwerdeführer*innen kommen oder neue Anträge auf Entfernung desselben Inhalts sind, allerdings von einer*m anderen Beschwerdeführer*in. Im Schnitt seien im Rahmen von Qualitätssicherungsmaßnahmen in den letzten Berichtszeiträumen im Schnitt ungefähr 30% der geprüften Inhalte der Vorwoche erneut überprüft worden.

Dass jedenfalls einige Netzwerkanbieter im Rahmen umfassender interner Qualitätskontrollen ihre Entscheidungen überprüfen und gegebenenfalls revidieren, zeugt von den Anstrengungen dieser Netzwerkanbieter, ihren Pflichten aus allgemeiner Störerhaftung und NetzDG umfassend nachzukommen.

14. § 3 Abs. 2 Nr. 4 NetzDG: Sicherung zu Beweiszwecken / Speicherung

Nach § 3 Abs. 2 Nr. 4 NetzDG müssen Netzwerkanbieter im Falle der Entfernung den Inhalt zu Beweiszwecken sichern und zu diesem Zweck für die Dauer von zehn Wochen innerhalb des Geltungsbereichs der Richtlinien 2000/31/EG und 2010/13/EU speichern. Verfassungs- und Europarechtskonformität dieser Regelung sind umstritten.[149]

---

149 *Wimmers/Heymann* AfP 2017, S. 93 (100 f.).

Die befragten Staatsanwaltschaften halten die Zehnwochenfrist überwiegend für zu kurz, jedenfalls, soweit die Inhalte im EU-Ausland gespeichert und deswegen Rechtshilfeersuchen erforderlich würden. Vor diesem Hintergrund ist eine Verlängerung der Speicherfrist zu erwägen. Dabei sind die datenschutzrechtlichen Vorgaben, insbesondere der datenschutzrechtliche Erforderlichkeitsgrundsatz, zu beachten.[150]

Darauf, dass die Speicherfrist nicht eingehalten würde, liegen keine Hinweise vor.

15. § 3 Abs. 2 Nr. 5 NetzDG: Informations- und Begründungspflicht

Gem. § 3 Abs. 2 Nr. 5 NetzDG muss der Netzwerkanbieter Beschwerdeführer*innen und betroffene Nutzer*innen über jede Entscheidung unverzüglich informieren und seine Entscheidung begründen. Die durch das NetzDG erstmals eingeführte Informations- und Begründungspflicht soll laut Gesetzentwurf sicherstellen, „dass ein Nutzer, der gegen die Entfernung oder Sperrung eines für ihn gespeicherten Inhalts vorgehen will, die geeigneten rechtlichen Schritte (...) zeitnah einleiten kann."[151] Vom Wortlaut nicht erfasst sind Betroffene rechtswidriger Inhalte, also Tatopfer, die weder Beschwerdeführer*innen noch Nutzer*innen sind. Diese könnten zwar gerade bei Antragsdelikten wie § 185 StGB (vgl. § 194 Abs. 1 S. 1 StGB) bei Nichtabhilfe ein Interesse an der Begründung haben; in der Regel werden dem Netzwerkanbieter jedoch keine Kontaktdaten vorliegen.

Die Begründung kann laut Gesetzentwurf in Multiple-Choice-Form gegeben werden.[152] Sie soll allein der Kenntnis über die Entscheidung und ihr Ergebnis, nicht der Einschätzung von Erfolgsaussichten eines gerichtlichen Vorgehens dienen.

Nach eigenen Angaben der Netzwerkanbieter haben alle ein Verfahren eingerichtet, das die Benachrichtigung und Begründung nach § 3 Abs. 2 Nr. 5 NetzDG sicherstellt. Soweit die Netzwerkanbieter in ihren Transparenzberichten Angaben zur Benachrichtigung nach § 3 Abs. 2 Nr. 5 NetzDG machen, wird nach Prüfung der Beschwerde stets der*die Beschwerdeführer*in informiert und die Entscheidung begründet. Die Benachrichtigung erfolgt in der Regel per Mail oder über das beim Netzwerkanbieter

150 S. dazu ebd. (100).
151 BT-Drucks. 18/12356, S. 23; vgl. auch BVerfG - 1 BvR 2314/18 - juris, Rn. 6.
152 BT-Drucks. 18/12356, S. 23.

eingerichtete Postfach.[153] Während ein Anbieter laut Fragebogen seine Entscheidung unter Angabe des rechtlichen Grundes begründet, gehen andere jedenfalls bei Ablehnung nicht auf konkret geprüfte Tatbestände ein. So heißt es bei einem Netzwerkanbieter laut Fragebogen, dass „wir keinen ausreichenden Anlass für eine Einschränkung der beanstandeten URLs feststellen" konnten.

Die Informations- und Begründungspflicht erweist sich damit als ein Gewinn für Nutzer*innen insbesondere gegenüber einer NetzDG-unabhängigen Prüfung allein auf Vereinbarkeit mit Gemeinschaftsstandards hin, die nicht bei allen Netzwerkanbietern mit Information und Begründung einhergeht (zum Problem bei einer vorrangigen Prüfung entsprechend der Beschwerden wegen Verstoßes gegen Gemeinschaftsstandards siehe oben B. II. 7. b) aa)).

16. § 3 Abs. 3 NetzDG: Dokumentation der Beschwerden und Abhilfemaßnahmen

Die Dokumentationspflicht des § 3 Abs. 3 NetzDG dient einerseits dem Monitoring nach § 3 Abs. 5 NetzDG (s. dazu B. IV.), andererseits der Beweissicherung für ein sich etwaig anschließendes gerichtliches Verfahren über die Rechtmäßigkeit einer Löschung.[154] Inwieweit der Gesetzeszweck erfüllt werden kann, ist jedoch fraglich: Da es an einer Ermächtigungsgrundlage der Monitoringstelle auf Herausgabe der gesicherten Daten fehlt, diese aber in der Regel gem. Art. 6 Abs. 1 DSGVO nötig ist, soweit die Dokumentation personenbezogene Daten (Dritter) enthält, kann diese auf die Dokumentation nicht zugreifen.[155]

Dazu, ob der Dokumentationspflicht nachgekommen wird, liegen keine Erkenntnisse vor.

---

153 Change.org Transparenzbericht 1/2019, Kap. 3.1: Begründung per Mail; Facebook Transparenzbericht 1/2019, Kap. 9A: per Mail oder bei angemeldeten Nutzern über das Facebook-Support-Postfach; Instagram Transparenzbericht 1/2019, Kap. 9A: per Mail; Reddit Transparenzbericht 1/2019, Kap. 2C: per Mail; Twitter Transparenzbericht 1/2019: per Mail.

154 BT-Drucks. 18/12356, S. 23.

155 Spindler/Schmitz/*Liesching*, TMG, 2. Aufl. 2018, § 3 NetzDG Rn. 34.

III. § 3 Abs. 4 NetzDG: Qualitätssicherung innerhalb des Netzwerkanbieters

1. § 3 Abs. 4 S. 1 NetzDG: Monatliche Kontrollen durch Leitung

§ 3 Abs. 4 S. 1 NetzDG verpflichtet die Leitung der Netzwerkanbieter, den Umgang mit Beschwerden durch monatliche Kontrollen zu überwachen. Unklar ist, wer mit „Leitung" gemeint ist; der Gesetzentwurf spricht wenig aussagekräftig von „hochrangig" / „von höchster Stelle".[156] Nach Sinn und Zweck muss die Kontrolle jedenfalls durch deutschsprachige Personen erfolgen, nicht also durch die in der Regel im Ausland ansässige Konzernleitung der Netzwerkanbieter. Eine Überprüfung kann ferner sinnvoll nur durch juristisch geschulte Mitarbeiter*innen erfolgen.

Wie die Kontrollen ausgestaltet sind, ist gesetzlich nicht genauer spezifiziert und liegt damit im Ermessen der Netzwerkanbieter. Der Zweck, organisatorische Unzulänglichkeiten im Sinne des § 3 Abs. 4 S. 2 NetzDG oder sonstige Fehler aufzudecken, muss aber erfüllt werden können.

Zwar haben die Netzwerkanbieter, soweit Angaben vorliegen, *Qualitätssicherungssysteme* eingerichtet. Die Position der mit den monatlichen Kontrollen befassten Personen innerhalb des Unternehmens bleibt jedoch meist unklar. Angaben zu monatlichen Kontrollen durch die Leitung sind nicht Teil der Transparenzpflichten des § 2 NetzDG, sodass die Netzwerkanbieter in den Transparenzberichten in der Regel keine entsprechenden Ausführungen machen. Aus Fragebögen und Transparenzberichten ergibt sich, dass bei einem Anbieter ein monatlicher Bericht an das Management (General Counsel) erstattet wird. Ein anderer Anbieter gibt an, das Management aus dem Policy- bzw. Moderationsteam kontrolliere regelmäßig den Umgang mit Beschwerden. Fälle würden gemeinsam besprochen und durchgegangen. Ebenso werde der Meldevorgang regelmäßig überprüft. Ein dritter Anbieter setzt zur Qualitätssicherung leitende Mitarbeitende des globalen Supportteams ein, ohne dass deutlich wird, ob diese Teil der Leitung des Unternehmens sind. Ein weiterer Anbieter setzt ein mit der Qualitätsprüfung befasstes Team ein – auch hier ist unklar, ob den Teammitgliedern leitende Funktionen zukommen.

---

156 BT-Drucks. 18/12356, S. 23; *Spindler* K&R 2017, S. 533 (536): „die gesellschaftsrechtlich vertretungsberechtigten, aber auch geschäftsführungsberechtigten Organe".

2. § 3 Abs. 4 S. 2 NetzDG: Beseitigung organisatorischer Unzulänglichkeiten

Gem. § 3 Abs. 4 S. 2 NetzDG müssen organisatorische Unzulänglichkeiten im Umgang mit eingegangenen Beschwerden unverzüglich beseitigt werden. Was „unverzüglich" bedeutet, hängt von Art und Ausmaß der Unzulänglichkeiten ab und lässt sich daher im Rahmen des § 3 Abs. 4 S. 2 NetzDG nicht genauer spezifizieren.

Der Begriff „organisatorische Unzulänglichkeiten" wird im Gesetzentwurf nicht erklärt. Aus der Gesetzessystematik ergibt sich, dass diese alle strukturellen Hindernisse im Umgang mit Beschwerden betreffen, die sich durch verbesserte Organisation und Arbeitsprozesse bei den Netzwerkanbietern beheben lassen.

Ob organisatorische Unzulänglichkeiten unverzüglich beseitigt werden, lässt sich mit den Mitteln dieser Evaluation nicht überprüfen. Allein von zwei Netzwerkanbietern liegen Angaben aus den Fragebögen vor: Organisatorische Unzulänglichkeiten seien bislang nicht festgestellt worden. Gegenteilige Angaben sind von den Netzwerkanbietern allerdings angesichts drohender Bußgelder auch nicht zu erwarten.

3. § 3 Abs. 4 S. 3 NetzDG: Schulungs- und Betreuungsangebote

Die von § 3 Abs. 4 S. 3 NetzDG geforderten halbjährlichen Schulungs- und Betreuungsangebote sollen laut Gesetzentwurf der unter Umständen psychisch sehr belastenden Tätigkeit der Bearbeiter*innen von Beschwerden Rechnung tragen.[157] Inhaltliche Anforderungen an die Angebote stellt das Gesetz nicht auf. Es fordert auch nicht, dass die Teilnahme an den Angeboten für Bearbeiter*innen obligatorisch ist.[158] Aus dem Gesetzeszweck folgt aber, dass die Schulungen nicht stets dieselben Inhalte vermitteln dürfen, sondern auch neue Inhalte enthalten müssen.[159]

Die Pflicht, halbjährlich Schulungs- und Betreuungsangebote anzubieten, wird von den Netzwerkanbietern[160] (soweit Informationen vorliegen) befolgt. Die Ausgestaltung des Schulungsangebots unterscheidet sich je-

157 BT-Drucks. 18/12356, S. 24.

158 So auch *Spindler* K&R 2017, S. 533 (536 f.), nicht regelmäßige Teilnahme weise aber auf organisatorische Unzulänglichkeiten hin.

159 So auch Spindler/Schmitz/*Liesching*, TMG, 2. Aufl. 2018, § 3 NetzDG Rn. 37.

160 Change.org, Facebook, Instagram, YouTube Transparenzberichte 1/2019.

doch. Vielfach ist die Teilnahme verpflichtend.[161] Ein Netzwerkanbieter gibt im Fragebogen an, Schulungen hätten meist wechselnde Inhalte, weil unterschiedliche externe Personen (eine Beraterin für die Umsetzung des NetzDG, ein Anwalt) involviert seien. Zwei weitere Netzwerkanbieter[162] geben an, Gegenstand der Angebote seien u.a. Wiederholungen und Aktualisierungen zu operativen Best Practices. Die Schulungen eines weiteren Anbieters haben aktuelle Rechtsprechung und Gesetzgebung zum Inhalt. Ein Anbieter[163] bietet neben den halbjährlichen Pflichtschulungen, die der Auffrischung rechtlicher Kenntnisse zum NetzDG dienen, juristische *ad hoc*-Schulungen nach Bedarf an.

Daneben bieten die Netzwerkanbieter[164] psychologische Betreuung an, wobei der Umfang des Angebots wohl unterschiedlich ausfällt: Teils ist vage von „Zugang zu Ressourcen hinsichtlich ihrer Gesundheit und ihrem Wohlergehen“[165] die Rede. Ein anderer Netzwerkanbieter[166] berichtet von umfangreicher Betreuung und psychologischer Unterstützung durch ein Team von deutschsprachigen Psycholog*innen, Therapeut*innen und Trainer*innen. Das NetzDG-Team habe außerdem rund um die Uhr Zugang zu Beratungen über eine Support-Hotline. Daneben stelle dieser Anbieter auch Einrichtungen zur Verfügung, die das Wohlbefinden unterstützen, wie z. B. Ruheräume.

Soweit ersichtlich, haben damit alle Netzwerkanbieter Schulungs- und Betreuungsangebote eingerichtet. Die weitmaschigen gesetzlichen Vorgaben bieten Netzwerkanbietern die Möglichkeit, die Angebote abhängig von der Größe des Netzwerks und den Bedürfnissen der Mitarbeitenden auszugestalten. Ein Standard hat sich bislang in keiner Weise herausgebildet.

IV. § 3 Abs. 5 NetzDG: Monitoring durch beauftragte Stelle

§ 3 Abs. 5 NetzDG ermöglicht die Überwachung des Beschwerdeverfahrens durch eine vom BfJ benannte Stelle. Damit soll erkennbar sicherge-

---

161 So wohl bei Change.org, YouTube Transparenzberichte 1/2019.
162 Facebook, Instagram Transparenzberichte 1/2019.
163 YouTube Transparenzbericht 1/2019, S. 22.
164 Facebook Transparenzbericht 1/2019, S. 8; Instagram Transparenzbericht 1/2019, S. 9; Reddit Transparenzbericht 1/2019, Kap. 4B; Twitter Transparenzbericht 1/2019; YouTube Transparenzbericht 1/2019, S. 22 f.
165 Twitter Transparenzbericht 1/2019.
166 YouTube Transparenzbericht 1/2019, S. 22 f.

stellt werden, dass ungeachtet der für die Netzwerkanbieter erheblichen gesetzlichen Gestaltungsspielräume im Ergebnis effektive Beschwerdeverfahren eingerichtet werden.

Benannte Stelle ist seit dem 1. Januar 2019 die Intelligent Data Analytics GmbH & Co. KG. Der Vertrag ist auf zwei Jahre geschlossen und kann einmalig um 24 Monate verlängert werden.[167] Laut Ausschreibung überwacht die benannte Stelle den Umgang sozialer Netzwerke mit Beschwerden über rechtswidrige Inhalte zweimal im Jahr jeweils für sechs Monate und berichtet dem BfJ. Dabei legt das BfJ fest, welche Netzwerkanbieter überwacht werden und welche Verstöße einzubeziehen sind. Die benannte Stelle sucht gezielt nach rechtswidrigen Inhalten, meldet diese und dokumentiert das daraufhin in Gang gesetzte Verfahren.[168] Die benannte Stelle hat bisher einen Bericht vorgelegt, der den Zeitraum 1. Januar bis 30. Juni 2019 erfasst. Dieser Bericht ist bisher nicht veröffentlicht. In dem Bericht wurden die Netzwerkanbieter Facebook, Instagram, Twitter und YouTube auf ihren Umgang mit Beschwerden über Verstöße gegen §§ 131, 140, 185, 186 StGB geprüft. Der Bericht und die umfänglichen Anlagen vermitteln einen guten Überblick über die jeweilige Ausgestaltung der Meldewege und Verlauf sowie Ergebnis der stichprobenartig durchgeführten Prüfverfahren.

Insgesamt befindet sich das Monitoring aber noch in einem Entwicklungsprozess. Abschließende Urteile sind daher noch nicht möglich.

V. Einrichtungen der Regulierten Selbstregulierung, § 3 Abs. 6-9 NetzDG

§ 3 Abs. 6-9 NetzDG ermöglichen die Anerkennung von Einrichtungen der Regulierten Selbstregulierung, der die Netzwerkanbieter gem. § 3 Abs. 2 Nr. 3 lit. b NetzDG die Entscheidung über Beschwerden übertragen können. Durch diese Einrichtungen wird der Aufbau netzwerkübergreifender Expertise ermöglicht. Sie können für eine stärkere Gleichbehandlung vergleichbarer Fälle unterschiedlicher Netzwerkanbieter sorgen und sicherstellen, dass auch kleine Netzwerkanbieter durch Ressourcenbündelung ein Prüfverfahren entsprechend den gesetzlichen Vorgaben anbieten können. Daneben wirkt die Regulierte Selbstregulierung dem Ein-

---

167 So Angaben des BfJ im Fragebogen.

168 https://ted.europa.eu/udl?uri=TED:NOTICE:364801-2018:TEXT:DE:HTML (zul. abgerufen am 15.05.2020).

druck entgegen, soziale Netzwerke hätten allein die Entscheidungsmacht über Löschungen.[169]

Das BfJ hat auf Antrag vom Dezember 2018 am 9. Januar 2020 die Freiwillige Selbstkontrolle Multimedia e.V. (FSM) als erste Einrichtung der Regulierten Selbstregulierung mit Wirkung zum 13. Januar 2020 anerkannt. Beteiligt sind zwei große Unternehmen. Es kann daher z.Zt. noch nicht bewertet werden, ob und inwieweit solche Einrichtungen ihre Zwecke erfüllen. Die Ursachen für das relativ lange Anerkennungsverfahren werden von Netzwerkanbietern und BfJ unterschiedlich eingeschätzt. Ein Netzwerkanbieter macht die unklaren gesetzlichen Vorgaben des NetzDG zur tatsächlichen Ausgestaltung der Selbstregulierung für die zeitlichen Verzögerungen bei der Einrichtung verantwortlich. Ein anderer Netzwerkanbieter merkt an, die Einbindung der Plattformen in die Diskussion um die Ausgestaltung der Einrichtung der Regulierten Selbstregulierung im Vorfeld ihrer Einrichtung wäre hilfreich. Ein weiterer Netzwerkanbieter kritisiert „die fehlende Dialogbereitschaft des Bundesamtes", welche die Erarbeitung von anzuwendenden Verfahrensweisen im Rahmen einer Selbstregulierung erschwere und es Anbietern kaum möglich mache, sich im Voraus auf die Selbstregulierung vorzubereiten. Aus Sicht des BfJ liegen die Gründe für das lange Anerkennungsverfahren dagegen vorwiegend bei den beteiligten Netzwerkanbietern, die wegen umfassender Rücksprachen mit den in den USA ansässigen Unternehmenszentralen mehrfach Fristverlängerungen beantragt hätten.

Ein Netzwerkanbieter fordert, es müsse klargestellt werden, dass soziale Netzwerke bei der Weiterleitung von Beschwerden an Einrichtungen der Regulierten Selbstregulierung gem. § 3 Abs. 2 Nr. 3 lit. b NetzDG nicht hafteten.[170] Eine Klarstellung diene der Rechtssicherheit. Solange die Haftungsfreistellung nicht eindeutig geregelt sei, bleibe der Anreiz für eine solche Weiterleitung gering.

Nicht alle Netzwerkanbieter sind an der Einrichtung einer Regulierten Selbstregulierung interessiert. Ein Netzwerkanbieter ist noch unsicher und fürchtet hohe Kosten. Ein anderer Anbieter ist bereits entschieden, von der Möglichkeit der Übertragung keinen Gebrauch zu machen. Ob und für welche Anbieter sich das System bewährt, bleibt abzuwarten.

---

169 So die CDU/CSU-Fraktion, BT-Drucks. 18/13013, S. 18.

170 Diese Rechtsansicht ergibt sich schon aus den Gesetzgebungsmaterialien, vgl. BT-Drucks. 18/13013, S. 21.

VI. § 3 NetzDG im Spiegel der Rechtsprechung

In den – sehr wenigen – auf § 3 NetzDG rekurrierenden veröffentlichten Gerichtsentscheidungen fällt auf, dass stets ein Wiedereinstellen entfernter Inhalte bzw. die Aufhebung einer Sperrung begehrt wird, nicht umgekehrt die Durchsetzung der Entfernung eines Inhalts.[171] Dies kann darauf hinweisen, dass der Umgang mit § 3 NetzDG durch die Netzwerkanbieter aus Sicht der Beschwerdeführer*innen so gut funktioniert (d.h. der Beschwerde entweder stattgegeben oder sie mit nachvollziehbarer Begründung abgelehnt wird), dass es kaum zu streitigen Verfahren wegen Nichtentfernung kommt. Diese Interpretation ist jedoch nicht zwingend – es kann zahlreiche andere Gründe dafür geben, warum eher gegen die Entfernung eines gemeldeten Inhalts vorgegangen wird als im umgekehrten Fall von Beschwerdeführer*innen oder Betroffenen gegen die Erfolglosigkeit der NetzDG-Beschwerde, etwa drohende hohe Kosten (vgl. dazu E. VII. 2.).

VII. (Unbeabsichtigte) (positive wie negative) Nebenwirkungen des § 3 NetzDG

Wie bereits mehrfach deutlich wurde, ist das Verhältnis des NetzDG zu Gemeinschaftsstandards unklar (s. A. II.). Gerade wegen der Überschneidungspunkte beider Rechtsregime ist jedoch anzunehmen, dass das NetzDG auch Auswirkungen auf die Durchsetzung der Gemeinschaftsstandards der Netzwerke hat. Dies gilt jedenfalls für alle Netzwerkanbieter, die zweistufig zuerst einen Verstoß gegen Gemeinschaftsstandards und dann das Vorliegen eines rechtswidrigen Inhalts i.S.d. § 1 Abs. 3 NetzDG prüfen. Um die Einhaltung der Fristen des § 3 Abs. 2 Nr. 2, 3 NetzDG zu garantieren, müssen diese Netzwerkanbieter den vorgelagerten Schritt, also die Einhaltung ihrer Gemeinschaftsstandards, jedenfalls in der Frist des § 3 Abs. 2 Nr. 2 NetzDG prüfen. Dies ist jedenfalls insoweit eine begrüßenswerte Nebenfolge des Erlasses des NetzDG, als die Durchsetzung von Gemeinschaftsstandards denselben Zielen dient wie das NetzDG, also insbe-

171 So BVerfG, Nichtannahmebeschl. v. 23.04.2019, - 1 BvR 2314/18 -, juris; LG Bonn, Beschl. v. 30.08.2018 - 10 O 291/18 -, juris; die Frage, ob das fälschliche Entfernen eines Inhalts eine vorsätzliche sittenwidrige Schädigung i.S.d. § 826 BGB darstellt, verneinend OLG Dresden, Beschl. v. 11.06.2019 - 4 U 760/19 -, juris.

sondere, aggressiver, verletzender und hasserfüllter Debattenkultur im Internet Einhalt zu gebieten.[172] Es verschärft jedoch zugleich die Frage nach deren Ausgestaltung in einer den mittelbaren Grundrechtswirkungen Rechnung tragenden Form (s. dazu A. I.). Dass der Erlass des NetzDG tatsächlich zu einer verbesserten Durchsetzung von Gemeinschaftsstandards geführt hat, kann in diesem Rahmen allerdings empirisch nicht belegt werden.

Laut der Schwerpunktstaatsanwaltschaft ZAC NRW werden seit Inkrafttreten des NetzDG mehr Ermittlungsverfahren zur Verfolgung strafbarer Inhalte im Netz eingeleitet. Dies dürfte auf die Weiterleitung von Inhalten durch das BfJ und auf die erhöhte Aufmerksamkeit für diesen Bereich zurückzuführen sein, die ihrerseits u.a. durch die Diskussion um das NetzDG hervorgerufen wurde.

VIII. Abschließende Bewertung des § 3 NetzDG und Verbesserungsvorschläge

Die rechtliche Evaluation des § 3 NetzDG ergibt ein überwiegend positives Bild. Netzwerkanbieter lehnen die Regelung nicht prinzipiell ab; viele betonen ihr Interesse, gegen Hasskriminalität im Netz vorzugehen. Alle hier untersuchten Netzwerkanbieter haben sowohl ein Verfahren zur Übermittlung von Beschwerden über rechtswidrige Inhalte als auch ein Prüfverfahren eingerichtet. Für ein systematisches Overblocking gibt es keine Anhaltspunkte. Eine Monitoringstelle nach § 3 Abs. 5 NetzDG ist inzwischen beauftragt und hat ihre Arbeit aufgenommen.

Bisher ist nicht sichergestellt, dass alle Beschwerden nach NetzDG von allen Netzwerkanbietern ordnungsgemäß bearbeitet werden. Das ungeklärte Verhältnis der Pflichten nach NetzDG zu der Durchsetzung von plattformeigenen Gemeinschaftsstandards führt in § 3 NetzDG zu Unklarheiten dahingehend, wie Meldeformulare auszugestalten sind, wann eine Beschwerde i.S.d. § 3 Abs. 1 NetzDG vorliegt und welche gesetzlichen Pflichten des NetzDG bei der breiten Schnittmenge von Verstößen gegen Gemeinschaftsstandards und „rechtswidrigen Inhalten“ i.S.d. § 1 Abs. 3 NetzDG insbesondere hinsichtlich der Prüfverfahren und ihrer Qualitätssicherung zwingend sind. Erhebliche Verzögerungen gab es im Verfahren zur Anerkennung einer Einrichtung der Regulierten Selbstregulierung

172 So BT-Drucks. 18/12356, S. 1.

i.S.d. § 3 Abs. 6-9 NetzDG. Die Wirkungen eines solchen Systems lassen sich deshalb noch nicht beurteilen.

Soweit hier problematische Praktiken von einzelnen Netzwerkanbietern festgestellt wurden, sind keine strukturellen Ursachen dafür im NetzDG festzumachen. Es geht in diesen Punkten um die Durchsetzung der Anforderungen des NetzDG oder deren Klarstellung, nicht aber um dessen Wirkungslosigkeit oder fundamentalen Änderungsbedarf.

Insgesamt sollte bei § 3 NetzDG das Augenmerk auf folgende Punkte gelegt werden:

- das Verhältnis des NetzDG zu Gemeinschaftsstandards hinsichtlich der Ausgestaltung der Meldewege und des Prüfverfahrens sollte geklärt werden
- eine Verlängerung der Pflichten zur Beweissicherung wäre zu prüfen
- eine Erweiterung der fakultativen Anhörung nach § 3 Abs. 2 Nr. 3 lit. a NetzDG um obligatorische Anhörungen jedenfalls für Fälle, in denen die Rechtswidrigkeit eines Inhalts nicht offensichtlich und die Entscheidung kontextabhängig ist, wäre zu prüfen

C. § 2 NetzDG – Transparenzberichte

Die folgenden Abschnitte der Evaluation betrachten die Auswirkungen der durch § 2 NetzDG statuierten Berichtspflicht auf die Veröffentlichungspraxis von Transparenzberichten durch die Netzwerkanbieter. Die Evaluation stützt sich hierbei auf die bisher im Bundesanzeiger veröffentlichten Transparenzberichte der Netzwerkanbieter sowie die Rückmeldungen auf versendete Fragebögen (siehe zur Methodik bereits in Teil 1). Ziel der Evaluation ist es auch in diesem Abschnitt nicht, die Compliance einzelner Netzwerkanbieter mit den Anforderungen des § 2 NetzDG im Einzelnen abschließend zu beurteilen, sondern einen Gesamteindruck der bisherigen Veröffentlichungspraxis zu gewinnen und diese in Bezug auf die gesetzgeberischen Zielvorstellungen und Anordnungen zu bewerten.

Auf Grundlage der anhand der Gesetzesmaterialen rekonstruierten Zwecksetzung des Gesetzgebers (unter I.) wird zunächst auf die allgemeine Berichtspflicht (unter II.) und die an die Berichterstattung gestellten informatorischen Mindestanforderungen (unter III.) eingegangen, bevor nach einer Auswertung der Stellungnahmen der an der Evaluation beteiligten Kreise (unter IV.) eine abschließende Bewertung und Empfehlung hinsichtlich der Berichtspflicht des § 2 NetzDG formuliert wird (unter V.).

I. Gesetzgeberisches Ziel der Berichtspflicht

Mit Einführung der Berichtspflicht des § 2 NetzDG verfolgt der Gesetzgeber das Ziel, die Transparenz über die tatsächliche Anzahl und den netzwerkinternen Umgang mit Beschwerden über rechtswidrige Inhalte gegenüber der bislang fakultativen Berichtspraxis der Netzwerkanbieter zu erhöhen. Insoweit geht der Gesetzgeber von dem Befund aus, dass sich der früheren Berichtspraxis der reichweitenstarken Netzwerkanbieter weder Angaben über die Gesamtzahl der Beschwerden, die Anzahl der von privaten Nutzer*innen gemeldeten Beschwerden, den Zeitraum der Löschung bzw. Sperrung gemeldeter Inhalte noch über die Zusammensetzung und Qualifikation der zuständigen Bearbeitungsteams entnehmen ließen.[173] Die durch § 2 NetzDG statuierte regelmäßige Berichtspflicht soll vor diesem Hintergrund nicht nur das gebotene Maß an „Transparenz für die breite Öffentlichkeit“ und ein „aussagekräftiges und umfassendes Bild“ über den Umgang der Netzwerkanbieter mit Beschwerden herstellen, sondern ausdrücklich auch die Grundlage für eine wirksame Gesetzesfolgenabschätzung sowie Informationen über das tatsächliche Ausmaß des Problems rechtswidriger Inhalte auf Plattformen liefern und insoweit eine aussagekräftige „Evaluation des Umgangs mit Beschwerden über Hasskriminalität und andere strafbare Inhalte“ ermöglichen.[174] Durch die Pflicht zur regelmäßigen Erstellung und Veröffentlichung soll nach dem Willen des Gesetzgebers „eine feste Struktur und ein systematischer Prozess für die Evaluation des Umgangs mit Beschwerden aufgesetzt werden“.[175] Zu diesem Zweck statuiert § 2 NetzDG in seinem Absatz 1 nicht nur eine allgemeine Berichtspflicht, sondern legt in Absatz 2 ein Reihe konkreter Aspekte fest, auf die die Netzwerkanbieter in ihren Berichten einzugehen haben.

II. Allgemeine Berichtspflicht (§ 2 Abs. 1 NetzDG)

1. Auslösender Tatbestand: Netzwerkanbieter erhält mehr als 100 Beschwerden über rechtswidrige Inhalte

Als einschränkendes Tatbestandsmerkmal hat der Gesetzgeber auf Beschlussempfehlung des Bundestagsausschusses für Recht und Verbraucher-

173 BT-Drucks. 18/12356, S. 20.
174 BT-Drucks. 18/12356, S. 20.
175 BT-Drucks. 18/12356, S. 20.

schutz in § 2 Abs. 1 S. 1 NetzDG bestimmt, dass nur solche Netzwerkanbieter von der Berichtspflicht erfasst werden, die im Kalenderjahr mehr als 100 Beschwerden über rechtswidrige Inhalte erhalten haben.[176] Damit soll nach Auffassung des Rechtsausschusses die Berichtspflicht für Anbieter entfallen, bei denen rechtswidrige Inhalte im Sinne von § 1 Abs. 3 NetzDG „nur eine untergeordnete Rolle spielen".[177] Mit dieser Einschränkung soll zudem dem Verhältnisgrundsatz Rechnung getragen und sollen „kleinere Netzwerke oder Start-ups" von der Belastung freistellt werden.[178]

In der Literatur wird die Frage aufgeworfen, ob es für die Zahl von 100 Beschwerden allein auf die Zahl der eingereichten Beschwerden oder auf die Zahl der eingereichten *und* nach einer tatsächlichen Inhaltsprüfung *begründeten* Beschwerden ankommen soll. Für die letzte Position wird angeführt, dass es ansonsten den Nutzer*innen bzw. Beschwerdeführer*innen freistehe, durch willkürliche oder vielfache Behauptungen der Verwirklichung von Straftatbeständen die Schwelle des § 2 Abs. 1 NetzDG leerlaufen zu lassen.[179] Der Wortlaut und der Gesetzeszweck, der gerade auf die Transparenz hinsichtlich des Umgangs der Netzwerkanbieter mit Beschwerden über rechtswidrige Inhalte zielt, sowie die ausdrückliche Differenzierung zwischen eingegangenen Beschwerden und Anzahl der Löschungen (§ 2 Abs. 2 Nr. 3, 7 NetzDG) in den Berichtsanforderungen dürften hingegen eher für eine Auslegung sprechen, die auf das tatsächliche Beschwerdeaufkommen abstellt.[180] Wie oben festgestellt (vgl. Teil 3 B. II. 3.), scheinen missbräuchliche Beschwerden auch in der bisherigen Praxis kein größeres Problem darzustellen.

Für ein effektives Monitoring führt dieser Schwellenwert zu erheblichen Schwierigkeiten. Für unternehmensexterne Stellen, insbesondere das BfJ als Bußgeldbehörde, sind die Erkenntnismöglichkeiten hinsichtlich der tatsächlichen Anzahl der eingehenden Beschwerden äußerst begrenzt, da hierzu regelmäßig keine öffentlich zugänglichen Informationen existieren. Gerade die Transparenzberichte sollen vor diesem Hintergrund dazu dienen, entsprechende Informationen erst publik zu machen. Veröffentlicht ein Netzwerk indessen unter Missachtung der Berichtspflichten von vorneherein keinen Transparenzbericht, so ist der Nachweis von mindestens 100

176 BT-Drucks. 18/13013, S. 19.
177 BT-Drucks. 18/13013, S. 19.
178 BT-Drucks. 18/13013, S. 19.
179 Spindler/Schmitz/*Liesching*, TMG, 2. Aufl. 2018, § 2 NetzDG Rn. 5; *Liesching* ZUM 2017, S. 809 (815).
180 Im Ergebnis ebenso *Spindler* K&R 2017, S. 533 (537).

Beschwerden über rechtswidrige Inhalte im Kalenderjahr nur schwer zu führen. Auf diese Problematik weißt das BfJ als zuständige Bußgeldbehörde im Fragebogen auch ausdrücklich hin.

Das Problem verschärft sich, wenn man in Rechnung stellt, dass diese Einschränkung der Berichtspflicht auch den falschen Anreiz bei der nutzerfreundlichen Ausgestaltung des Beschwerdesystems setzt. Denn über die Ausgestaltung des Meldeweges können die Netzwerkanbieter erheblichen Einfluss auf die Anzahl der eingehenden Beschwerden ausüben. Insbesondere wenn man davon ausginge, dass bei Netzwerkanbietern, die einen gesonderten Meldeweg vorhalten, erst 100 eingehende Beschwerden über diesen gesondert ausgewiesenen Meldeweg die Berichtspflicht auslösen (siehe zur Frage der Ausgestaltung des Meldeweges bereits in Teil 3 A. II. sowie in Teil 4 B. II.), bestünde ein erheblicher Anreiz für die Netzwerkanbieter, diesen Meldeweg für die Nutzer*innen bewusst unattraktiv auszugestalten und sie statt dessen auf den Meldeweg hinsichtlich eines Verstoßes gegen Gemeinschaftsstandards zu lenken. Die 100-Beschwerde-Regelung reizt damit zum Umgehungsversuch an.[181] Ohne die Veröffentlichungspflicht lässt sich aber wiederum kaum nachvollziehen, ob die Netzwerkanbieter ihr Beschwerdesystem in einer Art und Weise ausgestaltet haben, die geeignet ist oder gar darauf zielt, den Berichtspflichten des NetzDG zu entgehen. Die Kosten an Transparenz, die von einer an der Beschwerdeanzahl anknüpfenden tatbestandlichen Einschränkung der Berichtspflicht ausgehen, sind daher erheblich.

In Anbetracht der Tatsache, dass die Pflichten nach § 2 NetzDG gemäß § 1 Abs. 2 NetzDG ohnehin erst für Netzwerkanbieter ab einer Nutzerzahl von zwei Millionen gelten, sollte der Gesetzgeber kritisch prüfen, ob die tatbestandliche Einschränkung in § 2 Abs. 1 NetzDG tatsächlich erforderlich ist, um „kleinere Netzwerke und Start-ups“ nicht übermäßig zu belasten bzw. ob Mechanismen eingeführt werden sollen, die jedenfalls die Zahl der Beschwerden überprüfbar machen.

---

181 Hierin liegt eine gewisse Parallele zu dem paradoxen Effekt der Störerdogmatik, bei der in ähnlicher Weise die Voraussetzung einer Kenntnis der rechtswidrigen Inhalte zu einer Bevorteilung jener Anbieter führt, die sich effektiv vor einer eigenen Kenntnisnahme schützen, vgl. hierzu nur *Spindler*, Rechtliche Verantwortlichkeit nach Maßgabe technischer Kontrollmöglichkeiten? Das Beispiel der Verantwortlichkeit von Internet-Providern, in: Eifert/Hofmann-Riem (Hrsg.), Innovation, Recht und öffentliche Kommunikation, S. 67 (79 f).

2. Berichtspflicht nach § 2 Abs. 1 NetzDG als Rechtsfolge

a) Halbjährige Veröffentlichung eines deutschsprachigen Berichts im Bundesanzeiger und auf der eigenen Homepage spätestens einen Monat nach Ende eines Halbjahres

§ 2 Abs. 1 S. 1 NetzDG verpflichtet die Netzwerkanbieter zur Veröffentlichung eines *deutschsprachigen* Berichts über dem Umgang mit Beschwerden über rechtswidrige Inhalte auf ihren Plattformen. Der Bericht muss den inhaltlichen Anforderungen des § 2 Abs. 2 NetzDG genügen.[182]Als Berichtszeitraum sieht das Gesetz einen sechsmonatigen Berichtsturnus vor.[183] Der Bericht ist nach § 2 Abs. 1 S. 1 NetzDG *innerhalb eines Monats* nach Ende des jeweiligen Berichtshalbjahres sowohl im *Bundesanzeiger* als auch auf der *eigenen Homepage* zu veröffentlichen.[184]

Im Rahmen der Evaluation lässt sich mangels hinreichender Informationen nicht der genaue Kreis der Netzwerkanbieter ermitteln, die zur Abgabe eines Berichtes zu den jeweiligen Berichtsräumen gesetzlich verpflichtet waren. Bewerten lässt sich daher nur die erkennbar gewordene Berichtspraxis (zur Methodik Teil 1 B.).

Die Gesamtzahl der für einen jeweiligen Berichtszeitraum im Bundesanzeiger veröffentlichten Transparenzberichte ist seit Inkrafttreten des NetzDG bislang kontinuierlich angestiegen. Für den ersten Berichtsraum 1. Januar 2018 bis 30. Juni 2018 haben fünf Netzwerkanbieter[185] NetzDG-Berichte im Bundesanzeiger und auf ihrer Homepage veröffentlicht. Für den Berichtszeitraum 1. Juli 2018 bis 31. Dezember 2018 liegen NetzDG-Be-

182 Hierzu sogleich gesondert unter III.

183 In Bezug auf den Berichtszeitraum hatte der ursprüngliche Gesetzesentwurf der Bundesregierung noch eine vierteljährige Veröffentlichungspflicht vorgesehen (vgl. BT-Drucks. 18/12356, S. 20). Dieser Berichtsturnus wurde jedoch auf Vorschlag des Bundesrats und der Beschlussempfehlung des Rechtsausschusses des Bundestags auf *sechs Monate* ausgeweitet, um den durch die Berichtspflicht ausgelösten bürokratischen Aufwand in zumutbaren Grenzen zu halten und den Anbietern eine sorgfältige Evaluation zu ermöglichen (vgl. BT-Drucks. 18/13013, S. 19; BT-Drucks. 18/12727, S. 20).

184 Mit der zusätzlichen Veröffentlichungspflicht im Bundesanzeiger wollte der Gesetzgeber einen inländischen Anknüpfungspunkt für die Bußgeldtatbestände gewährleisten sowie sich an den Maßgaben des Regierungsentwurfs eines CSR-Richtlinie-Umsetzungsgesetzes (BT-Drucks. 18/9982) orientieren, vgl. hierzu BT-Drucks. 18/12356, S. 20.

185 Change.org, Facebook, Google+, Twitter, YouTube.

richte von sechs Netzwerkanbietern,[186] für den Berichtszeitraum 1. Januar bis 30. Juni 2019 von sieben Netzwerkanbietern[187] vor. Alle im Bundesanzeiger veröffentlichten Transparenzberichte sind in deutscher Sprache abgefasst und inhaltsgleich auch auf der jeweiligen Homepage der Anbieter abrufbar,[188] in einem Fall jedoch nur der zeitlich letzte Bericht.[189]

Die Veröffentlichungsfrist wird von den Netzwerkanbietern bisher überwiegend, aber nicht ausnahmslos eingehalten. In einem Fall wurde die Frist um einen Tag,[190] in zwei Fällen um zwei Tage überschritten.[191] Für den Berichtszeitraum 1. Januar 2019 bis 30. Juni 2019 hat ein Netzwerkanbieter seinen Bericht im Bundesanzeiger allerdings erst am 16.8.2019 und damit mit einer über zweiwöchigen Verspätung veröffentlicht.[192]

b) Besondere Transparenzpflicht für die Veröffentlichung auf der Homepage

Für die Veröffentlichung des Berichts auf der eigenen Homepage normiert das NetzDG in § 2 Abs. 1 S. 2 NetzDG zusätzliche Transparenzanforderungen: Der dort veröffentlichte Bericht muss *leicht erkennbar*, *unmittelbar erreichbar* und *ständig verfügbar* sein. Mit dieser Formulierung orientiert sich der Gesetzgeber an § 5 Abs. 1 TMG sowie § 7 Abs. 1 S. 3 JMStV.[193] Sie ist parallel zur Trias in § 3 NetzDG und ähnelt den Anforderungen in § 5 NetzDG. Auf die in diesen Kontexten entwickelten Maßstäbe kann im Ausgangspunkt auch zur Ausfüllung des sich aus § 2 Abs. 1 S. 2 NetzDG ergebenden Pflichtenprogramms zurückgegriffen werden, soweit bei der Konkretisierung den kontextspezifischen Besonderheiten der Berichtsveröffentlichungspflicht hinreichend Rechnung getragen wird. Auch hier sind die Maßstabsanforderungen bei allen Regelungen aus der Nutzer*innenperspektive zu bestimmen (vgl. auch B. II. 1.). *Leicht erkennbar* ist die

---

186 Change.org, Facebook, Google+, SoundCloud, Twitter, YouTube.

187 Change.org, Facebook, Google+, Instagram, Reddit, Twitter, YouTube.

188 Zur diesbezüglich spezifischen Transparenzanforderung des § 2 Abs. 1 S. 2 NetzDG sogleich noch gesondert unter b).

189 Change.org.

190 SoundCloud für Berichtszeitraum 2/2018 am 01.02.2019.

191 Change.org für Berichtszeitraum 1/2018 am 02.08.2018; Instagram für Berichtszeitraum 1/2019 am 02.08.2019.

192 Reddit für Berichtszeitraum 1/2019 am 16.08.2018.

193 Hierzu *Spindler* K&R 2017, S. 533 (537); Spindler/Schmitz/*Liesching*, TMG, 2. Aufl. 2018, § 2 NetzDG Rn. 8.

Veröffentlichung daher nur dann, wenn der Bericht bzw. der Ort seiner Abrufbarkeit für die durchschnittlichen Nutzer*innen optisch leicht wahrnehmbar sind. Insbesondere darf der Bericht auf der Homepage des Anbieters nicht derart platziert werden, dass ein vorheriges übermäßiges Scrollen erforderlich ist, um auf ihn zu stoßen.[194] Eine leichte Erkennbarkeit setzt zudem voraus, dass der Netzwerkanbieter bei der zur sinnvollen Gliederung der Seiten erforderlichen Verwendung weiterführender, durch entsprechende Oberbegriffe gekennzeichneter Links eine Terminologie wählt, die für die durchschnittlichen Nutzer*innen auch als Hinweis auf die Veröffentlichung des Transparenzberichtes verstanden wird.[195] *Unmittelbare Erreichbarkeit* setzt demgegenüber voraus, dass den Nutzer*innen der Zugang zu den Transparenzberichten ohne wesentliche Zwischenschritte ermöglicht wird. Auch im Hinblick auf die Veröffentlichung der Transparenzberichte dürften die Anforderungen jedenfalls dann gewahrt sein, wenn der Zugang mit zwei Klicks von der Startseite aus erreichbar ist.[196] Ausreichend dürfte zudem sein, dass die Möglichkeit besteht, durch Anklicken eines entsprechenden Links eine Seite mit dem abrufbaren Transparenzbericht aufzurufen, soweit die vom Netzwerkanbieter gewählten Linkbegriffe unmissverständlich sind und die Nutzer*innen ohne großen gedanklichen Aufwand erkennen können, auf welchem Pfad sie zu dem Transparenzbericht gelangen. *Ständig verfügbar* ist die Berichtsveröffentlichung dann, wenn jeder*e Nutzer*in mit einer deutschen IP-Adresse im Grundsatz zu jeder Zeit, also rund um die Uhr und an jedem Wochentag, von seinem Inhalt Kenntnis nehmen kann. Eine technisch bedingte kurzfristige Unterbrechung der Kenntnisnahmemöglichkeit begründet hingegen noch keinen Verstoß gegen § 2 Abs. 1 S. 2 NetzDG.[197]

Legt man diese Maßstäbe zu Grunde, sind gegenwärtig nicht alle Veröffentlichungen von Transparenzberichten unproblematisch.[198] Die homepageeigene Veröffentlichungspraxis der Netzwerkanbieter weist eine große

194 Angelehnt an OLG Hamburg, Beschl. v. 20.11.2002 - 5 W 80/02 -, juris, Rn. 15 (zu § 6 TDG a.F.).

195 Angelehnt an OLG Hamburg, Beschl. v. 20.11.2002 - 5 W 80/02 -, juris, Rn. 15 (zu § 6 TDG a.F.).

196 Spindler/Schmitz/*Schmitz*, TMG, 2. Aufl. 2018, § 5 TMG Rn. 34, 36 m.w.N.; zwei Klicks als zulässig erachtend BGH, MMR 2007, S. 40 (41).

197 Angelehnt an OLG Düsseldorf, Urt. v. 04.11.2008 – I-20 U 125/08, juris, Rn. 18 (zu § 5 TDG); Spindler/Schmitz/*Liesching*, TMG, 2. Aufl. 2018, § 2 NetzDG Rn. 8.

198 Der Auswertung liegt ein Abruf der jeweiligen Homepage am 10.12.2019 zu Grunde.

Bandbreite auf. Dem Transparenzgebot wird umfassend Rechnung getragen, wenn wie im Falle von zwei Netzwerkanbietern der Transparenzbericht unter dem Verlinkungsbegriff „NetzDG Transparenzbericht“ bereits auf der Ausgangsseite dauerhaft vorgehalten wird, so dass er mit einem Klick für die Nutzer*innen inhaltlich vollständig verfügbar ist.[199] Ausreichend dürfte ebenfalls sein, den Bericht mit zwei Klicks unter dem ersten Verlinkungsbegriff „Impressum“ vorzuhalten.[200] Weniger eindeutig ist hingegen die Fallkonstellation zu beurteilen, wenn wie im Fall von zwei Netzwerkanbietern den Nutzer*innen der Bericht zwar erst nach vier Klicks zugänglich gemacht wird, in der Verlinkungsstruktur aber jeweils der Begriff „NetzDG“ enthalten ist.[201] Die leichte Erkennbarkeit und unmittelbare Erreichbarkeit wird in den beiden konkreten Fällen zusätzlich noch durch die Notwendigkeit des Scrollens der Seiten sowie in einem Fall[202] durch eine zwischendurch verwendete kleinere Schrift zusätzlich eingeschränkt. Dies gilt in gesteigertem Maße für Netzwerkanbieter, die ihren Bericht erst nach sieben Klicks und unter einer Linkstruktur ohne hinreichende begriffliche Anhaltspunkte auf den NetzDG-Bericht zugänglich machen.[203] Eine solche Veröffentlichung auf der Homepage kann kaum mehr als „leicht erkennbar“ und „unmittelbar zugänglich“ i.S.d. § 2 Abs. 1 S. 2 NetzDG bezeichnet werden.

III. Inhaltliche Anforderungen an die Berichte (§ 2 Abs. 2 NetzDG)

§ 2 Abs. 2 NetzDG zählt eine Reihe von Aspekten auf, zu denen die Netzwerkanbieter in ihren Transparenzberichten Informationen veröffentlichen müssen.[204] Sie dienen der Gewährleistung eines informatorischen Mindestgehalts und werden im Folgenden in der gesetzlich genannten

---

199 YouTube, Change.org.

200 Twitter.

201 Facebook, Instagram.

202 Instagram.

203 Reddit (Konkret: „Help“ – „Rules and Reporting“ – „Account and Community“ – „View more“ – „Network Enforcement Act ("NetzDG") Reporting“ – „More information about Reddit's handling of NetzDG reports“ – „Reddit NetzDG Report January to June 2019“).

204 Zum Teil werden diese Berichtspflichten aufgrund der umfassenden Bußgeldbewehrung nach § 4 Abs. 1 Nr. 1 NetzDG als zu unbestimmt und wegen des Verstoßes gegen Art. 20 Abs. 3, 103 Abs. 2 GG als verfassungswidrig angesehen, vgl. etwa *Ladeur/Gostomzyk* K&R 2017, S. 390 (391 f).

Reihenfolge behandelt. Eine einheitliche formale Struktur der Transparenzberichte wird den Netzwerkanbietern durch die Reihenfolge des § 2 Abs. 2 NetzDG aber nicht verbindlich vorgegeben. Während ein Teil der Netzwerkanbieter ihre Berichte ebenfalls anhand der in § 2 Abs. 2 NetzDG vorgesehenen Aspekte gliedert, orientiert die Mehrzahl der Netzwerkanbieter ihren Bericht in formaler Hinsicht nicht an den einzelnen Nummern des § 2 Abs. 2 NetzDG, sondern wählt einen freieren Zugriff. Das Fehlen einer gesetzlichen Strukturierungsvorgabe schlägt sich daher schon auf formaler Ebene in einer erschwerten Vergleichbarkeit der Transparenzberichte nieder.

1. Allgemeine Ausführungen des Anbieters zu seinen Anstrengungen, strafbare Handlungen auf den Plattformen zu unterbinden (§ 2 Abs. 2 Nr. 1 NetzDG)

§ 2 Abs. 2 Nr. 1 NetzDG verpflichtet die Netzwerkanbieter dazu, in ihren Transparenzberichten ihre Bemühungen hinsichtlich des Unterbindens „strafbare(r) Handlungen" auf den Plattformen zu beschreiben. Dies soll in Form von „allgemeinen" Ausführungen geschehen, was hinsichtlich der zu erwartenden konkreten Informationsdichte einen einführenden Überblickscharakter indiziert. Anhand der Entwurfsbegründung lässt sich erschließen, dass die Funktion der Ausführungen zu den „allgemeinen Anstrengungen des Anbieters" darin besteht, die Nutzer*innen in die Lage zu versetzen, sich ein Bild darüber zu machen, ob und auf welche Weise die Netzwerkanbieter ihre „gesteigerte gesellschaftliche Verantwortung" mit Blick auf die Verbreitung strafbarer Inhalte auch tatsächlich wahrnehmen.[205]

Unklar bleibt durch den gewählten Gesetzeswortlaut allerdings, ob sich die Darstellung der Anstrengungen im Bericht allein auf das Bemühen zur Unterbindung „rechtswidriger Inhalte" i.S.d. § 1 Abs. 3 NetzDG beschränken kann, oder ob sie sich auf *alle* strafbaren Handlungen nach nationalem Recht bezieht.[206] Wortlaut und Normzweck sprechen für eine Auslegung, die sich auf die Anstrengungen zur Unterbindung aller strafbaren Hand-

205 Vgl. BT-Drucks. 18/12356, S. 20.

206 Einzelne Stimmen in der Literatur gehen insoweit von einem Verstoß gegen den Bestimmtheitsgrundsatz aus, vgl. Spindler/Schmitz/*Liesching*, TMG, 2. Aufl. 2018, § 2 NetzDG Rn. 12: Aus Nr. 1 soll daher keine inhaltliche Berichtspflicht folgen, welche die Netzwerkanbieter Rechnung tragen müssen.

lungen bezieht. Die Nutzer*innen müssten aufgrund der Angaben in dem Bericht somit zumindest einen allgemeinen Eindruck davon erhalten können, ob und welche Maßnahmen der Anbieter trifft, um die Verbreitung von „Hasskriminalität und anderen strafbaren Inhalten"[207] auf den Plattformen zu unterbinden. Über eine stärker systematisch orientierte Auslegung des Gesetzes ließe sich jedoch auch der Zusammenhang zwischen § 2 Abs. 2 Nr. 1 mit § 3 Abs. 1 und § 1 Abs. 3 NetzDG betonen und damit die Berichtspflicht auf das Bemühen zur Bekämpfung „strafbarer Handlungen" i.S.d. § 1 Abs. 3 NetzDG begrenzen.

Die Netzwerkanbieter wählen in der bisherigen Berichtspraxis diesbezüglich überwiegend einen weiteren Ansatz und nutzen die „allgemeinen Ausführungen" dazu, einen groben Überblick über ihren Umgang mit strafbaren Inhalten und dem Phänomen von Hate Speech bzw. terroristischen oder kriminellen Instrumentalisierungsversuchen im Allgemeinen zu geben. Regelmäßig wird hierbei die maßgebliche Bedeutung der jeweiligen Gemeinschaftsstandards hervorgehoben und das Verhältnis von Gemeinschaftsstandards zu der Überprüfung nach NetzDG knapp beschrieben. Insbesondere mit Blick auf die Unterbindung von terroristischen und kinderpornographischen Inhalten verweisen die Netzwerkanbieter im Rahmen der allgemeinen Ausführungen regelmäßig zudem eigens auf ihr *proaktives Vorgehen* durch Einsatz von technischen Mitteln (z.B. automatisierter Bilderkennung), ggf. in Kombination mit speziell geschultem Personal.[208]

Allerdings unterscheidet sich der Informationsgehalt der „allgemeinen Ausführungen" in den Transparenzberichten zwischen den verschiedenen Netzwerkanbietern zum Teil erheblich. Im Falle eines Netzwerkanbieters lassen sich den Transparenzberichten über alle drei Berichtszeiträume hinweg wenig substantielle allgemeine Ausführungen entnehmen, die über seine bloße Motivlage hinsichtlich der Unterbindung rechtswidriger Inhalte hinausgehen.[209] In einem anderen Fall weist der Bericht eines Netzwerkanbieters für den Berichtszeitraum 1/2018 ebenfalls keinerlei substantielle Ausführungen über Anstrengungen auf, jedoch hat dieser Netzwerkanbieter seine Berichte in den nachfolgenden Berichtsrunden diesbezüglich sukzessive erweitert.[210] Eine solche inhaltliche Erweiterung lässt sich biswei-

207 Vgl. BT-Drucks. 18/12356, S. 20.

208 Vgl. Google+, Facebook, Instagram, SoundCloud, YouTube.

209 Google+; der Dienst wurde nach Angaben des Netzwerkanbieters zum 02.04.2019 eingestellt.

210 Twitter.

len auch bei den Berichtsangaben solcher Netzwerkanbieter beobachten, die bereits in der ersten Berichtsrunde eingehender ihren Umgang mit Beschwerden nach Gemeinschaftsstandards und NetzDG dargelegt haben. Die Ergänzungen können dabei gleichzeitig quantitativ geringfügig und doch von entscheidendem Informationswert für die Nutzer*innen sein. So lässt sich beispielsweise im Fall eines Netzwerkanbieters erst seinem dritten Transparenzbericht unter der Rubrik „Allgemeine Ausführungen" der ausdrückliche Hinweis darauf entnehmen, dass eine über den Gemeinschaftsstandard-Beschwerdeweg eingelegte Beschwerde *nicht* dazu führt, dass der gerügte Inhalt einer rechtlichen Prüfung unterzogen wird.[211]

2. Darstellung der Mechanismen zur Übermittlung von Beschwerden über rechtswidrige Inhalte und der Entscheidungskriterien für Maßnahmen (§ 2 Abs. 2 Nr. 2 NetzDG)

Nach § 2 Abs. 2 Nr. 2 NetzDG muss der Bericht eine Darstellung der Mechanismen zur Übermittlung von Beschwerden über rechtswidrige Inhalte und der Entscheidungskriterien für ihre Löschung/Sperrung beinhalten. Nach der Entwurfsbegründung soll anhand der Angaben nachvollzogen werden, ob und auf welche Weise die Netzwerkanbieter tatsächlich ein wirksames Beschwerdemanagement einrichten und ob die Netzwerkanbieter „rechtswidrige Inhalte anhand nationaler Strafvorschriften oder anhand ihrer Gemeinschaftsstandards löschen oder sperren"[212]. Erforderlich sind konkrete Angaben über die technische, organisatorische und gestalterische Umsetzung des Beschwerdemechanismus, insbesondere über die konkrete Ausgestaltung des Melde- und internen Verarbeitungsweges bis hin zu den abstrakten Maßstäben der Entscheidungen.[213]

a) Mechanismen der Beschwerdeübermittlung

Als eine der zentralen Berichtsanforderungen wird der Mechanismus zur Übermittlung von Beschwerden über rechtwidrige Inhalte in den Transparenzberichten von allen Netzwerkanbietern dargestellt, allerdings mit sehr unterschiedlichem Detaillierungsgrad. Drei Netzwerkanbieter beschrän-

211 Facebook.
212 BT-Drucks. 18/12356, S. 20.
213 Spindler/Schmitz/*Liesching*, TMG, 2. Aufl. 2018, § 2 NetzDG Rn. 13.

ken sich bei der Darstellung auf die Mechanismen zur Übermittlung von Beschwerden nach dem NetzDG.[214] Zwei Netzwerkanbieter stellen auch die Mechanismen der Beschwerdemöglichkeit nach Gemeinschaftsstandards oder nicht vom NetzDG erfassten Rechtsverstößen ausführlicher dar.[215] Soweit ein Netzwerkanbieter im Hinblick auf Beschwerden nach NetzDG mehrere Meldeoptionen (z.B. integriert ins sog. Flagging oder über ein gesondertes Formular im Impressum) vorsieht bzw. unterschiedliche Beschwerdewege für angemeldete und nicht angemeldete Nutzer vorhält, lassen sich den Berichten auch diesbezüglich regelmäßig entsprechende Angaben entnehmen. Drei Netzwerkanbieter greifen zur Unterstützung ihrer Beschreibungen auf Screenshots als Visualisierungsmittel zurück.[216]

Deutlich geringer fällt demgegenüber im Regelfall die Informationsdichte hinsichtlich des genauen internen Verarbeitungsweges aus. Zwar halten auch diesbezüglich einige Anbieter konkrete Informationen in ihren Transparenzberichten bereit, ebenso häufig wird nach der Beschreibung des Meldeweges jedoch sogleich auf die Entscheidungskriterien selbst eingegangen. Seinen Grund könnte dies in der spezifischen Formulierung des § 2 Abs. 2 Nr. 2 NetzDG haben, der einen Bericht über das organisatorische Zwischenstadium vom Zeitpunkt der Meldung bis zur Entscheidung zwar implizit voraussetzt, nicht jedoch ausdrücklich aufführt. Zudem gilt es bei der Auswertung der Berichte zu beachten, dass ein Teil der Netzwerkanbieter im Kontext der Ausführungen zu den Berichtspflichten über die Personalorganisation aus § 2 Abs. 2 Nr. 4 NetzDG auch weitergehende Darstellungen zur Organisation des Prüfablaufs bereithalten (hierzu noch unter C. 4.).

b) Entscheidungskriterien

Hinsichtlich der Entscheidungskriterien stellen alle Netzwerkanbieter in ihren Transparenzberichten die *besondere Bedeutung ihrer Gemeinschaftsstandards* heraus. Fast alle Netzwerkanbieter geben an, eingehende Beschwerden über rechtswidrige Inhalte einem zweistufigen Prüfungsverfahren zu unterziehen, bei dem eine Beschwerde selbst bei Inanspruchnahme eines eigenständigen NetzDG-Meldeweges zunächst vorrangig an den netzwerkeigenen Gemeinschaftsstandards geprüft wird. Erst wenn sich diesbezüg-

214 Facebook, Instagram, Twitter.
215 Google+, YouTube.
216 Change.org, Reddit, Twitter.

lich kein Verstoß feststellen lässt, erfolgt eine Prüfung unmittelbar an den rechtlichen Maßstäben der in § 1 Abs. 3 NetzDG genannten Straftatbestände. Ein Netzwerk hat nach seinen Angaben im Transparenzbericht die rechtlichen Maßstäbe der in § 1 Abs. 3 NetzDG genannten Straftatbestände mittels eines anwaltlich ausgearbeiteten Kriterienkataloges vollumfänglich in seine Gemeinschaftsstandards integriert, sodass hier eine zweistufige Prüfung entfällt.[217] Zwei Beispiele aus diesem Kriterienkatalog wurden in den Transparenzbericht dieses Anbieters zu Illustrationszwecken aufgenommen.[218]

Abgesehen hiervon bleibt es jedoch bei allen Netzwerkanbietern im Kern bei der abstrakten Benennung der jeweiligen Maßstabsschicht. Lediglich ein Netzwerkanbieter fügt seinem Transparenzbericht regelmäßig ausgewählte konkrete Beispiele aus seiner Entscheidungspraxis bei, um diese bezüglich NetzDG-Beschwerden anschaulich zu machen.[219] Zu den Kategorien, zu denen Beispiele gegeben werden, gehören: „Rechtlich nicht relevante Beschwerden", „Fälle, die von einer externen Strafrechtskanzlei geprüft wurden", „Kontextbeispiele", „Bildung/Dokumentation/Wissenschaft/Kunst", „Verleumdung/Beleidigung".

3. Anzahl der im Berichtszeitraum eingegangenen Beschwerden über rechtswidrige Inhalte (§ 2 Abs. 2 Nr. 3 NetzDG)

Nach § 2 Abs. 2 Nr. 3 NetzDG müssen die Berichte Auskunft über die *Anzahl* der im Berichtszeitraum *eingegangenen Beschwerden über rechtswidrige Inhalte* geben. Dies muss aufgeschlüsselt nach Beschwerden von Beschwerdestellen und Beschwerden von Nutzer*innen sowie nach dem *Beschwerdegrund* erfolgen. Die Angabe der Anzahl der eingegangenen Beschwerden soll nach dem Willen des Gesetzgebers auch hier im „Interesse der Transparenz und der Evaluation" erfolgen.[220] In Bezug auf die Auskunftspflicht über die Anzahl lassen sich zwei Unklarheiten hinsichtlich des Umfangs der in die Meldezahl einzubeziehenden Beschwerden identifizieren, die

---

217 Change.org.

218 Vgl. Change.org, Transparenzbericht 1/2019.

219 Vgl. YouTube, Transparenzbericht 1/2019: https://storage.googleapis.com/transparencyreport/legal/netzdg/YT-NetzDG-TR-Bundesanzeiger-latest.pdf , S. 24 bis 26. (zul. abgerufen am 15.05.2020).

220 BT-Drucks. 18/12356, S. 20.

für die Verwirklichung des gesetzgeberischen Transparenzzieles von unmittelbarer Relevanz sind:

Die erste Unklarheit betrifft die in der Literatur aufgeworfene Frage, ob die Netzwerkanbieter nur solche eingegangenen Beschwerden in den Bericht aufzunehmen haben, die sich nach ihrer Bewertung auch *tatsächlich* als materiell begründet erwiesen haben, oder ob sich die Auskunftspflicht ausnahmslos auf jede eingegangene Beschwerde mit der *Behauptung* einer Rechtsverletzung i.S.d. § 1 Abs. 3 NetzDG bezieht. Soweit man den Auskunftszweck insoweit primär in der objektiven Aufklärung über Umfang und Reichweite des Problems rechtswidriger Inhalte in sozialen Netzwerken sieht, mag dies auf den ersten Blick dafür sprechen, die Meldepflicht auf Beschwerden zu beschränken, die sich nach einer Prüfung durch die Netzwerkanbieter tatsächlich auf rechtswidrige Inhalte beziehen.[221] Im Wortlaut findet eine solche einschränkende Auslegung jedoch keinen Anhaltspunkt. Der sich aus der Entwurfsbegründung ergebende Gesetzeszweck, Transparenz gerade hinsichtlich des Umgangs der Netzwerkanbieter mit Beschwerden von Nutzer*innen herzustellen, würde durch sie weitgehend unterlaufen. Schließlich ergibt sich auch aus der systematischen Gesamtbetrachtung der Berichtspflichten, insbesondere mit Blick auf den ausdrücklich und eigens auf die Prüffolgen bezogenen § 2 Abs. 2 Nr. 7 NetzDG, dass die Netzwerkanbieter in Bezug auf die Anzahl der eingegangenen Beschwerden i.S.d. § 2 Abs. 2 Nr. 3 NetzDG grundsätzlich alle bei ihnen eingegangenen Beschwerden in die Zählung einbeziehen müssen. Ob sie sich dabei auf die Zählung der Beschwerden beschränken können, die über den gesondert für Beschwerden nach NetzDG eingerichteten Meldeweg eingegangenen sind, oder ob sie darüber hinaus auch sicherstellen müssen, dass unabhängig vom Meldeweg alle Beschwerden gezählt werden, bei denen die Nutzer*innen in der Sache einen konkreten Inhalt als „rechtswidrigen Inhalt" im Sinne des § 1 Abs. 3 NetzDG anzeigen, hängt maßgeblich von der Auslegung ab, die hinsichtlich der Ausgestaltungspflichten der Netzwerkanbieter im Kontext des Beschwerdemanagements vertreten wird (vgl. hierzu Teil 3 A. II.).

Zweitens ist unklar, ob Nutzer*innen bei ihren Beschwerden *ausdrücklich* die Rechtswidrigkeit des Inhalts nach einem der in § 1 Abs. 3 NetzDG genannten Straftatbestände behaupten müssen, oder ob es für eine „Be-

221 Für eine Begrenzung auf Beschwerden, die nach der Bewertung des Netzwerkanbieters tatsächlich einen der in § 1 Abs. 3 NetzDG genannten Straftatbestand verwirklichen und nicht gerechtfertigt sind, Spindler/Schmitz/*Liesching*, TMG, 2. Aufl. 2018, § 2 NetzDG Rn. 16.

schwerde über rechtswidrige Inhalte“ genügt, dass die Nutzer*innen sich beim Netzwerkanbieter pauschal (ggf. auch über den Beschwerdeweg nach Gemeinschaftsstandards) über einen konkreten Inhalt beschweren, der nach ihrer Ansicht gesperrt bzw. gelöscht werden sollte und dessen Rechtswidrigkeit implizit behauptet wird. Die hierauf gegebene Antwort entscheidet maßgeblich über die Möglichkeit des Netzwerkanbieters, die Nutzer*innen für Beschwerden nach NetzDG auf einen spezifisch eingerichteten Beschwerdeweg zu verweisen und das sich aus dem NetzDG ergebende Pflichtenprogramm allein durch eine entsprechende Ausgestaltung dieses spezifischen Beschwerdeweges erfüllen zu können(vgl. auch Teil 3 A. II.). Denn nur soweit der Netzwerkanbieter den Nutzer*innen als Eintrittsschwelle in das Prüfungsverfahren nach NetzDG zumindest die *formale* Behauptungslast auferlegen kann, dass ein bestimmter Inhalt nach den in § 1 Abs. 3 NetzDG genannten Straftatbeständen rechtswidrig ist, kann er durch Bereitstellen eines getrennten Beschwerdeweges sein bisheriges Beschwerdeverfahren nach Gemeinschaftsstandards gegenüber den Sonderanforderungen des NetzDG immunisieren. Mit Blick auf die dem NetzDG zu Grunde liegende allgemeine Störerhaftung liegt eine Behauptungslast sehr nahe.

Auch wenn man die formale Behauptung der Rechtswidrigkeit eines konkreten Inhaltes nach den Tatbeständen des § 1 Abs. 3 NetzDG als Eintrittsschwelle für die Auslösung einer NetzDG-relevanten Beschwerde zu Grunde legt, ist davon unabhängig über die materielle Darlegungslast zu entscheiden. Hier sind die konkreten Anforderungen aus der allgemeinen Störerhaftung unscharf. Mit Blick auf das NetzDG spräche der Gesetzeszweck, rechtswidrige Inhalte schnell aus dem Netz zu entfernen, eher dagegen, dass die Netzwerkanbieter den Nutzer*innen durch die Ausgestaltung des Beschwerdeverfahrens weitergehende Darlegungs- oder gar Subsumtionsobliegenheiten auferlegen können, die sie hinsichtlich der eigenen Prüfungslasten entlasteten. Mehr als die subjektive Behauptung, dass es sich bei einem konkreten Inhalt um einen „rechtwidrigen Inhalt“ im Sinne des NetzDG handelt, dürfte man von Nutzer*innen daher nicht verlangen, soll eine möglichst effektive Verwirklichung des Gesetzeszwecks nicht gefährdet werden (vgl. auch B. II. 2.).

Unabhängig davon dürfte die Ausgestaltung eines eigenständigen Meldeweges auch nur dann den Transparenzanforderungen des NetzDG genügen, wenn für die Nutzer*innen die unterschiedlichen Funktionen und Konsequenzen der beiden Meldewege hinreichend deutlich gemacht worden sind und die Nutzer*innen nicht durch die technische Ausgestaltung dazu veranlasst werden, statt einer Beschwerde nach NetzDG vorrangig eine Beschwerde nach Gemeinschaftsstandards einzulegen. Während diese Fragen im Kern maßgeblich das Pflichtenprogramm bei der Ausgestaltung des Beschwerdemanagements im Kontext des § 3 NetzDG betreffen und daher dort behandelt wurden (unter B. II.), gilt es hier, die Folgen für die Berichtspflichten nach § 2 Abs. 2 NetzDG in den Blick zu nehmen: Geht man von einer allein formalen Anknüpfung an den Beschwerdeweg aus, müssen nur die hierüber eingegangen Beschwerden ausgewiesen werden. Dies setzte jedoch den oben genannten Anreiz für einen möglichst unattraktiven Meldeweg. Hält man eine solche Anknüpfung nur für zulässig, wenn gleichrangige Meldewege bestehen (vgl. oben Teil 3 A. II.), lässt sich die Erfüllung einer Berichtspflicht nach § 2 Abs. 2 Nr. 3 NetzDG durch die Netzwerkanbieter bei Angabe der Anzahl der eingegangenen NetzDG Beschwerden abschließend nur mit Blick auf die von ihnen konkret gewählte Ausgestaltung des Beschwerdesystems und die Gleichrangigkeit ggf. verschiedener Meldewege aus Sicht der Nutzer*innen bewerten.

In seinem am 2. Juli 2019 ergangenen, aber noch nicht rechtskräftigen Bußgeldbescheid an Facebook betreffend den Transparenzbericht für die erste Jahreshälfte 2018 scheint das BfJ insoweit ebenfalls die Rechtsauffassung zu vertreten, dass *jedenfalls* dann alle Beschwerden über rechtswidrige Inhalte zu erfassen und unabhängig vom Meldeweg im Bericht aufzuführen sind, wenn die Abgrenzung zwischen den beiden Meldewegen für die Nutzer*innen nicht hinreichend transparent und eindeutig ist.[222] Facebook hatte mit dem sog. Flagging-Meldeweg für Beschwerden nach Gemeinschaftsstandards und einem sogenannten NetzDG-Meldeformular zwei getrennte Meldewege für Beschwerden eingerichtet. Nutzer*innen, die eine Beschwerde über einen strafbaren Inhalt im Sinne des NetzDG einreichen wollten, wurden jedoch nach Auffassung des BfJ faktisch auf den Flagging-Meldeweg gelenkt, da das Nebeneinander von Flagging-Meldeweg und NetzDG-Formular bei Facebook nicht ausreichend transparent und das NetzDG-Formular zu versteckt gewesen sei.[223] Das BfJ geht davon aus, dass die Anzahl der über den weithin bekannten Flagging-Meldeweg eingegangenen Beschwerden für die Meldepflicht beachtlich und die Darstellung im veröffentlichten Bericht insofern unvollständig ist. Wenn Netzwerkanbieter mehrere Meldewege vorhalten, müssten diese für die Nutzer*innen transparent und eindeutig sein und dortige Eingänge grundsätzlich im Transparenzbericht abgebildet werden.[224]

---

222 Pressemitteilung des BfJ vom 03.07.2019.
223 Pressemitteilung des BfJ vom 03.07.2019.
224 Pressemitteilung des BfJ vom 03.07.2019.

a) Anzahl sowie Aufschlüsselung nach Beschwerdegrund

Betrachtet man die veröffentlichten Transparenzberichte, so enthalten auf den ersten Blick alle Berichte gleichermaßen Angaben über die Anzahl der eingegangenen Beschwerden sowie eine entsprechende Aufschlüsselung nach Beschwerdegrund und Beschwerdeführer (Nutzer*innen/Beschwerdestelle). Der zweite Blick offenbart dann jedoch im Detail eine große Variationsbreite in der Interpretation der Meldepflicht; der Gesetzeswortlaut ist hier uneindeutig. Im Zentrum steht hier die Frage, ob die Zahl der Beschwerdemeldungen oder die Zahl der zu prüfenden Inhalte maßgeblich ist. Während § 2 Abs. 2 Nr. 3 NetzDG mit der Formulierung „eingegangene Beschwerden" durchaus ein formales Beschwerdeverständnis zulässt, welches an den einzelnen Beschwerdevorgang und nicht an die Anzahl der innerhalb eines Beschwerdevorgangs gerügten Inhalte anknüpft, spricht die zugleich angeordnete Aufschlüsselungsverpflichtung nach dem Beschwerdegrund eher für ein Verständnis, welches die Anzahl der Beschwerden mit der Anzahl der gerügten Inhalte gleichsetzt. Der hierdurch eröffnete Interpretationsspielraum wirkt sich nicht nur auf die Vergleichbarkeit der Zahlen zwischen den einzelnen Netzwerksanbietern negativ aus, sondern beeinträchtigt bisweilen auch die Transparenz der Angaben innerhalb einzelner Transparenzberichte.

Zwei Netzwerkanbieter[225] geben als Beschwerdezahl die absolute Anzahl der über das NetzDG-Meldeformular übermittelten Beschwerden an, berücksichtigen dabei jedoch nicht, ob in einer Beschwerde mehrere Inhalte gerügt werden. Bei der Aufschlüsselung nach dem Beschwerdegrund wird dann zwar dem Umstand Rechnung getragen, dass von Nutzer*innen in einer Beschwerde mehrere Rechtsverstöße gerügt werden können, jedoch bleibt auch hier offen, inwieweit sich der durch die Berücksichtigung von mehreren Beschwerdegründen ergebende Überschuss gegenüber der formellen Gesamtzahl an Beschwerdeeingängen allein aus der multiplen Rechtswidrigkeit *eines* Inhalts oder der gleichzeitigen Rüge *mehrerer* Inhalte ergibt. Die Anzahl der von Nutzer*innen innerhalb eines Berichtszeitraums als rechtswidrig i.S.d. § 1 Abs. 3 NetzDG gerügten Inhalte lassen sich den in Tabellenform hervorgehobenen Angaben zur Anzahl der NetzDG-Beschwerden damit gerade nicht entnehmen. Lediglich im Fließtext wird beiläufig auch die tatsächliche Anzahl der als rechtwidrig gerügten Inhalte erwähnt, die jeweils erheblich über der Gesamtzahl der genannten Beschwerden lag. So wurde beispielsweise im letzten Transparenzbericht

225 Facebook, Twitter.

eines dieser Netzwerkanbieter die Gesamtzahl der eingegangenen Beschwerden mit 647 beziffert, während sich die durch die Nutzer*innen mittels einer NetzDG-Beschwerde markierten rechtswidrigen Inhalte nach eigenen Angaben auf 1050 Inhalte belief.[226] Bei beiden Netzwerkanbietern fällt zudem auf, dass die Anzahl der gemeldeten Beschwerden signifikant hinter den Beschwerdezahlen der anderen Netzwerkanbieter mit vergleichbarem Nutzeraufkommen zurückbleibt. Dies führt zu der Vermutung, dass durch die ausgestaltungsbezogene Privilegierung des Beschwerdeweges hinsichtlich eines Verstoßes gegen Gemeinschaftsstandards ein Teil des Beschwerdeaufkommens hinsichtlich rechtswidriger Inhalte i.S.d. § 1 Abs. 3 NetzDG auf diesen Beschwerdeweg zumindest faktisch umgeleitet wird. Soweit die Netzwerkanbieter sich dann aber darauf beschränken, das Beschwerdeaufkommen nach ihrem NetzDG-Formular anzugeben, lässt sich den Berichten kein adäquates Bild über das tatsächliche Beschwerdeaufkommen im Hinblick auf rechtswidrige Inhalte im Sinne des § 1 Abs. 3 NetzDG entnehmen.

Ein anders gelagertes Transparenz- bzw. Vergleichbarkeitsproblem hinsichtlich des Berichtsinhalts des § 2 Abs. 2 Nr. 3 NetzDG, das aber gleichfalls auf die Rückkopplungseffekte zwischen der Ausgestaltung des Beschwerdeverfahrens und der Erfüllung der Berichtspflichten verweist, stellt sich hinsichtlich der geforderten Aufschlüsselung nach dem Beschwerdegrund. Die Unbestimmtheit, in welchem Ausmaß sich aus dem NetzDG bei der Ausgestaltung des Beschwerdemanagements objektive Prüfpflichten herleiten lassen, die nicht an eine subjektive Darlegung der Nutzer*innen anknüpfen, spiegelt sich im Kontext des § 2 Abs. 2 Nr. 3 NetzDG in der Frage, inwieweit sich die Berichtspflicht auf den von Nutzer*innen subjektiv vorgebrachten Beschwerdegrund oder eine objektivierte Einordnung des Beschwerdeanliegens bezieht. So melden zwei Netzwerkanbieter als Beschwerdezahlen zwar nicht allein die formalen Beschwerdeeingänge nach ihrem NetzDG-Beschwerdeweg, sondern die tatsächliche Anzahl der hierdurch insgesamt als rechtswidrig gemeldeten Inhalte.[227] Allerdings erfolgt hier die Aufschlüsselung nach dem Beschwerdegrund im Transparenzbericht nicht nach den einzelnen Straftatbeständen, sondern nach gröberen Kategorien wie zum Beispiel „Hassrede oder politischer Extremismus" / „Terrorismus oder verfassungswidrige Inhalte" / „Persönlichkeitsrechtsverletzung oder Beleidigung" / „Privatsphäre" / „Gewalt" etc. Hierin spiegelt sich das im Kontext der Ausgestaltung des Beschwerdeverfahrens

226 Facebook.
227 Google+, YouTube.

grundsätzlich begrüßenswerte Anliegen wider, den Nutzer*innen eine vereinfachte Meldung ohne schwierige Subsumtion unter einzelne Tatbestände zu ermöglichen. Folgt man aber dem Grundansatz, im Kontext des § 2 Abs. 2 Nr. 3 NetzDG auf die subjektive Perspektive der Beschwerdeführer abzustellen, um möglichst alle erhobenen Beschwerden als Eingangsdaten zu erfassen, und entlastet man zugleich die Nutzer*innen von der Obliegenheit, eine zumindest formale Zuordnung des gerügten Inhaltes zu einem bestimmten Tatbestand zu erklären, stellt sich mit Blick auf die Berichtspflicht des § 2 Abs. 2 Nr. 3 NetzDG die Frage, ob man dem Netzwerkanbieter tatsächlich eine eigenständige vorläufige Vorkategorisierungspflicht auferlegen möchte, damit normspezifischere Angaben über die jeweilig erhobene Anzahl an Beschwerden in den Transparenzberichten abgerufen werden können. Die Folge hiervon wäre dann aber, dass der Netzwerkanbieter, der einen für die Nutzer*innen niedrigschwelligeren Beschwerdeweg ausgestaltet, hierdurch für sich zusätzlich Vorkategorisierungslasten generieren würde, die ihren Zweck allein in der Erfüllung der Berichtspflicht des § 2 Abs. 2 Nr. 3 NetzDG finden würden, was einen erheblichen negativen Anreiz für ein eigentlich erwünschtes Verhalten darstellen dürfte. Deutlich wird hieran, dass der Gesetzeszweck der Einrichtung eines niedrigschwelligen Beschwerdeweges und effizienten Beschwerdemanagements sich nicht immer spannungsfrei zu dem mit der Berichtspflicht zumindest mitanvisierten Informationsziel über den Verbreitungsgrad rechtswidriger Inhalte in Netzwerken und ihren Umgang mit ihnen verwirklichen lässt. Soweit man dieses Spannungsverhältnis zugunsten des Ziels eines effektiven und niedrigschwelligen Beschwerdeverfahrens auflösen will, bietet sich eine weite Auslegung der Berichtspflicht über den „Beschwerdegrund" an. Dieser würde dann nicht zwingend eine Aufschlüsselung nach den Straftatbeständen, sondern lediglich nach groben Kategorien verlangen. Der Gesetzgeber sollte eine entsprechende Klarstellung in Erwägung ziehen.

Zwei Netzwerkanbieter melden schließlich als Anzahl der eingegangenen Beschwerden alle mit spezifischem Verweis auf das NetzDG gerügten Inhalte und schlüsseln diese auch nach den einzelnen Tatbeständen des § 1 Abs. 3 NetzDG auf. Im Falle eines weiteren Netzwerkanbieters lässt sich dem Bericht nicht entnehmen, ob sich die Anzahl auf die jeweils einzeln eingegangenen Beschwerden über das NetzDG-Meldeformular oder auf die in diesen Beschwerden gerügten Inhalte bezieht.

Nur ein Netzwerkanbieter gab in seinem Transparenzbericht explizit an, dass eine Klassifizierung zwar in erster Linie über die in dem Beschwerdeformular durch die Beschwerdeführer*innen ausgewählte Kategorien erfolge, dass jedoch auch jede eingehende Beschwerde durch ein Team gesichtet und gegebenenfalls dem Beschwerdegegenstand entsprechend korrekt eingeordnet werde, um fehlerhafte Einordnungen durch Nutzer*innen zu korrigieren.[228]

b) Aufschlüsselung zwischen Nutzer*innen und Beschwerdestellen

Alle Transparenzberichte nehmen eine Aufschlüsselung der Beschwerden nach Nutzer*innen und Beschwerdestellen vor. Nicht alle Netzwerkanbieter überprüfen jedoch, ob die Beschwerden auch tatsächlich von Beschwerdestellen abgegeben werden. Erfasst werden dann auch Fälle, in denen Nutzer*innen sich als Beschwerdestelle ausgeben, etwa um eine (vermeintlich) höhere Priorität oder Prüfungsintensität auf Seiten des Netzwerkanbieters zu erreichen. Ein gesteigerter Informationswert ließe sich der Berichtspflicht daher insoweit nur entnehmen, wenn man im Kontext des Anforderungsprogramms an die Ausgestaltung des Beschwerdemanagements den Netzwerkanbietern eine Pflicht auferlegen würde, durch entsprechende Verifizierungen dafür Sorge zu tragen, dass Beschwerden von Beschwerdestellen auch nur von solchen eingelegt werden können. Ob sich eine solche Pflicht dem NetzDG in seiner jetzigen Form entnehmen lässt, muss zumindest als offen bezeichnet werden. Auch hier empfiehlt sich eine Klarstellung durch den Gesetzgeber.

4. Berichtsinhalte bezüglich des Prüfpersonals (§ 2 Abs. 2 Nr. 4 NetzDG)

Nach Auffassung des Gesetzgebers ist für eine hinreichend effektive Beschwerdebearbeitung „ein qualifiziertes Bearbeitungsteam unerlässlich".[229] Daher verpflichtet § 2 Abs. 2 Nr. 4 NetzDG die Anbieter, über die Organisation, personelle Ausstattung sowie fachliche und sprachliche Kompetenz der für die Bearbeitung von Beschwerden zuständigen Arbeitseinheiten in ihrem Transparenzbericht Rechenschaft zu geben. Die Berichte müssen dementsprechend Informationen über die organisatorische Strukturierung, die Anzahl der Arbeitseinheiten sowie deren durch Bildungsabschlüsse oder sonstige Schulungszertifikate nachweisbare Fach- und Sprachkompetenz enthalten. Um ein transparentes und somit nachvoll-

---

228 Change.org, Transparenzbericht 1/2019, S. 6.
229 BT-Drucks. 18/12356, S. 21.

ziehbares Beschwerdeverfahren zu gewährleisten, sind nach § 2 Abs. 2 Nr. 4 NetzDG alle internen und externen Arbeitseinheiten, die Beschwerden bearbeiten, vollständig zu benennen.[230] Der Gesetzgeber wollte auf diese Weise sicherstellen, dass auch „die Anforderungen an die Qualifikationen externer Arbeitseinheiten erfüllt werden".[231] Neben der Qualifikation ging es dem Gesetzgeber bei der Verpflichtung zu Schulung und Betreuung zugleich auch um den Schutz der Mitarbeiter*innen in Anbetracht der „hohen physischen Belastungen" und den „ständig neuen Herausforderungen".[232]Auch insoweit dient die Berichtspflicht der Überprüfbarkeit der Umsetzung des materiellen Anforderungsprogramms.

a) Organisation und Personalausstattung

Die Transparenzberichte ergeben hier ein heterogenes Bild. Der Detaillierungsgrad der Schilderungen über die Organisation und die Personalzusammensetzung der Beschwerdeteams schwankt zwischen den einzelnen Netzwerkanbietern erheblich. Während sich bei mehreren Netzwerkanbietern eine deutliche Verbesserung des Berichts zwischen der ersten und dritten Berichtsrunde feststellen lässt, die sich in einer entsprechenden Steigerung der Informationsdichte widerspiegelt, dürften auch die in der dritten Berichtsrunde im Juli 2019 veröffentlichen Transparenzberichte nach wie vor nicht alle den sich aus § 2 Abs. 2 Nr. 4 NetzDG ergebenden Anforderungen vollumfänglich genügen. So lassen sich in zwei Fällen den Transparenzberichten schon keine hinreichend spezifischen Angaben über die genaue personelle Ausstattung und Zusammensetzung der Beschwerdeteams oder über die fachliche Qualifikation der beteiligten Personen entnehmen.[233] Eine der gesetzgeberischen Vorstellung entsprechende Einschätzung der Qualität des Beschwerdemanagements lässt sich hier mangels hinreichend konkreter Angaben schon im Ansatz nicht treffen.

Die Mehrzahl der Transparenzberichte vermittelt jedoch zumindest in den Grundzügen, teilweise auch darüber hinaus, einen konkreten Eindruck von der Organisation, der Anzahl sowie den Bildungsabschlüssen und sprachlichen Kompetenzen des mit der Prüfung beauftragten Personals sowie seiner Fortbildung und Schulung. Soweit die Netzwerkanbieter

230 BT-Drucks. 18/12356, S. 21.
231 BT-Drucks. 18/12356, S. 21.
232 BT-Drucks. 18/12356, S. 21.
233 Twitter, Reddit.

auf ein gestuftes Prüfungsverfahren zurückgreifen, bei denen eingehende Beschwerden erst an den Gemeinschaftsstandards gemessen werden, spiegelt sich dies in der Organisationsstruktur bisweilen in der gestuften Abfolge unterschiedlicher Beschwerdeteams wider (vgl. zu den Problemen Teil 3 A. II.). Soweit insbesondere die großen Netzwerkanbieter für die Prüfung von NetzDG-Beschwerden eigenständige Prüfungsteams bilden, nehmen sie hierbei in weitem Umfang externe Dienstleister in Anspruch. Zwei Netzwerkanbieter geben an, bei der Prüfung der NetzDG-Beschwerden vollständig auf das Prüfteam eines externen Dienstleisters zurückzugreifen.[234] Ein Netzwerkanbieter liefert in seinem Bericht keine Angaben über das genaue Verhältnis zwischen internem und externem Prüfpersonal.[235] Hinsichtlich der Anzahl der mit NetzDG-Beschwerden befassten Personen wird in den Berichten regelmäßig betont, dass die Anzahl flexibel zum tatsächlichen Beschwerdeaufkommen gehalten wird, sodass bei geringem Beschwerdeaufkommen nur ein kleiner Teil der genannten Mitarbeiter*innenanzahl tatsächlich zum Einsatz komme.

b) Schulungen

In allen Transparenzberichten wird von eigenständigen Schulungen der mit NetzDG-Beschwerden befassten Mitarbeiter*innen berichtet, unabhängig davon, ob eigenständige NetzDG-Beschwerdeteams gebildet werden oder die Prüfung in erster Linie den Mitarbeiter*innen eines allgemeinen Beschwerdeteams überlassen bleibt. Die Schulungen erfolgen nach Angabe in den Berichten dabei teils durch unternehmensinterne Jurist*innen, teils unter Rückgriff auf externe Rechtsanwält*innen, Rechtsprofessor*innen oder Berater*innen. Drei Netzwerkanbieter berichten zudem über ihre internen Qualitätssicherungsprozesse.[236] Dabei geben zwei Anbieter an, dass im dritten Berichtszeitraum abhängig vom Volumen der Beschwerdeeingänge im Schnitt 30% bzw. 70% der geprüften Inhalte erneut überprüft wurden, um zu gewährleisten, dass das NetzDG-Team wie vorgesehen funktioniere. Während sich einem Teil der Berichte durchaus konkrete Angaben über Schulungsintervalle, Aufbereitung des Lehrmaterials (z.B. straftatspezifische Kriterienkataloge, die von einer externen Kanzlei erstellt wurden) und Lehrpersonal entnehmen lassen, beschränken sich auch hier

234 Google+, YouTube.
235 Twitter.
236 Google+, Twitter, YouTube.

ein großer Teil der Berichte allein auf abstrakt bleibende Aussagen mit geringem Informationswert.

c) Betreuungsangebote

Nahezu alle Berichte aus der letzten Berichtsrunde enthalten Angaben zu psychologischen Betreuungs- und Beratungsangeboten für Mitarbeiter*innen, die mit der Bewertung von NetzDG-Beschwerden beauftragt sind. Ein Bericht erschöpft sich jedoch in der pauschalen Aussage, dass Mitarbeiter*innen „Zugang zu Ressourcen hinsichtlich ihrer Gesundheit und ihrem Wohlergehen" haben.[237] Soweit die Berichte konkretere Angaben enthalten, variiert die Bandbreite des Angebots auch in Abhängigkeit zur Größe des jeweiligen Netzwerkanbieters. Regelmäßig verweisen die Berichte beispielsweise auf unternehmensseitige Angebote in Form von psychologischer Unterstützung durch entsprechend ausgebildete Therapeut*innen, auf Gruppen- und Einzeltherapiesitzungen, Gruppencoaching und Beratungen über Support-Hotlines. In einem Fall wird von der Bereitstellung entsprechender Handy-Apps berichtet, die den Teams Zugang zu Experten, Coaches und Tools für das emotionale Wohlbefinden geben sollen und das sonstige psychologische Beratungsangebot ergänzen. Wie hoch- bzw. niedrigschwellig die Angebote jedoch ausgestaltet sind und ob sie tatsächlich geeignet sind, den vom Gesetzgeber erwarteten hohen Belastungen des Beschwerdeprüfungspersonals gerecht zu werden, lässt sich aufgrund des hohen Abstraktionsgrades der Angaben regelmäßig nicht beurteilen.

5. Mitgliedschaft in Branchenverbänden (§ 2 Abs. 2 Nr. 5 NetzDG)

Nach § 2 Abs. 2 Nr. 5 NetzDG müssen die Diensteanbieter in ihrem Bericht darlegen, ob sie Mitglied in einem Branchenverband sind und ob dieser Branchenverband eine Beschwerdestelle für Meldungen von Hasskriminalität und anderen strafbaren Inhalten in sozialen Netzwerken vorsieht. Ist eine Beschwerdestelle vorhanden, soll dieser Umstand nach der Entwurfsbegründung im Falle einer Bußgeldbewehrung strafmildernd berücksichtigt werden können.[238]

237 Twitter.
238 BT-Drucks. 18/12356, S. 21.

Von den insgesamt acht Netzwerkanbietern, die bisher für mindestens einen Berichtszeitraum einen Transparenzbericht abgegeben haben, sind nach eigenen Angaben[239] drei Netzwerkanbieter in keinem Branchenverband Mitglied.[240] Für die übrigen fünf Anbieter gilt nach den Aussagen in den Transparenzberichten: Vier Netzwerkanbieter sind im Branchenverband „Eco - Verband der Internetwirtschaft e.V." vertreten, bei dem eine interne Beschwerdestelle existiert.[241] Vier Netzwerkanbieter sind im Branchenverband „Bitkom – Bundesverband Informationswirtschaft, Telekommunikation und neue Medien e.V." vertreten, in dem keine interne Beschwerdestelle existiert.[242] Zwei Netzwerkanbieter sind im Branchenverband „BVDW – Bundesverband Digitale Wirtschaft e.V." vertreten, bei dem keine interne Beschwerdestelle existiert.[243] Darüber hinaus bestehen nach eigenen Angaben von fünf Netzwerkanbietern Mitgliedschafts- bzw. Kooperationsbeziehungen zu „Freiwillige Selbstkontrolle Multimedia-Diensteanbieter e.V.",[244] von vier Netzwerkanbietern zu „Deutschland sicher im Netz e.V."[245], sowie von zwei Netzwerkanbietern zu „Jugendschutz.net".[246]

6. Konsultation externer Stellen (§ 2 Abs. 2 Nr. 6 NetzDG)

Die Transparenzberichte müssen nach § 2 Abs. 2 Nr. 6 NetzDG auch die Anzahl der Beschwerden angeben, bei denen eine externe Stelle konsultiert wurde, um die Entscheidung vorzubereiten. Soweit dies nach Auffassung des Gesetzgebers dazu dienen soll, ein „aussagekräftiges Gesamtbild" auch hinsichtlich der Anzahl der Beschwerden zu generieren, bei denen „die internen Ressourcen der Anbieter" aus Gründen des Umfangs oder der Komplexität der Beschwerde „nicht ausreichend sind", ist der Gesetzeswortlaut in der Tendenz überschießend.[247] Denn die Berichtspflicht erfasst in ihrer jetzigen Fassung auch die Konsultationen externer Stellen, die

239 Bei der nachfolgenden Aufstellung sind Mehrfachmitgliedschaften berücksichtigt.
240 Change.org, Reddit, SoundCloud.
241 Facebook; Google+, Twitter, YouTube.
242 Facebook, Google+, Twitter, YouTube.
243 Facebook, Twitter.
244 Google+, Facebook, Instagram, Twitter, YouTube.
245 Google+, Facebook, Instagram, YouTube.
246 Instagram, Twitter.
247 BT-Drucks. 18/12356, S. 21.

nicht auf eine fehlende Ressourcenausstattung, sondern auf andere Motivlagen der Netzwerkanbieter zurückzuführen sind.[248] Die überschießende Tendenz ist dem übergeordneten Gesetzeszweck einer erhöhten Transparenz im Umgang mit Beschwerden jedoch förderlich und insoweit unproblematisch. Allerdings lassen sich aufgrund der überschießenden Formulierung Rückschlüsse auf die interne Ressourcenausstattung der Netzwerkanbieter aus den Angaben nach § 2 Abs. 2 Nr. 6 NetzDG nur bedingt ziehen. Klar umfasst sind von dem Begriff „externe Stellen" aufgrund des Gesetzeszweckes in jedem Fall externe Anwaltskanzleien.

Drei Netzwerkanbieter geben an, bisher in keinem Fall externe Berater eingeschaltet zu haben.[249] Die übrigen Netzwerkanbieter geben in ihren Berichten an, in schwierigen Fällen auf den Rat externer deutscher Anwaltskanzleien zurückzugreifen und nennen jeweils die Zahl der Fälle, in denen eine Konsultation zur Vorbereitung der Entscheidung im Berichtszeitraum erfolgte. Die Fallzahlen verbleiben hierbei durchgehend im niedrigen zweistelligen Bereich und bilden nur einen sehr geringen Anteil am jeweiligen Gesamtbeschwerdeaufkommen der Netzwerkanbieter.

7. Anzahl der Beschwerden, die im Berichtszeitraum zur Löschung oder Sperrung des beanstandeten Inhalts führten (§ 2 Abs. 2 Nr. 7 NetzDG)

Durch § 2 Abs. 2 Nr. 7 NetzDG werden die Netzwerkanbieter dazu verpflichtet, die Anzahl der Beschwerden auszuweisen, die im Berichtszeitraum zur Löschung oder Sperrung des beanstandeten Inhalts geführt haben. Dabei haben sie die Anzahl nach dem Beschwerdegrund aufzuschlüsseln sowie danach, ob die Beschwerden von Beschwerdestellen oder von Nutzer*innen eingereicht wurden. Unklar bleibt aufgrund des Gesetzeswortlautes jedoch, ob die Aufschlüsselung nach dem Beschwerdegrund ebenfalls eine Aufschlüsselung nach den unterschiedlichen Beschwerdeführer*innen beinhalten muss oder nicht.

Zudem müssen die Netzwerkanbieter in ihren Berichten angeben, wie oft im Falle der Löschung bzw. Sperrung ein Fall des § 3 Abs. 2 Nr. 3 lit. a NetzDG vorlag[250] und ob in diesem Fall eine Weiterleitung an den*die

---

248 In diesem Sinne auch Spindler/Schmitz/*Liesching*, TMG, 2. Aufl. 2018, § 2 NetzDG Rn. 24.

249 Change.org, Reddit, SoundCloud.

250 Nach § 3 Abs. 2 Nr. 3 lit. a NetzDG kann die Regellöschfrist von sieben Tagen überschritten werden, wenn die Entscheidung über die Rechtswidrigkeit des In-

Nutzer*in erfolgt ist. Schließlich muss der Bericht Angaben darüber enthalten, in wie vielen Fällen mit Lösch- bzw. Sperrfolgen eine Übertragung an eine anerkannte Einrichtung der Regulierten Selbstregulierung nach § 3 Abs. 2 Nr. 3 lit. b NetzDG erfolgt ist.

a) Anzahl der zur Löschung/Sperrung führenden Beschwerden, aufgeschlüsselt nach Beschwerdegrund

Alle Transparenzberichte enthalten in Tabellenform nach dem Beschwerdegrund aufgeschlüsselte Angaben über die Anzahl der Beschwerden, die zur Löschung oder Sperrung von Inhalten geführt haben. Wie bereits im Kontext der Meldung über die Anzahl an eingehenden Beschwerden, wirken sich jedoch auch hier die unterschiedliche Interpretation des Beschwerdebegriffs bzw. die Folgen von Kategorisierungsentscheidungen der Netzwerkanbieter im Rahmen der Ausgestaltung des Beschwerdeverfahrens einschränkend auf deren Vergleichbarkeit aus.

Jedenfalls vier Netzwerkanbieter[251] legen auch im Rahmen der Angaben des § 2 Abs. 3 Nr. 7 und 8 NetzDG ausdrücklich die von den Beschwerdeführer*innen selbst genannten Beschwerdegründe zugrunde und nicht die Maßstäbe bzw. Tatbestände, nach denen der Inhalt letztlich als rechtswidrig eigestuft und gelöscht wurde. Im Hintergrund könnte hier neben einer entsprechenden Offenheit des Wortlauts wohl auch die Erwägung stehen, dass nur auf diese Weise bei der Löschung anhand von Gemeinschaftsstandards nicht noch eine rechtliche Subsumtion anhand der Tatbestände des § 1 Abs. 3 NetzDG durchzuführen ist. Dies wäre jedoch eine notwendige Voraussetzung, wenn man im Kontext des § 2 Abs. 3 Nr. 7 NetzDG die Berichtspflicht dahingehend deuten würde, dass mit dem „Beschwerdegrund“ der objektive Beanstandungsgrund zu verstehen sei. Die Netzwerkanbieter können sich hier in der Tat auch auf den Wortlaut der Norm stützen, der auf den „Beschwerde-“ und nicht auf den „Lösch- bzw. Sperrgrund“ abstellt und diesbezüglich dem § 2 Abs. 2 Nr. 3 NetzDG entspricht. Die Folge ist dann jedoch, dass etwa eine Beschwerde wegen Volksverhetzung selbst dann unter der Kategorie „Volksverhetzung“ zu einem Lösch-

---

halts von der Unwahrheit einer Tatsachenbehauptung oder erkennbar von anderen tatsächlichen Umständen abhängt. In diesem Fall kann dem Nutzer vor der Entscheidung Gelegenheit zur Stellungnahme zu der Beschwerde geben werden.

251 Vgl. Facebook, Google+, Instagram, YouTube.

eintrag führte, wenn der Inhalt im Ergebnis vom Netzwerkanbieter zwar nicht als Volksverhetzung, wohl aber als „Beleidigung" eingestuft und gelöscht würde. Objektive Schlussfolgerungen zur Verbreitung bestimmter Straftaten lassen sich dann aus Angaben in den Transparenzberichten nur sehr bedingt entnehmen.

b) Aufschlüsselung nach Beschwerdeführer*innen

Alle Transparenzberichte enthalten eine Aufschlüsselung nach Nutzer*innen/Beschwerdestellen. Regelmäßig erfolgt die Aufschlüsselung insoweit nicht allein hinsichtlich der Anzahl, sondern auch hinsichtlich des Grundes der Löschung. Auch hier gilt es bei der Auswertung der Transparenzberichte jedoch in Rechnung zu stellen, dass nicht alle Netzwerkanbieter ihre Meldewege so ausgestalten, dass die Beschwerdestelleneigenschaft jeweils stets sicher verifiziert wird. Der Aussagegehalt ist in diesen Fällen begrenzt. Zwei Netzwerkanbieter weisen jedoch auch eigens das Verhältnis zwischen gemeldeten und entfernten Inhalten von *verifizierten* Beschwerdestellen aus.[252]

c) Fall des § 3 Abs. 2 Nr. 3 lit. a NetzDG sowie Stellungnahmeangebot an Nutzer*innen

Alle Netzwerkanbieter veröffentlichen in ihren Berichten Zahlen darüber, wie oft im Falle einer Löschung/Sperrung ein Fall vorlag, in welchem die Entscheidung über die Rechtswidrigkeit eines Inhalts von der Unwahrheit der Tatsachenbehauptung oder erkennbar von anderen tatsächlichen Umständen abhing (§ 3 Abs. 2 Nr. 3 lit. a NetzDG). Im Falle zweier Netzwerkanbieter wird jedoch aufgrund der entsprechenden Formulierung im Transparenzbericht nicht hinreichend klar, ob tatsächlich *alle* Fälle des § 3 Abs. 2 Nr. 3 lit. a NetzDG angegeben wurden, oder nur die, bei denen Nutzer*innen zusätzlich die Möglichkeit zur Stellungnahme gegeben wurde.[253]

---

252 Vgl. YouTube, Transparenzbericht 1/2019, S. 6; Google+, Transparenzbericht 1/2019, S. 3.

253 Vgl. Change.org, Transparenzbericht 1/2019, S. 12; Facebook,Transparenzbericht 1/2019, S. 11.

Alle Netzwerkanbieter geben zudem an, in wie vielen Fällen den Nutzer*innen vor der Entscheidung Gelegenheit zur Stellungnahme gegeben wurde. Dabei geben jedoch lediglich zwei Netzwerkanbieter an, in drei bzw. in siebzehn Fällen des § 3 Abs. 2 Nr. 3 lit. a NetzDG Nutzer*innen vor der Entscheidung Gelegenheit zur Stellungnahme gegeben zu haben. Ein Netzwerkanbieter führt in seinem Bericht aus, dass er in den im Berichtszeitraum eingetretenen sechs Fallkonstellationen, die sich unter § 3 Abs. 2 Nr. 3 lit. a NetzDG subsumieren ließen, deshalb von der Möglichkeit abgesehen habe, die Nutzer*innen zu Stellungnahme aufzufordern, weil die Beschwerdeführer*innen ihrerseits auf klärende Nachfragen des Netzwerkanbieters zuvor nicht reagiert hätten.[254]

d) Übertragung an anerkannte Einrichtung der Regulierten Selbstregulierung

Alle Netzwerkanbieter geben in ihren Transparenzberichten an, bisher *keinen* Fall an eine anerkannte Einrichtung der Regulierten Selbstregulierung übertragen zu haben (zu den Gründen unter B. V.).

e) Überobligatorische Informationen durch einzelne Netzwerkanbieter

Die Transparenzberichte zweier Netzwerkanbieter enthalten zusätzlich eine informative Gegenüberstellung der Inhalte, die nach einer NetzDG-Beschwerde aufgrund eines Verstoßes gegen die Gemeinschaftsrichtlinien weltweit entfernt wurden, und der Inhalte, die nur lokal aufgrund des NetzDG gesperrt wurden.[255] In Anbetracht der großen Bedeutung, die den Beurteilungsmaßstäben nach Gemeinschaftsstandards von den Netzwerkanbietern auch im Kontext des Beschwerdemanagements nach NetzDG zugemessen wird, wäre es aufschlussreich, entsprechende Informationen auch von den anderen Netzwerkanbietern zu erhalten. Der Gesetzgeber sollte daher erwägen, ob er den der Katalog der Berichtspflichten nicht für alle Anbieter um diese Angabe erweitern möchte.

---

254 Vgl. Reddit, Transparenzbericht 1/2019, S. 8.

255 Vgl. YouTube, Transparenzbericht 1/2019, S. 10; Google+, Transparenzbericht 1/2019, S. 9.

8. Zeit zwischen Beschwerdeeingang und Löschung/Sperrung des rechtswidrigen Inhalts (§ 2 Abs. 2 Nr. 8 NetzDG)

Um überprüfen zu können, ob die in § 3 Abs. 2 Nr. 2 und 3 NetzDG vorgegebenen Regelbearbeitungszeiten eingehalten werden, verpflichtet § 2 Abs. 2 Nr. 8 NetzDG die Netzwerkanbieter dazu, in ihren Berichten auch die Bearbeitungszeit zwischen Beschwerdeeingang und Löschung oder Sperrung des rechtswidrigen Inhalts anzugeben. Auch hier hat die Angabe aufgeschlüsselt nach Beschwerdegrund und nach Beschwerdeführer*innen zu erfolgen. Darüber hinaus ist die Bearbeitungszeit in Zeitspannen von „innerhalb von 24 Stunden", „innerhalb von 48 Stunden", „innerhalb einer Woche" oder „zu einem späteren Zeitpunkt" anzugeben, um evaluieren zu können, wie effizient die zuständigen Teams die Beschwerden bearbeiten.[256]

Alle Transparenzberichte enthalten in Tabellenform Angaben über die Bearbeitungszeit zwischen Beschwerdeeingang und Löschung bzw. Sperrung von Inhalten, aufgeschlüsselt nach Beschwerdeführer*innen sowie gesetzlich spezifiziertem Zeitfenster. Wie bereits im Kontext der Meldung über die Anzahl an eingehenden Beschwerden wirken sich jedoch auch hier die unterschiedliche Interpretation des Beschwerdebegriffs – Zählung der formalen Beschwerden oder der darin gerügten Inhalte – bzw. die Folgen von Kategorisierungsentscheidungen der Netzwerkanbieter im Rahmen der Ausgestaltung des Beschwerdeverfahrens allerdings in entsprechender Weise einschränkend auf die Vergleichbarkeit der gemachten Angaben aus. Ein Netzwerkanbieter[257] führt in seinem Bericht über die Anforderungen des NetzDG hinausgehend die zusätzliche Information auf, ob es Fälle gab, in denen gemäß § 3 Abs. 2 Nr. 2 NetzDG mit der zuständigen Strafverfolgungsbehörde ein längerer Zeitraum für die Löschung eines offensichtlich rechtswidrigen Inhalts vereinbart wurde.

9. Maßnahmen zur Unterrichtung der Beschwerdeführer und Nutzer (§ 2 Abs. 2 Nr. 9 NetzDG)

Schließlich muss der Bericht im „Interesse der Transparenz, der Nachvollziehbarkeit und der Güte der Argumente für die Löschung oder Sperrung

---

256 BT-Drucks. 18/12356, S. 21.

257 Vgl. Change.org, Transparenzbericht 1/2019, S. 14.

eines rechtswidrigen Inhalts"[258] auch auf die Maßnahmen eingehen, die der Netzwerkanbieter zur Unterrichtung der Beschwerdeführer*innen sowie der Nutzer*innen über die Entscheidung der Beschwerde trifft. Die Berichtspflicht des § 2 Abs. 2 Nr. 9 NetzDG dient damit vor allem dem Nachvollzug, ob die Netzwerkanbieter ihrer Compliance-Verpflichtung aus § 3 Abs. 2 Nr. 5 NetzDG in ausreichendem Maße Rechnung tragen. Trotz dieses klaren Gesetzeszwecks wird in der Literatur unter Verweis auf eine enge Wortlautinterpretation („*Maßnahmen* zur Unterrichtung") die Auffassung vertreten, dass die Berichtspflicht sich nur auf Darstellung der Unterrichtungsmaßnahmen und nicht auf die Offenlegung der typischen Unterrichtungsinhalte selbst beziehe.[259] Die Netzwerkanbieter müssten in ihren Berichten dann Informationen über die gewählten Kommunikationswege und Kommunikationszeiträume aufführen, nicht jedoch auf inhaltliche Aspekte der Unterrichtungsmaßnahmen eingehen. Zwingend ist eine solche den Gesetzeszweck weitgehend konterkarierende Interpretation jedoch auch in Anbetracht des Wortlauts nicht.[260]

Die Informationsdichte in den Transparenzberichten fällt auch in Bezug auf die von den Netzwerkanbietern getroffenen Maßnahmen zur Unterrichtung der Beschwerdeführer*innen und Nutzer*innen sehr unterschiedlich aus. Auf der einen Seite enthält die überwiegende Anzahl der Berichte zumindest eine rudimentäre Darstellung der Kommunikationsmaßnahmen in den Grundzügen, aufgeschlüsselt nach der jeweiligen Kommunikation mit den Beschwerdeführer*innen bzw. den Nutzer*innen. In vier Fällen weisen sie zudem Screenshots bzw. textliche Beispiele von Kommunikationsinhalten auf.[261] Auf der anderen Seite lassen sich einigen Transparenzberichten hingegen keinerlei konkrete Informationen entnehmen, die über die Tatsache, *dass* die Beschwerdeführer*innen von der Entscheidung bzw. die Nutzer*innen im Falle der Löschung des Inhaltes informiert werden, hinausgehen.[262]

Soweit sich den Informationen in den Berichten ein Eindruck von der Kommunikationspraxis entnehmen lässt, ergibt sich auch insoweit nur ein wenig tiefenscharfes Bild. Die Beschwerdeführer*innen erhalten regelmäßig mit Eingang ihrer Beschwerde eine automatisch generierte Mitteilung

---

258 BT-Drucks. 18/12356, S. 21.
259 Spindler/Schmitz/*Liesching*, TMG, 2. Aufl. 2018, § 2 NetzDG Rn. 27.
260 Eingehender hierzu *Eifert* NJW 2017, S. 1450 (1452 f).
261 Vgl. Change.org, Reddit, Twitter, YouTube.
262 Vgl. Change.org, Transparenzbericht 1/2019, S. 6; SoundCloud, Transparenzbericht 2/2018, S. 2.

und ihre Beschwerde eine Referenznummer. Alle Netzwerkanbieter geben an, die Beschwerdeführer*innen über das Ergebnis der Prüfung zu informieren und die Gründe für eine Löschung/Nicht-Löschung des gerügten Inhaltes anzugeben. Allerdings beschränken sich die Netzwerkanbieter zur Begründung der getroffenen Maßnahme mehrheitlich auf den bloßen Verweis auf die abstrakten Gemeinschaftsstandards bzw. die jeweils sekundär geprüften Straftatbestände des § 1 Abs. 3 NetzDG. Die Poster*innen werden hingegen regelmäßig nur dann benachrichtigt, wenn ihr konkreter Inhalt gelöscht bzw. gesperrt wird. Hierbei fällt insbesondere auf, dass nicht alle Netzwerkanbieter den Poster*innen im Falle einer Löschung seines Inhaltes aufgrund einer NetzDG-Beschwerde über den genauen Straftatbestand informieren, welcher der Löschungsentscheidung zugrunde lag.[263] Zur Begründung der Entscheidung werden auch die Nutzer*innen zudem regelmäßig mittels eine Links allein auf die abstrakten Gemeinschaftsstandards bzw. die Rechtslage nach nationalem Recht verwiesen. Soweit anhand der Transparenzberichte erkennbar, enthält die Benachrichtigung des*der Nutzer*in von der Sperrung/Löschung des Inhaltes nur bei einem Netzwerkanbieter einen ausdrücklichen Hinweis auf die Möglichkeit, Widerspruch gegen die Entscheidung einzulegen, sowie einen entsprechenden Link.[264]

IV. Bewertung der Berichtspflicht durch befragte Netzwerkanbieter, Berufsverbände, sonstige Verbände, NGOs und Rechtsanwält*innen

1. NGOs, Berufsverbände und sonstige Verbände

Die befragten Berufsverbände, Verbände und NGOs beurteilen den Grundansatz, über Berichtspflichten Transparenz über das Lösch- und Beschwerdemanagement herzustellen, ganz überwiegend als richtig und zielführend. Das durch die bisherige Berichtspraxis bereits erreichte Maß an Transparenz wird demgegenüber im Allgemeinen deutlich skeptischer beurteilt, wobei diesbezüglich jedoch bisweilen auch zwischen den Berichten der einzelnen Netzwerkanbieter differenziert wird. Einhellig kritisiert wird die fehlende Vergleichbarkeit zwischen den Transparenzberichten der Netzwerkanbieter untereinander. Dabei wird unter anderem die differie-

263 Vgl. Reddit, Transparenzbericht 1/2019, S. 6; Twitter, Transparenzbericht 1/2019, S. 20.

264 YouTube.

rende und nicht immer niedrigschwellige Ausgestaltung der Meldewege als Grund für die unterschiedlichen Beschwerdezahlen diagnostiziert. Darüber hinaus kritisieren mehrere Verbände, dass in den Transparenzberichten Angaben über die jeweiligen Entscheidungskriterien nur unzureichend vorhanden seien. Vermisst wird in diesem Zusammenhang zum Zwecke der Beurteilung der Auswirkungen des NetzDG insbesondere eine Aufschlüsselung dahingehend, welcher Anteil gemeldeter Inhalte nur nach Gemeinschaftsstandards und welcher Anteil nach NetzDG gelöscht wird. Einzelne Verbände kritisieren zudem, dass die Angaben über die Schulung des für die Bearbeitung von Beschwerden zuständigen Personals zu oberflächlich abgehandelt würden.

2. Rechtsanwält*innen

Zurückhaltend stufen auch die befragten Rechtsanwält*innen die Bedeutung und Aussagekraft der bisherigen Transparenzberichte ein. Während ein Teil angab, auf die Transparenzberichte für ihre Arbeit bisher nicht zurückgegriffen zu haben, wird die Bedeutung der Berichte für die Schaffung von Transparenz auch hier von einem überwiegenden Teil der Befragten zumindest im Grundsatz bejaht. Allerdings wird dabei regelmäßig nur den Transparenzberichten eines Teils der Netzwerkanbieter Aussagekraft zugesprochen und die bisweilen nicht nachvollziehbare Aufbereitung und Einteilung der Angaben in den Transparenzberichten anderer Netzwerkanbieter beanstandet. Durchgehend wird zudem die fehlende Vergleichbarkeit der Transparenzberichte zwischen den Netzwerkanbietern kritisiert. Der Informationswert sei diesbezüglich aufgrund der jeweils unterschiedlichen Aufschlüsselungen und Darstellungen der Netzwerkanbieter äußerst begrenzt. Vereinzelt wird darüber hinaus angeregt, die Aufschlüsselung auch nach dem Geschlecht der Betroffenen vorzusehen.

3. Netzwerkanbieter

Alle an der Evaluation teilnehmenden Netzwerkanbieter geben an, dass es durch die Veröffentlichung eines Transparenzberichtes zu keiner messbaren Zunahme oder Abnahme von Beschwerden gekommen sei. Aus Sicht der Netzwerkanbieter stellt der Inhalt der Transparenzberichte jedoch auch weder einen wichtigen Gegenstand ihrer Kommunikation gegenüber der Öffentlichkeit dar, noch spielt er in der Kommunikation der Öffentlichkeit mit den Anbietern bisher eine entscheidende Rolle. Insgesamt schätzen die Netzwerkanbieter die Folgen und Auswirkungen der Transparenzberichte im Allgemeinen dann auch als gering ein. Zwar könnten die Berichte dabei helfen, Vergleiche mit den vorherigen Halbjahren und anderen Plattformen zu ziehen. Jedoch sei gerade aufgrund der individuellen Interpretationen der Anforderungen der Vergleich mit anderen Plattformen anhand der Transparenzberichte nur schwer vergleichbar. Auch aus der Gruppe der Netzwerkanbieter wird daher der Wunsch nach genaueren Angaben durch den Gesetzgeber und stärkerer Kommunikation durch das BfJ geäußert und die Veröffentlichung eines Leitfadens angeregt.

V. Abschließende Bewertung und Verbesserungsanregungen

Die Evaluation der Erfüllung der Berichtspflichten des § 2 NetzDG ergibt ein gemischtes Bild. Während einige Netzwerkanbieter sich erkennbar darum bemühen, den Berichtspflichten und Transparenzzielen des NetzDG durch entsprechend umfangreiche und konkrete Angaben hinreichend Rechnung zu tragen und die gebotenen Informationen für die Öffentlichkeit bereitzustellen, scheint ein Teil der Netzwerkanbieter den Berichtspflichten des § 2 NetzDG offensichtlich noch nicht den Stellenwert einzuräumen, der ihnen als sanktionsbewerte Rechtspflicht zukommt. Auch wenn sich als Tendenz festhalten lässt, dass sich die Transparenzberichte einzelner Anbieter von der ersten bis zu dritten Berichtsrunde in ihrem Informationsgehalt deutlich verbessert haben, so ließen sich auch in der dritten Berichtsrunde noch mehrere Transparenzberichte identifizieren, die bei ihren Ausführungen bisweilen auf aussagelose Leerformeln zurückgriffen und die durch § 2 Abs. 2 NetzDG eingeforderten Informationen nicht vollständig enthielten.

Abgesehen hiervon wird die zu Transparenz- und Evaluationszwecken angestrebte Vergleichbarkeit zwischen den Transparenzberichten der Netzwerkanbieter untereinander durch zwei Faktoren bislang erheblich gemindert:

Der erste Faktor besteht in den erheblichen Rückkopplungseffekten zwischen der Ausgestaltung des Beschwerdemanagements und den sich hierauf beziehenden Berichtspflichten. Soweit der Gesetzgeber den Netzwerkanbietern im Rahmen des § 3 NetzDG einen Gestaltungsspielraum hinsichtlich der Einrichtung der Beschwerdewege und der Ausgestaltung des Beschwerdemanagements eingeräumt hat, wurden bei der Formulierung der von den Berichtsinhalten abzudeckenden Mindestangaben des § 2

Abs. 2 NetzDG erkennbar unzureichend die Folgen berücksichtigt, die sich aus der konkreten Ausgestaltung des jeweiligen Beschwerderegimes ergeben. In welchem Ausmaß die Veröffentlichung der Transparenzberichte die ihr vom Gesetzgeber zugewiesene Funktion der Transparenzsteigerung und Informationsgenerierung auch tatsächlich zu erfüllen kann, hängt wesentlich von der Interpretation der materiellen Pflichten des § 3 NetzDG ab. Gerade am Beispiel der Berichtspflicht über die Anzahl der eingehenden Beschwerden über rechtswidrige Inhalte nach § 2 Abs. 2 Nr. 3 NetzDG ließ sich zeigen, wie sich Unklarheiten hinsichtlich der materiellen Anforderungen im Kontext des § 3 NetzDG zwangsläufig in Folgeunsicherheiten über die Ausdeutung der Berichtspflichten des § 2 Abs. 2 NetzDG niederschlagen. Das bei den Berichtspflichten nach der jetzigen Konzeption bestehende Spannungsverhältnis zwischen einer allgemeinen Informationsgenerierungsfunktion und einer spezifischen Kontrollfunktion über ein effektives Beschwerdemanagement des einzelnen Netzwerkanbieters lässt sich jedoch nicht ohne Weiteres auflösen, wie sich mit dem Blick auf die Frage nach der Aufschlüsselung der Beschwerdeeingangszahlen nach dem Beschwerdegrund beobachten ließ.

Der zweite Faktor besteht in den fehlenden verbindlichen Formvorgaben hinsichtlich der Gestaltung der Transparenzberichte sowie einer spezifischen inhaltlichen Anleitung, welches Ausmaß an Informationsdichte zur Erfüllung der Berichtspflichten tatsächlich erforderlich ist. Es wäre zu prüfen, ob nicht verbindlichere einheitliche Formvorgaben (z.B. durch einen entsprechenden Musterbericht) für die Erfüllung der Berichtspflicht etwa durch untergesetzliche Regelungen erfolgen sollen.

Erwägenswert wäre zudem, die Aufgabe des BfJ zu erweitern. Das BfJ könnte dann aktiv, etwa durch die Veröffentlichung von Leitlinien oder Empfehlungen, auf die Veröffentlichungspraxis Einfluss nehmen und im konstruktiven Zusammenwirken mit den Netzwerkanbietern Strategien für eine erhöhte Aussagekraft und Einheitlichkeit der Transparenzberichte erarbeiten (näher zur Rolle des BfJ siehe unter F.). Als niedrigschwellige transparenzfördernde Maßnahme kann auch eine zentrale und übersichtliche Veröffentlichung aller Transparenzberichte, z.B. auf der Homepage des BfJ, angedacht werden.

Trotz der nicht immer hinreichenden Vergleichbarkeit der Angaben sowie weiteren Verbesserungsbedarfs hat jedoch schon die bisherige Berichtspraxis auf Grundlage des § 2 NetzDG dazu geführt, dass sich die Informationslage hinsichtlich des Beschwerdemanagements der Netzwerkanbieter deutlich erhöht hat. Dies wird insbesondere im Vergleich zwischen den Netzwerkanbietern deutlich, die bisher einen Bericht veröffentlich haben, und denen, die dies bisher nicht getan haben, z.B. weil sie bisher nicht die 100 Beschwerden-Schwelle des § 2 Abs. 1 NetzDG überschritten haben. Vor diesem Hintergrund wäre zu prüfen, ob diese Tatbestandsbegrenzung der Berichtspflicht vor dem Hintergrund der ohnehin greifenden Beschränkung des § 1 Abs. 2 NetzDG tatsächlich erforderlich ist.

Erwägenswert erscheint es auch, den Katalog des § 2 Abs. 2 NetzDG um die verpflichtende Anzahl der Auskunftsersuchen von Strafverfolgungsbehörden und Privaten über die Bestandsdaten von Nutzer*innen zu ergänzen. Die Berichte sollten in diesem Fall zugleich die Angabe darüber enthalten, in wie vielen dieser Fälle dann tatsächlich inhaltlich die begehrte Auskunft erteilt wurde.

In gleicher Weise könnte der Gesetzgeber erwägen, ob er durch die Ausweitung der Berichtspflicht auf die Maßnahmen des internen Monitorings das verfügbare Datenmaterial für die Beurteilung der Erfüllung der sich aus § 3 Abs. 4 S. 1 NetzDG ergebenden Pflichten erhöht werden sollte.

D. § 5 NetzDG – Zustellungsbevollmächtigter und empfangsberechtigte Person

I. § 5 Abs. 1 NetzDG – „Zustellungsbevollmächtigter“

Ausgangspunkt für die Einführung des § 5 Abs. 1 NetzDG war der Befund, dass eine Zustellung an Netzwerkanbieter mangels zustellungsfähiger Adresse in Deutschland oftmals mit erheblichen praktischen Schwierigkeiten verbunden war. Die zur Verfügung stehenden europäischen Zustellungsmechanismen wurden wegen des höheren Zeit- und Kostenaufwandes als nicht gleich schnell und gleich sicher erachtet. Durch die Einführung der Benennungspflicht eines inländischen Zustellungsbevollmächtigten sollte künftig eine schnelle und sichere Zustellung ermöglicht und dadurch die Rechtsdurchsetzung insgesamt verbessert werden.[265]

1. Gesetzliche Anforderungen und Reichweite

§ 5 Abs. 1 NetzDG verpflichtet in Satz 1 die Netzwerkanbieter, im Inland einen Zustellungsbevollmächtigten zu benennen und auf ihrer Plattform in leicht erkennbarer und unmittelbar erreichbarer Weise auf ihn aufmerksam zu machen. Nach Satz 2 können dann an diese Person Zustellungen

---

265 BT-Drucks. 18/12356, S. 27.

in Verfahren nach § 4 NetzDG oder in Gerichtsverfahren vor deutschen Gerichten wegen der Verbreitung rechtswidriger Inhalte bewirkt werden, was nach Satz 3 auch für die Zustellung von Schriftstücken, die solche Verfahren einleiten, gilt.

Die Pflicht aus § 5 Abs. 1 NetzDG gilt für alle Netzwerkanbieter i.S.d. § 1 Abs. 1 NetzDG. Uneindeutig ist, ob von § 5 Abs. 1 NetzDG alle Netzwerkanbieter unabhängig von ihrer Mitgliederzahl im Inland erfasst werden. Die ausdrückliche Befreiung der Netzwerkanbieter mit weniger als zwei Millionen Nutzer*innen (nur) von den §§ 2, 3 NetzDG in § 1 Abs. 2 NetzDG legt nahe, dass die Pflicht des § 5 Abs. 1 NetzDG für alle Netzwerkanbieter unabhängig von ihrer Mitgliederzahl und der Entfaltung einer nennenswerten Tätigkeit im Inland Geltung beansprucht. Mit Blick auf den Zuschnitt des NetzDG auf die in der Öffentlichkeit relevanten und breit vertretenen sozialen Netzwerke,[266] der enormen Vielzahl an Netzwerkanbietern unterhalb dieser Schwelle und den sprachlichen Unklarheiten hinsichtlich des Anwendungsbereiches des systematisch nahen § 5 Abs. 2 NetzDG ist nicht ganz klar, ob eine solch weite Pflicht beabsichtigt war.[267] Hier könnte der Gesetzgeber den Anwendungsbereich klarstellen.

266 Siehe BT-Drucks. 18/12356, S. 19, wo etwas offener von einer Befreiung der Netzwerkanbieter „von den Pflichten“ die Rede ist.

267 Die Problematik andeutend, aber nicht eindeutig entscheidend Spindler/Schmitz/*Liesching*, TMG, 2. Aufl. 2018, § 5 NetzDG Rn. 11 zu § 5 Abs. 2 NetzDG: „Vor dem Hintergrund des Normzwecks und des in § 1 Abs. 1 und 2 vorgegebenen Anwendungsbereichs ist daher die Benennungspflicht durch eine rechtsmethodisch zulässige einschränkende Auslegung ebenso wie in § 5 Abs. 1 auf Anbieter sozialer Netzwerke begrenzt.“ Die Pflicht nur auf Netzwerkanbieter nach § 1 Abs. 1, 2 NetzDG beziehend *Höch* K&R 2017, S. 289 (290).

a) Anforderungen des § 5 Abs. 1 NetzDG an Netzwerkanbieter

Aus § 5 Abs. 1 NetzDG ergeben sich die nachfolgenden gesetzlichen Pflichten für die Netzwerkanbieter:

aa) Person des Zustellungsbevollmächtigten und Benennungsakt – § 5 Abs. 1 S. 1 Var. 1 NetzDG

Die Netzwerkanbieter sind dazu verpflichtet, einen im Inland ansässigen[268] Zustellungsbevollmächtigten zu benennen. Der Wortlaut sowie der Normzweck, eine „schnelle und sichere Zustellungsvariante zur Verfügung zu haben"[269], erlauben dem Netzwerkanbieter eine weitgehend freie Entscheidung darüber, wen er zum Zustellungsbevollmächtigten benennt, solange im Ergebnis die Möglichkeit einer Zustellung gewährleistet ist. Dem Netzwerkanbieter steht es insoweit frei, ob er eine interne oder externe natürliche oder juristische Person als Zustellungsbevollmächtigten benennt.[270]

Auch wenn das genaue Zusammenspiel zwischen § 5 Abs. 1 NetzDG mit den allgemeinen Zustellungsvorschriften (siehe dazu unter D. I. 1. b)) unklar ist, ergeben sich jedenfalls aus dem skizzierten Zweck des Gesetzes, zur Überwindung der Schwierigkeiten der europäischen Auslandszustellung eine schnelle und sichere Zustellungsvariante im Inland zur Verfügung zu haben[271], die konkreten Anforderungen an den Benennungsakt:

Der Netzwerkanbieter muss mit der Benennung des Zustellungsbevollmächtigten gewährleisten, dass durch die Zustellung an diesen zugleich eine wirksame Zustellung an den Netzwerkanbieter bewirkt wird.[272] Soweit in der Literatur angemerkt wird, dass es für eine Benennung des Zustellungsbevollmächtigten keiner „Bevollmächtigung" bzw. „Vollmacht" im formellen Sinne bedürfe,[273] dürfte dies wohl nur in Fällen zutreffend

268 Missverständlich ist insoweit der Gesetzeswortlaut, nach dem die „Benennung" im Inland zu erfolgen hat, siehe Spindler/Schmitz/*Liesching*, TMG, 2. Aufl. 2018, § 5 NetzDG Rn. 5.

269 BT-Drucks. 18/12356, S. 27.

270 Vgl. Spindler/Schmitz/*Liesching*, TMG, 2. Aufl. 2018, § 5 NetzDG Rn. 3.

271 BT-Drucks. 18/12356, S. 27.

272 Ähnlich Leitlinien des BMJV vom 22.03.2018, abrufbar unter: https://www.bmjv.de/SharedDocs/Downloads/DE/Themen/Fokusthemen/NetzDG_Bußgeldleitlinien.pdf?__blob=publicationFile&v=3 (zul. abgerufen am 15.05.2020), S. 9.

273 Spindler/Schmitz/*Liesching*, TMG, 2. Aufl. 2018, § 5 NetzDG Rn. 4.

sein, in denen *nach den allgemeinen Zustellungsregelungen* (z.B. im Zivilrecht) eine formelle Bevollmächtigung gerade nicht erforderlich ist, um eine Zustellung an den Netzwerkanbieter zu bewirken. Wenn Netzwerkanbieter beispielsweise ihre *intern ohnehin zuständige Stelle* (so z.B. ihre *inländische Rechtsabteilung*) als Zustellungsbevollmächtigten benennen, dann ist durch die Zustellung an diese in der Regel die Zustellung auch ohne eine formelle Vollmacht nach den allgemeinen Zustellungsregelungen gegenüber dem Netzwerkanbieter bewirkt. Wenn der Netzwerkanbieter hingegen *externe Dritte* (so z.B. eine *Rechtsanwaltskanzlei*) als Zustellungsbevollmächtigten benennt, so wirkt eine Zustellung an die Rechtsanwaltskanzlei nach den allgemeinen Zustellungsregelungen regelmäßig nur dann gegenüber dem Netzwerkanbieter, wenn die Kanzlei entsprechend bevollmächtigt wurde.[274]

bb) Transparenz der Benennung: Umfang und Art der Darstellung – § 5 Abs. 1 S. 1 Var. 2 NetzDG

In § 5 Abs. 1 S. 1 NetzDG werden den Netzwerkanbietern konkrete Vorgaben für die transparente Darstellung des benannten inländischen Zustellungsbevollmächtigten gemacht. Auf den Zustellungsbevollmächtigten muss auf der Plattform des Netzwerkanbieters in „leicht erkennbarer und unmittelbar erreichbarer Weise aufmerksam" gemacht werden.

Aus dem Wortlaut selbst wird unmittelbar nur die Pflicht gefolgert, den *Namen* des Zustellungsbevollmächtigten anzugeben.[275] Ausgehend von dem skizzierten Sinn und Zweck des Gesetzes, im Ergebnis eine schnelle und sichere inländische Zustellungsoption zu gewährleisten,[276] wofür eine inländische zustellungsfähige Anschrift erforderlich ist, spricht viel dafür, § 5 Abs. 1 S. 1 NetzDG dahingehend auszulegen, dass auch eine *vollständige und zustellungsfähige Adresse* anzugeben ist.[277]

Die Trias „leicht erkennbar, unmittelbar erreichbar und ständig verfügbar" findet sich in § 2 Abs. 1 S. 2 NetzDG und in § 3 Abs. 1 S. 2 NetzDG. Im Rahmen des § 5 Abs. 1 S. 1 NetzDG muss die Angabe des Zustellungs-

---

274 Ähnlich Leitlinien des BMJV vom 22.03.2018, abrufbar unter: https://www.bmjv.de/SharedDocs/Downloads/DE/Themen/Fokusthemen/NetzDG_Bußgeldleitlinien.pdf?__blob=publicationFile&v=3 (zul. abgerufen am 15.05.2020), S. 9.

275 So auch Spindler/Schmitz/*Liesching*, TMG, 2. Aufl. 2018, § 5 NetzDG Rn. 4.

276 BT-Drucks. 18/12356, S. 27.

277 Darauf hinweisend, dass andernfalls der Gesetzeszweck verfehlt würde Spindler/Schmitz/*Liesching*, TMG, 2. Aufl. 2018, § 5 NetzDG Rn. 4.

bevollmächtigten auf der Plattform nur „leicht erkennbar" und „unmittelbar erreichbar" sein. Aufgrund der Ähnlichkeiten zu den allgemeinen Informationspflichten nach § 5 Abs. 1 TMG und der Bezugnahme durch die Gesetzesbegründung („ähnlich Impressumspflicht")[278] sind die dazu entwickelten Kriterien bei der Auslegung zu berücksichtigen.[279] Die Begriffe sind in allen drei Normen einheitlich aus der Nutzer*innenperspektive zu bestimmen. Je nach konkretem Verwendungskontext führt diese Perspektive aber zu unterschiedlichen Ableitungen, sodass die wortgleichen Vorgaben im Ergebnis nicht inhaltsgleich auszulegen sind.

Leichte Erkennbarkeit erfordert eine für durchschnittliche Nutzer*innen einfache und optisch effektive Wahrnehmbarkeit.[280] Das ist bei Verwendung kleinerer Schrift nicht der Fall.[281] Zudem muss der Anbieter hinreichend klare Begriffe verwenden, durch die durchschnittlichen Nutzer*innen im Rahmen des konkreten Verwendungskontextes unmissverständlich auf die von ihnen gesuchte Angabe hingewiesen werden.[282] Da Nutzer*innen bei der Suche nach dem Zustellungsbevollmächtigten auf der Webseite regelmäßig bereits ein rechtliches Vorgehen beabsichtigen und daher den Begriff des Zustellungsbevollmächtigten kennen, dürfte die Verwendung von präzisen Begriffen wie „Zustellungsbevollmächtigter" oder „NetzDG" unschädlich sein. Ebenso dürften die im Rahmen von § 5 TMG gebräuchlichen Formulierungen wie „Kontakt" oder „Impressum" genügen.

Unmittelbare Erreichbarkeit setzt die Kenntnisnahme des Zustellungsbevollmächtigten ohne wesentliche Zwischenschritte voraus.[283] Die überwiegende Meinung in Rechtsprechung und Literatur hält die Anforderung jedenfalls für gewahrt, wenn der Zugang zu der begehrten Information mit zwei Klicks von der Startseite aus erreichbar ist.[284] Ein übermäßig langes Scrollen darf nicht erforderlich sein.[285]

---

278 So die Formulierung in BT-Drucks. 18/13013, S. 23.

279 Für § 5 Abs. 1 NetzDG Spindler/Schmitz/*Liesching*, TMG, 2. Aufl. 2018, § 5 NetzDG Rn. 6; *Spindler* K&R 2017, S. 533 (542).

280 Spindler/Schmitz/*Schmitz*, TMG, 2. Aufl. 2018, § 5 TMG Rn. 27 f. m.w.N.

281 Spindler/Schmitz/*Schmitz*, TMG, 2. Aufl. 2018, § 5 TMG Rn. 27 m.w.N.

282 Spindler/Schmitz/*Schmitz*, TMG, 2. Aufl. 2018, § 5 TMG Rn. 28 ff. m.w.N.

283 Spindler/Schmitz/*Schmitz*, TMG, 2. Aufl. 2018, § 5 TMG Rn. 40 m.w.N.

284 Spindler/Schmitz/*Schmitz*, TMG, 2. Aufl. 2018, § 5 TMG Rn. 34, 36 m.w.N.; zwei Klicks als zulässig erachtend BGH, MMR 2007, S. 40, 41.

285 Spindler/Schmitz/*Schmitz*, TMG, 2. Aufl. 2018, § 5 TMG Rn. 37 m.w.N.

b) Verhältnis des § 5 Abs. 1 NetzDG zu den Zustellungsvorschriften

So deutlich das Ziel des § 5 Abs. 1 NetzDG hervortritt, durch die Pflicht zur Benennung eines Zustellungsbevollmächtigten eine wirksame Zustellung gegenüber den Netzwerkanbietern zu ermöglichen, so unklar bleibt sein Zusammenspiel mit den allgemeinen Zustellungsvorschriften (z.B. ZPO, Bundes-VwZG, etc.).

Bereits begrifflich knüpft § 5 Abs. 1 NetzDG mit dem „Zustellungsbevollmächtigten" erkennbar an bestehende Zustellungsvorschriften an (vgl. § 184 ZPO oder § 9 Abs. 3 Bundes-VwZG), worauf auch der Bundesrat im Gesetzgebungsverfahren hingewiesen hat.[286] Ob und unter welchen Voraussetzungen eine Zustellung aber tatsächlich Rechtswirkung gegenüber dem Netzwerkanbieter entfaltet, wird von § 5 Abs. 1 NetzDG nicht näher konkretisiert.

Solange und soweit die Netzwerkanbieter einen Zustellungsbevollmächtigten nicht nur benennen, sondern ihn – soweit erforderlich – auch wirksam bevollmächtigen, führt diese Unklarheit zu keinerlei praktischen Auswirkungen. Relevant wird sie jedoch, wenn die Benennungspflicht z.B. durch die Nichtbenennung eines Zustellungsbevollmächtigten verletzt wird. Zahlreiche Zustellungsvorschriften, so z.B. § 184 Abs. 1 S. 2, Abs. 2 S. 1 ZPO oder § 9 Abs. 3 S. 2, 3 VwZG, ordnen für diesen Fall eine *Zustellungsfiktion* an. Danach gilt: Benennt die betroffene Partei entgegen ihrer Pflicht innerhalb der gerichtlich gesetzten Frist keinen inländischen Zustellungsbevollmächtigten, so kann eine wirksame Zustellung allein dadurch bewirkt werden, dass das zuzustellende Schriftstück an die Adresse der Partei zur Post gebracht wird. Die Zustellung gilt dann unabhängig davon als erfolgt und wirksam, ob das Schriftstück tatsächlich bei der Partei angekommen ist oder von dieser angenommen wurde.[287] Ob bei einem Verstoß gegen § 5 Abs. 1 NetzDG diese Rechtsfolgen, also die Zustellungsfiktion, eintreten sollen oder lediglich durch die Verhängung eines Bußgeldes nach § 4 NetzDG auf das Abstellen des Verstoßes zur Ermöglichung künftiger Zustellungen hingewirkt werden kann, bleibt unklar. Mindestens ebenso problematisch und unklar bleibt der Umgang mit Fällen, in

---

286 In seiner Stellungnahme zu der ursprünglichen Fassung des § 5 Abs. 1 NetzDG machte der Bundesrat deutlich, dass die dort vorgesehene Pflicht zur Benennung nur im konkreten Einzelfall „nicht nennenswert über die ohnehin schon in § 184 ZPO enthaltene Regelung zur Benennung eines Zustellungsbevollmächtigten" hinausgehe, BT-Drucks. 18/12727, S. 24.

287 Zu § 184 Abs. 2 ZPO siehe Zöller/*Schultzky*, Zivilprozessordnung, 33. Aufl. 2020, § 184 ZPO Rn. 10; siehe auch BGH NJW-RR 96, S. 387, 388.

denen ein Netzwerkanbieter eine Rechtsanwaltskanzlei zwar auf seiner Webseite als Zustellungsbevollmächtigten benennt, ihr jedoch keine Vollmacht für die Entgegennahme von Erklärungen ausstellt.[288]

c) Reichweite des § 5 NetzDG

Die Reichweite der Pflicht zur Benennung eines inländischen Zustellungsbevollmächtigten wird in § 5 Abs. 1 S. 2, 3 NetzDG in mehrfacher Hinsicht beschränkt.

aa) Beschränkung auf bestimmte Verfahrensarten

Die Pflicht zur Benennung eines inländischen Zustellungsbevollmächtigten ist nach § 5 Abs. 1 S. 2 NetzDG auf Verfahren nach § 4 NetzDG (Bußgeldverfahren bei Verstößen gegen das NetzDG) sowie Gerichtsverfahren vor deutschen Gerichten beschränkt. Praktisch relevant sind überwiegend zivilgerichtliche Verfahren.

---

288 Mangels wirksamer Vollmacht wäre eine Zustellung an den Zustellungsbevollmächtigten dem Grunde nach nicht gegenüber dem Netzwerkanbieter wirksam, vgl. § 167 BGB i.V.m. §§ 171 ff. ZPO. Zwar liegt in der Benennung des Zustellungsbevollmächtigten im Kontext des § 184 ZPO zugleich als Prozesshandlung die Erteilung einer Zustellungsvollmacht, sodass sich das Problem hier nicht stellte (Zöller/*Schultzky*, Zivilprozessordnung, 33. Aufl. 2020, § 184 ZPO Rn. 5). Allerdings setzt § 184 ZPO – anders als § 5 Abs. 1 NetzDG – sowohl eine Benennung im Einzelfall als auch ein bereits entstandenes Prozessrechtsverhältnis zwischen den Parteien voraus (vgl. § 184 Abs. 1 S. 1 ZPO i.V.m. § 183 Abs. 2-5 ZPO; Zöller/*Schultzky*, Zivilprozessordnung, 33. Aufl. 2020, § 184 ZPO Rn. 2). Wie diese Unterschiede zu behandeln sind, bleibt unklar. Zudem kann auch im Kontext des § 184 ZPO die mit der Benennung einhergehende Zustellungsvollmacht jederzeit widerrufen werden (Zöller/*Schultzky*, Zivilprozessordnung, 33. Aufl. 2020, § 184 ZPO Rn. 5). Zwar sieht § 184 Abs. 1 S. 2, Abs. 2 ZPO für diesen Fall dann eine Zustellungsfiktion vor, wenn das zuzustellende Schriftstück direkt an die Partei übersendet wird (Zöller/*Schultzky*, Zivilprozessordnung, 33. Aufl. 2020, § 184 ZPO Rn. 5). Auch hier bleibt mit Blick auf die Unterschiede zu § 5 Abs. 1 NetzDG aber offen, wie diese zu behandeln sind.

bb) Beschränkung auf Verfahren wegen der „Verbreitung rechtswidriger Inhalte“

Die Pflicht zur Benennung eines inländischen Zustellungsbevollmächtigten ist ausdrücklich in § 5 Abs. 1 S. 2 NetzDG auf Verfahren wegen der *Verbreitung rechtswidriger Inhalte* beschränkt. Aufgrund des insoweit identischen Wortlautes in § 1 Abs. 3 NetzDG („rechtswidrige Inhalte“) und unter Berücksichtigung der ausdrücklichen Erwähnung des § 1 Abs. 3 NetzDG in der Gesetzesbegründung zu § 5 Abs. 1 NetzDG[289] wird allgemein angenommen, dass sich die Pflicht zur Benennung des Zustellungsbevollmächtigten nur auf *Verfahren mit Bezug zu den in § 1 Abs. 3 NetzDG abschließend genannten Straftatbeständen* bezieht.[290]

In anderen Verfahren, wie z.B. bei zivilrechtlichen Klagen auf Unterlassung und Löschung von Beiträgen wegen einer Rechtsverletzung nach nicht in § 1 Abs. 3 StGB genannten Straftatbeständen oder bei unterhalb des strafbaren Bereichs liegenden Verletzungen des Allgemeinen Persönlichkeitsrechtes, besteht nach aktueller Gesetzesfassung damit keine Pflicht der Netzwerkanbieter, einen inländischen Zustellungsbevollmächtigten zu benennen bzw. durch den benannten Zustellungsbevollmächtigten eine Zustellung zu ermöglichen.[291] Im Kontext von Wiederherstellungsansprüchen ist von einem Teil der Gerichte jedoch die Tendenz erkennbar, auch außerhalb der Fälle des § 1 Abs. 3 StGB eine Anwendbarkeit des § 5 Abs. 1 NetzDG zu befürworten (siehe umfassend dazu D. I. 1. c) cc)).

Durch das Zusammenspiel des § 5 Abs. 1 NetzDG mit den allgemeinen Zustellungsvorschriften kann es in den Verfahren, die nicht § 5 Abs. 1 NetzDG unterfallen, zu unterschiedlichen Ergebnissen kommen. Wurde die ohnehin für Zustellungen zuständige inländische Untergliederung oder inländische Rechtsabteilung des Netzwerkanbieters als Zustellungsbevollmächtigter benannt, so dürfte eine Zustellung an diese nach den allgemeinen Zustellungsvorschriften auch in Verfahren außerhalb des Anwendungsbereiches des § 5 Abs. 1 NetzDG regelmäßig wirksam sein. Werden hingegen *Dritte* als Zustellungsbevollmächtigte benannt, so wird die Zustellung nach den allgemeinen Zustellungsvorschriften nur gegenüber

---

289 Siehe BT-Drucks. 18/13013, S. 23: „zum Zwecke der Einleitung von Verfahren mit Bezug zur Verbreitung rechtswidriger Inhalte im Sinne von § 1 Absatz 3 NetzDG-E“.

290 Spindler/Schmitz/*Liesching*, TMG, 2. Aufl. 2018, § 5 NetzDG Rn. 1, 8, 9; *Spindler* K&R 2017, S. 533 (542).

291 So auch Spindler/Schmitz/*Liesching*, TMG, 2. Aufl. 2018, § 5 NetzDG Rn. 9.

dem Netzwerkanbieter bewirkt, solange und soweit der Dritte vom Netzwerkanbieter dazu bevollmächtigt wurde. Begrenzt der Netzwerkanbieter die erteilte Vollmacht auf den Anwendungsbereich des § 5 Abs. 1 NetzDG, so könnte und dürfte der Zustellungsbevollmächtigte die Annahme der Zustellung in anderen Verfahren verweigern und empfangene Dokumente zurückschicken. In diesen Fällen verbliebe also – wie vor der Einführung des § 5 Abs. 1 NetzDG – nur der kostspieligere und kompliziertere Weg der Auslandszustellung am Hauptsitz des Netzwerkanbieters im innereuropäischen oder außereuropäischen Ausland.

cc) Beschränkung des Anwendungsbereiches auf Löschansprüche – keine Geltung bei Wiederherstellungsansprüchen?

In der Rechtsprechung ist gegenwärtig äußerst umstritten, ob § 5 Abs. 1 NetzDG nur den Anspruch auf Löschung von (vermeintlich rechtswidrigen) Inhalten, die von anderen stammen, erfasst oder auch die Kehrseite, der Anspruch auf Wiederherstellung / Entsperrung gelöschter / gesperrter (vermeintlich nicht rechtswidriger) Inhalte, die von dem*der Betroffenen selbst stammen. Aus den bisher ergangenen und öffentlich verfügbaren Gerichtsentscheidungen wird ersichtlich, dass dieser strittigen Frage fast ausschließlich Verfahren zu Grunde lagen, in denen Netzwerkanbieter (vermeintlich rechtswidrige) Inhalte der Nutzer*innen *auf Grundlage ihrer Gemeinschaftsstandards* gelöscht / gesperrt und oftmals zudem Accountsperren für die Nutzer*innen verhängt haben.

Zahlreiche *erstinstanzliche Zivilgerichte* sehen Wiederherstellungsansprüche als von § 5 Abs. 1 NetzDG erfasst an – entweder durch eine weite Auslegung oder analoge Anwendung. Aus der Zusammenschau der §§ 1, 5 NetzDG, der Zielsetzung des Gesetzgebers, Nutzer*innen eine einfache, schnelle und kostengünstige Durchsetzung ihrer Rechte gegenüber dem Netzwerkanbieter zu ermöglichen, und der Vergleichbarkeit der Interessenlage werde deutlich, dass nicht nur der Anspruch auf Löschung, sondern auch dessen Kehrseite, der Anspruch auf Wiederherstellung von zu Unrecht gelöschten Inhalten, mit erfasst werden müsse.[292] Gestritten wird allein um die korrekte dogmatische Lösung. Nach den allgemeinen zivilprozessualen Regeln über die Behandlung doppelrelevanter Tatsachen ist

292 LG Stuttgart, Beschl. v. 07.02.2018 - 11 O 22/18 -, juris; LG Bamberg, Beschl. v. 09.08.2018 - 2 O 248/18 -, juris; LG Berlin, Beschl. v. 05.09.2018 - 6 O 209/18 -, juris, bestätigt durch KG Berlin, Beschl. v. 17.10.2018 - 20 W 53/18 -, juris.

es nämlich erforderlich (aber auch ausreichend), dass der*die von der Löschung betroffene Nutzer*in die Voraussetzungen der §§ 1, 3, 5 Abs. 1 NetzDG – also eine Löschung des Beitrages auf Grundlage des NetzDG wegen (vermeintlicher) Rechtswidrigkeit nach § 1 Abs. 3 NetzDG – schlüssig darlegt, d.h. behauptet, um eine Zustellung im Rahmen des § 5 Abs. 1 NetzDG bewirken zu können. Dies war indes in den von den Gerichten entschiedenen Fällen problematisch, da die Netzwerkanbieter den Inhalt auf der Grundlage ihrer Gemeinschaftsstandards und nicht nach §§ 1, 3 NetzDG gelöscht hatten. Einige Zivilgerichte lösen dieses Problem dahingehend, dass auch in solchen Konstellationen „nicht ausgeschlossen sei, dass die [Löschung] aufgrund der Verwendung automatisierter Löschalgorithmen wegen der Verbreitung rechtswidriger Inhalte [i.S.v. § 1 Abs. 3 NetzDG] erfolgt sei".[293] Andere Zivilgerichte halten dies für einen Verstoß gegen den Beibringungsgrundsatz, befürworten aber wegen der Vergleichbarkeit der Fälle eine analoge Anwendung von § 5 Abs. 1 NetzDG.[294] An dieser Stelle zeigt sich auch im prozessualen Vorgehen das wiederkehrende Problem, wie die Ausgestaltung der Melde-, Prüf-, und Löschverfahren der Netzwerkanbieter zwischen Gemeinschaftsstandards und NetzDG Rückwirkungen entfaltet (siehe allgemein zu dem Problem oben Teil 3 A. II. sowie konkret u.a. Teil 3 B. II. 7. b) aa)).

Die *Oberlandesgerichte* sind, soweit aus den öffentlich zugänglichen Entscheidungen ersichtlich, sowohl der weiten Auslegung als auch der analogen Anwendung des § 5 Abs. 1 NetzDG deutlich entgegengetreten. Die Voraussetzungen einer analogen Anwendung, eine vom Gesetzgeber übersehene Regelungslücke und eine vergleichbare Interessenlage, seien bei den Wiederherstellungsansprüchen gerade nicht gegeben. Dies wird damit begründet, dass der Gesetzgeber die Vorschriften des NetzDG auf die Regelung der effektiven und unverzüglichen Löschung rechtswidriger Inhalte beschränkt habe. Die mögliche Kehrseite, die (vermeintlich unzulässige) Löschung von (vermeintlich zulässigen) Inhalten – also das Overblocking – habe der Gesetzgeber trotz fortlaufender Diskussion im Gesetzgebungsverfahren bewusst nicht geregelt.[295] Die Konsequenz dieser Auslegung ist, dass die in § 5 Abs. 1 NetzDG enthaltene Pflicht zur Ermöglichung der Zustellung durch die Benennung eines inländischen Zustellungsbevollmäch-

---

293 LG Berlin, Beschl. v. 05.09.2018 - 6 O 209/18 - (zitiert nach LG Bonn, Beschl. v. 01.10.2018 - 9 O 221/18 -, juris, Zusätze in Klammern durch die Autoren).

294 LG Bonn, Beschl. v. 01.10.2018 - 9 O 221/18 -, juris.

295 OLG Köln, Beschl. v. 11.01.2019 - 15 W 59/18, 15 W 1/19 -, juris; KG Berlin, Beschl. v. 06.03.2019 - 10 W 192/18 -, juris.

tigten auf Wiederherstellungsansprüche keine Anwendung findet. Sofern Netzwerkanbieter also nicht „freiwillig“ die Zustellung an den Zustellungsbevollmächtigten ermöglichen, müssen die Betroffenen den bereits vor der Einführung des § 5 Abs. 1 NetzDG möglichen Weg der Auslandszustellung beschreiten.

dd) Weitere Beschränkung des Anwendungsbereichs auf Schriftstücke im Rahmen eines laufenden Gerichtsverfahrens (S. 2) und auf Schriftstücke zur Einleitung eines solchen Verfahrens (S. 3)

Die Benennung eines inländischen Zustellungsbevollmächtigten ist nach § 5 Abs. 1 S. 2 NetzDG auf die Zustellung in laufenden Verfahren und nach § 5 Abs. 1 S. 3 NetzDG auf die Zustellung von solche Verfahren einleitenden Schriftstücken beschränkt. Aus dieser Begrenzung wird gefolgert, dass z.B. vorprozessuale zivilrechtliche Abmahn- und Aufforderungsschreiben, in denen die Löschung eines rechtswidrigen Beitrages begehrt wird, nicht von § 5 Abs. 1 NetzDG erfasst werden.[296]

2. Umsetzung, Akzeptanz und Praktikabilität

Die Darstellung der bisherigen Benennungs- und Darstellungspraxis der Netzwerkanbieter wird aufgrund des unklaren Adressatenkreises der Norm (siehe dazu D. I. 1.) und der enormen Vielfalt anderer kleiner Netzwerkanbieter auf die im Rahmen der Methodik definierten Netzwerkanbieter beschränkt.

a) Person des Zustellungsbevollmächtigten und Benennungsakt – § 5 Abs. 1 S. 1 Var. 1 NetzDG

Nach den Angaben der Bundesregierung haben einige Netzwerkanbieter bereits unmittelbar nach dem Inkrafttreten des NetzDG einen inländischen Zustellungsbevollmächtigten benannt.[297] Zum Zeitpunkt der Evaluation hat der weit überwiegende Teil der betroffenen Netzwerkanbieter,

---

296 Spindler/Schmitz/*Liesching*, TMG, 2. Aufl. 2018, § 5 NetzDG Rn. 10.

297 Vgl. Antwort der Bundesregierung auf eine kleine Anfrage, BT-Drucks. 19/355 v. 29.12.2017, S. 3.

insbesondere sämtliche großen Netzwerkanbieter, einen inländischen Zustellungsbevollmächtigten benannt.[298] Auch die Rechtsanwält*innen, die NGOs, Berufsverbände und sonstige Verbände haben übereinstimmend in den Fragebögen angegeben, dass die Netzwerkanbieter der Benennungspflicht nachgekommen sind. Die Benennungspraxis ist dabei uneinheitlich: Vier Netzwerkanbieter[299] geben sich selbst und / oder ihre Rechtsabteilung an; drei Netzwerkanbieter haben inländische Rechtsanwaltskanzleien angegeben[300]; ein Netzwerkanbieter[301] hat eine im Inland ansässige GmbH benannt, als Adresse jedoch eine Rechtsanwaltskanzlei.

b) Transparenz der Benennung: Umfang und Art der Darstellung – § 5 Abs. 1 S. 1 Var. 2 NetzDG

Zum Zeitpunkt der Evaluation haben die Netzwerkanbieter, die einen Zustellungsbevollmächtigten benannt haben, in allen Fällen neben der namentlichen Benennung auch eine vollständige zustellungsfähige Adresse angegeben. In zwei Fällen wurde die Adresse mit c/o angegeben.

Zur Weiterleitung der Nutzer*innen von der Startseite der Netzwerkanbieter auf die Angaben über den Zustellungsbevollmächtigten werden unterschiedliche Terminologien verwendet: Fünf Netzwerkanbieter[302] leiten über den Link „Impressum“ auf die Angabe weiter; zwei Netzwerkanbieter[303] verwenden eine Kombinationsbezeichnung aus „Impressum/AGB/NetzDG“ und ein Netzwerkanbieter[304] nutzt die Bezeichnung „NetzDG“. Die Weiterleitung auf den Zustellungsbevollmächtigten durch die verwendeten Begriffe ist in allen Fällen optisch einfach und effektiv wahrnehmbar und führt innerhalb von maximal zwei Klicks von der Startseite aus ohne wesentliche Zwischenschritte zu den Angaben über den Zustellungsbevollmächtigten. Lediglich in einem Fall wird der Zustellungsbevollmächtigte in einer vom Rest der Website abweichenden, sehr kleinen Schriftart angegeben; die Angabe bewegt sich aber wohl noch im lesbaren Bereich.

---

298 Change.org, Facebook, Instagram, Pinterest, SoundCloud, TikTok, Twitter, YouTube; keine Benennung ist bei Reddit erkennbar.
299 Change.org, Pinterest, SoundCloud, YouTube.
300 Facebook, Instagram, TikTok.
301 Twitter.
302 Change.org, Pinterest, SoundCloud, Twitter, YouTube.
303 Facebook und Instagram.
304 TikTok.

Neben der Angabe des Namens und der Adresse des Zustellungsbevollmächtigten haben die Netzwerkanbieter in unterschiedlicher Breite und Intensität auf die in § 5 Abs. 1 S. 2, 3 NetzDG enthaltenen Beschränkungen hingewiesen. Der Hinweis erfolgte teilweise unter selektiver Betonung der Beschränkung auf die in § 5 Abs. 1 S. 2 NetzDG vorgesehenen Verfahrensarten (Bußgeld- und Gerichtsverfahren) und teils unter Hinweis auf die Beschränkung auf die Verfolgung rechtswidriger Inhalte nach § 1 Abs. 3 NetzDG. Keiner der Hinweise stellt den tatsächlichen Anwendungsbereich des § 5 NetzDG verzerrt dar.

Überwiegend werden von Rechtsanwält*innen, den NGOs, Berufsverbänden und sonstigen Verbänden keine Probleme bei der Transparenz der Darstellung geschildert. Lediglich eine Person hält eine ausreichend transparente Darstellung – ausgehend von der Rechtsansicht, dass eine Auffindbarkeit mittels eines Klicks erforderlich sei – für nicht gegeben.

c) Zustellungspraxis

Für die Analyse der bisherigen Zustellungspraxis ist zwischen dem unstreitigen Anwendungsbereich des § 5 Abs. 1 NetzDG und dem skizzierten streitigen Bereich des § 5 Abs. 1 NetzDG, insbesondere bei der Durchsetzung von Wiederherstellungsansprüchen, zu unterscheiden.

aa) Zustellungspraxis im unstreitigen Anwendungsbereich

Die *NGOs, Berufsverbände und sonstigen Verbände* haben überwiegend angegeben, dass die Zustellungen im unstreitigen Anwendungsbereich des § 5 Abs. 1 NetzDG gelingen.

Auch die *Rechtsanwält*innen* haben weit überwiegend angegeben, dass Zustellungen im unstreitigen Anwendungsbereich des § 5 Abs. 1 NetzDG in aller Regel gelingen.

Aus den *öffentlich zugänglichen Gerichtsentscheidungen* klingt lediglich in einem Verfahren ein Zustellungsproblem bei der Durchsetzung von Löschungsansprüchen wegen (vermeintlich) rechtswidriger Inhalte an.[305]

---

305 Siehe LG Hamburg, Beschl. v. 17.09.2018 - 324 O 193/18 -, juris; LG Hamburg, Urt. v. 30.04.2018 - 324 O 51/18 -, juris, ohne ausdrücklichen Bezug zum NetzDG.

bb) Zustellungspraxis im streitigen Anwendungsbereich (Wiederherstellungsverfahren)

Ein Teil der NGOs, Berufsverbände und sonstigen Verbände hat darauf hingewiesen, dass die Zustellung schwierig sei, sobald der eindeutige Bereich des § 5 Abs. 1 NetzDG überschritten werde. In diesen Fällen würden sich Netzwerke darauf berufen, insoweit über keinen inländischen Zustellungsbevollmächtigten zu verfügen.

Die *Rechtsanwälte*innen* haben überwiegend angegeben, dass Zustellungen im umstrittenen Anwendungsbereich des § 5 Abs. 1 NetzDG, insbesondere bei der Durchsetzung von Wiederherstellungsansprüchen, weiterhin schwierig seien. Hier würden Auslandssitze bewusst genutzt, um Zustellungen so schwierig wie möglich zu gestalten. Es müsse oft auf den Weg der Auslandszustellung zurückgegriffen werden, den einige Netzwerke zusätzlich erschweren würden, indem sie eine Übersetzung der zuzustellenden Unterlagen verlangten.

Aus den *öffentlich zugänglichen Gerichtsentscheidungen* ergibt sich eine nicht unerhebliche Anzahl an verschiedenen Zustellungsstreitigkeiten bei der Durchsetzung von Ansprüchen auf Wiederherstellung gelöschter Inhalte und auf die Aufhebung von mit der Löschung oft einhergegangenen Account-Sperrungen.[306] In den diesen Gerichtsentscheidungen zu Grunde liegenden Verfahren wurde teilweise die Annahme der Zustellung durch den inländischen Zustellungsbevollmächtigten verweigert und über den Anwendungsbereich des § 5 Abs. 1 NetzDG gestritten. Wie bereits dargestellt (s.o. unter D. I. 1. c) cc)), haben insoweit die erstinstanzlichen Gerichte überwiegend eine Anwendung des § 5 Abs. 1 NetzDG – direkt oder analog – befürwortet; die Oberlandesgerichte haben die Anwendung hingegen entweder verneint oder offengelassen. Teilweise wurde die Annah-

---

306 Soweit ersichtlich: LG Stuttgart, Beschl. v. 06.02.2018 - 11 O 22/18 -, juris; dem nachfolgend OLG Stuttgart, Beschl. v. 13.03.2018 - 4 W 17/18 -, juris; LG Bonn, Beschl. v. 01.10.2018 - 9 O 221/18 -, juris; dem nachfolgend OLG Köln, Beschl. v. 11.01.2019 - 15 W 59/18, 15 W 1/19 -, juris; OLG Dresden, Beschl. v. 06.11.2018 - 4 W 940/18 -, juris; LG Berlin, Beschl. v. 27.09.2018 - 27 O 335/18 -, juris; dem nachfolgend KG Berlin, Beschl. v. 06.03.2019 - 10 W 192/18 -, juris; LG Offenburg, Urt. v. 26.09.2018 - 2 O 310/18 -, juris; OLG Köln, Beschl. v. 09.05.2019 - 15 W 70/18 -, juris; AG Berlin Mitte, Beschl. v. 08.03.2017 - 15 C 364/16 -, juris; LG Heidelberg, Beschl. v. 4.10.2018 - 1 O 71/18 -, juris; LG Heidelberg, Urt. v. 28.08.2018 - 1 O 71/18 -, juris; LG Kempten, Beschl. v. 03.09.2019 - 22 O 590/19; dem nachfolgend OLG München, Beschl. v. 14.10.2019 - 14 W 1170/19, BeckRS 2019, 29850.

me der Zustellung auch am ausländischen Firmensitz mit Hinweis darauf verweigert, dass die zuzustellenden Dokumente nicht zuvor ins Englische übersetzt wurden. In fast allen Verfahren haben die Gerichte jedoch entschieden, dass eine Übersetzung der Dokumente zur wirksamen Zustellung nicht erforderlich ist.[307]

d) Einschätzung BfJ

Das BfJ prüft die Einhaltung der Pflichten nach § 5 Abs. 1 NetzDG durch die Netzwerkanbieter sowohl proaktiv als auch auf Beschwerden hin. Seit dem 1. Oktober 2017 hat das BfJ 51 Verfahren wegen möglicher Verstöße gegen die Pflichten nach § 5 Abs. 1 NetzDG eingeleitet, wobei 20 Verfahren auf Beschwerden hin und weitere 31 Verfahren von Amts wegen eingeleitet wurden. Ein Bußgeld wurde bisher noch nicht verhängt. Aus den Angaben des BfJ folgt – da es sich um laufende Bußgeldverfahren handelt – keine genaue Aufschlüsselung, gegen welche Netzwerkanbieter wegen des Verdachtes auf Verstöße gegen § 5 Abs. 1 NetzDG ermittelt wird oder welcher Verstoß konkret untersucht wird.

Deutlich wird jedoch, dass die Durchsetzung der Pflicht zur Benennung eines Zustellungsbevollmächtigten gerade bei im Ausland ansässigen und unter der Schwelle des § 1 Abs. 2 NetzDG liegenden Netzwerkanbietern mit erheblichen Herausforderungen verbunden ist. Für die Einleitung von Bußgeldverfahren müsse das BfJ insoweit für die Zustellung der Anhörungsschreiben die internationale Rechtshilfe in Anspruch nehmen. Da dieses Verfahren bilaterale Abstimmungsprozesse und Übersetzungsdienstleistungen erfordere, sei es enorm zeitaufwändig und beschwerlich und binde viele Ressourcen. Zudem sei das Verfahren mit erheblichen Unsicherheiten belastet, da die zuständige Behörde des ersuchten Staates zunächst prüfe, ob der vorgeworfene Gesetzesverstoß auch nach dessen Rechtsordnung mit einer Sanktion belegt sei. Im Ergebnis falle dem BfJ aus den o.g. Gründen die Durchsetzung des § 5 Abs. 1 NetzDG in der Praxis insoweit schwer. Aufgrund der unüberschaubaren Vielzahl an Netzwer-

---

307 LG Offenburg, Urt. v. 26.09.2018 - 2 O 310/18 -, juris; OLG Köln, Beschl. v. 09.05.2019 - 15 W 70/18 -, juris; AG Berlin, Beschl. v. 08.03.2017 - 15 C 364/16 -, juris; LG Heidelberg, Beschl. v. 04.10.2018 - 1 O 71/18 -, juris und Urt. v. 28.08.2018 - 1 O 71/18 -, juris; OLG München, Beschl. v. 14.10.2019 - 14 W 1170/19, BeckRS 2019, 29850, entgegen der Vorinstanz LG Kempten, Beschl. v. 03.09.2019 - 22 O 590/19.

kanbietern unterhalb der Schwelle des § 1 Abs. 2 NetzDG und der potentiell ebenso großen Anzahl möglicher Verstöße, habe das BfJ als Pilotprojekt zunächst sechs in den USA ansässige Netzwerkanbieter herausgegriffen, da der weit überwiegende Anteil an Netzwerkanbietern dort ansässig sei. In diesen sechs Verfahren habe das BfJ wegen Verstößen gegen die Pflicht nach § 5 Abs. 1 NetzDG ein Bußgeldverfahren eingeleitet und versucht, Anhörungsschreiben zuzustellen. Dabei habe das BfJ jeweils Rechtshilfeersuchen an das zuständige US-amerikanische Justizministerium gestellt, die in allen Verfahren auch bewilligt wurden. In fünf Fällen konnte die Zustellung erfolgreich bewirkt werden; in einem Fall scheiterte sie bislang aus tatsächlichen Gründen.

3. Zielerreichung

Die Zielsetzung des § 5 Abs. 1 NetzDG, der Justiz, den Bußgeldbehörden und den Betroffenen eine schnellere und sicherere Zustellungsoption zur Verfügung zu stellen, um ein effektives rechtliches Einschreiten zu ermöglichen, ist jedenfalls, soweit § 5 Abs. 1 NetzDG unbestritten Anwendung findet, größtenteils erreicht worden. Von den Befragten wird überwiegend angegeben, dass § 5 Abs. 1 NetzDG die Zustellungen in der Praxis erleichtert und insoweit die Rechtsdurchsetzung befördert habe. Auch das BfJ sieht jedenfalls bei den unstrittig vom NetzDG erfassten großen Netzwerkanbietern deutliche Verbesserungen bei der Zustellung von Anhörungsschreiben. Aus den öffentlich zugänglichen Gerichtsentscheidungen lässt sich kein eindeutiger Befund ableiten. Die äußerst geringe Anzahl an Zustellungsstreitigkeiten im unstreitigen Anwendungsbereich des § 5 Abs. 1 NetzDG könnte zum einen dafür sprechen, dass Zustellungen insoweit unproblematisch durchführbar sind. Zum anderen könnte eine Ursache auch darin liegen, dass insgesamt gerichtliche Verfahren zur Durchsetzung von Löschungsansprüchen nicht in nennenswertem Umfang betrieben werden (siehe dazu E. IV. 4.). Deutliche Schwierigkeiten bei der Zustellung von Anhörungsschreiben bei Bußgeldverfahren sieht das BfJ hingegen bei unterhalb der Schwelle des § 1 Abs. 2 NetzDG liegenden Netzwerkanbietern.

Demgegenüber bestehen nach wie vor nachhaltige Probleme bei der Zustellung in Verfahren außerhalb von den in § 1 Abs. 3 NetzDG genannten rechtswidrigen Inhalten sowie bei Zustellungen in Verfahren über Wiederherstellungsansprüche wegen (vermeintlich) rechtswidriger Inhalte. Die Angaben der Befragten und die Vielzahl an divergierenden Gerichtsentscheidungen zeigen, dass § 5 Abs. 1 NetzDG insoweit keine rechtssichere

Zustellungsmöglichkeit an den inländischen Zustellungsbevollmächtigten eröffnet. Darüber hinaus lassen sie erkennen, dass der alternative Weg der Auslandszustellung in der Praxis auf Grund eines höheren Kosten- und Zeitaufwandes und der teilweise zusätzlich betriebenen Zugangsvereitelungen[308] seitens einiger Netzwerkanbieter erhebliche Hürden mit sich bringen.

4. Konsequenzen und Verbesserungsvorschläge

Im eindeutigen und unbestrittenen Anwendungsbereich des § 5 Abs. 1 NetzDG ist es bereits zu einer nennenswerten Verbesserung der Zustellungen gekommen (s.o.). Zur weiteren Verbesserung der Rechtsdurchsetzung wird vereinzelt von Rechtsanwält*innen gefordert, die Begrenzung des Anwendungsbereiches auf Schriftstücke zur Einleitung von Gerichtsverfahren dahingehend abzumildern, dass auch vorprozessuale zivilrechtliche Abmahnungs- und Aufforderungsschreiben, in denen die Löschung eines rechtswidrigen Beitrages begehrt wird, mit umfasst werden. Ebenso kann überlegt werden, das aktuell noch unklare Zusammenwirken von § 5 Abs. 1 NetzDG mit den allgemeinen Zustellungsvorschriften (siehe dazu D. I. 1. b)) zu präzisieren. Da die Zustellungspraxis aktuell gut funktioniert, ist dies jedoch nicht dringend geboten, sondern wird nur für den Umgang mit künftig möglichen Umgehungen relevant.

Unklarheit besteht hinsichtlich der Frage, ob die Pflichten nach § 5 Abs. 1 NetzDG auch alle Netzwerkanbieter i.S.d. § 1 Abs. 1 NetzDG unterhalb der Mitgliederschwelle des § 1 Abs. 2 NetzDG betreffen. Bei diesen Netzwerkanbietern ist die Zustellung aktuell nach wie vor mit großen Herausforderungen verbunden; die allermeisten haben auch keinen Zustellungsbevollmächtigten benannt. Insbesondere das BfJ hat auch darauf hingewiesen, dass bei diesen Netzwerkanbietern die Durchsetzung der Pflicht nach § 5 Abs. 1 NetzDG durch Bußgeldverfahren mit rechtlichen und tatsächlichen Herausforderungen verbunden sei und ganz erhebliche finanzielle und personelle Ressourcen beanspruche. In Anbetracht der erheblichen Vielzahl kleiner Netzwerkanbieter, deren Herkunft aus unterschiedlichen Ländern, in denen eine Rechtsdurchsetzung teilweise schwierig wird, wäre eine Klärung dieser Frage sinnvoll.

---

308 Siehe dazu LG Offenburg, Urt. v. 26.09.2018 - 2 O 310/18 -, juris, Rn. 37; OLG Köln, Beschl. v. 09.05.2019 - 15 W 70/18; LG Heidelberg, Beschl. v. 4.10.2018 - 1 O 71/18 und Urt. v. 28.08.2018 - 1 O 71/18 -, juris.

Weitere Unklarheiten bestehen hinsichtlich der Beschränkung des Anwendungsbereiches des § 5 Abs. 1 NetzDG auf Verfahren wegen der Verbreitung rechtswidriger Inhalte. Insbesondere ist unklar, ob sich § 5 Abs. 1 NetzDG auch auf nicht in § 1 Abs. 3 NetzDG genannte rechtswidrige Inhalte und auf Wiederherstellungsansprüche bezieht. In diesen Fällen ist eine rechtssichere Zustellung aktuell noch mit Herausforderungen verbunden. Von Rechtsanwält*innen wird überwiegend gefordert, mit § 5 Abs. 1 NetzDG auch Verfahren über nicht von § 1 Abs. 3 NetzDG betroffene rechtswidrige Inhalte, insbesondere über rechtswidrige (nicht notwendigerweise strafbare) Persönlichkeitsrechtsverletzungen und Wiederherstellungsansprüche, zu erfassen. Vereinzelt wird noch weitergehend gefordert, Netzwerkanbieter dazu zu verpflichten, für sämtliche gegen sie gerichtete Verfahren einen Zustellungsbevollmächtigten zu benennen. Eine Befassung mit dieser Unklarheit und eine entsprechende Anpassung wäre sinnvoll.

II. § 5 Abs. 2 NetzDG – Empfangsberechtigte Person für Auskunftsersuchen der Strafverfolgungsbehörden

Die Einführung der Pflicht der Netzwerkanbieter, eine empfangsberechtigte Person für Auskunftsersuchen der Strafverfolgungsbehörden zu benennen, ist im Gesamtkontext der bisherigen Praxis strafrechtlicher Verfolgung im Internet zu betrachten.

Zur effektiven Strafverfolgung von Nutzer*innen, die rechtswidrige Inhalte i.S.d. § 1 Abs. 3 NetzDG auf den Plattformen der Netzwerkanbieter veröffentlicht haben, ist es erforderlich, die Identität der Nutzer*innen zu ermitteln. Hierzu bedarf es nach den praktischen Erfahrungen der Staatsanwaltschaften in den meisten Fällen eines Zugriffes auf die beim Netzwerkanbieter hinterlegten Bestandsdaten dieser Nutzer*innen.[309] Zu diesen zählen nach § 14 Abs. 1 TMG alle personenbezogene Daten eines*r Nutzers*in, soweit sie für die Begründung, inhaltliche Ausgestaltung oder Änderung eines Vertragsverhältnisses zwischen dem Diensteanbieter und dem*der Nutzer*in über die Nutzung von Telemedien erforderlich sind. Im Kontext der Telemediendiensteanbieter zählen hierunter wohl jedenfalls Name, Anschrift und E-Mail-Adresse.[310] Zwar können die Nutzer*in-

309 *Elsner* MHR 3/2019, S. 11 (12); *Rebehn* DRiZ 2019, S. 208 (209).

310 *Müller-Broich*, TMG, 1. Aufl. 2012, § 14 TMG Rn. 2; Spindler/Schmitz/*Schmitz*, TMG, 2. Aufl. 2018, § 14 TMG Rn. 9, 12.

nen bei der Anmeldung beim Netzwerkanbieter wahrheitswidrige Angaben machen, die ohnehin nicht überprüft werden. Gleichwohl können auch solche wahrheitswidrigen Angaben nach der Erfahrung der Staatsanwaltschaften jedenfalls erste erfolgversprechende Ansätze zur weiteren Ermittlung der Identität liefern.[311]

Nach der Rechtsprechung des Bundesverfassungsgerichtes ist bei dem Zugriff staatlicher Ermittlungsbehörden auf Bestandsdaten von Bürger*innen, die bei privaten Anbietern gespeichert sind, streng zwischen der *datenschutzrechtlichen Erlaubnis* zur Übermittlung der begehrten Daten durch den Privaten (sog. *„datenschutzrechtliche Öffnungsklausel“*) und der *Befugnis* der staatlichen Stelle zur Abfrage der Daten bei dem Privaten (*„Ermächtigungsgrundlage“*) zu differenzieren.[312] Das Bundesverfassungsgericht führt dazu aus: *„Der Gesetzgeber muss, bildlich gesprochen, nicht nur die Tür zur Übermittlung von Daten öffnen, sondern auch die Tür zu deren Abfrage. Erst beide Rechtsgrundlagen gemeinsam, die wie eine Doppeltür zusammenwirken müssen, berechtigen zu einem Austausch personenbezogener Daten.“*[313]

Für die Übermittlung und Abfrage von Bestandsdaten durch staatliche Ermittlungsbehörden bei *Privaten, die geschäftsmäßig Telekommunikationsdienste erbringen*, hat der Gesetzgeber explizit beide „Türen“ geöffnet: Die §§ 111 ff. TKG bilden – als erste Tür – die datenschutzrechtliche Erlaubnis der Anbieter zur Übermittlung der Bestandsdaten, während – als zweite Tür – § 100j StPO die Befugnis der staatlichen Stelle zur Abfrage der Daten bei dem Privaten regelt. Diese Befugnis der Strafverfolgungsbehörden zur Abfrage der Daten wird in § 100j Abs. 5 StPO von einer korrespondierenden Pflicht der Anbieter zur Erteilung der Auskunft flankiert.

Für die von § 1 NetzDG erfassten *Netzwerkanbieter als Diensteanbieter von Telemedien* gelten diese Regelungen jedoch nicht. Auch hier regelt § 14 Abs. 2 TMG zwar – als erste Tür – die datenschutzrechtliche Erlaubnis für die Netzwerkanbieter zur Übermittlung der Bestandsdaten an staatliche Ermittlungsbehörden. Nach einhelliger Ansicht stellt § 14 Abs. 2 TMG jedoch keine – als zweite Tür fungierende – Ermächtigungsgrundlage für Strafverfolgungsbehörden zur Abfrage dieser Daten dar.[314] Mangels einer mit § 110j StPO vergleichbaren und präzisen Regelung ist umstritten, ob

311 *Elsner* MHR 3/2019, S. 11 (12 f.).

312 BVerfG, Beschl. v. 24.1.2012 - 1 BvR 1299/05 -, juris, Rn. 123.

313 BVerfG, Beschl. v. 24.1.2012 - 1 BvR 1299/05 -, juris, Rn. 123.

314 Dezidiert VGH München, Beschl. v. 20.08.2019 - 12 ZB 19.333 -, juris, Rn. 32; Spindler/Schmitz/*Schmitz*, TMG, 2. Aufl. 2018, § 14 TMG Rn. 28 m.w.N. u. 36; *Müller-Broich*, TMG, 1. Aufl. 2012, Rn. 6; Plath/ *Hullen/Roggenkamp*, DSGVO/ BDSG, 3. Aufl. 2018, § 14 TMG Rn. 17; BGH NJW 2014, S. 2651 (2652) (aller-

eine entsprechende Ermächtigungsgrundlage der Ermittlungsbehörden für die Abfrage besteht. Überwiegend werden die allgemeinen Generalermittlungsklauseln der §§ 161 Abs. 1, 163 Abs. 1 StPO als Ermächtigungsgrundlage angesehen.[315] Nahezu unstreitig besteht jedoch – anders als bei Telekommunikationsanbietern nach § 110j Abs. 5 StPO – keine korrespondierende Pflicht der Netzwerkanbieter, die Auskunft tatsächlich zu erteilen.[316]

Im Ergebnis erlaubt das bisherige Rechtsregime den Netzwerkanbietern zwar die Übermittlung der Bestandsdaten und den Strafverfolgungsbehörden (wohl) auch deren Abruf; es verpflichtet die Netzwerkanbieter jedoch nicht – im Unterschied zu Telekommunikationsanbietern – zur Übermittlung dieser Daten. Kurz gesagt steht es den Netzwerkanbietern damit weitestgehend frei, ob und inwieweit sie den Ermittlungsbehörden Bestandsdaten übermitteln.

Mit der Einführung des § 5 Abs. 2 NetzDG hat der Gesetzgeber weder ein neues Rechtsregime für die Übermittlung und den Abruf von Bestandsdaten bei den Netzwerkanbietern geschaffen noch eine Übermittlungspflicht für die Bestandsdaten vorgeschrieben. Die durch § 5 Abs. 2 NetzDG eingeführte Verpflichtung der Netzwerke, eine empfangsberechtigte Person im Inland für Auskünfte im Zusammenhang mit Strafverfah-

---

dings im Verhältnis zwischen Privaten bei bloßer Persönlichkeitsverletzung); vgl. auch BT-Drucks. 16/3078, S. 16.

315 MüKo-StPO/*Kölbel*, 1. Aufl. 2016, § 161 StPO Rn. 27 (Ermittlungsbefugnis) m.w.N; Meyer-Goßner/*Schmitt*, StPO, 62. Aufl. 2019, § 161 StPO Rn. 2; *Wicker* MMR 2014, S. 298 (302) zu Cloud-Anbietern; BVerfG, Beschl. v. 17.02.2009 - 2 BvR 1372/07 -, juris und 2 BvR 1745/07 -, juris (§ 161 Abs. 1 StPO als ausreichend bzgl. der Abfrage von Kreditkartendaten erachtend); BVerfG, Beschl. v. 13.11.2011 - 2 BvR 1124/10 -, juris (bzgl. § 161 StPO und § 14 II TMG); Staatsministerium der Justiz Bayern, Bayr. LT-Drucks. 18/1789, S. 1; auf § 95 StPO abstellend Spindler/Schmitz/*Schmitz*, TMG, 2. Aufl. 2018, § 14 TMG Rn. 36.

316 MüKo-StPO/*Kölbel*, 1. Aufl. 2016, § 161 StPO Rn. 26 f. m.w.N.; siehe auch die Gegenäußerung der Bundesregierung zu der Stellungnahme des Bundesrates zu § 14 Abs. 2 TMG, BT-Drucks. 16/3135, S. 2 („Bei der Regelung handelt es sich um die datenschutzrechtliche Öffnungsklausel, die dem Diensteanbieter die Verwendung personenbezogener Daten seiner Nutzer zum Zwecke der Auskunftserteilung an Strafverfolgungs- und Sicherheitsbehörden ermöglicht. Ob und inwieweit der Diensteanbieter zur Auskunftserteilung verpflichtet sein soll, ist hingegen eine Frage, die das Rechtsverhältnis zwischen dem Diensteanbieter und der Behörde betrifft und dementsprechend in den für dieses Rechtsverhältnis geltenden öffentlich-rechtlichen Vorschriften zu regeln ist.“); uneinheitlich bei Meyer-Goßner/*Schmitt*, StPO, 62. Aufl. 2019, der dies in § 161 StPO Rn. 2 eher verneint und in § 99 StPO Rn. 16 bejaht.

ren gegen Nutzer*innen der Netzwerke zu benennen, soll sich allein darauf beschränken, die Verfügbarkeit eines inländischen Ansprechpartners sicherzustellen.[317] Hierdurch soll die Möglichkeit einer freiwilligen und unmittelbaren Kooperation zwischen Strafverfolgungsbehörden und Netzwerkanbietern verbessert werden.[318]

1. Gesetzliche Anforderungen

Ausgehend von diesem Zweck verpflichtet § 5 Abs. 2 NetzDG in Satz 1 die Netzwerkanbieter dazu, eine empfangsberechtigte Person im Inland für Auskunftsersuchen einer inländischen Strafverfolgungsbehörde zu benennen. Darüber hinaus werden die Netzwerkanbieter in Satz 2 dazu verpflichtet, innerhalb von 48 Stunden nach Zugang des Auskunftsersuchens zu antworten und eine Begründung anzugeben, wenn die ersuchte Auskunft nicht oder nicht vollumfänglich erteilt wird (Satz 3). Die Pflicht zur Benennung einer empfangsberechtigten Person in § 5 Abs. 2 S. 1 NetzDG ist nicht ausdrücklich auf Netzwerkanbieter i.S.d. NetzDG beschränkt. Aufgrund der erst im weiteren Gesetzgebungsverfahren erfolgten Ausdifferenzierung des § 5 NetzDG in zwei Absätze und der systematischen Nähe von § 5 Abs. 1 und Abs. 2 NetzDG, liegt es jedoch nahe, dass die Pflicht nur auf Netzwerkanbieter i.S.d. NetzDG bezogen ist.[319] Auch hier ist – parallel zu § 5 Abs. 1 NetzDG (siehe D. I. 1.) – nicht gänzlich klar, ob die Pflicht für sämtliche Netzwerkanbieter, also auch solche unterhalb der Schwelle des § 1 Abs. 2 NetzDG, gelten soll.[320]

Im Kern beschränkt sich § 5 Abs. 2 NetzDG weitestgehend auf die Festlegung formeller Anforderungen, um die Netzwerkanbieter zur Kooperation mit den Strafverfolgungsbehörden anzuhalten. Demgegenüber enthält § 5 Abs. 2 NetzDG nach einhelliger Ansicht bewusst nicht die inhaltliche

---

317 BT-Drucks. 18/12356, S. 27.

318 BT-Drucks. 18/12356, S. 27.

319 So auch in Spindler/Schmitz/*Liesching*, TMG, 2. Aufl. 2018, § 5 NetzDG Rn. 11, in der eine rechtsmethodisch zulässige einschränkende Auslegung der Norm vertreten wird.

320 Die Problematik andeutend, aber nicht eindeutig entscheidend Spindler/Schmitz/*Liesching*, TMG, 2. Aufl. 2018, § 5 NetzDG Rn. 11: „Vor dem Hintergrund des Normzwecks und des in § 1 Abs. 1 und 2 vorgegebenen Anwendungsbereichs ist daher die Benennungspflicht durch eine rechtsmethodisch zulässige einschränkende Auslegung ebenso wie in § 5 Abs. 1 auf Anbieter sozialer Netzwerke begrenzt."

Pflicht zur tatsächlichen Erteilung der begehrten Auskunft.[321] Die Gesetzesbegründung macht insoweit deutlich, dass § 5 Abs. 2 NetzDG die Netzwerke nur dazu verpflichtet, „einen ‚Briefkasten' im Inland bereitzustellen" und durch ihn „keine zusätzlichen Auskunftspflichten begründet" werden.[322]

a) Pflicht zur Benennung einer empfangsberechtigten Person im Inland

Ein entscheidender Unterschied zu § 5 Abs. 1 NetzDG bzgl. der Benennung ist, dass auf die empfangsberechtigte Person nicht in leicht erkennbarer und unmittelbar erreichbarer Weise aufmerksam zu machen ist. Vielmehr genügt es nach dem Wortlaut des Gesetzes, dass die empfangsberechtigte Person erst auf eine konkrete Anfrage einer Strafverfolgungsbehörde hin dieser gegenüber benannt wird. Um eine solche Anfrage aber überhaupt erst zu ermöglichen, dürfte die Vorschrift dahingehend auszulegen sein, dass jedenfalls eine schriftliche oder elektronische Möglichkeit zur Kontaktaufnahme (z.B. Email oder Formular) mit dem Netzwerkanbieter erkennbar anzugeben ist.

Der Wortlaut und Zweck des § 5 Abs. 2 NetzDG stellt es in das Belieben des Netzwerkanbieters, wen er auf die Anfrage hin als empfangsberechtigte Person benennt, solange die benannte Person ihren Sitz im Inland hat. Der Netzwerkanbieter kann daher sowohl interne als auch externe natürliche oder juristische Personen als empfangsberechtigte Person benennen.[323]

Das Gesetz regelt nicht näher, welche inhaltlichen Angaben bzgl. der zu benennenden empfangsberechtigten Person gemacht werden müssen. Offen ist insbesondere, ob eine zustellungsfähige inländische Adresse anzugeben ist. Da zur Stellung des Auskunftsersuchens auch elektronische Kommunikationskanäle genügen, dürfte – anders als bei der Zustellung gem. § 5 Abs. 1 NetzDG – die Angabe einer solchen Adresse nicht erforderlich sein.

Der Gesetzeswortlaut legt mit dem Begriff „empfangsberechtigt" sprachlich nahe, dass die Netzwerkanbieter eine Entgegennahme des Auskunfts-

---

321 Spindler/Schmitz/*Liesching*, TMG, 2. Aufl. 2018, § 5 NetzDG Rn. 13; *Spindler* K&R 2017, S. 533 (542).

322 BT-Drucks. 18/12356, S. 27.

323 Spindler/Schmitz/*Liesching*, TMG, 2. Aufl. 2018, § 5 NetzDG Rn. 12; siehe auch Leitlinien des BMJV vom 22.03.2018, abrufbar unter: https://www.bmjv.de/SharedDocs/Downloads/DE/Themen/Fokusthemen/NetzDG_Bußgeldleitlinien.pdf?__blob=publicationFile&v=3 (zul. abgerufen am 15.05.2020), S. 10.

ersuchens durch die zuvor benannte empfangsberechtigte Person selbst ermöglichen müssen. Nach den Bußgeldleitlinien des BMJV soll es hingegen nicht notwendig sein, dass diese das Auskunftsersuchen eigenhändig entgegennimmt. Vielmehr reiche ein hinreichend klar und einfach zu handhabender Kommunikationskanal. Es sei daher auch zulässig, dass die Entgegennahme von Auskunftsersuchen so ausgestaltet wird, dass die Strafverfolgungsbehörden ihre Ersuchen über sichere und ausreichend transparent zur Verfügung gestellte Online-Formulare oder spezielle Portale für Strafverfolgungsbehörden stellen können.[324] Die Gesetzesbegründung, durch § 5 Abs. 2 NetzDG nur „einen ‚Briefkasten' im Inland bereitzustellen" und dadurch eine zuverlässige und effektive Kommunikationsmöglichkeit zu gewährleisten[325], spricht auch für eine weite Auslegung. Es ist daher naheliegend, aber nicht eindeutig, dass die Verwendung von Online-Formularen oder speziellen Portalen zulässig ist.

Eine Frist zur Benennung der empfangsberechtigten Person gegenüber der anfragenden Strafverfolgungsbehörde ist – anders als für die Beantwortung eines gestellten Auskunftsersuchens – nicht vorgesehen.

b) Umfang und Reichweite der Benennungspflicht

Die Benennung muss nur für Auskunftsersuchen einer Strafverfolgungsbehörde nach den §§ 14, 15 TMG erfolgen, denen Strafverfahren gegen postende Nutzer*innen des Netzwerkanbieters zu Grunde liegen. Anders als bei § 5 Abs. 1 NetzDG ist weder im Wortlaut noch in der Gesetzesbegründung eine Beschränkung der Benennungspflicht auf Verfahren wegen der in § 1 Abs. 3 NetzDG abschließend genannten rechtswidrigen Inhalte vorgesehen. Offen ist, ob es sich dabei um ein bloßes Redaktionsversehen handelt oder dadurch bewusst der Anwendungsbereich auf alle denkbaren Straftatbestände erweitert werden soll.[326]

---

324 Vgl. Leitlinien des BMJV vom 22.03.2018, abrufbar unter: https://www.bmjv.de/SharedDocs/Downloads/DE/Themen/Fokusthemen/NetzDG_Bußgeldleitlinien.pdf?__blob=publicationFile&v=3 (zul. abgerufen am 15.05.2020), S. 9 f.

325 BT Drucks. 18/12356, S. 27.

326 Zu letzterem tendierend Spindler/Schmitz/*Liesching*, TMG, 2. Aufl. 2018, § 5 NetzDG Rn. 14 unter Verweis auf die Benennung „strafrechtlich relevanter Inhalte" und „Briefkasten" in BT-Drucks. 18/12356, S. 27.

c) Pflicht zur Antwort und Begründung

Nach § 5 Abs. 2 S. 2 NetzDG ist das Auskunftsersuchen innerhalb von 48 Stunden ab Zugang bei der empfangsberechtigten Person zu beantworten. Für die Einhaltung des Gesetzeszweckes dürfte es dabei unerheblich sein, ob die Antwort von der empfangsberechtigten Person – so der Wortlaut – oder direkt vom Netzwerkanbieter erteilt wird.[327] Wie bereits dargelegt, verlangt die Pflicht zur rechtzeitigen Antwort nach § 5 Abs. 2 S. 2 NetzDG nicht, dass die begehrte Auskunft, d.h. die Bestandsdaten, tatsächlich erteilt wird (D. II. 1.). Wird die Auskunft nicht oder nicht vollumfänglich erteilt, muss dies begründet werden (§ 5 Abs. 2 S. 3 NetzDG).

2. Umsetzung, Akzeptanz und Praktikabilität

a) Pflicht zur Benennung einer empfangsberechtigten Person im Inland

Da auf die empfangsberechtigte Person im Inland nicht in „leicht erkennbarer und unmittelbar erreichbarer Weise aufmerksam zu machen" ist, sondern die Benennung nur auf konkrete Anfrage einer Strafverfolgungsbehörde hin erfolgen muss, kann die Wirkung des Gesetzes insoweit nur aufgrund der Erfahrungen der Staatsanwaltschaften überprüft werden. Die Angabe einer allgemeinen Kontaktadresse, um die empfangsberechtigte Person in Erfahrung bringen zu können, kann demgegenüber durch die Prüfung der Webseiten der Netzwerkanbieter erfolgen.

Ausgehend davon ergibt sich folgendes Bild:

Alle Netzwerkanbieter haben – meist im Impressum – eine allgemeine Kontaktadresse (Email) zur Verfügung gestellt, über die eine konkrete Anfrage zur Mitteilung der empfangsberechtigten Person (jedenfalls theoretisch) erfolgen kann. Darüber hinaus haben drei Netzwerkanbieter[328] auf ihren Webseiten ein spezifisches Online-Anfragesystem für Strafverfolgungsbehörden eingerichtet. Drei weitere Netzwerkanbieter[329] haben – über die gesetzlichen Pflichten hinausgehend – bereits die empfangsberechtigte Person selbst auf ihrer Webseite namentlich benannt.

---

327 Spindler/Schmitz/*Liesching*, TMG, 2. Aufl. 2018, § 5 NetzDG Rn. 15.

328 Facebook, Instagram und Pinterest.

329 Twitter ausdrücklich unter Bezugnahme auf § 5 Abs. 2 NetzDG; TikTok und SoundCloud implizit.

Aus den Einschätzungen und Erfahrungen der ausgewählten Staatsanwaltschaften ergibt sich, dass die Identifikation einer empfangsberechtigten inländischen Person – entweder unmittelbar oder auf konkrete Nachfrage hin – in allen Fällen möglich war.[330] Eine Schwerpunktstaatsanwaltschaft gibt an, statt der empfangsberechtigten Person in allen Fällen direkt die Auskunftssysteme bzw. Auskunftsplattformen der Netzwerkanbieter zu nutzen.

Das BfJ überwacht die Einhaltung der Pflichten nach § 5 Abs. 2 NetzDG sowohl proaktiv als auch auf Beschwerden hin. Da die Benennung einer empfangsberechtigten Person nur bei Auskunftsersuchen einer Strafverfolgungsbehörde erfolgen muss, erhalten nur diese Kenntnis über den Umgang mit der Pflicht durch die Netzwerkanbieter. Insoweit ist das BfJ auf die Weitergabe von Informationen durch die Strafverfolgungsbehörden angewiesen. Seit dem 1. Oktober 2017 hat das BfJ 15 Beschwerden über Verstöße gegen § 5 Abs. 2 NetzDG erhalten und in allen Fällen ein Bußgeldverfahren eingeleitet. Bislang wurde noch kein Bußgeld verhängt. Da die den Bußgeldverfahren zu Grunde liegenden gemeldeten Verstöße nicht näher aufgeschlüsselt sind, ist unklar, ob sie ein Defizit bei der Benennung der empfangsberechtigten Person oder eine mangelnde inhaltliche Auskunftserteilung betreffen.

b) Pflicht zur Antwort und Begründung

Nach übereinstimmenden Angaben der *Staatsanwaltschaften* werden Auskunftsersuchen in aller Regel innerhalb der 48-stündigen Frist von den Netzwerkanbietern beantwortet.[331] Ebenso einhellig wird jedoch angemerkt, dass als Antwort überwiegend nicht die begehrte Auskunft über die Bestandsdaten erteilt wird. Vielmehr erfolge oftmals eine lediglich formelle und standardisierte Antwort, in der für die Erteilung einer Auskunft auf die Notwendigkeit eines *förmlichen Rechtshilfeersuchens* (Mutual Legal Assistance Treaty – MLAT) verwiesen werde[332] oder die inhaltliche Auskunft mit Verweis darauf abgelehnt werde, dass kein Zugriff auf die Bestandsdaten der Nutzer*innen möglich sei[333] oder hausinterne Regeln einer Auskunft von vornherein entgegenstünden.

---

330 So auch die Einschätzung von *Rebehn* DRiZ 2019, S. 208 (209).
331 So auch die Einschätzung von *Rebehn* DRiZ 2019, S. 208 (209).
332 So auch bei *Rebehn* DRiZ 2019, S. 208 (209).
333 *Elsner* MHR 3/2019, S. 11 (13).

Einige Staatsanwaltschaften zitieren hierzu folgendes Beispiel einer Standardantwort eines Netzwerkanbieters: [334]

„Thank you for your correspondence. Under the applicable law and our terms of service, a Mutual Legal Assistance Treaty request or letter rogatory is required to seek information pursuant to your request.“[335]

„Danke für Ihre Mitteilung. Nach geltendem Recht und unseren Nutzungsbedingungen ist ein Rechtshilfeersuchen erforderlich, um die Information zu Ihrer Anfrage einzuholen."[336]

c) Praxis der inhaltlichen Auskunftserteilung

aa) Angaben der Netzwerkanbieter

Da die Angabe der eingegangenen behördlichen Auskunftsersuchen und deren weitere Behandlung durch die Netzwerkanbieter nicht zu den nach § 2 NetzDG verpflichtend vorgeschriebenen Angaben im Transparenzbericht zählt, haben nur einige Netzwerkanbieter diese Angaben veröffentlicht:

334 Facebook.

335 Standardantwort des Facebook Law Enforcement Response Team, zitiert nach *Elsner* MHR 3/2019, S. 11 (13).

336 Zitiert nach *Rebehn* DRiZ 2019, S. 208 (209).

Twitter[337]

Zeitraum	Anzahl behördlicher Auskunftsersuchen (Deutschland)	Prozentsatz Auskunftserteilung (Deutschland)	Prozentsatz Auskunftserteilung (weltweit)	Prozentsatz Auskunftserteilung (USA)	Prozentsatz Auskunftserteilung (UK)
01.01.2019 – 30.06.2019	458	18 %	/	/	/
01.07.2018 – 31.12.2018	394	27 %	56 %	73 %	75 %
01.01.2018 – 30.06.2018	320	26 %	56 %	76 %	70 %
01.07.2017 – 31.12.2017	237	29 %	55 %	77 %	65 %
01.01.2017 – 30.06.2017	255	38 %	60 %	77 %	79 %
01.07.2016 – 31.12.2016	275	54 %	64 %	82 %	79 %
01.01.2016 – 30.06.2016	111	58 %	69 %	82 %	76 %
01.07.2015 – 31.12.2015	69	55 %	64 %	79 %	76 %
01.01.2015 – 30.06.2015	28	36 %	58 %	80 %	52 %

337 Angaben von Twitter im Transparency-Report, https://transparency.twitter.com/de/countries/de.html (zul. abgerufen am 15.05.2020).

Facebook[338]

Zeitraum	Anzahl behördlicher Auskunftsersuchen (Deutschland)	Prozentsatz Auskunftserteilung (Deutschland)	Prozentsatz Auskunftserteilung (weltweit)	Prozentsatz Auskunftserteilung (USA)	Prozentsatz Auskunftserteilung (UK)
01.01.2019 – 30.06.2019	7302	58 %	73,6 %	88 %	90 %
01.07.2018 – 31.12.2018	6802	57 %	73,1 %	88 %	91 %
01.01.2018 – 30.06.2018	6661	59 %	74 %	86 %	91 %
01.07.2017 – 31.12.2017	5067	60 %	74,8 %	85 %	92 %
01.01.2017 – 30.06.2017	5211	59 %	74,4 %	85 %	90 %
01.07.2016 – 31.12.2016	4422	54 %	72,5 %	83,5 %	88,7 %
01.01.2016 – 30.06.2016	3695	47,5 %	69,9 %	80,7 %	86,6 %
01.07.2015 – 31.12.2015	3140	42,3 %	67,9 %	81,4 %	82,2 %
01.01.2015 – 30.06.2015	2344	35,7 %	64 %	78 %	78 %

338 Angaben von Facebook im Transparenzbericht, https://transparency.facebook.com/government-data-requests/country/DE (zul. abgerufen am 15.05.2020).

Google[339]

Zeitraum	Anzahl behördlicher Auskunftsersuchen (Deutschland)	Prozentsatz Auskunftserteilung (Deutschland)	Prozentsatz Auskunftserteilung (weltweit)	Prozentsatz Auskunftserteilung (USA)	Prozentsatz Auskunftserteilung (UK)
01.01.2019 – 30.06.2019	10009	68 %	/	/	/
01.07.2018 – 31.12.2018	8560	59 %	73 %	82 %	84 %
01.01.2018 – 30.06.2018	7416	60 %	67 %	81 %	73 %
01.07.2017 – 31.12.2017	6960	58 %	67 %	82 %	74 %
01.01.2017 – 30.06.2017	7781	56 %	66 %	82 %	73 %
01.07.2016 – 31.12.2016	9925	45 %	65 %	81 %	71 %
01.01.2016 – 30.06.2016	8788	59 %	60 %	79 %	71 %
01.07.2015 – 31.12.2015	7491	57 %	64 %	79 %	71 %
01.01.2015 – 30.06.2015	3903	58 %	64 %	79 %	72 %

Pinterest

Laut Transparenzberichten gab es keinerlei Anfragen von deutschen Behörden im Berichtszeitraum.[340]

Reddit

Laut dem Transparenzbericht 2017 sind vier behördliche Auskunftsanträge eingegangen, von denen in einem Fall (einem Notfall) eine Auskunft erteilt wurde. Laut dem Transparenzbericht 2018 sind sechs behördliche

339 Angaben von Google im Transparenzbericht, https://transparencyreport.google.com/user-data/overview?hl=de&user_requests_report_period=series:requests,accounts;authority:DE;time:&lu=user_requests_report_period (zul. abgerufen am 15.05.2020; die dort genannten Daten umfassen wohl das soziale Netzwerk YouTube und Google+ bis zu seiner Einstellung.

340 Angaben von Pinterest im Transparenzbericht, https://help.pinterest.com/de/article/transparency-report (zul. abgerufen am 15.05.2020).

Auskunftsanträge eingegangen, von denen in zwei Fällen (zwei Notfällen) eine Auskunft erteilt wurde.[341]

Im Übrigen weist ein Netzwerkanbieter im Fragebogen darauf hin, dass seit dem Inkrafttreten des NetzDG eine Zunahme an Auskunftsersuchen von Strafverfolgungsbehörden im Zusammenhang mit Beleidigungen und Verleumdungen zu verzeichnen sei.

bb) Schlussfolgerungen aus den Angaben der Netzwerkanbieter

Aus den veröffentlichten Angaben der Netzwerkanbieter wird für Deutschland zwar die zunehmende Bedeutung behördlicher Auskunftsersuchen über Bestandsdaten der Nutzer*innen deutlich. Soweit aus den veröffentlichten Angaben ersichtlich, ist die Anzahl behördlicher Auskunftsersuchen seit 2015 weitestgehend kontinuierlich und teilweise enorm gestiegen. Demgegenüber lassen sich keine klaren Entwicklungstendenzen hinsichtlich der Auskunftspraxis der Netzwerkanbieter ableiten. Ein Netzwerkanbieter[342] weist – mit einer Ausnahme – seit 2015 weitestgehend konstante Auskunftsquoten von über 50 % auf. Die Auskunftsquote bei einem weiteren Netzwerkanbieter[343] nahm seit Anfang 2015 kontinuierlich zu und ist seit Mitte 2016 ebenfalls bei über 50 % konstant. Bei einem Netzwerkanbieter[344] zeigt sich nach einer anfänglich zunehmenden Auskunftsquote (von 36 % Anfang 2015 bis auf 58 % Mitte 2016) eine konstante Abnahme bis unter das Niveau von 2015.

Als weiterer Befund ist ausweislich der angegebenen Zahlen bemerkenswert, dass bei allen Netzwerkanbietern, die Zahlen veröffentlichen, und in allen Berichtszeiträumen die Auskunftsquote gegenüber deutschen Behörden deutlich unter der weltweiten Auskunftsquote und – noch viel deutlicher – unter den Auskunftsquoten in den Vereinigten Staaten und im Vereinigten Königreich liegt.

Darüber hinaus machen die Netzwerkanbieter, die Zahlen veröffentlichen, zusätzliche Angaben über die Anzahl und die Auskunftsquote bei Auskunftsersuchen in „Notfällen" („emergency requests"). Als Notfälle werden meist solche Fälle verstanden, in denen eine unmittelbare Gefahr

341 Angaben von Reddit im Transparenzbericht, https://www.redditinc.com/policies/transparency-report (zul. abgerufen am 15.05.2020).

342 Google.

343 Facebook.

344 Twitter.

für Leib und Leben besteht.[345] Auffallend ist dabei, dass die Auskunftsquote bei fast allen Netzwerkanbietern in Notfällen konstant ist und teilweise deutlich über der Auskunftsquote für „normale" Auskunftsersuchen liegt.[346]

cc) Angaben der Staatsanwaltschaften

Die Angaben der Netzwerkanbieter sind nicht deckungsgleich mit den Erfahrungen und Einschätzungen der ausgewählten Staatsanwaltschaften, die sich auf einen Erfahrungswert von ca. 300 Verfahren beziehen. Die Auskunftsquote wird von einer Staatsanwaltschaft auf unter 10 % geschätzt, von einer anderen mit ca. 5 % angegeben, wobei die Auskünfte überwiegend von nur einem Netzwerk erteilt worden seien.

Von Staatsanwaltschaften wird zudem teilweise die Praxis geschildert, dass viele Netzwerkanbieter, die ihren Hauptsitz im außereuropäischen Ausland haben, Auskünfte auf Anfragen der Staatsanwaltschaften oft nur im Rahmen eines *förmlichen Rechtshilfeersuchens (Mutual Legal Assistance Treaties – MLATs)* im Sitzland erteilen. Nach Einschätzung einiger Staatsanwaltschaften bleibe dieses Verfahren sowohl aus rechtlichen als auch praktischen Gründen weitgehend erfolglos, sodass es im Ergebnis nicht zur Strafverfolgung käme. In rechtlicher Hinsicht bestünden erhebliche Hürden bei Rechtshilfeersuchen in den USA. Einem solchen Ersuchen werde nur dann stattgegeben, wenn der strafrechtlich nach deutschem Recht zu verfolgende Inhalt auch nach US-Recht strafbar sei. Nach ameri-

345 Exemplarisch bei Reddit: „necessary to prevent imminent and serious bodily harm to a person", https://www.redditinc.com/policies/privacy-policy (zul. abgerufen am 15.05.2020); bei Twitter „imminent threat involving danger of death or serious physical injury to a person", (https://transparency.twitter.com/en/information-requests.html#information-requests-jan-jun-2019 (zul. abgerufen am 15.05.2020); bei Facebook „unmittelbare Gefahr für Leib und Leben", https://transparency.facebook.com/government-data-requests (zul. abgerufen am 15.05.2020).

346 Siehe die angegebenen Zahlen bei Reddit: https://www.redditinc.com/policies/transparency-report (zul. abgerufen am 15.05.2020); bei Twitter: https://transparency.twitter.com/en/information-requests.html#information-requests-jan-jun-2019 (zul. abgerufen am 15.05.2020); bei Google: https://transparencyreport.google.com/user-data/overview?hl=de&user_requests_report_period=series:requests,accounts;authority:DE;time:&lu=user_requests_report_period (zul. abgerufen am 15.05.2020); bei Facebook: https://transparency.facebook.com/government-data-requests/country/DE (zul. abgerufen am 15.05.2020).

kanischem Verfassungsrecht sei die Meinungsfreiheit besonders weitgehend geschützt. Aus diesem Grund seien zahlreiche in Deutschland strafbare und von § 1 Abs. 3 NetzDG erfasste Inhalte, wie z.B. das öffentliche Verwenden von Kennzeichen und Parolen ehemaliger nationalsozialistischer Organisationen, Volksverhetzung und Holocaustleugnung (§§ 86a, 130 StGB) nach US-Recht nicht strafbar; ein Rechtshilfeersuchen sei insoweit aussichtslos.[347] Die Grenze der nach US-Recht zulässigen Meinungsäußerungen sei regelmäßig dann erreicht, wenn die Äußerung eine konkrete und individuelle Bedrohung für eine Person oder Personengruppe oder den Aufruf zur Begehung von Straftaten beinhalte („real threat"). Insoweit seien Rechtshilfeersuchen nach §§ 185-187 BGB mangels Erfüllung dieser Voraussetzung oft von vornherein aussichtlos.[348] In praktischer Hinsicht stellten die zeitaufwändigen (oft mehrere Monate) und kostenaufwändigen Rechtshilfeersuchen mit Blick auf begrenzte personelle und finanzielle Ressourcen weitere Hürden auf.[349] Zudem seien die begehrten Bestandsdaten – mangels gesetzlicher Mindestspeicherfrist – nach Abschluss des mehrmonatigen Rechtshilfeersuchens oftmals entweder bereits gelöscht oder jedenfalls mangels Aktualität weniger brauchbar.[350]

dd) BfJ

Das BfJ weist darauf hin, dass es keine unmittelbare Kenntnis über den Umgang der Netzwerkanbieter mit von Strafverfolgungsbehörden gestellten Auskunftsersuchen habe. Bislang erhalte es nur vereinzelt und unsystematisch Informationen hierzu. Um einen besseren Überblick über die Praxis zu erlangen, sei das BfJ auf die Bereitschaft zur regelmäßigen Weitergabe von Erfahrungen durch die Strafverfolgungsbehörden angewiesen.

ee) Mögliche Ursachen für divergierende Angaben und Auskunftsquoten

Da weder die Angaben der Netzwerkanbieter noch die Angaben der Staatsanwaltschaften im Rahmen der Evaluation überprüft werden können, blei-

---

347 *Rebehn* DRiZ 2019, S. 208 (209); *Elsner* MHR 3/2019, S. 11 (14 f.).
348 *Rebehn* DRiZ 2019, S. 208 (209); *Elsner* MHR 3/2019, S. 11 (14 f.).
349 *Elsner* MHR 3/2019, S. 11 (15).
350 Einschätzung ZAC NRW.

ben die genauen Ursachen für die große Divergenz der Angaben letztlich unklar.

Eine mögliche Ursache für die divergierenden Angaben ist, dass Netzwerkanbieter bei den von ihnen ermittelten Auskunftsquoten – ausweislich ihrer eigenen Angaben – nicht nur vollständige, sondern auch teilweise Auskunftserteilungen miterfassen. Denkbar wäre, dass Staatsanwaltschaften demgegenüber nur vollständige Auskünfte erfassen.

Für die im Vergleich zur USA, zum Vereinigten Königreich und zum weltweiten Durchschnitt geringeren Auskunftsquoten gegenüber Anfragen deutscher Behörden ist als Ursache die nicht existente gesetzliche Auskunftspflicht der Netzwerkanbieter denkbar. Insoweit kann jedoch nicht eingeschätzt werden, ob und inwiefern Netzwerkanbieter in anderen Ländern gesetzlich zur Auskunftserteilung verpflichtet sind.

Als weitere mögliche Ursache ist der unterschiedlich gehandhabte Verweis der Netzwerkanbieter auf förmliche Rechtshilfeersuchen (MLATs) denkbar. Bemerkenswert ist hierbei, dass in anderen europäischen Ländern, in denen der Verweis auf förmliche Rechtshilfeersuchen (MLATs) ebenso möglich ist, teilweise deutlich höhere Auskunftsquoten bestehen. So liegt die Auskunftsquote bei behördlichen Anfragen aus dem Vereinigten Königreich bei allen Netzwerkanbietern, die Zahlen veröffentlichen, und in nahezu allen Berichtszeiträumen weit über der Auskunftsquote in Deutschland, obwohl auch im Vereinigten Königreich der Verweis auf das förmliche Rechtshilfeersuchen denkbar ist.[351] Vor diesem Hintergrund erscheint es als möglich, dass die Praxis, ob und inwieweit bei behördlichen Anfragen auf den Weg des förmlichen Rechtshilfeersuchens verwiesen wird, von den Netzwerkanbietern länderspezifisch angepasst wird.

3. Zielerreichung

Das in der Gesetzesbegründung bezeichnete Ziel, durch § 5 Abs. 2 NetzDG sicherzustellen, dass die Netzwerkanbieter „sozusagen einen ‚Briefkasten' im Inland bereitstellen", um die Möglichkeit einer „freiwilligen unmittelbaren Kooperation"[352] zu verbessern, wird durch die gesetzliche Regelung weitgehend erreicht. Die Staatsanwaltschaften haben übereinstimmend an-

351 Vgl. die Aussagen der britischen Regierung: https://www.gov.uk/government/news/uk-and-us-sign-landmark-data-access-agreement (zul. abgerufen am 15.05.2020).

352 BT-Drucks. 18/12356, S. 27.

gegeben, dass auf Nachfrage eine Kontaktperson durch die Netzwerkanbieter benannt wird und diese auch fristgemäß antworten. Darüber hinaus haben sie überwiegend angegeben, dass infolge des § 5 Abs. 2 NetzDG jedenfalls eine gesteigerte Gesprächs- und Kooperationsbereitschaft der Netzwerkanbieter zu beobachten sei. Zudem wird von einer Staatsanwaltschaft auf die Nutzung der online zur Verfügung gestellten Auskunftssysteme bzw. Auskunftsplattformen der Netzwerkanbieter verwiesen.

Die Strafverfolgung von Hasskriminalität und anderen strafbaren Inhalten in sozialen Netzwerken wird unter Berücksichtigung der angegebenen Daten der Netzwerkanbieter und den Einschätzungen der Staatsanwaltschaften nur sehr begrenzt effektiviert. Dies liegt zentral daran, dass nach der gegenwärtigen Rechtslage die Netzwerkanbieter weder nach § 5 Abs. 2 NetzDG noch nach § 14 Abs. 2 TMG zur Erteilung der von Strafverfolgungsbehörden beantragten Auskunft verpflichtet, sondern lediglich berechtigt sind. Ausgehend von dieser weitgehenden Freiheit der Netzwerkanbieter, über die Auskunftserteilung selbst zu entscheiden, lässt sich eine abgestufte Wirkung beobachten.

Bei „Notfällen“, in denen möglicherweise auch eine Gefahr für Leib und Leben besteht, ist durchaus eine höhere Bereitschaft der Netzwerkanbieter zu verzeichnen, Auskünfte zu gewähren.

In „normalen“, von § 1 Abs. 3 NetzDG erfassten, Fällen lässt sich aus den von Netzwerkanbietern veröffentlichten Daten keine nennenswerte Auswirkung des NetzDG auf die Anzahl der behördlichen Auskunftsersuchen oder die Auskunftsquote der Netzwerkanbieter feststellen. Zwar hat die Anzahl der behördlichen Auskunftsersuchen seit dieser Zeit kontinuierlich zugenommen; die Zunahme entspricht aber weitgehend bereits der vorherigen Entwicklungstendenz. Die Auskunftsquoten haben sich bei zwei Netzwerkanbietern[353] seit Inkrafttreten des NetzDG nicht nennenswert geändert; bei einem weiteren Netzwerkanbieter[354] sind sie sogar rückläufig. Aufgrund der Tendenz einiger Netzwerkanbieter, Auskünfte nur im Rahmen eines Rechtshilfeersuchens zu gewähren und aufgrund der skizzierten praktischen und rechtlichen Schwierigkeiten dieses Verfahrens sehen die Staatsanwaltschaften die gegenwärtige Rechtslage als nicht ausreichend an, um eine effektive und wirksame Strafverfolgung bei Inhalten nach § 1 Abs. 3 NetzDG auf sozialen Netzwerken zu gewährleisten. Ausgehend von den rechtlichen Defiziten wird vereinzelt die Einschätzung vertreten, dass sich die Möglichkeit der Strafverfolgung nicht nennenswert

353 Facebook und Google.
354 Twitter.

verbessert habe. Überwiegend wird jedoch eine gewisse Verbesserung, insbesondere aufgrund einer gesteigerten Sensibilität und Gesprächs- und Kooperationsbereitschaft der Netzwerkanbieter, beobachtet.

Besonders schwierig und weitgehend wirkungslos bleiben Auskunftsverfahren bei deutschlandspezifischen Straftatbeständen, wie z.B. das öffentliche Verwenden von Kennzeichen und Parolen ehemaliger nationalsozialistischer Organisationen, Volksverhetzung und Holocaustleugnung (§§ 86a, 130 StGB), da Rechtshilfeersuchen hier in den meisten Fällen von Vornherein aus rechtlichen Gründen keinen Erfolg haben können.

4. Konsequenzen und Verbesserungsvorschläge

Das NetzDG hat durch § 5 Abs. 2 NetzDG bereits zu einer verbesserten Kommunikationsbeziehung zwischen Strafverfolgungsbehörden und den Netzwerkanbietern geführt.

Ganz entscheidend für die Effektivierung strafrechtlicher Verfolgung und einhellig von Strafverfolgungsbehörden, der Rechtswissenschaft und der kritischen Öffentlichkeit gefordert, ist die Einführung ausdrücklicher gesetzlicher Regelungen, um die Strafverfolgungsbehörden zum Auskunftsverlangen bzgl. der Bestandsdaten der Nutzer*innen zu berechtigen und die Netzwerkanbieter zur entsprechenden Auskunftserteilung zu verpflichten. Als Vorbild für eine solche gesetzliche Regelung kann auf § 100j StPO zurückgegriffen werden, der bereits bei Telekommunikationsdiensteanbietern entsprechende Rechte und Pflichten vorschreibt.

Es kann angedacht werden, die jetzige Regelung, in jedem Einzelfall auf eine konkrete Anfrage einer Strafverfolgungsbehörde hin eine empfangsberechtigte Person zu benennen, weiter zu effektivieren. Eine Verpflichtung, auf die empfangsberechtigte Person – parallel zu § 5 Abs. 1 NetzDG – in leicht erkennbarer und unmittelbar erreichbarer Weise auf der Webseite aufmerksam zu machen, birgt die Gefahr, dass die „Funktionstüchtigkeit“ der empfangsberechtigten Person durch Spam-Nachrichten beeinträchtigt werden kann.[355] Dieses Risiko ließe sich minimieren, wenn stattdessen die Bereithaltung eines schnell abrufbaren und einfach zugänglichen Online-Systems für Auskunftsersuchen gewählt würde, bei dem zur

355 So die geäußerte Befürchtung in den Leitlinien des BMJV vom 22.03.2018, abrufbar unter: https://www.bmjv.de/SharedDocs/Downloads/DE/Themen/Fokusthemen/NetzDG_Bußgeldleitlinien.pdf?__blob=publicationFile&v=3 (zul. abgerufen am 15.05.2020), S. 11.

Sicherstellung einer offiziellen Anfrage z.B. die Eingabe einer offiziellen Email oder Kennung der Strafverfolgungsbehörde gefordert wird. Entsprechende Systeme werden bereits von einigen Netzwerkanbietern bereitgestellt und von Strafverfolgungsbehörden genutzt. Durch eine entsprechende Regelung könnte auch die bisher bestehende Unklarheit der Zulässigkeit eines solchen Systems ausgeräumt werden.

Darüber hinausgehend wird vereinzelt gefordert, zur weiteren Effektivierung der Strafverfolgung vergleichbare gesetzliche Regelungen auch für Nutzungsdaten, insbesondere für IP-Adressen, vorzusehen. Hingewiesen wird in diesem Kontext auf die „Wechselwirkung" mit der Notwendigkeit einer „Vorratsdatenspeicherung" zur späteren Zuordnung der IP-Adresse zu den Daten des Anschlussinhabers.

Parallel zu § 5 Abs. 1 NetzDG wäre auch im Rahmen des § 5 Abs. 2 NetzDG eine Klarstellung dahingehend sinnvoll, ob auch Netzwerkanbieter unterhalb der Mitgliederschwelle des § 1 Abs. 2 NetzDG betroffen sind (siehe dazu D. I. 1. und 4.). Da auch bei § 5 Abs. 2 NetzDG unklar ist, ob sich der Anwendungsbereich nur auf die Verbreitung rechtswidriger Inhalte nach § 1 Abs. 3 NetzDG oder auf alle rechtswidrigen (und strafbaren) Inhalte bezieht, wäre auch insoweit eine Befassung mit dieser Unklarheit und ggf. eine Anpassung hilfreich.

Weiter diskutierte Vorschläge zur Verbesserung der Strafverfolgung, die jenseits des NetzDG liegen, sind insbesondere die Notwendigkeit der finanziellen und personellen Aufstockung der Staatsanwaltschaften, die Bildung von Schwerpunktstaatsanwaltschaften und die Verstärkung der Kooperation untereinander. Weiterhin wird gegenwärtig die Einführung einer Pflicht der Netzwerkanbieter zur Übermittlung von (gewissen) gemeldeten rechtswidrigen Inhalten i.S.d. § 1 Abs. 3 NetzDG an das Bundeskriminalamt vorgeschlagen. Zudem wird teilweise betont, dass gerade die Verfolgung strafbarer Inhalte auf den Plattformen der Netzwerkanbieter starke spezial- und generalpräventive Wirkung entfaltet und deswegen in besonderem Maße zur Verhinderung des Problems strafbarer Inhalte im Netz beitragen kann.[356]

356 *Rebehn* DRiZ 2019, S. 208 (209).

E. § 14 Abs. 3 TMG – Auskunftsanspruch über Bestandsdaten

I. Zweck des Gesetzes und Hintergrund

Ziel der Einführung der § 14 Abs. 3-5 TMG[357] war es, eine bestehende rechtliche Hürde zur wirksamen Durchsetzung von zivilrechtlichen Ansprüchen der Verletzten gegen die Verletzer*innen wegen rechtswidriger Äußerungen auf Plattformen der Netzwerkanbieter zu beseitigen. Durch die Schaffung einer sog. *datenschutzrechtlichen Erlaubnisklausel* in § 14 Abs. 3 TMG, die es dem Netzwerkanbieter erlaubt, die Bestandsdaten der Verletzer*innen an Verletzte herauszugeben, sollte im Ergebnis ein wirksamer und durchsetzbarer Anspruch auf die Feststellung der Identität des*der Verletzers*in bei Rechtsverletzungen ermöglicht werden.[358]

Um den rechtlichen Gehalt und die Wirkung des § 14 Abs. 3-5 TMG zu erfassen, müssen zunächst zwei zentrale Aspekte näher beleuchtet werden: das Rechtsverhältnis, das § 14 Abs. 3-5 TMG adressiert (1.) und das datenschutzrechtliche Spannungsfeld, in dem § 14 Abs. 3-5 TMG sich bewegt (2.).

1. § 14 Abs. 3 TMG als Stärkung der Rechtsdurchsetzung zwischen Verletzten und Verletzer*innen

Zunächst muss die Konstellation, in der § 14 Abs. 3-5 TMG Anwendung findet, in den Blick genommen werden. Postet eine Person (Verletzer*in) einen unter § 1 Abs. 3 NetzDG fallenden rechtswidrigen Beitrag auf der Plattform eines von § 1 Abs. 1 NetzDG erfassten Netzwerkanbieters, hat die davon betroffene Person (Verletzte*r) zwei Möglichkeiten der Rechtsdurchsetzung:

Zunächst kann sich der*die Verletzte direkt gegen den Netzwerkanbieter wenden und – bei Vorliegen der Voraussetzungen der Störerhaftung – von diesem die Löschung des Beitrages verlangen. Diese *Rechtsbeziehung zwischen Verletztem*r und Netzwerkanbieter* nehmen die §§ 3, 5 NetzDG in den Fokus: § 3 NetzDG verpflichtet die Netzwerkanbieter ausgehend von den Grundsätzen der Störerhaftung zur effektiven Löschung der § 1 Abs. 3 NetzDG unterfallenden Inhalte, sodass sie ohne eine gerichtliche Durchsetzung durch die*den Verletzte*n gelöscht werden. Um Verletzten im Fal-

357 Eingeführt durch Artikel 2 des NetzDG.
358 BT-Drucks. 18/13013, S. 25.

le der Nichterfüllung der Löschpflicht nach § 3 NetzDG die eigene gerichtliche Durchsetzung der Löschung gegenüber dem Netzwerkanbieter zu erleichtern, sieht § 5 Abs. 1 NetzDG flankierend eine Erleichterung der Zustellungsmöglichkeiten für entsprechende Klagen vor.

Darüber hinaus können sich Verletzte zur gerichtlichen Durchsetzung einer Löschung auch direkt an den*die Verletzer*in wenden und – ggf. bei Vorliegen weiterer Voraussetzungen – zusätzlich Schadensersatz verlangen. Um diese *Ansprüche zwischen Verletzten und Verletzer*in* gerichtlich durchzusetzen, muss jedoch zunächst die Identität des*der Verletzers*in ermittelt werden. Hierzu bedarf es in vielen Fällen eines Zugriffs auf die sog. Bestandsdaten des*der Verletzers*in, die bei dem Netzwerkanbieter hinterlegt sind. An dieser Stelle setzt § 14 Abs. 3-5 TMG an, in dem er diesen Datenzugriff datenschutzrechtlich legitimiert und verfahrensrechtlich näher ausgestaltet. Damit betrifft er zwar dem ersten Anschein nach eine rechtliche Beziehung zwischen Verletzten und Netzwerkanbieter, nämlich die Zugriffsmöglichkeit auf die Daten. Im Kern unterstützt er aber nur den eigentlichen Anspruch auf Löschung des Inhaltes zwischen Verletzten und Verletzern*innen.

2. § 14 Abs. 3-5 TMG im datenschutzrechtlichen Spannungsfeld

Nach den Grundsätzen des deutschen und europäischen Datenschutzrechtes steht die Preisgabe von personenbezogenen Daten von Nutzer*innen durch die Netzwerkanbieter gegenüber Dritten unter einem Verbot mit Zulässigkeitstatbeständen, um die Nutzer*innen zu schützen. Die Daten dürfen vom Netzwerkanbieter nur dann an den Dritten herausgegeben werden, wenn die Nutzer*innen darin eingewilligt haben, was unwahrscheinlich ist, oder eine gesetzliche Grundlage dies erlaubt.

Vor Einführung der § 14 Abs. 3-5 TMG bestand keine explizite gesetzliche Erlaubnis zur Preisgabe der Daten. Lediglich diese – durch den BGH 2014[359] ausdrücklich festgestellte – Hürde sollte mit der Einführung des § 14 Abs. 3 TMG überwunden werden.[360]

Die neu eingeführten § 14 Abs. 3-5 TMG dienen also der *teilweisen Öffnung des datenschutzrechtlichen Verbotes*. Die Öffnung ist zum einen inhaltlich auf die Verletzung absolut geschützter Rechte aufgrund rechtswidri-

359 BGH, Urt. v. 01.07.2014 - VI ZR 345/13 -, juris.

360 So ausdrücklich BT-Drucks. 18/13013, S. 23 mit Verweis auf die Entscheidung des BGH 2014.

ger Inhalte, die von § 1 Abs. 3 NetzDG erfasst werden, beschränkt (§ 14 Abs. 3 TMG). Zum anderen enthält sie durch die Bindung der Zulässigkeit der Auskunftserteilung an eine richterliche Entscheidung (§ 14 Abs. 4 TMG) verfahrensrechtliche Sicherungen zum Schutz der Nutzer*innen.

II. Europarechtskonformität und Anwendbarkeit des § 14 Abs. 3 TMG

Seit dem Inkrafttreten der harmonisierenden europäischen Datenschutzgrundverordnung (DSGVO) und den darauf bezogenen Änderungen des Bundesdatenschutzgesetzes (BDSG) ist umstritten, ob § 14 Abs. 3-5 TMG vom Anwendungsvorrang der DSGVO oder dem § 24 Abs. 1 Nr. 2 BDSG verdrängt wird. Da die Evaluation die Umsetzung und Auswirkungen des NetzDG zum Gegenstand hat und kein Rechtsgutachten darstellt, werden diese Aspekte hier nur überblicksartig dargestellt.

Nach dem in Art. 5 Abs. 1 lit. b DSGVO enthaltenen Zweckbindungsgrundsatz müssen personenbezogene Daten für festgelegte, eindeutige und legitime Zwecke erhoben werden und dürfen nicht in einer mit diesen Zwecken nicht zu vereinbarenden Weise weiterverarbeitet werden. Da die Bestandsdaten der Nutzer*innen vom Netzwerkanbieter zu einem anderen Zweck als der Weitergabe an Dritte erhoben werden, liegt darin eine Zweckänderung. Eine solche Zweckänderung ist nach Art. 6 Abs. 4 DSGVO unter anderem dann zulässig, wenn die betroffene Person darin einwilligt oder gesetzliche Vorschriften der Union oder der Mitgliedsstaaten dies unter zusätzlichen Voraussetzungen (vgl. Art. 23 DSGVO) erlauben. Ausgehend davon wird darüber gestritten, ob Art. 6 Abs. 4 DSGVO die Mitgliedsstaaten dazu berechtigt, eine ausnahmsweise zulässige, zweckändernde Weiterverarbeitung von bereits erhobenen Daten zu gestatten. Der BGH hat diese Befugnis eindeutig angenommen und klargestellt, dass § 14 Abs. 3-5 TMG mit dem Unionsrecht vereinbar ist.[361] In der Rechtswissenschaft wird demgegenüber teilweise davon ausgegangen, dass den Mitgliedsstaaten insoweit keine Regelungsbefugnis zusteht.[362]

---

361 Dezidiert und mit umfassender Begründung kürzlich BGH, Beschl. v. 24.09.2019 - VI ZB 39/18 -, juris, Rn. 31 ff.

362 Kühling/Buchner/*Herbst*, DS-GVO/BDSG, 2. Aufl. 2018, § 24 BDSG Rn. 10 u. 13; Kühling/Buchner/*Buchner/Petri*, DSGVO/BDSG, 2. Aufl. 2018, Art. 6 DSGVO Rn. 180 u. 199 f.; Ehmann/Selmayr/*Heberlein*, DSGVO, 2. Aufl. 2018, Art. 6 DSGVO Rn. 51.

Weiterhin ist umstritten, ob der neu eingeführte § 24 Abs. 1 Nr. 2 BDSG den § 14 Abs. 3-5 TMG verdrängt. Nach § 24 Abs. 1 Nr. 2 BDSG ist die Verarbeitung personenbezogener Daten zu einem anderen Zweck als zu demjenigen, zu dem die Daten erhoben wurden, durch nichtöffentliche Stellen zulässig, wenn sie zur Geltendmachung, Ausübung oder Verteidigung zivilrechtlicher Ansprüche erforderlich ist, sofern nicht die Interessen der betroffenen Person an dem Ausschluss der Verarbeitung überwiegen. Nach der Rechtsprechung des BGH geht § 14 Abs. 3-5 TMG dem § 24 Abs. 1 Nr. 2 BDSG als lex specialis vor.[363] Ein Teil der Literatur hält demgegenüber § 24 Abs. 1 Nr. 2 BDSG für die vorrangig anzuwendende Regelung und stützt sich zur Begründung unter anderem auf die Gesetzesbegründung zum NetzDG, in der ausgeführt wird, dass künftig durch die Anpassung des TMG an die DSGVO der bereichsspezifische Telemediendatenschutz aufgehoben und die Auskunftsbefugnis stattdessen in § 24 Abs. 1 Nr. 2 BDSG neu geregelt werde.[364] Der BGH stützt seine Auffassung darauf, dass der Gesetzgeber den bereichsspezifischen Telemediendatenschutz gerade nicht durch das Datenschutz-Anpassungs- und -Umsetzungsgesetz EU vom 30. Juni 2017 und auch nicht durch andere Gesetze aufgehoben hat, obwohl er eine Überschneidung ausweislich der Gesetzesbegründung gesehen hatte.[365]

III. Gesetzliche Anforderungen

Durch § 14 Abs. 3 TMG ist der Diensteanbieter datenschutzrechtlich dazu befugt, im Einzelfall Auskunft über bei ihm vorhandene Bestandsdaten zu erteilen, soweit dies zur Durchsetzung zivilrechtlicher Ansprüche wegen der Verletzung absolut geschützter Rechte aufgrund rechtswidriger Inhalte, die von § 1 Abs. 3 NetzDG erfasst werden, erforderlich ist. Diese Befugnis unterliegt einem Richtervorbehalt (Abs. 4); ihre Feststellung erfolgt auf Antrag des*der Verletzten bei dem zuständigen Landgericht (Abs. 4). Der Netzwerkanbieter ist bei diesem Verfahren beizuladen (Abs. 5).

---

363 BGH, Beschl. v. 24.09.2019 - VI ZB 39/18 -, juris, Rn. 29 ff.; OLG Frankfurt, Beschl. v. 06.09.2018 - 16 W 27/18 -, juris, Rn. 38 ff. u. insb. Rn. 41 ff.

364 Vgl. Gola/*Piltz*, DSGVO, 2. Aufl. 2018, Art. 95 DSGVO Rn. 19; Spindler/Schmitz/*Schmitz*, TMG, 2. Aufl. 2018, § 14 TMG Rn. 61, 68 und vor §§ 11 ff. TMG Rn. 10; zur Gesetzesbegründung siehe BT-Drucks. 28/12356, S. 28.

365 BGH, Beschl. v. 24.09.2019 - VI ZB 39/18 -, juris, Rn. 30.

1. § 14 Abs. 3 TMG als reine datenschutzrechtliche Erlaubnisnorm

Damit Verletzte vom Netzwerkanbieter die Erteilung der Auskunft über die Bestandsdaten des*der Verletzers*in verlangen können, müssen kumulativ zwei Voraussetzungen vorliegen:[366] Zum einen muss den Verletzten gegenüber dem Netzwerkanbieter ein materiell-rechtlicher Auskunftsanspruch, gerichtet auf die Übermittlung der Bestandsdaten des*der Verletzer*in, zustehen. Zum anderen muss dem Netzwerkanbieter die Übermittlung dieser Daten datenschutzrechtlich erlaubt sein.

Der erste Aspekt – der materiell-rechtliche Auskunftsanspruch – ist gesetzlich nicht ausdrücklich geregelt, wird von den Gerichten und der Rechtswissenschaft jedoch überwiegend aus § 242 BGB abgeleitet. Ein mit § 101 Abs. 1 UrhG vergleichbarer, ausdrücklicher Auskunftsanspruch sollte durch die Einführung des NetzDG und die damit verbundene Änderung des TMG bewusst nicht geschaffen werden.[367]

Die mit der Einführung des NetzDG verbundene Änderung des § 14 TMG erfasst damit ausschließlich den zweiten Aspekt – die datenschutzrechtliche Erlaubnis zur Auskunftserteilung.

2. Reichweite: Nur Verletzung absolut geschützter Rechte aufgrund von Inhalten, die von § 1 Abs. 3 NetzDG erfasst werden

Die Erlaubnis zur Bestandsdatenübermittlung ist auf die Verletzung absolut geschützter Rechte durch rechtswidrige Inhalte, die von § 1 Abs. 3 NetzDG erfasst werden, beschränkt. Damit wird eine Begrenzung in zweierlei Hinsicht vorgenommen: Zum einen sind nur solche Verletzungen der absolut geschützten Rechte erfasst, die die Schwelle zur Strafbarkeit überschreiten. Zum anderen muss sich die Verletzung auf die in § 1 Abs. 3 NetzDG genannten Straftatbestände beziehen.

---

366 So die h.M., siehe dazu nur Spindler/Schmitz/*Schmitz*, TMG, 2. Aufl. 2018, § 14 TMG Rn. 3 u. 52; st. Rspr. zur Teilung zwischen materiell-rechtlichem Auskunftsanspruch und datenschutzrechtlicher Erlaubnis siehe hier nur BGH, Urt. v. 01.07.2014 - VI ZR 345/13 -, juris, Rn. 6 ff.; zuletzt BGH, Beschl. v. 24.09.2019 - VI ZB 39/18 -, juris, Rn. 58.

367 So ausdrücklich BT-Drucks. 18/13013, S. 23 mit Verweis darauf, dass eine solche Einführung in Zukunft diskutiert werden sollte.

3. Adressat der Auskunftserlaubnis: Alle Diensteanbieter i.S.d. § 2 Nr. 1 TMG oder nur Netzwerkanbieter i.S.d. § 1 Abs. 1 NetzDG?

In der Literatur und Rechtsprechung wird gegenwärtig darüber gestritten, ob die Änderungen des § 14 Abs. 3-5 TMG nur für die von § 1 Abs. 1 NetzDG erfassten Netzwerkanbieter gelten sollen oder darüber hinaus für alle Telemediendiensteanbieter i.S.d. § 2 Nr. 1 TMG. Da an dieser Stelle der Rechtsrahmen des NetzDG / TMG mit Blick auf den Evaluationszweck nur insoweit dargestellt wird, wie er zur Beurteilung der Einhaltung und Umsetzung durch die Netzwerkanbieter erforderlich ist, wird diese streitige Frage näher im Rahmen der möglichen Nebenwirkungen diskutiert.

IV. Umsetzung, Akzeptanz und Praktikabilität

1. Praxis nach den Angaben der Netzwerkanbieter

Da die Anzahl der bei den Netzwerkanbietern eingegangenen zivilrechtlichen Anträge auf Auskunftserteilung über Bestandsdaten und deren weitere Behandlung nicht zu den nach § 2 NetzDG verpflichtend vorgeschriebenen Angaben im Transparenzbericht zählt, haben nur einige Netzwerkanbieter über die gesetzliche Pflicht hinausgehend entsprechende Angaben veröffentlicht:

Twitter[368]

Zeitraum	Anzahl der privaten (zivilrechtlichen) Auskunftsersuchen	Prozentsatz der Fälle, in denen Auskünfte erteilt wurden
01.01.2019 – 30.06.2019	3	0 %
01.07.2018 – 31.12.2018	1	0 %
01.01.2018 – 30.06.2018	3	100 %
01.07.2017 – 31.12.2017	3	0 %
01.01.2017 – 30.06.2017	2	0 %
01.07.2016 – 31.12.2016	4	0 %
01.01.2016 – 30.06.2016	6	0 %

368 Angaben von Twitter im Transparenzbericht, https://transparency.twitter.com/de/countries/de.html (zul. abgerufen am 15.05.2020).

Pinterest

Laut Transparenzberichten keine privaten (zivilrechtlichen) Auskunftsanträge im Berichtszeitraum.[369]

Reddit

Laut dem Transparenzbericht aus 2018 sind weltweit insgesamt 15 private (zivilrechtliche) Auskunftsanträge eingegangen, von denen in sieben Fällen Auskünfte erteilt wurden. Laut dem Transparenzbericht aus 2017 sind weltweit insgesamt elf private (zivilrechtliche) Auskunftsanträge eingegangen, von denen in vier Fällen Auskünfte erteilt wurden.[370] Eine nähere Aufschlüsselung der Herkunftsländer, insbesondere ob und wie viele Auskunftsersuchen aus Deutschland erfolgten, lässt sich den Berichten nicht entnehmen.

Facebook / Google

Sowohl Facebook als auch Google geben konkrete Zahlen für Auskunftsersuchen in ihren Transparenzberichten an. Allerdings indiziert die nähere Beschreibung zu den angegebenen Zahlen in den Transparenzberichten, dass allein die Auskunftsersuchen von Behörden / Regierungsstellen (also „öffentliche" Auskunftsersuchen) und nicht private (zivilrechtliche) Auskunftsersuchen angegeben werden.[371]

Im Übrigen lässt sich aus den Angaben der Netzwerkanbieter im Fragebogen folgendes entnehmen: Laut den Angaben eines Netzwerkanbieters wurde bislang kein privater (zivilrechtlicher) Auskunftsantrag gestellt. Ausgehend davon sieht dieser Netzwerkanbieter keine Auswirkung des NetzDG auf zivilrechtliche Verfahren. Nach einem anderen Netzwerkanbieter wurde bislang ein privater (zivilrechtlicher) Auskunftsantrag gestellt. In diesem Fall wurde die Auskunft auch erteilt. Ein weiterer Netzwerkanbieter gibt an, dass bisher nur ein Verfahren auf Auskunftserteilung nach § 14 Abs. 3, 4 TMG eingeleitet wurde; eine gerichtliche Entscheidung jedoch noch ausstehe. Zudem erhalte dieser Anbieter einige Anfragen auf

---

369 Angaben von Pinterest im Transparenzbericht, https://help.pinterest.com/de/article/transparency-report (zul. abgerufen am 15.05.2020).

370 Angaben von Reddit im Transparenzbericht, https://www.redditinc.com/policies/transparency-report (zul. abgerufen am 15.05.2020).

371 Im Transparenzbericht von Facebook wird diesbzgl. auf „Datenanfragen von Behörden" verwiesen, https://transparency.facebook.com/government-data-requests (zul. abgerufen am 15.05.2020); bei Google wird diesbzgl. auf die „Anzahl der Nutzerdatenersuchen von Behörden" verwiesen, https://transparencyreport.google.com/user-data/overview?hl=de (zul. abgerufen am 15.05.2020).

Herausgabe der Bestandsdaten ohne eine vorherige gerichtliche Anordnung über die Zulässigkeit der Auskunftserteilung nach § 14 Abs. 4 TMG. Diese würden mangels datenschutzrechtlicher Befugnis jedoch nicht beantwortet. Ausgehend davon sieht dieser Netzwerkanbieter auch keinen signifikanten Einfluss des NetzDG auf die Anzahl zivilrechtlicher Verfahren.

2. Schlussfolgerungen aus den Angaben der Netzwerkanbieter

Aus den verfügbaren Daten der Netzwerkanbieter lässt sich ableiten, dass die private Rechtsdurchsetzung zwischen den Verletzten und Verletzer*innen eine untergeordnete, nahezu vernachlässigbare Rolle einnimmt. Zwei Netzwerkanbieter haben im gesamten Berichtszeitraum keinerlei Auskunftsersuchen erhalten; ein Netzwerkanbieter entweder ebenfalls keines oder nur sehr wenige. Zwei Netzwerkanbieter haben jeweils ein Auskunftsersuchen erhalten. Ein weiterer Netzwerkanbieter hat jährliche Auskunftsersuchen im unteren bis mittleren einstelligen Bereich erhalten.

Mit Blick auf die Entwicklung der Anzahl an privaten (zivilrechtlichen) Auskunftsersuchen sind – soweit Zahlen verfügbar sind – keine Auswirkung des NetzDG feststellbar. Mit Blick auf den Auskunftserfolg hat das NetzDG offenkundig allenfalls ganz vereinzelt Auswirkungen entfaltet.

3. Praxis nach den Angaben der Rechtsanwält*innen, Verbände und NGOs

Aus den Erfahrungen und Einschätzungen der befragten *Rechtsanwält*innen* ergibt sich überwiegend eine nicht existente bis sehr geringe Fallzahl von zivilrechtlichen Verfahren der Verletzten gegen Verletzer*innen im Rahmen des § 14 Abs. 3 TMG. Teilweise wird angegeben, dass lediglich Erstberatungen über etwaige Verfahren erfolgten, diese aber im Ergebnis nicht weiterverfolgt wurden. Soweit Verfahren geführt wurden, wird teilweise darauf hingewiesen, dass es sich um eine geringe Anzahl an Fällen handele. Im Übrigen werden positive Erfahrungen bei der privaten Rechtsdurchsetzung geschildert, soweit „sehr eindeutige Fälle“ des § 1 Abs. 3 NetzDG betroffen seien. Bei „nur klaren“ Fällen sei die Rechtsdurchsetzung jedoch schwierig und bei Grenzfällen gänzlich ineffektiv.

Von den *NGOs, Berufsverbänden und sonstigen Verbänden* wird angemerkt, dass jedenfalls kein Fall bekannt sei, in dem trotz Erlass einer gerichtlichen Anordnungen nach § 14 Abs. 3, 4 TMG keine Auskunft erteilt wurde.

4. § 14 Abs. 3 TMG im Spiegel der Gerichtsbarkeit

Die *öffentlich zugänglichen Entscheidungen der Zivilgerichte* im Rahmen des § 14 Abs. 3 TMG sprechen ebenfalls für ein beschränktes Fallaufkommen. Seit der Einführung des § 14 Abs. 3 TMG gibt es lediglich eine einstellige Anzahl an entsprechenden öffentlich zugänglichen Gerichtsentscheidungen.[372] In den Entscheidungen wurde der Antrag auf Anordnung der Gestattung der Auskunftserteilung nach § 14 TMG in vielen Fällen abgelehnt. Dies erfolgte überwiegend mit der Begründung, dass die Voraussetzungen des § 1 Abs. 3 NetzDG nicht erfüllt seien, weil entweder die betroffene Meinungsäußerung zulässig gewesen sei oder sie zwar unzulässig gewesen sei, aber nicht die Grenze zur Strafbarkeit nach § 1 Abs. 3 NetzDG überschritten habe.

V. Zielerreichung

In der Gesetzesbegründung zur Einführung der § 14 Abs. 3-5 TMG wird als maßgebliches (und beschränktes) Ziel nur die Öffnung des datenschutzrechtlichen Verbotes für die Auskunftserteilung eines Diensteanbieters gegenüber den Verletzten benannt. Nur diese Hürde, auf die der BGH in seiner Leitentscheidung 2014 explizit hinwies, sollte durch § 14 Abs. 3-5 TMG überwunden werden.[373]

Dieses Ziel wurde vollumfänglich erreicht. Der Auskunftsanspruch kann nicht mehr an einer fehlenden datenschutzrechtlichen Erlaubnis scheitern. Es sind auch keine gerichtlichen Entscheidungen ersichtlich, bei denen ein Auskunftsanspruch daran gescheitert wäre.

Die Öffnung des datenschutzrechtlichen Verbotes hat die zivilrechtliche Rechtsdurchsetzung zwischen Verletzten und Verletzern*innen nur ge-

---

372 Vgl. LG Berlin, Beschl. v. 02.09.2019 - 27 O 433/19 -, juris; LG Berlin, Beschl. v. 09.09.2019 - 27 AR 17/19 -, juris; LG Frankfurt, Beschl. v. 30.04.2018 - 2-03 430/17 -, juris (u.a.); dem nachfolgend OLG Frankfurt, Beschl. v. 06.09.2018 - 16 W 27/18 -, juris; dem nachfolgend BGH, Beschl. v. 24.09.2018 - VI ZB 39/18 -, juris; LG Frankfurt, Beschl. v. 18.02.2019 - 2-03 O 174/18 -, juris (u.a.); OLG Nürnberg-Fürth, Beschl. v. 17.07.2019 - 3 W 1470/19 -, juris.

373 BT-Drucks. 18/12356, S. 28; BT-Drucks. 18/13013, S. 23 f.

ringfügig beeinflusst.[374] Aus den veröffentlichten Zahlen, den Erfahrungen und Einschätzungen der Rechtsanwält*innen und der NGOs, Berufsverbände und sonstigen Verbänden ergibt sich überwiegend eine nur geringe Inanspruchnahme der Rechtsdurchsetzungsmöglichkeit und – aus den gerichtlichen Entscheidungen – eine geringe Erfolgsquote dieser Verfahren. Die für diesen Befund in Betracht kommenden Ursachen und mögliche Verbesserungsvorschläge werden unter VII. und VIII. thematisiert.

VI. Unbeabsichtigte Nebenwirkungen

Aktuell ist in der Literatur und Rechtsprechung umstritten, ob die Änderungen des § 14 Abs. 3-5 TMG nur für die von § 1 Abs. 1 NetzDG erfassten Netzwerkanbieter gelten sollen oder darüber hinaus für alle Telemediendiensteanbieter i.S.d. § 2 Nr. 1 TMG. Dabei verläuft die zu klärende Trennlinie nicht allein zwischen Netzwerkanbietern nach § 1 Abs. 1 NetzDG auf der einen und allen übrigen Telemediendiensteanbietern i.S.d. § 2 Nr. 1 TMG auf der anderen Seite. Vielmehr ist auch eine Binnendifferenzierung innerhalb eines von § 1 Abs. 1 NetzDG erfassten Netzwerkanbieters geboten. Die Netzwerkanbieter bieten teilweise neben dem sozialen Netzwerk im engeren Sinne zusätzliche und nicht selbstständig dem Anwendungsbereich des § 1 Abs. 1 NetzDG unterfallende Dienstleistungen wie z.B. Messenger-Dienste zur Individualkommunikation an, die als Telemediendienste i.S.d. TMG einzuordnen sind.

Ausgangspunkt des Streites ist der in § 14 Abs. 3 TMG enthaltene Verweis auf § 1 Abs. 3 NetzDG. Demnach darf der Diensteanbieter Auskünfte erteilen, „soweit dies zur Durchsetzung zivilrechtlicher Ansprüche wegen der Verletzung absolut geschützter Rechte aufgrund rechtswidriger Inhalte, die von § 1 Absatz 3 des NetzDG erfasst werden, erforderlich ist." Dieser Verweis lässt zwei Auslegungsmöglichkeiten zu:

Nach *einer Lesart (BGH)* konkretisiert dieser Verweis nur die rechtswidrigen Inhalte, bei denen wegen einer Verletzung absoluter Rechte eine da-

374 Ähnlich *Lang* AöR 2018, 220 (240); *D. Holznagel* jurisPR-WettbR 11/2017, Anm. 2 legt im Verhältnis zwischen Verletzten und Netzwerkanbietern dar, dass es in Anbetracht der Vielzahl rechtswidriger Inhalte auf der Plattform Facebook sehr erstaunlich sei, dass die Entscheidung LG Würzburg, Urt. v. 07.03.2017 - 11 O 2338/16 wohl die erste Inanspruchnahme von Facebook auf Grundlage der Störerhaftung wegen persönlichkeitsverletzender Nutzerinhalte war.

tenschutzrechtliche Ermächtigung für die Erfüllung eines etwaigen Auskunftsanspruchs besteht.[375] Der Verweis wäre dann so zu verstehen: *§ 14 Abs. 3 TMG gilt bei Vorliegen rechtswidriger Inhalte nach § 1 Abs. 3 NetzDG für alle Diensteanbieter i.S.d. § 2 Nr. 1 TMG.*

Eine *andere Lesart (LG Frankfurt und OLG Frankfurt)* sieht in dem Verweis auf § 1 Abs. 3 NetzDG, der seinerseits einen weiteren Verweis auf „Inhalte im Sinne des Absatzes 1“ (des NetzDG) enthält, der wiederum nur Netzwerkanbieter i.S.d. § 1 Abs. 1 NetzDG erfasst, im Ergebnis eine Beschränkung auf die vom NetzDG erfassten Netzwerkanbieter. [376] Der Verweis wäre dann so zu verstehen: *§ 14 Abs. 3 TMG gilt allein bei Vorliegen rechtswidriger Inhalte nach § 1 Abs. 3 NetzDG in einem sozialen Netzwerk im Sinne des § 1 Abs. 1 NetzDG.*

Sofern mit der Einführung des § 14 Abs. 3-5 TMG eine datenschutzrechtliche Erlaubnis zur Auskunftserteilung für sämtliche Telemediendiensteanbieter i.S.d. § 2 Nr. 1 TMG bezweckt wurde, wäre der Zweck gegenwärtig erfüllt, da der BGH eine solche weite Auslegung ausdrücklich vertreten hat. War hingegen eine Beschränkung der datenschutzrechtlichen Erlaubnis auf die von § 1 Abs. 1 NetzDG erfassten Netzwerkanbieter bezweckt, so wäre – als unbeabsichtigte Nebenwirkung des NetzDG / TMG – nunmehr eine Ausweitung auf alle Telemediendiensteanbieter eingetreten.

VII. Mögliche Ursachen für die geringe Relevanz der privaten Rechtsdurchsetzung

1. Effektivität der Löschpflichten nach NetzDG

Eine der zentralen denkbaren Ursachen für die beschränkte Relevanz der privaten Rechtsdurchsetzung unmittelbar zwischen Verletzten und Verletzer*innen zur Durchsetzung von Löschungsansprüchen ist die Existenz und Effektivität alternativer Löschwege (siehe dazu die Evaluation zu § 3 NetzDG):

Mit §§ 1, 3 NetzDG werden die Netzwerkanbieter in Anknüpfung an die Grundsätze der Störerhaftung bereits selbst dazu verpflichtet, alle rechtswidrigen und unter § 1 Abs. 3 NetzDG fallenden Inhalte zu löschen. Die

---

375 BGH, Beschl. v. 24.09.2019 - VI ZB 39/18 -, juris, Rn. 46 ff.

376 LG Frankfurt, Beschl. v. 30.04.2018 - 2-03 O 430/17 -, juris und OLG Frankfurt, Beschl. v. 06.09.2018 - 16 W 27/18 -, juris, Rn. 45 ff.

zivilrechtliche Durchsetzung von Löschungsansprüchen durch den Verletzten selbst kommt daher in aller Regel[377] von vornherein nur in Betracht, solange und soweit die Netzwerkanbieter ihrer Löschpflicht aus dem NetzDG nicht nachgekommen sind. Kurz gesagt wäre die geringe Relevanz der privaten Rechtsdurchsetzung unmittelbar zwischen Verletzten und Verletzern*innen insofern eine notwendige Folge der Effektivität der Löschpflicht nach NetzDG. Wenn die Löschpflicht aus §§ 1, 3 NetzDG nicht erfüllt wird, können Verletzte zur Durchsetzung der Löschung dieser Inhalte zudem auch direkt gegen den Netzwerkanbieter gerichtlich vorgehen. Ein solches Vorgehen dürfte für Verletzte regelmäßig attraktiver sein, da der Netzwerkanbieter leichter „greifbar" ist als der*die meist unbekannte Verletzer*in und zudem die Zustellungserleichterungen des § 5 Abs. 1 NetzDG eingreifen.

2. Zeit-, Verfahrens-, und Kostenaufwand

Als weitere mögliche Ursachen für die geringe Relevanz des zivilgerichtlichen Vorgehens unmittelbar zwischen Verletzten und Verletzer*in wird der erhebliche Zeit- und Verfahrensaufwand thematisiert. Theoretisch müssen Verletzte für die gerichtliche Durchsetzung einer Löschung gegenüber Verletzer*innen dreistufig vorgehen:

Zur Ermittlung der Identität des*der Verletzers*in müssten sie im *ersten Schritt* eine *gerichtliche Anordnung der Gestattung der Auskunftserteilung nach § 14 Abs. 3, 4 TMG beantragen*, im *zweiten Schritt* – falls der Netzwerkanbieter die Auskunft verweigert – zusätzlich einen *Auskunftsanspruch* gegen den Netzwerkanbieter gerichtlich durchsetzen. Im *dritten Schritt*, nach Kenntnis der Identität, müssten sie sodann *gegen den*die Verletzer*in klagen*.

Dementsprechend wird insbesondere von Rechtsanwält*innen auch die mit dem gerichtlichen Vorgehen verbundene Kostenlast für die Verletzten als entscheidende Ursache benannt. In Anbetracht des mehrstufigen Verfahrens drohen Verletzten im Falle des Unterliegens ganz erhebliche Kostenlasten. Bereits für die Durchsetzung von Unterlassungs- und Löschansprüchen drohen den Betroffenen bei anwaltlicher Vertretung beider Parteien im Falle der Niederlage mehrere tausend Euro Kosten. Selbst wenn

377 Denkbar wäre ein zivilgerichtliches Vorgehen des*der Verletzten gegen den*die Verletzer*in auch bei Löschung nach §§ 1, 3 NetzDG, wenn der*die Verletzte zusätzlich zur bereits erfolgten Löschung einen Schadensersatzanspruch wegen mgl. erlittenen Persönlichkeitsrechtsverletzungen geltend machen will.

man in allen Verfahren obsiegen sollte, muss man jedenfalls zunächst gemäß § 14 Abs. 4 S. 6 TMG für den ersten Schritt, die gerichtliche Anordnung der *Gestattung der Auskunftserteilung*, in *jedem Falle die Kosten des Verfahrens tragen*. Bei den von Gerichten in der Praxis für diese Verfahren angenommenen Streitwerten von mindestens 3000 Euro[378] müssten Verletzte bei anwaltlicher Vertretung also in jedem Falle mit einer Kostenlast im hohen dreistelligen Bereich rechnen. Es dürfte auf der Hand liegen, dass solche Kostenfolgen eine ganz erhebliche Abschreckungswirkung auf die private Rechtsdurchsetzung entfalten.

3. Fehlender gesetzlicher Auskunftsanspruch

Weiterhin wird insbesondere von einigen Rechtsanwält*innen und NGOs das Fehlen eines gesetzlich ausdrücklich geregelten materiell-rechtlichen Auskunftsanspruchs im TMG als weitere Ursache benannt. Im Gegensatz zu Urheberrechtsverletzungen, bei denen ein Auskunftsanspruch von Verletzten explizit in § 101 UrhG geregelt wird, kann sich ein Auskunftsanspruch bei den hier in Betracht kommenden Verfahren allein aus Treu und Glauben gemäß § 242 BGB ergeben. Auch in der Gesetzesbegründung zur Einführung der § 14 Abs. 3-5 TMG wird unter Verweis auf die explizite Regelung in § 101 UrhG darauf hingewiesen, dass in Zukunft über die Einführung eines solchen expliziten Auskunftsanspruchs nachgedacht werden sollte.[379]

Aus den bisher veröffentlichten gerichtlichen Entscheidungen lässt sich ein fehlender materiell-rechtlicher Auskunftsanspruch jedenfalls nicht als entscheidende Ursache ausmachen.[380] Die Rechtsprechung erkennt im Allgemeinen überwiegend einen Auskunftsanspruch von Verletzten gegen den Diensteanbieter aus § 242 BGB an; teilweise werden jedoch auch Zwei-

---

378 So LG Frankfurt, Beschl. v. 18.02.2019 - 2-03 O 174/18 -, juris (u.a.) und LG Frankfurt, Beschl. v. 30.04.2018 - 2-03 430/17 -, juris (u.a.); OLG Frankfurt, Beschl. v. 06.09.2018 - 16 W 27/18 -, juris; BGH, Beschl. v. 24.09.2019 - VI ZB 39/18 -, juris; teilweise erheblich darüber: LG Berlin, Beschl. v. 09.09.2019 - 27 AR 17/19 -, juris (15.000 €); LG Berlin, Beschl. v. 02.09.2019 - 27 O 433/19 -, juris (10.000 €, aber bei Ansprüchen wg. 5 verschiedenen Nutzerkonten).

379 BT-Drucks. 18/13013, S. 23.

380 Siehe grundlegend BGH, Urt. v. 01.07.2014 - VI ZR 345/13 -, juris, Rn. 6 f.; vgl. auch den Verweis hierauf in BGH, Urt. v. 24.09.2019 - VI ZB 39/18 -, juris, Rn. 58.

fel hieran geäußert.[381]Aus den veröffentlichten Entscheidungen ist jedenfalls kein Fall ersichtlich, in denen eine Auskunft allein mangels gesetzlich geregeltem Auskunftsanspruch gescheitert wäre.

VIII. Konsequenzen und Verbesserungsvorschläge

Das Ziel der Einführung der § 14 Abs. 3-5 TMG, die teilweise Öffnung des datenschutzrechtlichen Verbotes für die Auskunftserteilung eines Diensteanbieters gegenüber den Verletzten, wurde vollumfänglich erreicht. Die Öffnung des datenschutzrechtlichen Verbotes hat die zivilrechtliche Rechtsdurchsetzung von Verletzten gegenüber Verletzern*innen jedoch nur geringfügig beeinflusst.

Trotz der geringen Auswirkung der § 14 Abs. 3-5 TMG auf die zivilrechtliche Rechtsdurchsetzung zwischen Verletzten und Verletzer*innen aus den unter VII. angesprochenen Gründen ist die Möglichkeit eines direkten zivilrechtlichen Vorgehens von hoher Relevanz und sollte weiter gestärkt werden. Sie bildet zum einen ein Ventil, um gegen die im Einzelfall fehlerhaft nicht nach § 3 NetzDG gelöschten Inhalte vorzugehen. Zum anderen kann diese Möglichkeit das Gefühl des Ausgeliefertseins gegenüber der Macht der Netzwerkanbieter, im Rahmen des § 3 NetzDG über die Löschung zu entscheiden, verringern. Schließlich können durch diese Einzelfälle öffentlich zugängliche gerichtliche Entscheidungen hervorgebracht werden, die verlässliche und klare Leitplanken für die Handhabung vergleichbarer Fälle liefern können und an denen sich wiederum Netzwerkanbieter bei ihrer Entscheidung über Löschungen nach § 3 NetzDG orientieren können.

Für die Stärkung der zivilrechtlichen Rechtsdurchsetzung zwischen Verletzten und Verletzer*innen kann über die nachfolgenden Verbesserungsvorschläge nachgedacht werden. Zu berücksichtigen ist dabei, dass die zahlreichen inhaltlichen und formellen Hürden für eine Auskunftserteilung in § 14 Abs. 3-5 TMG Ausdruck einer zentralen Wertentscheidung sind, aus Datenschutzgründen das grundsätzliche Verbot der Preisgabe von Daten nur teilweise zu öffnen. Die Verbesserungsvorschläge werden

381 BGH, Urt. v. 01.07.2014 - VI ZR 345/13 -, juris, Rn. 6 f.; vgl. auch den Verweis hierauf in BGH, Urt. v. 24.09.2019 - VI ZB 39/18 -, juris, Rn. 58; einen Auskunftsanspruch aus § 242 BGB als fraglich ansehend hingegen OLG Frankfurt, Beschl. v. 06.09.2018, - 16 W 27/18 -, juris, Rn. 71.

deshalb abgestuft danach dargestellt, inwieweit diese Wertentscheidung beibehalten werden soll.

1. Verbesserungsmöglichkeiten unter Beibehaltung der datenschutzrechtlichen Wertentscheidung

Ausgehend davon gibt es einige Verbesserungsmöglichkeiten zur Effektivierung der Rechtsdurchsetzung ohne die zentrale datenschutzrechtliche Wertentscheidung neu zu justieren. Im Kern zielen sie alle darauf ab, den mit dem gerichtlichen Vorgehen verbundenen Zeit-, Verfahrens-, und Kostenaufwand zu minimieren.

Zunächst kann angedacht werden, wie teilweise gefordert, das bisher (theoretisch) mehrstufige Verfahren aus Anordnung der Gestattung der Auskunftserteilung in der ersten Stufe und der Durchsetzung des Auskunftsanspruches gegen den Netzwerkanbieter in der zweiten Stufe zu vereinfachen.

Weiterhin wird insbesondere von einigen Rechtsanwält*innen und NGOs sowie von zahlreichen Stimmen in der Literatur die Einführung eines gesetzlich geregelten materiell-rechtlichen Auskunftsanspruchs, teilweise in Anlehnung an den in § 101 UrhG bei Urheberrechtsverletzungen ausdrücklich geregelten Anspruch, gefordert.[382] Auch in der Gesetzesbegründung zur Einführung der § 14 Abs. 3-5 TMG wird unter Verweis auf die explizite Regelung in § 101 UrhG darauf hingewiesen, dass in Zukunft über die Einführung eines solchen expliziten Auskunftsanspruch nachgedacht werden sollte.[383] Zwar stellt der mangelnde gesetzliche Auskunftsanspruch gegenwärtig keine zentrale Hürde für die Rechtsdurchsetzung da. Gleichwohl kann er die Rechtsdurchsetzung künftig erleichtern.

Schließlich kann darüber nachgedacht werden, die mit den Verfahren verbundene Kostenlast abzusenken. An erster Stelle käme die Abschaffung der automatischen Kostentragungsregelung des § 14 Abs. 4 S. 6 TMG in Betracht. An zweiter Stelle könnte z.B. über die Gebührenfreiheit der Verfahren nachgedacht werden.[384]

---

382 Aus der Literatur siehe *Pille* NJW S. 3545 (3549).

383 BT-Drucks. 18/13013, S. 23.

384 Siehe *Köbler* AfP 2017, S. 282 ff.

2. Verbesserungsmöglichkeiten unter (teilweiser) Aufgabe der datenschutzrechtlichen Wertungsentscheidung

Darüber hinaus sind Verbesserungsmöglichkeiten zur Effektivierung der Rechtsdurchsetzung denkbar, die jedoch mit einer (teilweisen) Neujustierung der bisherigen datenschutzrechtlichen Wertungsentscheidung verbunden wären.

Es könnte zunächst über die Abschaffung des in § 14 Abs. 4 TMG vorgesehenen Richtervorbehaltes nachgedacht werden. Gegenwärtig ist der Diensteanbieter erst dann zur Preisgabe der Daten befugt, wenn die Auskunftserteilung nach § 14 Abs. 4 TMG durch das zuständige Gericht gestattet wird. Hierdurch sollte verfahrensrechtlich sichergestellt werden, dass es nicht vorschnell zur Herausgabe von Daten kommt.[385] Eine Auskunftserteilung ohne Richtervorbehalt wurde auch bereits vom Gesetzgeber sowie in der Literatur angedacht, aber kritisch betrachtet.[386] In der Gesetzesbegründung wurde bereits auf das Risiko hingewiesen, dass durch eine Preisgabe von Daten gerade im Kontext heftiger Debatten und Auseinandersetzungen die von Art. 5 Abs. 1 GG geschützte Meinungsfreiheit nennenswert durch Einschüchterungseffekte beeinträchtigen werden könne. Gerade Teilnehmer*innen an kontroversen Debatten und Diskussionen müssten mit der Gefahr leben, dass die Diensteanbieter auf Antrag eines*r (scheinbar) Verletzten, möglicherweise gar unter falschen Angaben, ohne weitere Prüfung vorschnell die Daten der Teilnehmer*innen preisgeben.[387]

Eine oft und stark vertretene Forderung, insbesondere von Rechtsanwält*innen, ist die Aufhebung der gegenwärtigen Beschränkung in § 14 Abs. 3 TMG auf Verletzungen absoluter Rechte *aufgrund rechtswidriger Inhalte, die von § 1 Abs. 3 NetzDG erfasst werden*. Während vereinzelt die Erweiterung des § 14 Abs. 3 TMG auf alle denkbaren rechtswidrigen Inhalte eingefordert wird, sieht der weit überwiegende Teil jedenfalls eine Ausweitung des Anwendungsbereiches auf alle rechtswidrigen Verletzungen des Allgemeinen Persönlichkeitsrechts als sinnvoll und geboten an.

---

385 BT-Drucks. 18/13013, S. 24.

386 BT-Drucks. 18/13013, S. 24; kritisch bei Spindler/Schmitz/*Schmitz*, TMG, 2. Aufl. 2018, § 14 TMG Rn. 53; *Spindler* ZUM 2017, S. 473 (486).

387 Siehe dazu BT-Drucks. 18/13013, S. 24.

F. Der Umgang des Bundesamts für Justiz mit dem NetzDG

I. Rolle des Bundesamts für Justiz (BfJ)

1. Status quo

Das BfJ, Bundesoberbehörde im Geschäftsbereich des Bundesministeriums für Justiz und Verbraucherschutz (BMJV), ist gem. § 4 Abs. 4 S. 1 NetzDG i.V.m. § 47 Abs. 1 S. 1 OWiG sachlich zuständige Bußgeldbehörde und damit zuständig für nach § 4 Abs. 1 NetzDG bußgeldbewehrte Verstöße der Netzwerkanbieter gegen ihre dort genannten Pflichten. Dem BfJ kommt nach dem NetzDG also eine rein repressiv-sanktionierende Rolle zu. Anders als eine Aufsichtsbehörde, die regelmäßig mit der Aufgabe der umfassenden Überwachung und Durchsetzung gesetzlicher Vorgaben betraut ist und dafür auch mit Befugnissen zur Anordnung von Maßnahmen zwecks zukünftiger Einhaltung dieser Maßnahmen ausgestattet wird, kann das BfJ keine Verwaltungsverfahren durchführen und insbesondere keine Abhilfemaßnahmen bei Verstößen anordnen, sondern ist auf Bußgeldverfahren beschränkt. Dies wirkt sich auf die Kommunikation mit den Netzwerkanbietern aus. Während sich im Kontext der abhilfeorientierten Verwaltungsverfahren regelmäßig zahlreiche informelle Gespräche zwischen den Aufsichtsbehörden und den Unternehmen über die Konkretisierung der Pflichten und Möglichkeiten ihrer Einhaltung ergeben, sind die Bußgeldverfahren als Sanktionsverfahren notwendigerweise durch hohe Förmlichkeit geprägt.

In der Folge berät das BfJ nicht im Vorhinein mit den Netzwerkanbietern formlos über die richtige Erfüllung der aus dem NetzDG resultierenden Pflichten, sondern kommuniziert mit ihnen nur förmlich im Rahmen eines Bußgeldverfahrens durch Anhörungsschreiben. Die Kommunikation erfolgt also erst, wenn bereits ein Bußgeld droht und ist dann von vornherein kontradiktorisch, weil auf eine durch das BfJ behauptete Pflichtverletzung bezogen. Bei dieser Struktur gibt es daher keinen kooperativen Austausch zwischen Behörden und Anbietern über die konkrete Auslegung und praktische Umsetzung der Pflichten aus dem NetzDG.

Eine Möglichkeit, über die generelle Auslegung der Vorgaben mit den Netzwerkanbietern ins Gespräch zu kommen, besteht bei einer Verfahrensbeteiligung im Rahmen einer Erarbeitung von konkretisierenden Verwaltungsvorschriften. Für den Erlass jedenfalls ermessensleitender Verwaltungsvorschriften ist gem. § 4 Abs. S. 2 NetzDG das BMJV zuständig. Das

BfJ ist damit hier nur nach Maßgabe ministerieller Entscheidungen Akteur.

2. Bewertung durch BfJ und Netzwerkanbieter

Das BfJ und die befragten Netzwerkanbieter sind sich darin einig, dass eine Kooperation durch die Rolle des BfJ als reine Bußgeldbehörde erschwert wird. Das BfJ weist darauf hin, dass es als Aufsichtsbehörde einen formlosen Austausch mit den Netzwerkanbietern pflegen könnte, der sich insbesondere für das Verständnis des komplexen Gefüges der Regelungen zu den Meldewegen und den Transparenzberichten als förderlich erweisen könnte. Ein Austausch könnte nach Auffassung des BfJ auch das Verständnis für die Anwendung spezifischer deutscher Strafrechtsnormen fördern (etwa § 86a StGB – Verwenden von Kennzeichen verfassungswidriger Organisationen), die in anderen Ländern nicht existieren und im Zusammenhang mit den Meldungen von Nutzer*innen bei der Prüfung der Inhalte durch die Mitarbeitenden der Netzwerkanbieter regelmäßig für Irritationen sorgen. Nicht zuletzt würde eine kooperative Zusammenarbeit zwischen BfJ und Netzwerkanbietern Anreize für letztere setzen, Probleme bei der Umsetzung des NetzDG offen anzusprechen, anstatt angesichts drohenden Bußgelds auf ihrer Rechtsansicht zu beharren.

II. Bußgeldbezogene Überwachungspraxis des BfJ bezüglich des NetzDG im Ganzen

Das BfJ ermittelt einerseits auf Meldungen hin, andererseits von Amts wegen. Zwischen dem 1. Oktober 2017 und dem 31. Dezember 2019 hat das BfJ nach eigenen Angaben insgesamt 1.343 Bußgeldverfahren eröffnet, davon 1240 auf Meldungen hin und 103 von Amts wegen.

Von 1.343 zwischen dem 1. Oktober 2017 und dem 31. Dezember 2019 durch das BfJ eingeleiteten Bußgeldverfahren wurde bisher lediglich eines mit einem noch nicht rechtskräftigen Bußgeldbescheid abgeschlossen. 577 Verfahren wurden eingestellt. Die zahlreichen offenen Verfahren weisen auf eine lange durchschnittliche Bearbeitungsdauer durch das BfJ hin. Eine plausible Erklärung wäre, dass das BfJ die Verfahren über einen längeren Zeitraum streckt, um mit den Netzwerkanbietern über Anhörungsschreiben zu kommunizieren und ihnen so die Gelegenheit zu geben, auf Rügen zu reagieren und die Einhaltung der Pflichten sicherzustellen. Den

Hintergrund bildete die Erwartung, dass die Netzwerkanbieter nach Erlass des Bußgeldbescheides möglicherweise weniger kooperativ auf die Forderungen des BfJ reagieren, um zu verhindern, dass dies im Rahmen einer etwaigen gerichtlichen Auseinandersetzung über den Bußgeldbescheid als Eingeständnis gewertet werden könnte. In diese Richtung weisen Ausführungen des BfJ zu den Verfahren wegen Verstößen gegen § 2 NetzDG (s.u.). Ein anderer Erklärungsansatz für die lange Verfahrensdauer wäre, dass Beschwerden über Rechtsverstöße bei den Löschungen im Einzelfall auch nach abgeschlossener Prüfung als offene Bußgeldverfahren geführt werden, weil ein erster Verdacht auf das bußgeldrelevante systemischen Versagen sich ggf. im Laufe der Zeit durch weitere ähnliche Beschwerden erhärten könnte.

III. Bußgeldbezogene Überwachungspraxis des BfJ bezüglich des NetzDG im Einzelnen

1. Bußgeldbezogene Überwachungspraxis der Pflichten nach § 3 NetzDG

a) Meldungen

Das BfJ hat zwischen dem 1. Oktober 2017 und dem 31. Dezember 2019 rund 1120 Meldungen wegen möglicher Verstöße gegen § 3 NetzDG erhalten.[388] Dies ist zwar deutlich weniger als in der Gesetzesbegründung prognostiziert: Dort war die Rede von einem jährlichen Beschwerdeaufkommen von etwa 25.000, wobei unterstellt wurde, dass von den Beschwerden 24.500 nur „Spam“ und daher nur ca. 500 begründet seien und ein Bußgeldverfahren nach sich zögen.[389] Demgegenüber gibt das BfJ an, nahezu alle Hinweise im Zusammenhang mit der Nichtlöschung von Inhalten seien substantiiert und veranlassten eine umfassende Prüfung des beanstandeten Inhalts.

Erhält das BfJ eine Meldung über einen möglichen Verstoß gegen Pflichten, die z.B. die Ausgestaltung des Beschwerdemanagementverfahrens betreffen, wie etwa § 3 Abs. 1 S. 1 NetzDG, kann allein *eine* Meldung bereits auf systemisches Versagen hindeuten. Anhaltspunkte für eine Weiterleitung an die Staatsanwaltschaft ergeben sich insoweit in der Regel nicht, da etwaig strafbare Inhalte nicht Gegenstand der Meldung sind.

388 Angaben des BfJ im Fragebogen.
389 BT-Drucks. 18/12356, S. 4.

Erhält das BfJ dagegen eine Meldung über einen möglichen Verstoß gegen eine nach § 3 Abs. 2 Nr. 2, 3 NetzDG im Einzelfall getroffene Entscheidung (Vorwurf des gemeldeten Einzelfalls ist also ein Over- oder Underblocking), so muss es prüfen, ob ein Bußgeld wegen systemischen Versagens in Betracht kommt. Es genügt in diesem Fall also in der Regel nicht ein einzelner Pflichtverstoß, sodass eine einzelne Meldung lediglich ein erster Anhaltspunkt für systemisches Versagen sein kann. Ein Bußgeld wegen systemischen Versagens setzt dementsprechend voraus, dass das BfJ eine gewisse Zahl von Einzelfällen geprüft hat und bei einem bestimmten Netzwerkanbieter wiederkehrend Pflichtverstöße feststellt. Für die Zwecke des Bußgeldverfahrens wäre es allerdings nicht nötig, etwa für jeden Fall eines gerügten Over- oder Underblockings abschließend zu beurteilen, ob die Entscheidung des Netzwerkanbieters fehlerhaft war. Einerseits müsste der Einzelfall nicht abschließend vom BfJ geprüft werden, wenn systemisches Versagen völlig fernliegend ist, etwa weil der Netzwerkanbieter bisher noch nie mit einer falschen Entscheidung in Erscheinung getreten ist. Andererseits dürfte bei komplexen Abwägungsentscheidungen zwischen Meinungsfreiheit auf der einen Seite und Allgemeinem Persönlichkeitsrecht auf der anderen Seite, bei denen sowohl die Entscheidung, den Beitrag stehen zu lassen, als auch, ihn zu entfernen, juristisch vertretbar ist, das allein relevante systemische Versagen nur vorliegen, wenn die Entscheidungen *regelmäßig* zu Gunsten eines der konfligierenden Rechtsgüter ausgehen und deshalb von einem Ausfall echter Einzelfallabwägung und einem systematischen Bias ausgegangen werden muss. Das BfJ prüft nach eigenen Angaben dennoch jeden Einzelfall vollständig darauf, ob der Inhalt zurecht entfernt bzw. nicht entfernt worden ist, um über eine Weiterleitung an die zuständige Strafverfolgungsbehörde (§ 41 Abs. 1 OWiG) zu entscheiden.

Die vollständige Prüfung jedes dem BfJ gemeldeten Inhalts auf etwaige Strafbarkeit hat zur Folge, dass das BfJ enorme Kapazitäten für die Einzelfallprüfung aufwendet und damit die eigentlich den Staatsanwaltschaften obliegende detaillierte Einzelfallprüfung faktisch vorwegnimmt. Dass Inhalte faktisch vielfach sowohl vom BfJ als auch von einer Strafverfolgungsbehörde auf Verwirklichung des Tatbestands einer der in § 1 Abs. 3 NetzDG genannten Straftatbestände geprüft werden, lässt sich jedoch nicht leicht vermeiden.

b) Verfahren von Amts wegen

Bis zum 31. Dezember 2019 hat das BfJ nach eigenen Angaben 103 Verfahren von Amts wegen eingeleitet; eine genaue Aufschlüsselung auf die auf § 3 NetzDG bezogenen Verfahren ist nicht bekannt. Verfahren von Amts wegen wurden in der Gesetzesbegründung nicht berücksichtigt. Laut BfJ sind sie besonders ressourcenaufwändig. Gegenstand der Bußgeldverfahren von Amts wegen sei im Kontext des § 3 NetzDG insbesondere die nicht konforme Ausgestaltung der Meldewege.

2. Bußgeldbezogene Überwachungspraxis der Berichtspflichten nach § 2 NetzDG

Im Rahmen der Ermittlungen von Amts wegen werden nach Angaben des BfJ alle unter Bezugnahme auf das NetzDG veröffentlichten Transparenzberichte dahingehend überprüft, ob der jeweilige Netzwerkanbieter dem Anwendungsbereich des NetzDG unterliegt und ob der Bericht gesetzeskonform erstellt und veröffentlicht wurde. Soweit ein Anfangsverdacht gegenüber einem Netzwerkanbieter begründet ist, dass er in Missachtung der Berichtspflichten keinen Transparenzbericht veröffentlicht hat, obwohl die gesetzlichen Voraussetzungen vorliegen könnten, leitet das BfJ auch in diesen Fällen von Amts wegen ein Bußgeldverfahren ein. Darüber hinaus geht das BfJ Hinweisen durch Dritte nach, die es im Zusammenhang mit den Pflichten nach § 2 NetzDG erhält.

Zwischen dem 1. Oktober 2017 und dem 31. Dezember 2019 ist nach Angaben des BfJ genau eine Meldung über mögliche Verstöße gegen § 2 NetzDG beim BfJ eingegangen. Diese Beschwerde betraf einen Netzwerkanbieter, gegen das das BfJ nach eigener Auskunft im Zusammenhang mit den Pflichten nach § 2 NetzDG bereits von Amts wegen ermittelt hat. Insgesamt hat das BfJ seit dem Inkrafttreten des NetzDG 24 Bußgeldverfahren nach § 4 Abs. 1 Nr. 1 NetzDG i.V.m. § 2 NetzDG eingeleitet. Bisher wurde in einem Fall ein Bußgeldbescheid wegen Verstoßes gegen § 2 NetzDG erlassen (s.o.).

Das BfJ beabsichtigt derzeit nach eigenen Angaben nicht, „Leitlinien" zur Erfüllung der Berichtspflichten nach § 2 NetzDG zu veröffentlichen, schließt dies für die Zukunft aber auch nicht grundsätzlich aus. Die bisherige Praxis hat nach Auffassung des BfJ den Vorteil, dass zunächst Erfahrungen mit den vorhandenen Berichten gesammelt werden könnten. Diese könnten dann gegebenenfalls zu einem späteren Zeitpunkt in Leitlinien einfließen.

Hinsichtlich der Erfüllung der Berichtspflichten besteht aus Sicht des BfJ „weiterhin Optimierungsbedarf". Allerdings weist das BfJ darauf hin, dass es im Zusammenhang mit den Berichtspflichten im Bußgeldverfahren durch umfangreiche Ausführungen in den Anhörungsschreiben gelungen sei, auf eine gesetzeskonforme Ausgestaltung der Transparenzberichte durch die Netzwerkanbieter hinzuwirken. Auch wenn weiterhin Verbesserungsbedarf bestünde, hätten die Netzwerkanbieter doch, veranlasst durch die Beanstandungen des BfJ, zum Teil umfangreiche Anpassungen in den nachfolgenden Berichten vorgenommen. Im Vergleich zu den ersten Transparenzberichten habe sich nach Auffassung des BfJ der Informationsgehalt der Berichte in der dritten Berichtsrunde „deutlich verbessert".

3. Bußgeldbezogene Überwachungspraxis der Pflichten nach § 5 NetzDG

a) Meldungen

Zwischen dem 1. Oktober 2017 und dem 31. Dezember 2019 hat das BfJ in 20 Fällen auf konkrete Meldungen hin Bußgeldverfahren wegen eines Verstoßes gegen § 5 Abs. 1 NetzDG und in 15 Fällen wegen eines Verstoßes gegen § 5 Abs. 2 NetzDG eingeleitet. Ein Bußgeld wurde bisher noch nicht verhängt.

Das BfJ weist darauf hin, dass aufgrund der gesetzlichen Vorgaben des § 5 Abs. 2 NetzDG, nach dem nur gegenüber *Strafverfolgungsbehörden im konkreten Fall* empfangsbevollmächtigte Personen zu benennen sind und innerhalb von 48 Stunden zu antworten ist, auch nur die Strafverfolgungsbehörden von der entsprechenden Praxis der Netzwerkanbieter Kenntnis erhalten. Das BfJ erhalte bislang nur vereinzelt und unsystematisch Informationen von den Strafverfolgungsbehörden über die Auskunftspraxis. Um einen besseren Überblick über die Praxis zu erlangen, sei das BfJ auf die Bereitschaft zur regelmäßigen Weitergabe von Erfahrungen durch die Strafverfolgungsbehörden angewiesen. Das BfJ sei vor diesem Hintergrund bemüht, die Strafverfolgungsbehörden für die Notwendigkeiten eines regelmäßigen Informationsflusses zu sensibilisieren.

Darüber hinaus weist das BfJ darauf hin, dass ein gewisser Aufklärungsbedarf gegenüber Strafverfolgungsbehörden hinsichtlich der Reichweite des § 5 Abs. 2 NetzDG bestehe. Dem BfJ gegenüber werde oftmals kritisiert, dass der inhaltliche Umgang der Netzwerkanbieter mit den Auskunftsersuchen der Strafverfolgungsbehörden unbefriedigend sei, da diese die begehrten Bestandsdaten nicht übermitteln würden. Da § 5 Abs. 2 NetzDG aber gerade keine Pflicht zur Übermittlung der Bestandsdaten beinhaltet, könne auf diese Meldungen jedenfalls nicht bußgeldrechtlich reagiert werden.

b) Verfahren von Amts wegen

Zwischen dem 1. Oktober 2017 und dem 31. Dezember 2019 hat das BfJ in 31 Fällen von Amts wegen Bußgeldverfahren bezüglich eines Verstoßes gegen § 5 Abs. 1 NetzDG eingeleitet. Ein Bußgeld wurde bisher noch nicht verhängt.

Das BfJ gibt an, dass die Durchsetzung der Pflicht zur Benennung eines Zustellungsbevollmächtigten gerade bei im Ausland ansässigen und unter der Schwelle des § 1 Abs. 2 NetzDG liegenden Netzwerkanbietern mit erheblichen Herausforderungen verbunden sei. Für die Einleitung von Bußgeldverfahren müsse das BfJ insoweit für die Zustellung der Anhörungsschreiben die internationale Rechtshilfe in Anspruch nehmen. Da dieses Verfahren bilaterale Abstimmungsprozesse und Übersetzungsdienstleistungen erfordere, sei es enorm zeitaufwendig und beschwerlich und binde viele Ressourcen. Zudem sei das Verfahren mit erheblichen Unsicherheiten belastet, da die zuständige Behörde des ersuchten Staates zunächst prüfe, ob der vorgeworfene Gesetzesverstoß auch nach dessen Rechtsordnung mit einer Sanktion belegt sei. Im Ergebnis falle dem BfJ aus den o.g. Gründen die Durchsetzung des § 5 Abs. 1 NetzDG in der Praxis insoweit schwer. Aufgrund der unüberschaubaren Vielzahl an Netzwerkanbietern unterhalb der Schwelle des § 1 Abs. 2 NetzDG und der potentiell ebenso großen Anzahl möglicher Verstöße habe das BfJ als Pilotprojekt zunächst sechs in den USA ansässige Netzwerkanbieter herausgegriffen, da der weit überwiegende Anteil an Netzwerkanbietern dort ansässig sei. In diesen sechs Verfahren habe das BfJ wegen Verstößen gegen die Pflicht nach § 5 Abs. 1 NetzDG ein Bußgeldverfahren eingeleitet und versucht, Anhörungsschreiben zuzustellen. Dabei habe das BfJ jeweils Rechtshilfeersuchen an das zuständige US-amerikanische Justizministerium gestellt, die in allen Verfahren auch bewilligt wurden. In fünf Fällen konnte die Zustellung erfolgreich bewirkt werden; in einem Fall scheiterte sie bislang aus tatsächlichen Gründen.

Zwischen dem 1. Oktober 2017 und dem 31. Dezember 2019 hat das BfJ nach eigenen Angaben 103 Verfahren von Amts wegen eingeleitet; eine genaue Aufschlüsselung der auf § 5 Abs. 2 NetzDG bezogenen Verfahren ist nicht bekannt. Ein Bußgeld wurde bisher noch nicht verhängt. Aufgrund der Benennungs- und Antwortpflicht nur gegenüber Strafverfolgungsbehörden in § 5 Abs. 2 NetzDG seien der Ermittlung von Amts wegen insoweit Grenzen gesetzt.

IV. Kooperation mit der Zentral- und Ansprechstelle Cybercrime (ZAC) NRW

Die Zuständigkeit für politisch motivierte Straftaten im Zusammenhang mit den Ordnungswidrigkeitenverfahren nach dem NetzDG wurde durch landesministeriellen Erlass vom 31. August 2018 ab demselben Tage an die ZAC NRW übertragen. Alle Inhalte, die Gegenstand eines ab diesem Tage vom BfJ eingeleiteten Bußgeldverfahrens sind, werden vom BfJ an die ZAC NRW weitergeleitet, sofern der Verdacht besteht, dass eine politisch motivierte Straftat vorliegt. Die Kooperation betrifft keine Altfälle, also vor dem 31. August 2018 vom BfJ eingeleitete Bußgeldverfahren. Meldungen zu möglichen Straftaten, denen keine politische Motivation zugrunde liegt, leitet das BfJ an die örtlich zuständige Strafverfolgungsbehörde im Bundesgebiet weiter.

Das BfJ äußert sich sehr positiv über die Zusammenarbeit mit der ZAC NRW; diese gestalte sich effizient und verfahrensökonomisch.

V. Einschätzung

Das BfJ hat seine Rolle als zuständige Verwaltungsbehörde für Bußgeldverfahren wegen Verstößen gegen das NetzDG aktiv angenommen.

Eine strukturelle Lücke besteht hinsichtlich eines kooperativen Austauschs der staatlichen Behörden mit den Netzwerkanbietern über die Konkretisierung der Pflichten nach NetzDG. Hier könnten Verwaltungsvorschriften und eine Verfahrensbeteiligung der Netzwerkanbieter bei deren Erarbeitung und Fortschreibung einen Rahmen für einen generellen Austausch bieten. Ein fortlaufender, informeller und konkreter Austausch über die bußgeldbewehrten Pflichten zwischen Netzwerkanbietern und BfJ setzte einen erweiterten Aufgabenzuschnitt des BfJ voraus. Für informelle Kontakte würde grundsätzlich bereits eine entsprechend weite Aufgabennorm genügen; Abhilfeanordnungen setzten entsprechende Befugnisnormen voraus. Solche Schritte in Richtung einer Aufsichtsbehörde müssten mit den Zuständigkeiten der Landesmedienanstalten abgestimmt werden und in Übereinstimmung mit der verfassungsrechtlich vorgegebenen Staatsfreiheit erfolgen. Die Durchsetzung formaler, organisatorischer Pflichten der Netzwerkanbieter wie die Einrichtung der Beschwerdewege oder die Erfüllung der Berichtspflichten kann auch von einer voll in die Staatsverwaltung integrierten Behörde wahrgenommen werden. Hier sind auch Anordnungsbefugnisse möglich, die Missstände abstellen. Je stärker die Pflichten aber mit den Inhalten zusammenhängen, die beim Netzwerkanbieter zugänglich sind und damit das dortige Informationsangebot inhaltlich beeinflussen können, desto problematischer wird eine staatliche Rolle. Wenn es etwa um Verfahrensgestaltungen für einen interessengerechten Ausgleich zwischen der Meinungsfreiheit der postenden Nutzer*innen und den Persönlichkeitsrechten der Betroffenen geht oder gar Beispielsfälle für die angemessene Kategorisierung von Inhalten (offensichtlich rechtswidrig/rechtswidrig) erörtert und ggf. darauf bezogene Anordnungen erlassen werden sollen, kann dies nur in Grenzen und keinesfalls durch eine voll in die Staatsverwaltung integrierte Behörde erfolgen. Es bedürfte Sicherungen angemessener Staatsfreiheit.

Der Kooperation mit den Staatsanwaltschaften kommt eine wichtige Bedeutung zu. Sie funktioniert mit der ZAC NRW nach eigenen Angaben des BfJ sehr gut. Verbessert werden kann der Kommunikationsfluss offenbar hinsichtlich der Einhaltung der Pflichten gem. § 5 Abs. 2 NetzDG von den Staatsanwaltschaften hin zum BfJ. Ein besonderes Augenmerk sollte auf der Vermeidung kapazitätsaufwändiger Doppelprüfungen rechtswidriger Inhalte liegen.

Teil 4: Zentral diskutierte Änderungs- und Verbesserungsvorschläge

A. *Einführung von Wiederherstellungsansprüchen*

I. Gesetzliche Ausgangslage

Entfernen Netzwerkanbieter einen Inhalt aus Sicht der Poster*innen zu Unrecht (z.B. bei einem Overblocking), haben diese ein Interesse an der Wiederherstellung (put back) desselben. Wie dieses Interesse rechtlich abgesichert und durchgesetzt werden kann, ist Gegenstand zahlreicher Debatten zum NetzDG. Es besteht weder im NetzDG noch andernorts eine gesetzliche Anspruchsgrundlage auf Wiederherstellung eines zu Unrecht entfernten Inhalts. Allerdings folgt ein solcher Anspruch unmittelbar aus dem zwischen Netzwerkanbieter und Nutzer*in geschlossenen Plattform-Nutzungsvertrag und ist in dieser Herleitung auch allgemein anerkannt.[390] Denn zu den Hauptleistungspflichten aus einem solchen Vertrag zählt die Verpflichtung des Netzwerkanbieters, von Nutzer*innen hochgeladene Inhalte anderen Nutzer*innen zugänglich zu machen. Diese Pflicht wird verletzt, wenn Netzwerkanbieter einen Inhalt ohne Grund entfernen. Ein solcher Grund kann sich aus einem Verstoß des Inhalts gegen die allgemeinen Gesetze ergeben (etwa Urheberrechtsverletzung; strafbarer Inhalt). Er kann aber auch aus einem Verstoß der*s Nutzer*in gegen eine Pflicht aus dem Nutzungsvertrag folgen, insbesondere aus einem Verstoß gegen die als AGB in den Vertrag einbezogenen Gemeinschaftsstandards (zu diesen ausführlich A. I.).

Um diesen Wiederherstellungsanspruch durchzusetzen, müssen Poster*innen zu Unrecht gelöschter Inhalte allerdings gerichtlich gegen den Netzwerkanbieter vorgehen. Dies ist mit Aufwand und Kosten verbunden. Eine niedrigschwelligere Möglichkeit, zunächst eine erneute Prüfung durch den Netzwerkanbieter oder eine andere außergerichtliche Stelle, et-

---

390 S. nur OLG Dresden, Beschl. v. 8.8.2018, - 4 W 577/18 -, juris Rn. 14; OLG Stuttgart, Beschl. vom 6.9.2018 - 4 W 63/18 -, juris Rn. 64; OLG München, Beschl. v. 17.9.2018 - 18 W 1383/18 -, juris Rn. 17. Aus der Literatur etwa *D. Holznagel* CR 2019, 518 (519). Dennoch für eine gesetzliche Klarstellung plädierend *Schiff* MMR 2018, 366 (368).

wa eine Einrichtung der Regulierten Selbstregulierung, durchführen zu lassen, gibt es *de lege lata* nicht.

II. Bestehende Vorschläge

Hier setzen Vorschläge an, die Durchsetzung von Wiederherstellungsansprüchen zu vereinfachen. *Alexander Peukert* schlägt vor, im NetzDG einen bußgeldbewehrten Anspruch auf erneute Prüfung eines entfernten Inhalts durch den Netzwerkanbieter bzw. eine Einrichtung der Regulierten Selbstregulierung zu verankern, wenn die ursprüngliche Entscheidung nicht bereits durch eine Einrichtung der Regulierten Selbstregulierung getroffen wurde.[391] *Daniel Holznagel* fordert Transparenzvorgaben der Netzwerkanbieter zum Umgang mit Gegenvorstellungen und zur Zahl von Wiederherstellungen.[392]

III. Zentrale Fragen bei der Einführung eines Wiederherstellungsanspruchs

Sofern ein Anspruch auf Wiederherstellung oder auf erneute, vorgerichtliche Prüfung des Inhalts gesetzlich ausgestaltet werden soll, muss das Verhältnis von NetzDG zu Gemeinschaftsstandards berücksichtigt werden (s. dazu ausführlich A. II.). Es wäre zu klären, ob ein Anspruch auch für Fälle gelten soll, in denen der Netzwerkanbieter wegen Verstoßes gegen seine Gemeinschaftsstandards gelöscht hat, ohne die Rechtswidrigkeit i.S.d. § 3 NetzDG geprüft zu haben. Und es wäre zu klären, ob die Wiederherstellung ggf. auch solche Inhalte umfasst, die zwar nach NetzDG nicht zu löschen waren, aber gegen die Gemeinschaftsstandards verstoßen und der Anspruch somit auch zu einer Überprüfung der Gemeinschaftsstandards an den (mittelbaren) Grundrechtswirkungen führt.

Sofern Entfernungen von Inhalten wegen Verstoßes gegen Gemeinschaftsstandards nicht von einem Anspruch auf Wiederherstellung oder auf erneute Prüfung des Sachverhalts erfasst werden sollen, ist zu berücksichtigen, dass dies Netzwerkanbieter noch stärker dazu verleiten kann, Gemeinschaftsstandards vorrangig vor §§ 1 Abs. 3, 3 Abs. 1, 2 NetzDG zu

391 Ausführlich *Peukert* MMR 2018, S. 572 ff.; zustimmend *Löber/Roßnagel* MMR 2019, S. 71 (75).

392 *D. Holznagel* CR 2019, S. 518 (525).

prüfen und großzügig nach ersteren zu löschen, um etwaigen zeit- und kostenintensiven Wiederherstellungsverfahren zu entgehen. Dies riefe die verstärkte Gefahr eines Overblocking nach Gemeinschaftsstandards im Sinne der Löschung von nach der allgemeinen Rechtsordnung zulässigen Inhalten hervor und würde das mit der Stärkung von Rechten auf Wiederherstellung verfolgte Ziel konterkarieren.

Die Gefahr eines „Over-Put-Back", also einer voreiligen Wiederherstellung entfernter Inhalte auf Rüge der Poster*innen hin,[393] ist dagegen als gering einzuschätzen: Aus Sicht des Netzwerkanbieters besteht kein Anlass, Poster*innen eher nachzugeben als durch den Inhalt in ihren Persönlichkeitsrechten Betroffenen oder sich, auch in Fällen ohne Persönlichkeitsrechtsrelevanz, der Gefahr eines Bußgelds wegen systematischen Underblockings auszusetzen.

B. Grundstruktur: Private Rechtsdurchsetzung als Alternative zum NetzDG

Nicht zuletzt mit Blick auf die Kritik am NetzDG wegen dessen behaupteter „Privatisierung der Rechtsdurchsetzung"[394] gibt es zahlreiche Vorschläge, die Problematik der effektiven Löschung rechtswidriger Inhalte primär durch eine Stärkung der Rechtsdurchsetzung zwischen Verletzten und Verletzer*innen zu adressieren. Im Kern zielen die Vorschläge darauf ab, die bisher bestehenden Zugangshürden, Kosten und Aufwand zur Rechtsverfolgung für die Durchsetzung von Löschungen rechtswidriger Inhalte zu verringern. Hierzu soll entweder der Zugang zur *gerichtlichen Rechtsverfolgung* erleichtert werden oder sollen daneben zusätzliche *außergerichtliche Möglichkeiten der Rechtsverfolgung* geschaffen werden. Dabei bleibt das Verhältnis zur allgemeinen Störerhaftung der Netzwerkanbieter in den meisten Fällen aber unklar.

Teilweise wird eine *Verbesserung des bisherigen zivilprozessualen Systems des einstweiligen Rechtsschutzes vorgeschlagen*, da dieses Verfahren etabliert und für die Abwehr rechtswidriger Äußerungen bereits gängige Praxis

393 Aufgeworfen, aber ebenfalls als gering eingeschätzt von *D. Holznagel* CR 2019, S. 518 (525).

394 Siehe z.B. bei *Fechner* ZRP 2018, S. 63 (64); *Heckmann/Wimmers* CR 2017, S. 310 (314); *Kalscheuer/Hornung* NVwZ 2017, S. 1721 (1723); *Köbler* AfP 2017, S. 282; *Schütz* MMR 2018, S. 36 (37); *Guggenberger* ZRP 2017, S. 98 (101); *Tinnefeld* ZD 2017, S. 353 (354 f.); *Wimmers/Heymann* AfP 2017, S. 93 (99); siehe auch *Liesching*, in: Spindler/Schmitz/*Liesching*, TMG, 2. Aufl. 2018, § 1 NetzDG Rn. 8 m.w.N.

sei.[395] Der Nutzung dieses Systems zur Begegnung der aktuellen Problematik stünden im Kern drei Hürden entgegen, die aber durch Anpassungen in den §§ 940 ff. ZPO überwunden werden könnten. Als erstes müsse die psychologische Hürde der Betroffenen, ein Gericht oder eine Anwaltskanzlei mit der Angelegenheit zu befassen, überwunden werden. Hierfür wird vorgeschlagen, ein elektronisches Rechtsdurchsetzungsportal zu schaffen, auf dem die Nutzer*innen alle wesentlichen, den konkreten Sachverhalt betreffenden Informationen eintragen können. Aus diesen Daten würde automatisch ein Antrag generiert und ebenso automatisiert an das zuständige Gericht übermittelt. Um die mit einer möglichen Kostentragungslast einhergehenden Abschreckungseffekte weitgehend auszuräumen, solle das Verfahren entweder kostenfrei gestellt oder mit nur marginalen Kosten verbunden sein. Schließlich sei gerade bei rechtswidrigen Online-Inhalten eine schnelle Entscheidung unerlässlich. Dies könne durch eine gesetzliche Pflicht zur Entscheidung des Gerichtes innerhalb von drei bis fünf Tagen sichergestellt werden.

Weitergehende Ansätze wollen der Problematik durch neue Institutionen, insbesondere einen *„Cyber Court"* als netzgerechtem Äquivalent zum gerichtlichen Schutz wegen rechtswidriger Inhalte im Internet, begegnen.[396] Die Netzwerkanbieter sollen dazu angeleitet werden, auf Neutralität angelegte private „Cyber Courts" einzurichten, die wie Schiedsgerichte in einem kostengünstigen, nach prozedural vereinfachten und größtenteils selbst entwickelten Regeln und in einem online durchzuführenden Verfahren über die Klärung von Rechtsstreitigkeiten entscheiden. Die Entscheidungen sollen kurz begründet und anschließend veröffentlicht werden, um eine breite Diskussion und Fortentwicklung anzuregen. Um die Netzwerkanbieter zur Einrichtung solcher „Cyber Courts" zu bewegen, könne künftig die weitgehende Haftungsfreistellung der Netzwerkanbieter an die Existenz solcher Institutionen gekoppelt werden. Die staatlichen Gerichte sollen daneben als zweite Ebene der Streitentscheidung die Grenzen der Selbstregulierung setzen, produktive Muster verstärken und die Suche nach neuen prozeduralen Formen anregen. Erste Schritte in diese Richtung sind bereits mit der Ankündigung der Einrichtung eines „Inde-

395 Detaillierter Vorschlag bei *Köbler* AfP 2017, S. 282 ff.; allgemeiner bei *Guggenberger* ZRP 2017, S. 98 (101 f.).

396 Im Kontext des NetzDG siehe *Ladeur*, Netzwerkrecht als neues Ordnungsmodell des Rechts – nach dem Recht der Gesellschaft der Individuen und dem Recht der Gesellschaft der Organisationen, in: Eifert/Gostomzyk (Hrsg.), Netzwerkrecht, 2018, S. 169 ff.; zuvor bereits allgemeiner *Ladeur* DuD 2012, S. 771 und *Ladeur/Gostomzyk* NJW 2012, S. 710.

pendent Oversight Boards“ durch *Facebook* im September 2019 zu beobachten.[397]

In eine ähnliche Richtung gehen einige Vorschläge, die in *außergerichtlichen Streitbeilegungsverfahren*, wie sie insbesondere bereits im Verbraucherrecht zur Streitschlichtung im Online Handel existieren,[398] einen gangbaren Weg zur Verstärkung privater Rechtsdurchsetzung bei rechtswidrigen Online-Inhalten sehen.[399] Von den Befürworter*innen werden insbesondere die höhere Geschwindigkeit, die geringeren Kosten und die flexibleren Verfahrensmöglichkeiten als Vorteile ins Feld geführt.

Außerdem wird teilweise ein Hybrid aus Inanspruchnahme der ordentlichen Gerichtsbarkeit und der Nutzung neu einzurichtender, unabhängiger öffentlich-rechtlicher Beschwerdestellen, z.B. bei den Landesmedienanstalten, vorgeschlagen.[400] Die öffentlich-rechtliche Beschwerdestelle solle auf die Beanstandung eines Inhaltes durch einen Betroffenen hin vorab über die Entfernung des Inhaltes befinden und bei gravierenden Verletzungen eine Löschungsanordnung treffen. Wegen der bestehenden Legitimationsproblematik bei der Löschentscheidung durch solche öffentlich-rechtlichen Stellen solle diese Entscheidung jedoch nur vorläufig sein und nur dann „Bestandskraft“ entfalten, wenn sich Betroffene hiergegen nicht in-

---

397 https://about.fb.com/news/2019/09/oversight-board-structure/ (zul. abgerufen am 15.05.2020).

398 Richtlinie 2013/11/EU des Europäischen Parlaments und des Rates vom 21. Mai 2013 über die alternative Beilegung verbraucherrechtlicher Streitigkeiten und zur Änderung der Verordnung (EG) Nr. 2006/2004 und der Richtlinie 2009/22/EG (Richtlinie über alternative Streitbeilegung in Verbraucherangelegenheiten) und die deutsche Umsetzung im Verbraucherstreitbeilegungsgesetz (VSBG); Verordnung (EU) Nr. 524/2013 des Europäischen Parlaments und des Rates vom 21. Mai 2013 über die Online-Beilegung verbraucherrechtlicher Streitigkeiten und zur Änderung der Verordnung (EG) Nr. 2006/2004 und der Richtlinie 2009/22/EG (ABl. L 165 vom 18.06.2013, S. 1).

399 Erste Überlegungen für Verletzungen des allgemeinen Persönlichkeitsrechtes bei *Eggimann/Harasgama*, Oldenburger Tagungsbände DSRI 2013, Law as a Service (LaaS) - Recht im Internet- und Cloud-Zeitalter, S. 937 (948 f.); Siehe *Wagner*, GRUR 2020 Heft 4 und 5 (i.E.) zur umfassenden Auseinandersetzung mit der Haftung von Plattformen, den alternativen Vorschlägen und einem detaillierten eigenen Vorschlag zur Pflicht der Plattformen zur Organisation eines ADR-Verfahrens bzgl. u.a. vom NetzDG betroffener Inhalte und zu einem „Netz-Streitbeilegungsgesetz“.

400 *Pille* NJW 2018, 3545 (3549); die Co-Regulierung durch die Landesmedienanstalten nach dem Vorbild des Jugendmedienschutzrechts als alternatives Regulierungsmodell vorschlagend *Hain/Ferreau/Brings-Wiesen* K&R 2017, S. 433 (435 ff.).

nerhalb einer angemessenen Frist wehrten. Die abschließende Entscheidungshoheit solle hingegen bei der ordentlichen Gerichtsbarkeit verbleiben.

Weitere Ansätze, staatlich bereitgestellte oder initiierte Streitschlichtungsverfahren unterhalb einer voll ausgebildeten Gerichtsbarkeit zur Stärkung der privaten Rechtsdurchsetzung zu nutzen, wären z.B. die Einführung eines Ombudsmanns und/oder von Schlichtungsstellen.[401] Dass solche Ansätze dem Rechtssystem nicht fundamental widersprechen, wird durch die Existenz von Vergabekammern und die in einigen Bundesländern vorgesehene obligatorische Gütestelle vor zivilrechtlichen Bagatellstreitigkeiten (§ 15a EGZPO) deutlich.[402]

Der Vorteil solcher alternativer Regelungsmodelle, die an die Stelle der Verantwortlichkeit der Netzwerkanbieter für die Erstentscheidung regelmäßig die Rechtsdurchsetzung zwischen Verletzten und Verletzer*innen – entweder im Rahmen der ordentlichen Gerichtsbarkeit oder im Rahmen von Streitbeilegungsverfahren und alternativen Gerichtsverfahren – setzen, liegt in der institutionell abgesicherten Neutralität und Expertise der entscheidenden Stelle.

Die Probleme[403] dieser Modelle liegen im gewaltigen Umfang an rechtswidrigen Online-Inhalten, bei einer beschränkten Durchsetzung ihrer Rechte durch die Verletzten in ihrer sogenannten rationalen Apathie (im Sinne einer rationalen Untätigkeit) sowie im Verhältnis dieser Streitschlichtungen zur originären Störerverantwortlichkeit der Netzwerkanbieter.

Der mit der Durchsetzung der eigenen Rechte der Verletzten verbundene Aufwand und die möglichen Kosten stehen oft außer Verhältnis zum verfolgten Löschinteresse, weshalb die Verletzten oftmals aus rationalen Gründen untätig bleiben. Die vorgeschlagenen alternativen Regelungsmodelle können hier zwar eine gewisse Verbesserung erreichen, die Hürden dennoch nicht ganz überwinden. Darüber hinaus hat Hate Speech Wir-

---

401 Siehe dazu grundlegend *Hippel*, Der Ombudsmann im Bank- und Versicherungswesen, 2000; Siehe auch die zahlreichen Schlichtungsstellen für Verbraucherstreitigkeiten in Deutschland, https://www.bmjv.de/DE/Verbraucherportal/Verbraucherinformation/Schlichtung/Schlichtung_node.html (zul. abgerufen am 15.05.2020).

402 *Eifert*, Das Netzwerkdurchsetzungsgesetz und Plattformregulierung, in: Eifert/Gostomzyk (Hrsg.), Netzwerkrecht, S. 9 (42).

403 Vgl. nur *Lang* AöR 143 (2018), S. 220 (241 f.); *Eifert* NJW 2017, S. 1450 ff.; *ders.*, Das Netzwerkdurchsetzungsgesetz und Plattformregulierung, in: Eifert/Gostomzyk (Hrsg.), Netzwerkrecht, S. 9 (26 ff.).

kungen über die individuelle Rechtsverletzung hinaus auch auf die Kommunikation insgesamt. Eine Beschränkung ihrer Abwehr auf die jeweiligen Verletzten kann dem nicht gerecht werden.

Selbst wenn sämtliche Hürden für die Betroffenen beseitigt werden könnten, bliebe unklar, inwieweit die Gerichtsbarkeit oder die alternativen Entscheidungsorgane das hochvolumige Fallaufkommen bewältigen können sollen. So waren allein rund 800.000 Meldungen im ersten Halbjahr 2019 bei den Netzwerken YouTube und Twitter zu bearbeiten.[404]

Schließlich wäre das Verhältnis zur allgemeinen Störerhaftung der Netzwerkanbieter zu klären. Wenn sie Bestand haben sollte, stellte sich die Frage, warum sie nicht auch effektiviert werden kann. Wenn sie ersetzt werden sollte, wäre die Freistellung eine erhebliche Privilegierung der Netzwerkanbieter gegenüber dem allgemeinen Haftungsregime über die bestehende Regelung der E-Commerce-RiL hinaus. Die Entwicklung des Unionsrechts läuft hier in eine entgegengesetzte Richtung (Teil 2 A. I. 2.).

Das mit dem NetzDG vorgesehene abgestufte Lösch- und Prüfverfahren, bei dem im Rahmen einer Erstentscheidung die Intermediäre in die Pflicht genommen werden und erst im zweiten Schritt die Gerichte auf Klagen hin über die Rechtmäßigkeit der Löschung / Nichtlöschung befinden, scheint vor diesem Hintergrund in seiner Grundstruktur überlegen. Es erlaubt grundsätzlich eine schnellere und effektivere Löschung angesichts der hohen Zahl rechtswidriger Online-Inhalte und ermöglicht andererseits durch die gerichtliche Kontrolle im zweiten Schritt, die unternehmerische Löschpraxis an die staatlichen Normen rückzukoppeln. Verbesserungsmöglichkeiten können hierbei aber selbstverständlich für beide Stufen diskutiert werden, also sowohl für die Ausgestaltung der Störerhaftung der Netzwerkanbieter als auch für die Erleichterungen der gerichtlichen Durchsetzung.

---

404 Vgl. Anhang.

Teil 5: Abschließende Gesamtbetrachtung

Die Grundstruktur des NetzDG mit seiner Ausgestaltung der primären Verantwortlichkeit der Netzwerkanbieter hat sich bewährt und entspricht der europäischen Entwicklung.

Das Gesetz hat zu einer deutlichen Verbesserung des Beschwerdemanagements und der öffentlichen Rechenschaft der Netzwerkanbieter im Umgang mit den benannten rechtswidrigen Inhalten geführt. Die Netzwerkanbieter haben die zentralen Anforderungen des NetzDG weitgehend umgesetzt. Bestehende problematische Praktiken betreffen die Rechtsdurchsetzung und zeigen teilweise Unklarheiten hinsichtlich der Konkretisierung der gesetzlichen Pflichten auf. Sie verweisen aber nicht auf grundlegende strukturelle Schwächen des Gesetzes. Auch haben die verbesserten Zustellungsmöglichkeiten die Rechtsdurchsetzung gegenüber den Netzwerkanbietern deutlich erleichtert. Die Benennung einer empfangsberechtigten Person für Auskunftsersuchen der Strafverfolgungsbehörden hat die Kommunikation zwischen den Netzwerkanbietern und den Strafverfolgungsbehörden deutlich verbessert, aber nur begrenzt zu einer Effektivierung der Strafverfolgung geführt. Damit wurden die verfolgten Zwecke in erheblichem Umfang erreicht. Aus verschiedenen Gründen nicht zu erreichen war es, ein Gesamtbild über Ausmaß und Umgang mit dem geregelten Segment von Hate Speech zu gewinnen.

In der Anwendung des NetzDG haben sich aber auch Schwierigkeiten und Problempunkte ergeben, die Anlass zur Überprüfung und Fortentwicklung geben. Die folgenden Punkte verdienen dabei ein besonderes Augenmerk:

Insgesamt sollten bei der Fortentwicklung folgende Punkte verbessert werden:

- In einzelnen Bereichen (s.u.) Erhöhung der Rechtssicherheit durch untergesetzliche Konkretisierungen zentraler gesetzlicher Pflichten.
- Klare Adressierung der Fragen, die sich aus der Dualität der Meldewege der Netzwerkanbieter für NetzDG-Beschwerden einerseits und für Beschwerden über Verstöße gegen Gemeinschaftsstandards andererseits ergeben. Dies betrifft insbesondere ihr Verhältnis zueinander hinsichtlich der leichten Erkenn- und Erreichbarkeit für die Nutzer*innen sowie die Frage, inwieweit Meldeweg oder Beschwerdeinhalt für die An-

forderungen an das Prüfverfahren und die Transparenzpflichten gem. NetzDG maßgeblich sind.

- Die Adressierung der verschiedenen, vom NetzDG verfolgten Zwecke (namentlich allgemeine Transparenz über den Umgang mit Hate Speech im Netz, Transparenz über das Beschwerdemanagement für bestimmte, besonders schädliche Inhalte und allgemeine Effektivierung der Rechtsdurchsetzung gegenüber Netzwerkanbietern) sollte klarer voneinander abgeschichtet und insbesondere mit jeweils genau darauf abgestimmten Berichtsanforderungen erfolgen.
  - Angeregt wird mit Blick auf die differenzierte Adressierung der Zwecke insbesondere eine begriffliche Entkoppelung von § 5 Abs. 1, 2 NetzDG von §§ 2, 3 NetzDG. Insbesondere die einheitliche Verwendung des Begriffs der „rechtswidrigen Inhalte“ führt gegenwärtig zu einer Reihe von Unklarheiten und wechselseitigen Beeinträchtigungen der verschiedenen Zwecke.
  - Bei den Transparenzpflichten sollte innerhalb des § 2 NetzDG nach dem Zweck der Überwachung der Pflichtenerfüllung einerseits und dem Zweck der Beobachtung des Phänomens Hate Speech im Netz andererseits differenziert werden. Sie erfordern je unterschiedliche Erfassungen und Aufbereitungen von Daten.
- Ergänzungen der Beschwerdeverfahren durch weitere gesetzliche Rechte sind näher zu prüfen. Dazu gehören die gesetzliche Erweiterung von Anhörungspflichten insbesondere postender Nutzer*innen, Überprüfungspflichten von Löschungen/Sperrungen auf Beschwerden hin oder gesetzliche Wiederherstellungsansprüche.
  - Diese Ergänzungen wurden zwar regelmäßig als Gegengewicht zu einem befürchteten systematischen Overblocking in Folge der Löschpflichten gefordert, für das in der Evaluation gerade keinerlei Anhaltspunkte gefunden wurden. Es ist allerdings plausibel, dass solche Mechanismen der sorgfältigen Interessenaufbereitung und Kontrolle unabhängig davon die Qualität der Entscheidungen verbessern und sicher, dass sie die Position der jeweils in ihren Rechten betroffenen Akteure stärken.
  - Bei allen derartigen Verfahrensrechten kommt dem Verhältnis zwischen dem Beschwerdeweg sowie den Anforderungen an das Beschwerdemanagement nach dem NetzDG einerseits und den Beschwerdewegen sowie dem Beschwerdemanagement wegen Verstoßes gegen Gemeinschaftsstandards andererseits für den Anwendungsbereich besondere Bedeutung zu. Bei der Ausgestaltung ist

insbesondere auf eventuelle Anreize zur Verlagerung zwischen diesen Wegen zu achten.

Im Einzelnen sollte der Gesetzgeber für die verschiedenen Regelungsgegenstände noch folgende Änderungen prüfen:

- Meldewege:
  - Weitere Konkretisierung und Standardisierung der Zugänge ggf. auf untergesetzlicher Ebene. Der erforderliche Detaillierungsgrad legt Rechtsverordnungen und Orientierungen für die Netzwerkanbieter durch Verwaltungsvorschriften nahe.
  - Regelung zum Verhältnis der Meldewege nach Gemeinschaftsstandards und nach NetzDG ggf. auf untergesetzlicher Ebene hinsichtlich Erkennbarkeit und Zugänglichkeit.
- Transparenzpflicht:
  - Verzicht auf die Schwelle der 100 Beschwerden oder Einführung eines Mechanismus, der die Zahl der Beschwerden überprüfbar macht.
  - Ermöglichung einer stärkeren Standardisierung und Präzisierung der Transparenzberichte durch entsprechende Vorgaben auf der untergesetzlichen Ebene.
  - Gesammelte und berichtszeitraumsübergreifende Darstellung aller Transparenzberichte auf einer einheitlichen Webseite.
- Beschwerdemanagement:
  - Klarstellung, inwieweit die Pflichten hinsichtlich des Beschwerdemanagements an den Meldeweg oder den Inhalt der Beschwerde anknüpfen.
- Governance-Struktur:
  - Eröffnung der Möglichkeiten informeller Kommunikation zwischen Netzwerkanbietern und BfJ für die Konkretisierung der organisatorischen und formalen Pflichten.
  - Nähere Ausgestaltung der Kommunikation zwischen Strafverfolgungsbehörden und BfJ zur Verringerung unnötiger Doppelarbeit.
- Effektivierung der Rechtsdurchsetzung gegenüber den Netzwerkanbietern:
  - Klarstellung des Kreises der von § 5 Abs. 1 und Abs. 2 NetzDG verpflichteten Anbieter und – bei einer sinnvollerweise weiten Fassung des Kreises – Benennung einer Relevanz- oder Mitgliederschwelle.
  - Klarstellung und Erweiterung der Regelungen über Zustellungsbevollmächtigte auf weitere Ansprüche und Verfahrensarten.

  - Ergänzung des bisherigen Systems aus § 5 Abs. 2 NetzDG und § 14 Abs. 2 TMG durch differenzierte Auskunftspflichten der Netzwerkanbieter über Bestandsdaten.
- Effektivierung der Rechtsdurchsetzung gegenüber postenden Nutzer*innen:
  - Überprüfung der Justierung des § 14 Abs. 3-5 TMG hinsichtlich des Ausgleichs von Datenschutzinteressen der Nutzer*innen einerseits und dem Interesse an Rechtsschutz der von möglicherweise rechtswidrigen Inhalten Betroffenen.
  - Erleichterungen der individuellen Rechtsverfolgung Betroffener durch Absenkung der Zugangshürden zu den Gerichten bzw. Einrichtung niedrigschwelliger Streitschlichtungen.

Literaturverzeichnis und weiterführende Literatur

Albrecht, Florian: Das Gesetz zur Verbesserung der Rechtsdurchsetzung in sozialen Netzwerken (Netzwerkdurchsetzungsgesetz): Wesentliche Regelungen und Probleme unter Berücksichtigung der aktuellen Rechtsprechung, in: Albrecht, jurisPR-ITR 1/2019 Anm. 2.

Behringer, Stefan: Privatisierung des Rechtsstaats durch Compliance?, in: CB 2018, S. 257–261.

Beurskens, Michael: „Hate-Speech“ zwischen Löschungsrecht und Veröffentlichungspflicht, in: NJW 2018, S. 3418–3420.

Brinkert, Maike: Zumutbarkeit von Kontrollpflichten des Host-Providers, in: Taeger (Hg.), DSRITB 2012, S. 141–157.

Broemel, Roland: AGB-Kontrolle auf digitalen Plattformen, in: Eifert, Martin/Gostomzyk, Tobias (Hg.), Netzwerkrecht. Die Zukunft des NetzDG und seine Folgen für die Netzkommunikation. Baden-Baden 2018, S. 95–108.

Cauffman, Caroline: The Commissions European Agenda for the Collaborative Economy Too Platform and Service Provider, in: EuCML 2016, S. 235–243.

Cornils, Matthias: Behördliche Kontrolle sozialer Netzwerke: Netzkommunikation und das Gebot der Staatsferne, in: Eifert, Martin/Gostomzyk, Tobias (Hg.), Netzwerkrecht. Die Zukunft des NetzDG und seine Folgen für die Netzkommunikation. Baden-Baden 2018, S. 217–235.

Cornils, Matthias: Die Perspektive der Wissenschaft: AVMD-Richtlinie, der 22. Rundfunkänderungsstaatsvertrag und der »Medienstaatsvertrag« – Angemessene Instrumente für die Regulierungsherausforderungen?, in: ZUM 2019, S. 89–103.

Eickelmann, Jennifer / Grashöfer, Katja / Westermann, Katja: Netzwerkdurchsetzungsgesetz, in: Zeitschrift für Medienwissenschaft. Heft 17: Psychische Apparate. 9 (2017), Nr. 2, S. 176–185. (Abrufbar unter: https://mediarep.org/handle/doc/2653)

Eifert, Martin: Rechenschaftspflichten für soziale Netzwerke und Suchmaschinen, in: NJW 2017, S. 1450–1454.

Eifert, Martin / Gostomzyk, Tobias (Hrsg.): Netzwerkrecht. Die Zukunft des NetzDG und seine Folgen für die Netzwerkkommunikation, 2018.

Eifert, Martin: Netzwerkdurchsetzungsgesetz und Plattformregulierung, in: Eifert, Martin/Gostomzyk, Tobias (Hg.), Netzwerkrecht. Die Zukunft des NetzDG und seine Folgen für die Netzkommunikation. Baden-Baden 2018, S. 9–43.

Eifert, Martin: Regulierung von Dynamik und dynamische Regulierung als netzwerkgerechtes Recht – Eine Skizze am Beispiel von Hate Speech in sozialen Netzwerken, Working paper No. 4. (Abrufbar unter: https://www.rewi.hu-berlin.de/de/lf/oe/rdt/pub/working-paper-no-4)

Elsaß, Lennart / Labusaga, Jan-Hendrik / Tichy, Rolf: Löschungen und Sperrungen von Beiträgen und Nutzerprofilen durch die Betreiber sozialer Netzwerke, in: CR 2017, S. 234–241.

Elsner, Michael: Bekämpfung der Hasskriminalität im Internet, in: MHR 3/2019, S. 11–16.

Feldmann, Thorsten: Zum Referentenentwurf eines NetzDG- Eine kritische Betrachtung, in: K&R 2017, S. 292–297.

Frenzel, Eike Michael: Aktuelles Gesetzesvorhaben – Verbesserung der Rechtsdurchsetzung in sozialen Netzwerken, NetzDG, in: JuS 2017, S. 414–416.

Gerhardinger, Lukas: Das Netzwerkdurchsetzungsgesetz: Im Zweifel gegen die Meinungsfreiheit?, in: Verfassungsblog, 17.4.2017. (Abrufbar unter: https://verfassungsblog.de/das-geplante-netzwerkdurchsetzungsgesetz-im-zweifel-gegen-die-meinungsfreiheit/)

Gersdorf, Hubertus: Hate Speech in sozialen Netzwerken, in: MMR 2017, S. 439–447.

Gersdorf, Hubertus: Kompetenzen der Medienaufsicht – Zur Kompetenzwidrigkeit des NetzDG, in: Eifert, Martin/Gostomzyk, Tobias (Hg.), Netzwerkrecht. Die Zukunft des NetzDG und seine Folgen für die Netzkommunikation. Baden-Baden 2018, S. 187-216.

Golz, Robert: Social Bots, „Fake News" und „Hate Speech" – Eine Gefahr für den Meinungsbildungsprozess in den sozialen Netzwerken, in: K&R Beilage 2017, S. 30–31.

Gounalakis, Georgios / Muer, Benedikt: Reaktive Prüfpflichten für Google ab Kenntnis einer offensichtlichen Rechtsverletzung, in: NJW 2018, S. 2299–2301.

Grandjean, Armelle: Der Code als Gatekeeper: Vielfaltsicherung in Zeiten von Such- und Entscheidungsalgorithmen, Personalisierung und Fake-News, in: ZUM 2017, S. 565–572.

Guggenberger, Nikolaus: Das Netzwerkdurchsetzungsgesetz – schön gedacht, schlecht gemacht, in: ZRP 2017, S. 98–101.

Guggenberger, Nikolaus: Das Netzwerkdurchsetzungsgesetz in der Anwendung, in: NJW 2017, S. 2577–2582.

Hain, Karl-E. / Ferreau, Frederik / Brings-Wiesen, Tobias: Regulierung sozialer Netzwerke revisited, in: K&R 2017, S. 433–438.

Heereman, Wendy / Selzer, Annika: Löschung rechtskonformer Nutzerinhalte durch Soziale-Netzwerkplattformen, in: CR 2019, S. 271–276.

Heidrich, Joerg / Scheuch, Brian: Das Netzwerkdurchsetzungsgesetz – Anatomie eines gefährlichen Gesetzes, in: Taeger, Jürgen, DSRITB 2017, S. 305–319.

Heldt, Amélie: Terror-Propaganda online: Die Schranken der Meinungsfreiheit in Deutschland und den USA, in: NJOZ 2017, S. 1458–1461.

Heldt, Amélie: Reading between the Lines and the Numbers: An Analysis of the First NetzDG Reports, in: Internet Policy Review 8 (2), 2019.

Heymann, Heidrich: Nun doch sperren statt löschen, Der BGH und die Netzsperren, in: Taeger, Jürgen (Hg.), DSRITB 2016, S. 323–340.

Heckmann, Dirk / Wimmers, Jörg: Stellungnahme der DGRI zum Entwurf eins Gesetzes zur Verbesserung der Rechtsdurchsetzung in sozialen Netzwerken (NetzDG), in: CR 2017, S. 310–316.

Höch, Dominik: Nachbessern ja, verteufeln nein: Das NetzDG ist besser als sein Ruf, in: K&R 2017, S. 289–292.

Höch, Dominik: Keine analoge Anwendung von § 5 NetzDG auf Vertragsverletzungen durch „Overblocking", in: NJW 2019, S. 2624–2626.

Höch, Dominik: Der "Künast-Beschluss" zu Schmähkritik: rechtlich nicht haltbar und schädlich für die Demokratie, in: K&R 2019, S. 680–681.

Hoeren, Thomas: IT- und Internetrecht – Kein Neuland für die NJW, in: NJW 2017, S. 1587–1592.

Höld, Florian: Das Vorabentscheidungsverfahren nach dem neuen NetzDG – Rechtliches Neuland bei der Bekämpfung von Kriminalität in sozialen Netzwerken, in: MMR 2017, S. 791–795.

Hofmann, Franz: Löschungspflichten für Hosting-Anbieter sinngleicher ehrverletzender Kommentare, in: jurisPR-WettbR 12/2019 Anm. 1.

Holznagel, Bernd: Das Compliance-System des Entwurfs des Netzwerkdurchsetzungsgesetzes, in: ZUM 2017, S. 615–624.

Holznagel, Bernd: Phänomen „Fake News" – Was ist zu tun, in: MMR 2018, S. 18–22.

Holznagel, Daniel: Overblocking durch User Generated Content (UGC) – Plattformen-Ansprüche der Nutzer auf Wiederherstellung oder Schadensersatz?, in: CR 2018, S. 369–378.

Holznagel, Daniel: Put-back-Ansprüche gegen soziale Netzwerke: Quo Vadis?, in: CR 2019, S. 518–526.

Hong, Mathias: Das NetzDG und die Vermutung für die Freiheit der Rede, in: Verfassungsblog, 9.1.2018. (Abrufbar unter: https://verfassungsblog.de/das-netzdg-und-die-vermutung-fuer-die-freiheit-der-rede/)

Hornung, Christian / Kalscheuer, Fiete: Das Netzwerkdurchsetzungsgesetz – Ein verfassungswidriger Schnellschuss, in: NVwZ 2017, S. 1721–1725.

Ingold, Albert: Grundrechtsträgerschaft sozialer Netzwerke! Kommentar zu Tobias Gostomzyk, „Grundrechtsträgerschaft sozialer Netzwerke? Grundsatzfragen der Rechtsdogmatik", in: Eifert, Martin/Gostomzyk, Tobias (Hg.), Netzwerkrecht. Die Zukunft des NetzDG und seine Folgen für die Netzkommunikation. Baden-Baden 2018, S. 125–133.

Kalscheuer, Fiete / Jacobsen, Annika: Das digitale Hausrecht von Hoheitsträgern, in: NJW 2018, S. 2358–2362.

Kersten, Jens: Anonymität in der liberalen Demokratie, in: JuS 2017, S. 193–203.

Köbler, Ralf: Fake News, Hassbotschaften und Co. – ein zivilprozessualer Gegenvorschlag zum NetzDG – Überlegungen zur Schaffung eines neuen elektronischen Verfahrens des einstweiligen Rechtsschutzes, in: AfP 2017, S. 282–284.

König, Carsten: Vertragliche Gestaltung der Meinungsfreiheit in sozialen Netzwerken, in: AcP 219 (2019), S. 611–645.

Koreng, Ansgar: Entwurf eines Netzwerkdurchsetzungsgesetzes: Neue Wege im Kampf gegen „Hate Speech“, in: GRUR-Prax 2017, S. 203–205.

Krüger, Julia: Wenn Algorithmen richten, hilft kein Gericht. Eine Widerrede zum NetzDG. Beitrag zum 5. Deutschen IT-Rechtstag v. 26./27.04.2018, in: ITBR 2018, S. 114–115.

Ladeur, Karl-Heinz / Gostomzyk, Tobias: Das Netzwerkdurchsetzungsgesetz und die Logik der Meinungsfreiheit, in: K&R 2017, S. 390–394.

Ladeur, Karl-Heinz / Gostomzyk, Tobias: Gutachten zur Verfassungsmäßigkeit des Entwurfs eines Gesetzes zur Verbesserung der Rechtsdurchsetzung in sozialen Netzwerken (Netzwerkdurchsetzungsgesetz – NetzDG) i.d.F. vom 16. Mai 2017 – BT-Drs. 18/12356.

Bitkom Bundesverband Informationswirtschaft, Telekommunikation und neue Medien e.V., Mai 2017.

Lang, Andrej: Netzwerkdurchsetzungsgesetz und Meinungsfreiheit, in: AöR 143 (2018), S. 220–250.

v. Lewinski, Kai: Staat als Zensurhelfer – Staatliche Flankierung der Löschpflichten Privater nach dem Google-Urteil des EuGH, in: AfP 2015, S. 1–6.

Libor, Christine: Netzwerkdurchsetzungsgesetz – Selbstbehauptung des Rechts oder erster Schritt in die selbstregulierte Vorzensur?, in: AfP 2017, S. 482–486.

Liesching, Marc: Was sind »rechtswidrige Inhalte« im Sinne des Netzwerkdurchsetzungsgesetzes?, in: ZUM 2017, S. 809–815.

Liesching, Marc: Netzwerkdurchsetzungsgesetz, 1. Online-Auflage 2018 (beckonline).

Liesching, Marc: Die Durchsetzung von Verfassungs- und Europarecht gegen das NetzDG, in: MMR 2018, S. 26–30.

Liesching Marc: Lösungsmodell regulierter Selbstregulierung – Zur Übertragbarkeit der JMStV-Regelungen auf das NetzDG, in: Eifert, Martin / Gostomzyk, Tobias (Hg.), Netzwerkrecht. Die Zukunft des NetzDG und seine Folgen für die Netzkommunikation. Baden-Baden 2018, S. 135–152.

Löber, Lena Isabell / Roßnagel, Alexander: Das Netzwerkdurchsetzungsgesetz in der Umsetzung, in: MMR 2019, S. 71–76.

Lüdemann, Jörn: Privatisierung der Rechtsdurchsetzung in sozialen Netzwerken, in: Eifert, Martin / Gostomzyk, Tobias (Hg.), Netzwerkrecht. Die Zukunft des NetzDG und seine Folgen für die Netzkommunikation. Baden-Baden 2018, S. 153–168.

Lüdemann, Jörn: Grundrechtliche Vorgaben für die Löschung von Beiträgen in sozialen Netzwerken, in: MMR 2019, S. 279–284.

Ludyga, Hannes: Falsches Zitat und Verletzung des allgemeinen Persönlichkeitsrechts, in: ZUM 2019, S. 793–797.

Lutz, Holger / Schwiddessen, Sebastian: The New German Hate Speech Law – Introduction and Frequently Asked Questions, in: Cri 2017, S. 103–111.

Mayen, Thomas: Über die mittelbare Grundrechtsbindung Privater in Zeiten des Einflusses sozialer Netzwerke auf die öffentliche Kommunikation, in: ZHR 182 (2018), S. 1–7.

Milker, Jens: Social-Bots: Gesetzgeberische Maßnahmen auf dem Prüfstand, in: InTeR 2017, S. 199–207.

Milker, Jens: Die Polizei auf Twitter – Brauchen wir ein Social-Media-Gesetz für staatliche Stellen?, in: NVwZ 2018, S. 1751–1758.

Müller-Franken, Sebastian: Netzwerkdurchsetzungsgesetz – Selbstbehauptung des Rechts oder erster Schritt in die selbstregulierte Vorzensur? – Verfassungsrechtliche Fragen, in: AfP 2018, S. 1–13.

Müller-Terpitz, Ralf: Soziale Netzwerke als Gegenstand des geltenden Rechts, in: Eifert, Martin / Gostomzyk, Tobias (Hg.), Netzwerkrecht. Die Zukunft des NetzDG und seine Folgen für die Netzkommunikation. Baden-Baden 2018, S. 45-60.

Müller-Terpitz, Ralf: Einbindung von Intermediären in das medienrechtliche System der Vielfaltsicherung, in: AfP 2017, S. 380–384.

Nieland, Holger: Störerhaftung bei Meinungsforen im Internet. Nachträgliche Löschungspflicht oder Pflicht zur Eingangskontrolle?, in: NJW 2010, S. 1494–1499.

Nolte, Georg: Hate-Speech, Fake-News, das »Netzwerkdurchsetzungsgesetz« und Vielfaltsicherung durch Suchmaschinen, in: ZUM 2017, S. 552–565.

Ohly, Ansgar: Die Verantwortlichkeit von Intermediären, in: ZUM 2015, S. 308–318.

Paal, Boris / Hennemann, Moritz: Meinungsbildung im digitalen Zeitalter, in: JZ 2017, S. 641–652.

Paal, Boris / Hennemann, Moritz: Rechtspolitik im digitalen Zeitalter, in: ZRP 2017, S. 215–216.

Paal, Boris / Hennemann, Moritz: Soziale Netzwerke in der Pflicht! Meinungsfreiheit in Gefahr? Das Netzwerkdurchsetzungsgesetz in der Praxis: Bestandsaufnahme und Handlungsempfehlungen. Konrad-Adenauer-Stiftung e.V., Analysen & Argumente, Nr. 326, November 2018.

Palzer, Christoph: Nun sag, wie hast du's mit dem Persönlichkeitsschutz im Internet? Vom schmalen Grat zwischen „Wohlstandsverwahrlosung" und effektiver Rechtsdurchsetzung, in: Taeger, Jürgen (Hg.), DSRITB 2016, S. 91–105.

Papier, Hans-Jürgen: Rechtsstaatlichkeit und Grundrechtsschutz in der digitalen Gesellschaft, in: NJW 2017, S. 3025–3031.

Peifer, Karl-Nikolaus: Fake News und Providerhaftung – Warum das NetzDG zur Abwehr von Fake News die falschen Instrumente liefert, in: CR 2017, S. 809–813.

Peifer, Karl-Nikolaus: Netzwerkdurchsetzungsgesetz: Selbstbehauptung des Rechts oder erster Schritt in die selbstregulierte Vorzensur? – Zivilrechtliche Aspekte, in: AfP 2018, S. 14–23.

Peukert, Alexander: Gewährleistung der Meinungs- und Informationsfreiheit in sozialen Netzwerken – Vorschlag für eine Ergänzung des NetzDG um sog. Put-back-Verfahren, in: MMR 2018, S. 572–578.

Peukert, Alexander: Put it back: Ein Vorschlag für ein NetzDG, das die Meinungsfreiheit wahrt, in: Verfassungsblog, 14. 01.2018. (Abrufbar unter: https://verfassungsblog.de/put-it-back-ein-vorschlag-fuer-ein-netzdg-das-die-meinungsfreiheit-wahrt/)

Pfeiffer, Jan: EuGH: Ausweitung der Löschpflichten im Internet, in: CR 2019, R127–R128.

Pfeiffer, Jan: Netzwerkdurchsetzungsgesetz: Selbstbehauptung des Rechts oder erster Schritt in die selbstregulierte Vorzensur? – Zivilrechtliche Aspekte, in: AfP 2018, S. 14–23.

Pille, Jens-Ullrich: Der Grundsatz der Eigenverantwortlichkeit im Internet, in: NJW 2018, S. 3545–3550.

Raue, Benjamin: Meinungsfreiheit in sozialen Netzwerken

Ansprüche von Nutzern sozialer Netzwerke gegen die Löschung ihrer Beiträge, in: JZ 2018, S. 961–970.

Rebehn, Sven: Stumpfes Schwert, in: DRiZ 2019, S. 208–209.

Redeker, Helmut: Das NetzDG – Privatisierung staatlicher Kernaufgaben, Wer bestimmt die Grenzen zwischen verbotener Beleidigung und erlaubter Meinungsäußerung?, in: AnwBI 2018, S. 273.

Richter, Philipp: Das NetzDG – Wunderwaffe gegen „Hate Speech“ und „Fake News“ oder ein neues Zensurmittel?, in: ZD-Aktuell 2017, 05623.

Schiff, Alexander: Meinungsfreiheit in mediatisierten digitalen Räumen, in: MMR 2018, S. 366–371.

Schmitt, Christian / Maurer, Felix: Die Bekämpfung der Kriminalität in sozialen Netzwerken: Kritische Anmerkungen zum NetzDG, in: jM 2018, S. 346–349.

Schmitz, Sandra / Robinson, Gavin: Das NetzDG und die CPS Guidelines zur Verfolgung strafbarer Inhalte in sozialen Medien, in: Taeger, Jürgen (Hg.), DSRITB 2017, S. 289–304.

Schulz, Wolfgang: Regulating Intermediaries to Protect Privacy Online – the Case of the German NetzDG. HIIG Discussion Paper Series 2018 -01. (Abrufbar unter: https://www.hiig.de/wp-content/uploads/2018/07/SSRN-id3216572.pdf)

Schütz, Raimung: Regulierung in der digitalen Medienwelt, in: MMR 2017, S. 36–39.

Schwartmann, Rolf: Verantwortlichkeit Sozialer Netzwerke nach dem Netzwerkdurchsetzungsgesetz, in: GRUR-Prax 2017, S. 317–319.

Smets, Christoph: Die Stadionverbotsentscheidung des BverfG und die Umwälzung der Grundrechtssicherung auf Private, in: NVwZ 2019, S. 34–37.

Specht, Louisa: Ausgestaltung der Verantwortlichkeit von Plattformbetreibern zwischen Vollharmonisierung und nationalem Recht, in: ZUM 2017, S. 114–122.

Spindler, Gerald: Das Netzwerkdurchsetzungsgesetz, in: K&R 2017, S. 533–544.

Spindler, Gerald: Der Regierungsentwurf zum Netzwerkdurchsetzungsgesetz – europarechtswidrig?, in: ZUM 2017, S. 473–487.

Spindler, Gerald: Gutachten zum NetzDG, Positionspapier, Legal-Expertise. 5. Mai 2017. (Abrufbar unter: https://www.bitkom.org/Bitkom/Publikationen/Gutachten-von-Prof-Dr-Gerald-Spindler-zum-Netzwerkdurchsetzunsgesetz.html)

Spindler, Gerald: Rechtsdurchsetzung von Persönlichkeitsrechten, in: GRUR 2018, S. 365–373.

Spindler, Gerald: Haftung ohne Ende? Über Stand und Zukunft der Haftung von Providern, in: MMR 2018, S. 48–52.

Spindler, Gerald: Löschung und Sperrung von Inhalten aufgrund von Teilnahmebedingungen sozialer Netzwerke, in: CR 2019, S. 238–247.

Spindler, Gerald / Schmitz, Peter: Telemediengesetz mit Netzwerkdurchsetzungsgesetz, 2. Aufl. 2018.

Steinbach, Armin: Meinungsfreiheit im postfaktischen Umfeld, in: JZ 2017, S. 653–661.

Tinnefeld, Marie-Theres: Wie frei soll die freie Meinungsäußerung sein: Denken in Gegensätzen, in: ZD 2017, S. 353–354.

Ullrich, Ines: „Schlampe", „Drecks Fotze" und „Stück Scheiße" als zulässige Meinungsäußerung, in: jurisPR-StrafR 22/2019 Anm. 1.

Wagner, Gerhard: Haftung von Plattformen für Rechtsverletzungen, in: GRUR 2020, S. 329–338 (Teil 1) und S. 447–457.

Warg, Gunter: Meinungsfreiheit zwischen Zensur und Selbstzensur, in: DÖV 2018, S. 473–482.

Wimmers, Jörg / Heymann, Britta: Zum Referentenentwurf eines Netzwerkdurchsetzungsgesetzes (NetzDG) - eine kritische Stellungnahme, in: AfP 2017, S. 93–102.

Sonstige Studien zum NetzDG

Article 19: Germany: The Act to Improve Enforcement of the Law in Social Networks. Article 17 Legal analysis, August 2017. (Abrufbar unter: https://www.article19.org/wp-content/uploads/2017/09/170901-Legal-Analysis-German-NetzDG-Act.pdf)

Echikson, William / Knodt, Olivia: Germany's NetzDG: A key for combatting online hate. CEPS: Research Reporter No. 2018/09, November 2018.

MA HSH: Medienanstalt Hamburg/Schleswig-Holstein: MA HSH-Auswertung der Transparenzberichte nach NetzDG. Medienanstalt Hamburg/Schleswig-Holstein, 1.6.209.

(Abrufbar unter: https://www.ma-hsh.de/infothek/publikationen/ma-hsh-auswertung-der-transparenzberichte-nach-netzdg.html)

Tworek, Heide / Leerssen, Paddy: An Analysis of Germany's NetzDG Law. Transatlantic Working Group, 15.04.2019. (Abrufbar unter: https://www.ivir.nl/publicaties/download/NetzDG_Tworek_Leerssen_April_2019.pdf)

Schulz, Wolfgang / C. Kettemann, Matthias / P. Heldt, Amélie, Probleme und Potenziale des NetzDG – ein Reader mit fünf HBI-Expertisen / Problems and Potentials of the NetzDG – a Reader with Five HBI Expert Opinions, Hamburg, Verlag Hans-Bredow-Institut, November 2019, Arbeitspapiere des Hans-Bredow-Instituts, Nr. 48. (Abrufbar unter: https://www.hans-bredow-institut.de/de/publikationen/probleme-und-potenziale-des-netzdg-ein-reader-mit-fuenf-hbi-expertisen)

Anhänge

Statistische Angaben zur Anzahl der NetzDG Beschwerden und Löschquoten

Gesamtübersicht alle Berichtszeiträume

Netzwerkanbieter / Halbjahresberichte	Bericht 1 1. Januar 2018 bis 30. Juni 2018 (Change.org, Facebook, Google+, Twitter, YouTube.)						Bericht 2 1. Juli 2018 bis 31. Dezember 2018 (Change.org, Facebook, Google+, Soundcloud (*Bericht für 1 Jahr), Twitter, YouTube)						Bericht 3 1. Januar bis 30. Juni 2019 (Change.org, Facebook, Google+, Instagram, Reddit, Twitter, YouTube)					
	Anzahl NetzDG Beschwerden	Löschquote	Anzahl NetzDG Beschwerden Nutzer*innen	Löschquote	Anzahl NetzDG Beschwerden Stelle	Löschquote	Anzahl NetzDG Beschwerden	Löschquote	Anzahl NetzDG Beschwerden Nutzer*innen	Löschquote	Anzahl NetzDG Beschwerden Stelle	Löschquote	Anzahl NetzDG Beschwerden	Löschquote	Anzahl NetzDG Beschwerden Nutzer*innen	Löschquote	Anzahl NetzDG Beschwerden Stelle	Löschquote
Change.org	1257	332 *26,4%*	1257	332 *26,4%*	0	0	996	258 *25,9%*	996	258 *25,9%*	0	0	943	82 *8,7%*	943	82 *8,7%*	0	0
Facebook	886	362 *40,86%*	773		113		500	369 *73,8%*	408		92		674	349 *51,8%*	551		123	
Google+	2769	1277 *46,1%*	2741	1257 *45,9%*	28	20 *71,4%*	2835	1502 *53%*	2770	1461 *52,7%*	65	41 *63,1%*	547	285 *52,1%*	541	283 *52,3%*	6	2 *33,3%*
Instagram													146	116 *79,5%*	116		30	
Reddit													173	110 *63,6%*	167	110 *65,9%*	6	0 *0%*
Twitter	264818	28645 *10,8%*	244064	27112 *11,1%*	20754	1533 *7,4%*	256462	23065 *9%*	236322	22044 *9,3%*	20140	1161 *5,8%*	499346	46702 *9,4%*	472970	44752 *9,4%*	26376	1950 *7,4%*
YouTube	214827	58297 *27,1%*	144836	42025 *29%*	69991	16272 *23,2%*	250957	54644 *21,8%*	167567	39045 *23,3%*	83390	15599 *18,7%*	304425	71168 *23,4%*	205581	50454 *24,5%*	98844	20714 *21%*
Soundcloud*							106	103 *97,2%*										
Gesamt	484557	86942 *17,9%*	393671	43614 *11,1%*	90886	17825 *19,6%*	511856	79941 *15,6%*	408063	62808 *15,4%*	103687	16801 *16,2%*	806254	118463 *14,7%*	680869	95681 *14,1%*	125385	22666 *18,1%*

Übersicht 1. Berichtszeitraum 1. Januar 2018 – 30. Juni 2018

	Bericht 1 1. Januar 2018 bis 30. Juni 2018 (Change.org, Facebook, Google+, Twitter, YouTube.)					
	Anzahl NetzDG Beschwerden	**Löschquote**	**Anzahl NetzDG Beschwerden Nutzer*innen**	**Löschquote**	**Anzahl NetzDG Beschwerden Stelle**	**Löschquote**
Change.org	1257	332 *26,4%*	1257	332 *26,4%*	0	0
Facebook	886	362 *40,86%*	773		113	
Google+	2769	1277 *46,1%*	2741	1257 *45,9%*	28	20 *71,4%*
Instagram						
Reddit						
Twitter	264818	28645 *10,8%*	244064	27112 *11,1%*	20754	1533 *7,4%*
YouTube	214827	58297 *27,1%*	144836	42025 *29%*	69991	16272 *23,2%*
Soundcloud*						
Gesamt	484557	86942	393671	43614	90886	17825

Übersicht 2. Berichtszeitraum 1. Juli 2018 – 31. Dezember 2018

	Bericht 2 1. Juli 2018 bis 31. Dezember 2018 (Change.org, Facebook, Google+, Soundcloud (*Bericht für 1 Jahr), Twitter, YouTube)					
	Anzahl NetzDG Beschwerden	**Löschquote**	**Anzahl NetzDG Beschwerden Nutzer*innen**	**Löschquote**	**Anzahl NetzDG Beschwerden Stelle**	**Löschquote**
Change.org	996	258 *25,9%*	996	258 *25,9%*	0	0
Facebook	500	369 *73,8%*	408		92	
Google+	2835	1502 *53%*	2770	1461 *52,7%*	65	41 *63,1%*
Instagram						
Reddit						
Twitter	256462	23065 *9%*	236322	22044 *9,3%*	20140	1161 *5,8%*
YouTube	250957	54644 *21,8%*	167567	39045 *23,3%*	83390	15599 *18,7%*
Soundcloud*	106	103 *97,2%*				
Gesamt	511856	79941	408063	62808	103687	16801

Übersicht 3. Berichtszeitraum 1. Januar 2019 – 30. Juni 2019

	Bericht 3 1. Januar bis 30. Juni 2019 (Change.org, Facebook, Google+, Instagram, Reddit, Twitter, YouTube)					
	Anzahl NetzDG Beschwerden	Löschquote	Anzahl NetzDG Beschwerden Nutzer*innen	Löschquote	Anzahl NetzDG Beschwerden Stelle	Löschquote
Change.org	943	82 *8,7%*	943	82 *8,7%*	0	0
Facebook	674	349 *51,8%*	551		123	
Google+	547	285 *52,1%*	541	283 *52,3%*	6	2 *33,3%*
Instagram	146	116 *79,5%*	116		30	
Reddit	173	110 *63,6%*	167	110 *65,9%*	6	0 *0%*
Twitter	499346	46702 *9,4%*	472970	44752 *9,4%*	26376	1950 *7,4%*
YouTube	304425	71168 *23,4%*	205581	50454 *24,5%*	98844	20714 *21%*
Soundcloud*						
Gesamt	806254	118463	680869	95681	125385	22666

Gesamtübersicht

	1. Halbjahr 2018		2. Halbjahr 2018		1. Halbjahr 2019	
	Anzahl der Meldungen aller Netzwerke	Anzahl der Löschungen in allen Netzwerken	Anzahl der Meldungen aller Netzwerke	Anzahl der Löschungen in allen Netzwerken	Anzahl der Meldungen aller Netzwerke	Anzahl der Löschungen in allen Netzwerken
Meldungen von Beschwerdestellen	90.886	17.825	103.687	16.801	125.385	22.666
Meldungen von Nutzer*innen	393.671	43.614	408.063	62.808	680.869	95.681
Gesamt	484.557	86.942 *17,9 %*	511.856	79.941 *15,6 %*	806.254	118.463 *14,7 %*

Netzwerkdurchsetzungsgesetz (NetzDG und Änderungen des TMG)

Gesetz zur Verbesserung der Rechtsdurchsetzung in sozialen Netzwerken (Netzwerkdurchsetzungsgesetz - NetzDG)

Ausfertigungsdatum: 01.09.2017

Das G wurde als Art. 1 des G v. 1.9.2017 I 3352 vom Bundestag beschlossen. Es ist gem. Art. 3 dieses G am 1.10.2017 in Kraft getreten.

§ 1 Anwendungsbereich

(1) Dieses Gesetz gilt für Telemediendiensteanbieter, die mit Gewinnerzielungsabsicht Plattformen im Internet betreiben, die dazu bestimmt sind, dass Nutzer beliebige Inhalte mit anderen Nutzern teilen oder der Öffentlichkeit zugänglich machen (soziale Netzwerke). Plattformen mit journalistisch-redaktionell gestalteten Angeboten, die vom Diensteanbieter selbst verantwortet werden, gelten nicht als soziale Netzwerke im Sinne dieses Gesetzes. Das Gleiche gilt für Plattformen, die zur Individualkommunikation oder zur Verbreitung spezifischer Inhalte bestimmt sind.

(2) Der Anbieter eines sozialen Netzwerks ist von den Pflichten nach den §§ 2 und 3 befreit, wenn das soziale Netzwerk im Inland weniger als zwei Millionen registrierte Nutzer hat.

(3) Rechtswidrige Inhalte sind Inhalte im Sinne des Absatzes 1, die den Tatbestand der §§ 86, 86a, 89a, 91, 100a, 111, 126, 129 bis 129b, 130, 131, 140, 166, 184b in Verbindung mit 184d, 185 bis 187, 201a, 241 oder 269 des Strafgesetzbuchs erfüllen und nicht gerechtfertigt sind.

§ 2 Berichtspflicht

(1) Anbieter sozialer Netzwerke, die im Kalenderjahr mehr als 100 Beschwerden über rechtswidrige Inhalte erhalten, sind verpflichtet, einen deutschsprachigen Bericht über den Umgang mit Beschwerden über rechtswidrige Inhalte auf ihren Plattformen mit den Angaben nach Absatz 2 halbjährlich zu erstellen und im Bundesanzeiger sowie auf der eigenen Homepage spätestens einen Monat nach Ende eines Halbjahres zu veröffentlichen. Der auf der eigenen Homepage veröffentlichte Bericht muss leicht erkennbar, unmittelbar erreichbar und ständig verfügbar sein.

(2) Der Bericht hat mindestens auf folgende Aspekte einzugehen:

1. Allgemeine Ausführungen, welche Anstrengungen der Anbieter des sozialen Netzwerks unternimmt, um strafbare Handlungen auf den Plattformen zu unterbinden,

2. Darstellung der Mechanismen zur Übermittlung von Beschwerden über rechtswidrige Inhalte und der Entscheidungskriterien für Löschung und Sperrung von rechtswidrigen Inhalten,

3. Anzahl der im Berichtszeitraum eingegangenen Beschwerden über rechtswidrige Inhalte, aufgeschlüsselt nach Beschwerden von Beschwerdestellen und Beschwerden von Nutzern und nach dem Beschwerdegrund,

4. Organisation, personelle Ausstattung, fachliche und sprachliche Kompetenz der für die Bearbeitung von Beschwerden zuständigen Arbeitseinheiten und Schulung und Betreuung der für die Bearbeitung von Beschwerden zuständigen Personen,

5. Mitgliedschaft in Branchenverbänden mit Hinweis darauf, ob in diesen Branchenverbänden eine Beschwerdestelle existiert,

6. Anzahl der Beschwerden, bei denen eine externe Stelle konsultiert wurde, um die Entscheidung vorzubereiten,

7. Anzahl der Beschwerden, die im Berichtszeitraum zur Löschung oder Sperrung des beanstandeten Inhalts führten, aufgeschlüsselt nach Beschwerden von Beschwerdestellen und von Nutzern, nach dem Beschwerdegrund, ob ein Fall des § 3 Absatz 2 Nummer 3 Buchstabe a vorlag, ob in diesem Fall eine Weiterleitung an den Nutzer erfolgte sowie ob eine Übertragung an eine anerkannte Einrichtung der Regulierten Selbstregulierung nach § 3 Absatz 2 Nummer 3 Buchstabe b erfolgte,

8. Zeit zwischen Beschwerdeeingang beim sozialen Netzwerk und Löschung oder Sperrung des rechtswidrigen Inhalts, aufgeschlüsselt nach Beschwerden von Beschwerdestellen und von Nutzern, nach dem Beschwerdegrund sowie nach den Zeiträumen „innerhalb von 24 Stunden"/„innerhalb von 48 Stunden"/„innerhalb einer Woche"/„zu einem späteren Zeitpunkt",

9. Maßnahmen zur Unterrichtung des Beschwerdeführers sowie des Nutzers, für den der beanstandete Inhalt gespeichert wurde, über die Entscheidung über die Beschwerde.

§ 3 Umgang mit Beschwerden über rechtswidrige Inhalte

(1) Der Anbieter eines sozialen Netzwerks muss ein wirksames und transparentes Verfahren nach Absatz 2 und 3 für den Umgang mit Beschwerden über rechtswidrige Inhalte vorhalten. Der Anbieter muss Nutzern ein leicht erkennbares, unmittelbar erreichbares und ständig verfügbares Verfahren zur Übermittlung von Beschwerden über rechtswidrige Inhalte zur Verfügung stellen.

(2) Das Verfahren muss gewährleisten, dass der Anbieter des sozialen Netzwerks

1. unverzüglich von der Beschwerde Kenntnis nimmt und prüft, ob der in der Beschwerde gemeldete Inhalt rechtswidrig und zu entfernen oder der Zugang zu ihm zu sperren ist,

2. einen offensichtlich rechtswidrigen Inhalt innerhalb von 24 Stunden nach Eingang der Beschwerde entfernt oder den Zugang zu ihm sperrt; dies gilt nicht, wenn das soziale Netzwerk mit der zuständigen Strafverfolgungsbehörde einen längeren Zeitraum für die Löschung oder Sperrung des offensichtlich rechtswidrigen Inhalts vereinbart hat,

3. jeden rechtswidrigen Inhalt unverzüglich, in der Regel innerhalb von sieben Tagen nach Eingang der Beschwerde entfernt oder den Zugang zu ihm sperrt; die Frist von sieben Tagen kann überschritten werden, wenn

a) die Entscheidung über die Rechtswidrigkeit des Inhalts von der Unwahrheit einer Tatsachenbehauptung oder erkennbar von anderen tatsächlichen Umständen abhängt; das soziale Netzwerk kann in diesen Fällen dem Nutzer vor der Entscheidung Gelegenheit zur Stellungnahme zu der Beschwerde geben,

b) das soziale Netzwerk die Entscheidung über die Rechtswidrigkeit innerhalb von sieben Tagen nach Eingang der Beschwerde einer nach den Absätzen 6 bis 8 anerkannten Einrichtung der Regulierten Selbstregulierung überträgt und sich deren Entscheidung unterwirft,

4. im Falle der Entfernung den Inhalt zu Beweiszwecken sichert und zu diesem Zweck für die Dauer von zehn Wochen innerhalb des Geltungsbereichs der Richtlinien 2000/31/EG und 2010/13/EU speichert,

5. den Beschwerdeführer und den Nutzer über jede Entscheidung unverzüglich informiert und seine Entscheidung ihnen gegenüber begründet.

(3) Das Verfahren muss vorsehen, dass jede Beschwerde und die zu ihrer Abhilfe getroffene Maßnahme innerhalb des Geltungsbereichs der Richtlinien 2000/31/EG und 2010/13/EU dokumentiert wird.

(4) Der Umgang mit Beschwerden muss von der Leitung des sozialen Netzwerks durch monatliche Kontrollen überwacht werden. Organisatorische Unzulänglichkeiten im Umgang mit eingegangenen Beschwerden müssen unverzüglich beseitigt werden. Den mit der Bearbeitung von Beschwerden beauftragten Personen müssen von der Leitung des sozialen Netzwerks regelmäßig, mindestens aber halbjährlich deutschsprachige Schulungs- und Betreuungsangebote gemacht werden.

(5) Die Verfahren nach Absatz 1 können durch eine von der in § 4 genannten Verwaltungsbehörde beauftragten Stelle überwacht werden.

(6) Eine Einrichtung ist als Einrichtung der Regulierten Selbstregulierung im Sinne dieses Gesetzes anzuerkennen, wenn

1. die Unabhängigkeit und Sachkunde ihrer Prüfer gewährleistet ist,

2. eine sachgerechte Ausstattung und zügige Prüfung innerhalb von sieben Tagen sichergestellt sind,

3. eine Verfahrensordnung besteht, die den Umfang und Ablauf der Prüfung sowie Vorlagepflichten der angeschlossenen sozialen Netzwerke regelt und die Möglichkeit der Überprüfung von Entscheidungen vorsieht,

4. eine Beschwerdestelle eingerichtet ist und

5. die Einrichtung von mehreren Anbietern sozialer Netzwerke oder Institutionen getragen wird, die eine sachgerechte Ausstattung sicherstellen. Außerdem muss sie für den Beitritt weiterer Anbieter insbesondere sozialer Netzwerke offenstehen.

(7) Die Entscheidung über die Anerkennung einer Einrichtung der Regulierten Selbstregulierung trifft die in § 4 genannte Verwaltungsbehörde.

(8) Die Anerkennung kann ganz oder teilweise widerrufen oder mit Nebenbestimmungen versehen werden, wenn Voraussetzungen für die Anerkennung nachträglich entfallen sind.

(9) Die Verwaltungsbehörde nach § 4 kann auch bestimmen, dass für einen Anbieter von sozialen Netzwerken die Möglichkeit zur Übertragung von Entscheidungen nach Absatz 2 Nummer 3 Buchstabe b für einen zeitlich befristeten Zeitraum entfällt, wenn zu erwarten ist, dass bei diesem Anbieter die Erfüllung der Pflichten des Absatzes 2 Nummer 3 durch einen Anschluss an die Regulierte Selbstregulierung nicht gewährleistet wird.

§ 4 Bußgeldvorschriften

(1) Ordnungswidrig handelt, wer vorsätzlich oder fahrlässig

1. entgegen § 2 Absatz 1 Satz 1 einen Bericht nicht, nicht richtig, nicht vollständig oder nicht rechtzeitig erstellt oder nicht, nicht richtig, nicht vollständig, nicht in der vorgeschriebenen Weise oder nicht rechtzeitig veröffentlicht,

2. entgegen § 3 Absatz 1 Satz 1 ein dort genanntes Verfahren für den Umgang mit Beschwerden von Beschwerdestellen oder Nutzern, die im Inland wohnhaft sind oder ihren Sitz haben, nicht, nicht richtig oder nicht vollständig vorhält,

3. entgegen § 3 Absatz 1 Satz 2 ein dort genanntes Verfahren nicht oder nicht richtig zur Verfügung stellt,

4. entgegen § 3 Absatz 4 Satz 1 den Umgang mit Beschwerden nicht oder nicht richtig überwacht,

5. entgegen § 3 Absatz 4 Satz 2 eine organisatorische Unzulänglichkeit nicht oder nicht rechtzeitig beseitigt,

6. entgegen § 3 Absatz 4 Satz 3 eine Schulung oder eine Betreuung nicht oder nicht rechtzeitig anbietet,

7. entgegen § 5 einen inländischen Zustellungsbevollmächtigten oder einen inländischen Empfangsberechtigten nicht benennt, oder

8. entgegen § 5 Absatz 2 Satz 2 als Empfangsberechtigter auf Auskunftsersuchen nicht reagiert.

(2) Die Ordnungswidrigkeit kann in den Fällen des Absatzes 1 Nummer 7 und 8 mit einer Geldbuße bis zu fünfhunderttausend Euro, in den übrigen Fällen des Absatzes 1 mit einer Geldbuße bis zu fünf Millionen Euro geahndet werden. § 30 Absatz 2 Satz 3 des Gesetzes über Ordnungswidrigkeiten ist anzuwenden.

(3) Die Ordnungswidrigkeit kann auch dann geahndet werden, wenn sie nicht im Inland begangen wird.

(4) Verwaltungsbehörde im Sinne des § 36 Absatz 1 Nummer 1 des Gesetzes über Ordnungswidrigkeiten ist das Bundesamt für Justiz. Das Bundesministerium der Justiz und für Verbraucherschutz erlässt im Einvernehmen mit dem Bundesministerium des Innern, dem Bundesministerium für Wirtschaft und Energie und dem Bundesministerium für

Verkehr und digitale Infrastruktur allgemeine Verwaltungsgrundsätze über die Ausübung des Ermessens der Bußgeldbehörde bei der Einleitung eines Bußgeldverfahrens und bei der Bemessung der Geldbuße.

(5) Will die Verwaltungsbehörde ihre Entscheidung darauf stützen, dass nicht entfernte oder nicht gesperrte Inhalte rechtswidrig im Sinne des § 1 Absatz 3 sind, so soll sie über die Rechtswidrigkeit vorab eine gerichtliche Entscheidung herbeiführen. Zuständig ist das Gericht, das über den Einspruch gegen den Bußgeldbescheid entscheidet. Der Antrag auf Vorabentscheidung ist dem Gericht zusammen mit der Stellungnahme des sozialen Netzwerks zuzuleiten. Über den Antrag kann ohne mündliche Verhandlung entschieden werden. Die Entscheidung ist nicht anfechtbar und für die Verwaltungsbehörde bindend.

§ 5 Inländischer Zustellungsbevollmächtigter

(1) Anbieter sozialer Netzwerke haben im Inland einen Zustellungsbevollmächtigten zu benennen und auf ihrer Plattform in leicht erkennbarer und unmittelbar erreichbarer Weise auf ihn aufmerksam zu machen. An diese Person können Zustellungen in Verfahren nach § 4 oder in Gerichtsverfahren vor deutschen Gerichten wegen der Verbreitung rechtswidriger Inhalte bewirkt werden. Das gilt auch für die Zustellung von Schriftstücken, die solche Verfahren einleiten.

(2) Für Auskunftsersuchen einer inländischen Strafverfolgungsbehörde ist eine empfangsberechtigte Person im Inland zu benennen. Die empfangsberechtigte Person ist verpflichtet, auf Auskunftsersuchen nach Satz 1 48 Stunden nach Zugang zu antworten. Soweit das Auskunftsersuchen nicht mit einer das Ersuchen erschöpfenden Auskunft beantwortet wird, ist dies in der Antwort zu begründen.

§ 6 Übergangsvorschriften

(1) Der Bericht nach § 2 wird erstmals für das erste Halbjahr 2018 fällig.

(2) Die Verfahren nach § 3 müssen innerhalb von drei Monaten nach Inkrafttreten dieses Gesetzes eingeführt sein. Erfüllt der Anbieter eines sozialen Netzwerkes die Voraussetzungen des § 1 erst zu einem späteren Zeitpunkt, so müssen die Verfahren nach § 3 drei Monate nach diesem Zeitpunkt eingeführt sein.

Telemediengesetz (TMG)

Artikel 1 des Gesetzes vom 26.02.2007 (BGBl. I S. 179), in Kraft getreten am 01.03.2007, zuletzt geändert durch Gesetz vom 11.07.2019 (BGBl. I S. 1066) m.W.v. 18.07.2019

§ 14 Bestandsdaten[1]

(1) Der Diensteanbieter darf personenbezogene Daten eines Nutzers nur erheben und verwenden, soweit sie für die Begründung, inhaltliche Ausgestaltung oder Änderung eines Vertragsverhältnisses zwischen dem Diensteanbieter und dem Nutzer über die Nutzung von Telemedien erforderlich sind (Bestandsdaten).

(2) Auf Anordnung der zuständigen Stellen darf der Diensteanbieter im Einzelfall Auskunft über Bestandsdaten erteilen, soweit dies für Zwecke der Strafverfolgung, zur Gefahrenabwehr durch die Polizeibehörden der Länder, zur Erfüllung der gesetzlichen Aufgaben der Behörden der Zollverwaltung und der nach Landesrecht zuständigen Behörden zur Wahrnehmung ihrer Prüfungsaufgaben nach § 2 Absatz 1 und 3 des Schwarzarbeitsbekämpfungsgesetzes und zur Verhütung und Verfolgung von damit zusammenhängenden Straftaten und Ordnungswidrigkeiten und zur Erfüllung der gesetzlichen Aufgaben der Verfassungsschutzbehörden des Bundes und der Länder, des Bundesnachrichtendienstes oder des Militärischen Abschirmdienstes oder des Bundeskriminalamtes im Rahmen seiner Aufgabe zur Abwehr von Gefahren des internationalen Terrorismus oder zur Durchsetzung der Rechte am geistigen Eigentum erforderlich ist.

(3) Der Diensteanbieter darf darüber hinaus im Einzelfall Auskunft über bei ihm vorhandene Bestandsdaten erteilen, soweit dies zur Durchsetzung zivilrechtlicher Ansprüche wegen der Verletzung absolut geschützter Rechte aufgrund rechtswidriger Inhalte, die von § 1 Absatz 3 des Netzwerkdurchsetzungsgesetzes erfasst werden, erforderlich ist.

(4) Für die Erteilung der Auskunft nach Absatz 3 ist eine vorherige gerichtliche Anordnung über die Zulässigkeit der Auskunftserteilung erforderlich, die vom Verletzten zu beantragen ist. Für den Erlass dieser Anordnung ist das Landgericht ohne Rücksicht auf den Streitwert zuständig. Örtlich zuständig ist das Gericht, in dessen Bezirk der Verletzte seinen Wohnsitz, seinen Sitz oder eine Niederlassung hat. Die Entscheidung trifft die Zivilkammer. Für das Verfahren gelten die Vorschriften des Gesetzes über das Verfahren in Familiensachen und in den Angelegenheiten der freiwilligen Gerichtsbarkeit entsprechend. Die Kosten der richterlichen Anordnung trägt der Verletzte. Gegen die Entscheidung des Landgerichts ist die Beschwerde statthaft.

(5) Der Diensteanbieter ist als Beteiligter zu dem Verfahren nach Absatz 4 hinzuzuziehen. Er darf den Nutzer über die Einleitung des Verfahrens unterrichten.

---

[1] Die Änderungen des TMG durch die Einführung der § 14 Abs. 3 bis 5 waren Teil des Artikelgesetzes zum NetzDG und gehen zurück auf Art. 2 Nr. 1 G v. 1.9.2017 I 3352 mWv 1.10.2017.

Gesetzesentwurf der Fraktionen CDU/CSU und SPD – BT-Drucks. 18/12356 v. 16.05.2017

Deutscher Bundestag **Drucksache 18/12356**

18. Wahlperiode 16.05.2017

Gesetzentwurf

der Fraktionen der CDU/CSU und SPD

Entwurf eines Gesetzes zur Verbesserung der Rechtsdurchsetzung in sozialen Netzwerken (Netzwerkdurchsetzungsgesetz – NetzDG)

A. Problem und Ziel

Gegenwärtig ist eine massive Veränderung des gesellschaftlichen Diskurses im Netz und insbesondere in den sozialen Netzwerken festzustellen. Die Debattenkultur im Netz ist oft aggressiv, verletzend und nicht selten hasserfüllt. Durch Hasskriminalität und andere strafbare Inhalte kann jede und jeder aufgrund der Meinung, Hautfarbe oder Herkunft, der Religion, des Geschlechts oder der Sexualität diffamiert werden. Hasskriminalität und andere strafbare Inhalte, die nicht effektiv bekämpft und verfolgt werden können, bergen eine große Gefahr für das friedliche Zusammenleben einer freien, offenen und demokratischen Gesellschaft. Nach den Erfahrungen im US-Wahlkampf hat überdies auch in der Bundesrepublik Deutschland die Bekämpfung von strafbaren Falschnachrichten („Fake News“) in sozialen Netzwerken hohe Priorität gewonnen. Es bedarf daher einer Verbesserung der Rechtsdurchsetzung in sozialen Netzwerken, um objektiv strafbare Inhalte wie etwa Volksverhetzung, Beleidigung, Verleumdung oder Störung des öffentlichen Friedens durch Vortäuschen von Straftaten unverzüglich zu entfernen.

Die zunehmende Verbreitung von Hasskriminalität und anderen strafbaren Inhalten vor allem in sozialen Netzwerken wie Facebook, YouTube und Twitter hat das Bundesministerium der Justiz und für Verbraucherschutz bereits im Jahr 2015 veranlasst, eine Task Force mit den Betreibern der Netzwerke und Vertretern der Zivilgesellschaft ins Leben zu rufen. Die in der Task Force vertretenen Unternehmen haben zugesagt, den Umgang mit Hinweisen auf Hasskriminalität und andere strafbare Inhalte auf ihren Seiten zu verbessen. Die Unternehmen haben sich verpflichtet, anwenderfreundliche Mechanismen zur Meldung kritischer Beiträge einzurichten und die Mehrzahl der gemeldeten Beiträge mit sprachlich und juristisch qualifizierten Teams innerhalb von 24 Stunden zu prüfen und zu löschen, falls diese rechtswidrig sind. Maßstab der Prüfung ist deutsches Recht.

Die Selbstverpflichtungen der Unternehmen haben zu ersten Verbesserungen geführt. Diese reichen aber noch nicht aus. Noch immer werden zu wenige strafbare Inhalte gelöscht. Ein von jugendschutz.net durchgeführtes Monitoring der Löschpraxis sozialer Netzwerke vom Januar/Februar 2017 hat ergeben, dass die Beschwerden von Nutzerinnen und Nutzern gegen Hasskriminalität und andere strafbare Inhalte nach wie vor nicht unverzüglich und ausreichend bearbeitet werden.

Zwar werden bei YouTube mittlerweile in 90 Prozent der Fälle strafbare Inhalte gelöscht. Facebook hingegen löschte nur in 39 Prozent der Fälle, Twitter nur in 1 Prozent der Fälle.

Die Anbieter der sozialen Netzwerke haben eine Verantwortung, der sie gerecht werden müssen. Angesichts der Tatsache, dass das bisherige Instrumentarium und die zugesagten Selbstverpflichtungen der sozialen Netzwerke nicht ausreichend wirken und es erhebliche Probleme bei der Durchsetzung des geltenden Rechts gibt, bedarf es der Einführung von bußgeldbewehrten Compliance-Regeln für soziale Netzwerke, um effektiv und unverzüglich gegen Hasskriminalität und andere strafbare Inhalte im Netz vorgehen zu können.

B. Lösung

Um die sozialen Netzwerke zu einer zügigeren und umfassenderen Bearbeitung von Beschwerden insbesondere von Nutzerinnen und Nutzern über Hasskriminalität und andere strafbare Inhalte anzuhalten, werden durch den Entwurf gesetzliche Compliance-Regeln für soziale Netzwerke eingeführt. Vorgesehen sind eine gesetzliche Berichtspflicht für soziale Netzwerke über den Umgang mit Hasskriminalität und anderen strafbaren Inhalten, ein wirksames Beschwerdemanagement sowie die Benennung eines inländischen Zustellungsbevollmächtigten. Verstöße gegen diese Pflichten können mit Bußgeldern gegen das Unternehmen und die Aufsichtspflichtigen geahndet werden. Außerdem wird es Opfern von Persönlichkeitsrechtsverletzungen im Netz ermöglicht, aufgrund gerichtlicher Anordnung die Bestandsdaten der Verletzer von Diensteanbietern zu erhalten.

C. Alternativen

Keine.

D. Haushaltsausgaben ohne Erfüllungsaufwand

Keine.

E. Erfüllungsaufwand

E.1 Erfüllungsaufwand für Bürgerinnen und Bürger

Keiner.

E.2 Erfüllungsaufwand für die Wirtschaft

Der Entwurf führt neun neue Informationspflichten für soziale Netzwerke ein, die in einem vierteljährlich zu erstellenden Bericht zu erfüllen sind. Die Schätzung des damit verbundenen Erfüllungsaufwands ist naturgemäß mit Unsicherheiten verbunden. Der auf jeden Bericht entfallende Erfüllungsaufwand einschließlich der Entgelte für die Veröffentlichung im Bundesanzeiger wird auf 50 000 Euro geschätzt. Hierbei wird auch berücksichtigt, dass die Berichte thematisch auf die Bekämpfung von Hasskriminalität und anderen strafbaren Inhalten im Sinne dieses Entwurfs beschränkt sind.

Wegen des Schwellenwertes in § 1 Absatz 2 (zwei Millionen Nutzerinnen und Nutzer im Inland) werden höchstens zehn soziale Netzwerke berichtspflichtig werden. Der gesamte Erfüllungsaufwand für die Berichtspflicht ist daher auf 2 Millionen Euro jährlich zu schätzen.

Die Schätzung des Erfüllungsaufwands für die Pflicht zur Vorhaltung eines wirksamen Beschwerdesystems ist ebenfalls mit Unsicherheiten verbunden. Unter Berücksichtigung aller relevanten Umstände ergibt sich ein jährlicher Erfüllungsaufwand in Höhe von 25 Millionen Euro für die Pflicht zur Vorhaltung eines wirksamen Beschwerdemanagements.

Schließlich wird der Erfüllungsaufwand der Pflicht, einen inländischen Zustellungsbevollmächtigten für jeden Zivilprozess und jedes Bußgeldverfahren nach diesem Gesetz zu benennen, auf eine Million Euro jährlich geschätzt.

Der Erfüllungsaufwand für den durch die Änderung in Artikel 2 durchsetzbar gemachten Auskunftsanspruch gegen sämtliche Diensteanbieter nach dem Telemediengesetz wird auf eine Million Euro jährlich geschätzt.

Der Entwurf verursacht für die sozialen Netzwerke mithin insgesamt einen Erfüllungsaufwand in Höhe von 28 Millionen Euro jährlich, zusätzlich für sämtliche Diensteanbieter nach dem Telemediengesetz einen Erfüllungsaufwand in Höhe von einer Million Euro jährlich. Dieser jährliche Erfüllungsaufwand unterliegt der „One in, one out"-Regel der Bundesregierung. Die Kompensation erfolgt durch Teile des Anteils des Bundesministeriums der Justiz und für Verbraucherschutz an den Entlastungen aus dem Gesetz zur Entlastung insbesondere der mittelständischen Wirtschaft von Bürokratie (Bürokratieentlastungsgesetz).

Davon Bürokratiekosten aus Informationspflichten

2 Millionen Euro jährlich.

E.3 Erfüllungsaufwand der Verwaltung

Der Entwurf führt zu Erfüllungsaufwand beim Bund.

Für die Bundesverwaltung entstehen durch die im Gesetz vorgesehene Funktion des Bundesamtes für Justiz als Verfolgungsbehörde für Verstöße gegen die Berichtspflicht nach § 2 und gegen das in § 3 vorgegebene Beschwerdemanagement sozialer Netzwerke Kosten von rund 4 Millionen Euro jährlich und einmalige Aufwendungen in Höhe von circa 350 000 Euro.

Die sozialen Netzwerke werden durch § 2 verpflichtet, vierteljährlich einen Bericht über den Umgang mit Hasskriminalität und anderen strafbaren Inhalten in sozialen Netzwerken herauszugeben. Vom Entwurf sind primär drei soziale Netzwerke betroffen, bei weiteren sieben Netzwerken ist eine Einbeziehung denkbar. Insgesamt geht es also jährlich um höchstens 40 Berichte, die Gegenstand eines Bußgeldverfahrens sein könnten. Da diese Berichte mit hoher Aufmerksamkeit aufgenommen werden, sind rund 500 Beschwerden gegen die Berichte denkbar. Auf der anderen Seite ist zu erwarten, dass die sozialen Netzwerke ihrer Berichtspflicht rechtzeitig und richtig nachkommen werden, so dass sich der Kontrollaufwand in Grenzen hält. Daher werden pro Jahr voraussichtlich nicht mehr als 20 Bußgeldverfahren erwachsen.

Daneben werden die sozialen Netzwerke durch § 3 verpflichtet, ein wirksames und effizientes Beschwerdemanagement vorzuhalten. Insbesondere werden sie verpflichtet, einen offensichtlich rechtswidrigen Inhalt innerhalb von 24 Stunden nach Eingang der Beschwerde zu löschen. Verstöße gegen diese Pflicht können mit einem Bußgeld geahndet werden. In diesem Bereich ist mit einer erheblichen Zahl von Anzeigen an das Bundesamt für Justiz zu rechnen. Bei den sozialen Netzwerken gehen schätzungsweise jährlich mindestens 500 000 Beschwerden aus der Bundesrepublik Deutschland wegen Hasskriminalität und anderen strafbaren Inhalten ein. Gelöscht oder gesperrt wird jedoch nur ein Bruchteil dessen. Zahlreiche Nutzer, die vermeintliche Hasskriminalität oder andere strafbare Inhalte gemeldet haben, könnten sich daher veranlasst sehen, ihre erfolglose Beschwerde dem Bundesamt für Justiz zuzuleiten. Geschätzt wird, dass dies in 5 Prozent aller erfolglosen Beschwerden, also in rund 25 000 Fällen geschieht. Da diese Anzeigen aber zum großen Teil unbegründet sein werden, kann mit einem jährlichen Verfahrensaufkommen von 500 Bußgeldverfahren im Bereich des Beschwerdemanagements gerechnet werden.

Nach einer Schätzung des Bundesamtes für Justiz ergeben sich durch die durch den Entwurf eingeführte Funktion als Verfolgungsbehörde zusätzliche jährliche Personalkosten für die Registrierung und Prüfung der Anzeigen, die Führung der Bußgeldverfahren einschließlich der Rechtsmittelverfahren, die Fach- und Rechtsaufsicht, Führungs- und Leitungsaufgaben, Zwangsvollstreckung und Rechnungswesen. Hinzu kommt Personal für den IT-Betrieb. Die Personalkosten setzen sich wie folgt zusammen:

	Stellen	Personalkosten je Stelle/Jahr einschließlich Sachkostenpauschale (€)	Personalkosten gesamt (€)
A 15	1	125 158,19	125 158
A 14	7	112 523,69	787 666
A 13gD	2,5	103 647,49	259 186
A 12	20	95 273,87	1 905 477
A 8	8,5	72 233,77	613 987
A 6e	0,5	65 318,00	32 659
Summe	**39,5**		**3 724 134**

Weiterer Erfüllungsaufwand wird durch notwendige Schulungen und Betreuungen der Bearbeiterinnen und Bearbeiter, Übersetzungen für fremdsprachige Inhalte, die als rechtswidrig gemeldet werden und durch das in § 3 Absatz 5 vorgesehene Monitoring durch eine externe Stelle verursacht. Die Gesamtkosten werden auf 300 000 Euro jährlich geschätzt. Für IT-Aufwände fallen einmalige Sachkosten in Höhe von rund 350 000 Euro und jährliche Kosten in Höhe von 25 000 Euro an.

Mehrbedarf an Sach- und Personalmitteln beim Bund soll finanziell und stellenmäßig im Einzelplan 07 ausgeglichen werden. Über Einzelheiten zur Deckung des Mehrbedarfs wird im Rahmen kommender Haushaltsaufstellungsverfahren zu entscheiden sein.

F. Weitere Kosten

Geringe Mehrkosten für die Justiz der Länder ergeben sich zum einen aus der in § 4 Absatz 5 vorgesehenen Verpflichtung des Bundesamtes für Justiz, eine Vorabentscheidung über die Rechtswidrigkeit beim zuständigen Gericht einzuholen. Dieses Aufkommen wird auf weniger als 100 Fälle im Jahr geschätzt. Zum anderen werden die Gerichte der Länder mit zusätzlichen gerichtlichen Verfahren nach dem Ordnungswidrigkeitengesetz und zur Durchsetzung von Auskunftsansprüchen befasst. Hier ist von 300 Verfahren im Jahr auszugehen. Der insgesamt erforderliche Erfüllungsaufwand wird auf 300 000 Euro im Jahr geschätzt.

Auswirkungen auf das Preisniveau, insbesondere auf das Verbraucherpreisniveau, sind nicht zu erwarten.

Entwurf eines Gesetzes zur Verbesserung der Rechtsdurchsetzung in sozialen Netzwerken

(Netzwerkdurchsetzungsgesetz – NetzDG)*)

Vom ...

Der Bundestag hat das folgende Gesetz beschlossen:

Artikel 1

Gesetz zur Verbesserung der Rechtsdurchsetzung in sozialen Netzwerken (Netzwerkdurchsetzungsgesetz – NetzDG)

§ 1

Anwendungsbereich

(1) Dieses Gesetz gilt für Telemediendiensteanbieter, die mit Gewinnerzielungsabsicht Plattformen im Internet betreiben, die es Nutzern ermöglichen, beliebige Inhalte mit anderen Nutzern auszutauschen, zu teilen oder der Öffentlichkeit zugänglich zu machen (soziale Netzwerke). Plattformen mit journalistisch-redaktionell gestalteten Angeboten, die vom Diensteanbieter selbst verantwortet werden, gelten nicht als soziale Netzwerke im Sinne dieses Gesetzes.

(2) Der Anbieter eines sozialen Netzwerks ist von den Pflichten nach den §§ 2 und 3 befreit, wenn das soziale Netzwerk im Inland weniger als zwei Millionen Nutzer hat.

(3) Rechtswidrige Inhalte sind Inhalte im Sinne des Absatzes 1, die den Tatbestand der §§ 86, 86a, 89a, 90, 90a, 90b, 91, 100a, 111, 126, 129 bis 129b, 130, 131, 140, 166, 184b, 184d, 185 bis 187, 241 oder 269 des Strafgesetzbuchs erfüllen.

§ 2

Berichtspflicht

(1) Anbieter sozialer Netzwerke sind verpflichtet, einen deutschsprachigen Bericht über den Umgang mit Beschwerden über rechtswidrige Inhalte auf ihren Plattformen mit den Angaben nach Absatz 2 vierteljährlich zu erstellen und im Bundesanzeiger sowie auf der eigenen Homepage spätestens einen Monat nach Ende eines Quartals zu veröffentlichen. Der auf der eigenen Homepage veröffentlichte Bericht muss leicht erkennbar, unmittelbar erreichbar und ständig verfügbar sein.

(2) Der Bericht hat mindestens auf folgende Aspekte einzugehen:

1. allgemeine Ausführungen, welche Anstrengungen der Anbieter des sozialen Netzwerks unternimmt, um strafbare Handlungen auf den Plattformen zu unterbinden,

*) Notifiziert gemäß der Richtlinie (EU) 2015/1535 des Europäischen Parlaments und des Rates vom 9. September 2015 über ein Informationsverfahren auf dem Gebiet der technischen Vorschriften und der Vorschriften für die Dienste der Informationsgesellschaft (ABl. L 204 vom 17.9.2015, S. 1).

2. Darstellung der Mechanismen zur Übermittlung von Beschwerden über rechtswidrige Inhalte und der Entscheidungskriterien für Löschung und Sperrung von rechtswidrigen Inhalten,
3. Anzahl der im Berichtszeitraum eingegangenen Beschwerden über rechtswidrige Inhalte, aufgeschlüsselt nach Beschwerden von Beschwerdestellen und Beschwerden von Nutzern und nach dem Beschwerdegrund,
4. Organisation, personelle Ausstattung, fachliche und sprachliche Kompetenz der für die Bearbeitung von Beschwerden zuständigen Arbeitseinheiten und Schulung und Betreuung der für die Bearbeitung von Beschwerden zuständigen Personen,
5. Mitgliedschaft in Branchenverbänden mit Hinweis darauf, ob in diesen Branchenverbänden eine Beschwerdestelle existiert,
6. Anzahl der Beschwerden, bei denen eine externe Stelle konsultiert wurde, um die Entscheidung vorzubereiten,
7. Anzahl der Beschwerden, die im Berichtszeitraum zur Löschung oder Sperrung des beanstandeten Inhalts führten, aufgeschlüsselt nach Beschwerden von Beschwerdestellen und von Nutzern sowie nach dem Beschwerdegrund,
8. Zeit zwischen Beschwerdeeingang beim sozialen Netzwerk und Löschung oder Sperrung des rechtswidrigen Inhalts, aufgeschlüsselt nach Beschwerden von Beschwerdestellen und von Nutzern, nach dem Beschwerdegrund sowie nach den Zeiträumen „innerhalb von 24 Stunden“, „innerhalb von 48 Stunden“, „innerhalb einer Woche“, „zu einem späteren Zeitpunkt“,
9. Maßnahmen zur Unterrichtung des Beschwerdeführers sowie des Nutzers, für den der beanstandete Inhalt gespeichert wurde, über die Entscheidung über die Beschwerde.

§ 3

Umgang mit Beschwerden über rechtswidrige Inhalte

(1) Der Anbieter eines sozialen Netzwerks muss ein wirksames und transparentes Verfahren nach den Absätzen 2 und 3 für den Umgang mit Beschwerden über rechtswidrige Inhalte vorhalten. Der Anbieter muss Nutzern ein leicht erkennbares, unmittelbar erreichbares und ständig verfügbares Verfahren zur Übermittlung von Beschwerden über rechtswidrige Inhalte zur Verfügung stellen.

(2) Das Verfahren muss gewährleisten, dass der Anbieter des sozialen Netzwerks

1. unverzüglich von der Beschwerde Kenntnis nimmt und prüft, ob der Inhalt rechtswidrig und zu entfernen oder der Zugang zu ihm zu sperren ist,
2. einen offensichtlich rechtswidrigen Inhalt innerhalb von 24 Stunden nach Eingang der Beschwerde entfernt oder den Zugang zu ihm sperrt; dies gilt nicht, wenn das soziale Netzwerk mit der zuständigen Strafverfolgungsbehörde einen längeren Zeitraum für die Löschung oder Sperrung des offensichtlich rechtswidrigen Inhalts vereinbart hat,
3. jeden rechtswidrigen Inhalt innerhalb von sieben Tagen nach Eingang der Beschwerde entfernt oder den Zugang zu ihm sperrt,
4. im Falle der Entfernung den Inhalt zu Beweiszwecken sichert und zu diesem Zweck für die Dauer von zehn Wochen im Inland speichert,
5. den Beschwerdeführer und den Nutzer über jede Entscheidung unverzüglich informiert und seine Entscheidung ihnen gegenüber begründet und
6. sämtliche auf den Plattformen befindlichen Kopien des rechtswidrigen Inhalts ebenfalls unverzüglich entfernt oder sperrt.

(3) Das Verfahren muss vorsehen, dass jede Beschwerde und die zu ihrer Abhilfe getroffene Maßnahme im Inland dokumentiert wird.

(4) Der Umgang mit Beschwerden muss von der Leitung des sozialen Netzwerks durch monatliche Kontrollen überwacht werden. Organisatorische Unzulänglichkeiten im Umgang mit eingegangenen Beschwerden müssen unverzüglich beseitigt werden. Den mit der Bearbeitung von Beschwerden beauftragten Personen müssen von der Leitung des sozialen Netzwerks regelmäßig, mindestens aber halbjährlich deutschsprachige Schulungs- und Betreuungsangebote gemacht werden.

(5) Die Verfahren nach Absatz 1 können durch eine von der in § 4 genannten Verwaltungsbehörde beauftragten Stelle überwacht werden.

§ 4

Bußgeldvorschriften

(1) Ordnungswidrig handelt, wer vorsätzlich oder fahrlässig

1. entgegen § 2 Absatz 1 Satz 1 einen Bericht nicht, nicht richtig, nicht vollständig oder nicht rechtzeitig erstellt oder nicht, nicht richtig, nicht vollständig, nicht in der vorgeschriebenen Weise oder nicht rechtzeitig veröffentlicht,
2. entgegen § 3 Absatz 1 Satz 1 ein dort genanntes Verfahren für den Umgang mit Beschwerden von Beschwerdestellen oder Nutzern, die im Inland wohnhaft sind oder ihren Sitz haben, nicht, nicht richtig oder nicht vollständig vorhält,
3. entgegen § 3 Absatz 1 Satz 2 ein dort genanntes Verfahren nicht oder nicht richtig zur Verfügung stellt,
4. entgegen § 3 Absatz 4 Satz 1 den Umgang mit Beschwerden nicht oder nicht richtig überwacht,
5. entgegen § 3 Absatz 4 Satz 2 eine organisatorische Unzulänglichkeit nicht oder nicht rechtzeitig beseitigt,
6. entgegen § 3 Absatz 4 Satz 3 eine Schulung oder eine Betreuung nicht oder nicht rechtzeitig anbietet oder
7. entgegen § 5 einen inländischen Zustellungsbevollmächtigten oder einen inländischen Empfangsberechtigten nicht oder nicht rechtzeitig benennt.

(2) Die Ordnungswidrigkeit kann in den Fällen des Absatzes 1 Nummer 7 mit einer Geldbuße bis zu fünfhunderttausend Euro, in den übrigen Fällen des Absatzes 1 mit einer Geldbuße bis zu fünf Millionen Euro geahndet werden. § 30 Absatz 2 Satz 3 des Gesetzes über Ordnungswidrigkeiten ist anzuwenden.

(3) Die Ordnungswidrigkeit kann auch dann geahndet werden, wenn sie nicht im Inland begangen wird.

(4) Verwaltungsbehörde im Sinne des § 36 Absatz 1 Nummer 1 des Gesetzes über Ordnungswidrigkeiten ist das Bundesamt für Justiz. Das Bundesministerium der Justiz und für Verbraucherschutz erlässt im Einvernehmen mit dem Bundesministerium des Innern, dem Bundesministerium für Wirtschaft und Energie und dem Bundesministerium für Verkehr und digitale Infrastruktur allgemeine Verwaltungsgrundsätze über die Ausübung des Ermessens der Bußgeldbehörde bei der Einleitung eines Bußgeldverfahrens und bei der Bemessung der Geldbuße.

(5) Will die Verwaltungsbehörde ihre Entscheidung darauf stützen, dass ein nicht entfernter oder nicht gesperrter Inhalt rechtswidrig im Sinne des § 1 Absatz 3 ist, so hat sie über die Rechtswidrigkeit vorab eine gerichtliche Entscheidung herbeizuführen. Zuständig ist das Gericht, das über den Einspruch gegen den Bußgeldbescheid entscheidet. Der Antrag auf Vorabentscheidung ist dem Gericht zusammen mit der Stellungnahme des sozialen Netzwerks zuzuleiten. Über den Antrag kann ohne mündliche Verhandlung entschieden werden. Die Entscheidung ist nicht anfechtbar und für die Verwaltungsbehörde bindend.

§ 5

Inländischer Zustellungsbevollmächtigter

Anbieter sozialer Netzwerke haben für Zustellungen in Bußgeldverfahren nach diesem Gesetz gegenüber der Verwaltungsbehörde, der Staatsanwaltschaft und dem zuständigen Gericht, sowie in zivilgerichtlichen Verfahren gegenüber dem zuständigen Gericht einen inländischen Zustellungsbevollmächtigten unverzüglich zu benennen. Für Auskunftsersuchen einer inländischen Strafverfolgungsbehörde ist eine empfangsberechtigte Person im Inland zu benennen.

§ 6

Übergangsvorschriften

(1) Der Bericht nach § 2 wird erstmals für das zweite auf das Inkrafttreten dieses Gesetzes folgende Vierteljahr fällig.

(2) Die Verfahren nach § 3 müssen innerhalb von drei Monaten nach Inkrafttreten dieses Gesetzes eingeführt sein.

Artikel 2

Änderung des Telemediengesetzes

In § 14 Absatz 2 des Telemediengesetzes, das zuletzt durch Artikel 1 des Gesetzes vom 21. Juli 2016 (BGBl. I S. 1766) geändert worden ist, werden nach dem Wort „Eigentum" die Wörter „oder anderer absolut geschützter Rechte" eingefügt.

Artikel 3

Inkrafttreten

Dieses Gesetz tritt am Tag nach der Verkündung in Kraft.

Berlin, den 16. Mai 2017

Volker Kauder, Gerda Hasselfeldt und Fraktion
Thomas Oppermann und Fraktion

Begründung

A. Allgemeiner Teil

I. Zielsetzung und Notwendigkeit der Regelungen

Gegenwärtig ist eine massive Veränderung des gesellschaftlichen Diskurses im Netz und insbesondere in den sozialen Netzwerken festzustellen. Die Debattenkultur im Netz ist oft aggressiv, verletzend und nicht selten hasserfüllt. Hassrede und rassistische Hetze können jede und jeden aufgrund der Meinung, Hautfarbe oder Herkunft, der Religion, des Geschlechts oder der Sexualität diffamieren. Hasskriminalität und andere strafbare Inhalte, die nicht effektiv bekämpft und verfolgt werden können, bergen eine große Gefahr für das friedliche Zusammenleben einer freien, offenen und demokratischen Gesellschaft. Nach den Erfahrungen im US-Wahlkampf hat auch in der Bundesrepublik Deutschland die Bekämpfung von strafbaren Falschnachrichten („Fake News") in sozialen Netzwerken hohe Priorität gewonnen. Es bedarf daher einer Verbesserung der Rechtsdurchsetzung in sozialen Netzwerken, um objektiv strafbare Inhalte wie etwa Volksverhetzung, Beleidigung, Verleumdung oder Störung des öffentlichen Friedens durch Vortäuschen von Straftaten unverzüglich zu entfernen.

Die zunehmende Verbreitung von Hasskriminalität und anderen strafbaren Inhalten, vor allem in sozialen Netzwerken, hat das Bundesministerium der Justiz und für Verbraucherschutz bereits im Jahr 2015 veranlasst, eine Task Force mit den Betreibern der Netzwerke und Vertretern der Zivilgesellschaft ins Leben zu rufen. Die in der Task Force vertretenen Unternehmen haben zugesagt, den Umgang mit Hinweisen auf Hasskriminalität und andere strafbare Inhalte auf ihren Seiten zu verbessen. Die Unternehmen haben sich verpflichtet, anwenderfreundliche Mechanismen zum Melden kritischer Beiträge einzurichten und die Mehrzahl der gemeldeten Beiträge mit sprachlich und juristisch qualifizierten Teams innerhalb von 24 Stunden zu prüfen und zu löschen, falls sie rechtswidrig sind. Maßstab der Prüfung ist deutsches Recht.

Die Selbstverpflichtungen der Unternehmen haben zu ersten Verbesserungen geführt. Diese reichen aber noch nicht aus. Noch immer werden zu wenige strafbare Inhalte gelöscht. Ein von jugendschutz.net durchgeführtes Monitoring der Löschpraxis sozialer Netzwerke vom Januar/Februar 2017 hat ergeben, dass die Beschwerden normaler Nutzer gegen Hasskriminalität und andere strafbare Inhalte nach wie vor nicht unverzüglich und ausreichend bearbeitet werden. Zwar werden bei YouTube mittlerweile in 90 Prozent der Fälle strafbare Inhalte gelöscht. Facebook hingegen löschte nur in 39 Prozent der Fälle, Twitter nur in 1 Prozent der Fälle.

Auch die Transparenz der sozialen Netzwerke ist unzureichend. Die von den sozialen Netzwerken veröffentlichten Informationen über die Entfernung und Sperrung rechtswidriger Inhalte auf ihren Plattformen sind nicht aussagekräftig genug. Die erhaltenen Beschwerden werden nicht nach Fallgruppen aufgeschlüsselt, zudem machen die Unternehmen keine Angaben darüber, wieviel Prozent der Beschwerden zu Löschungen oder Sperren führten.

Die Anbieter der sozialen Netzwerke haben eine Verantwortung für die gesellschaftliche Debattenkultur, der sie gerecht werden müssen. Angesichts der Tatsache, dass das bisherige Instrumentarium und die zugesagten Selbstverpflichtungen der sozialen Netzwerke nicht ausreichend wirken und es erhebliche Probleme bei der Durchsetzung des geltenden Rechts gibt, bedarf es der Einführung von bußgeldbewehrten Compliance-Regeln für soziale Netzwerke, um effektiv und unverzüglich gegen Hasskriminalität und andere strafbare Inhalte im Netz vorgehen zu können.

II. Wesentlicher Inhalt des Entwurfs

Um die sozialen Netzwerke zu einer schnelleren und umfassenderen Bearbeitung von Beschwerden über Hasskriminalität und andere strafbare Inhalte anzuhalten, sieht der Entwurf die Einführung gesetzlicher Compliance-Regeln für soziale Netzwerke vor. Dabei wird durch eine Legaldefinition des sozialen Netzwerks sichergestellt, dass die Berichtspflicht nur die Betreiber großer sozialer Netzwerke mit Meinungsmacht und nicht sämtliche

Diensteanbieter nach dem Telemediengesetz (TMG) trifft. Medienplattformen mit eigenen journalistisch-redaktionell gestalteten Inhalten werden von dem Entwurf nicht erfasst. Die Definition der sozialen Netzwerke erfasst sowohl den Austausch von Inhalten mit anderen Nutzern in einer geschlossenen Netzgemeinschaft („gated community“) als auch die Verbreitung von Inhalten in der Öffentlichkeit. Vorgesehen ist eine Bagatellgrenze für kleinere Unternehmen (Start-up-Unternehmen). Zudem wird klargestellt, dass nur solche rechtswidrigen Inhalte erfasst sind, die den objektiven Tatbestand der Strafnormen erfassen, die dazu dienen, Hasskriminalität und andere strafbare Inhalte, die im Netz verbreitet werden sowie andere Formen der Störung des öffentlichen Friedens zu bekämpfen.

Hasskriminalität erfüllt in der Regel strafrechtliche Tatbestände wie üble Nachrede, Verleumdung oder Volksverhetzung. Erfasst werden auch falsche Nachrichten („Fake News“), soweit sie objektiv den Tatbestand einer oder mehrerer der in § 1 Absatz 3 genannten Strafrechtsnormen erfüllen, etwa die Störung des öffentlichen Friedens durch Vortäuschen von Straftaten.

Soziale Netzwerke werden gesetzlich verpflichtet, vierteljährlich über den Umgang mit Beschwerden über strafrechtlich relevante Inhalte zu berichten. Der Bericht soll sowohl statistische Angaben über das Beschwerdevolumen und die Entscheidungspraxis der Netzwerke enthalten als auch über die mit der Bearbeitung der Beschwerden beauftragten Beschwerdeteams informieren. Der Bericht wird im elektronischen Bundesanzeiger und auf der eigenen Homepage des sozialen Netzwerks leicht auffindbar veröffentlicht werden.

Der Entwurf legt gesetzliche Standards für ein wirksames Beschwerdemanagement fest, die gewährleisten, dass soziale Netzwerke offensichtlich strafrechtlich relevante Inhalte, die den objektiven Tatbestand einer der in § 1 Absatz 3 genannten Strafvorschriften erfüllen, in der Regel 24 Stunden nach Eingang der Nutzerbeschwerde löschen. Gefordert werden wirksame und transparente Verfahren zur unverzüglichen Löschung rechtswidriger Inhalte einschließlich nutzerfreundlicher Mechanismen zur Übermittlung von Beschwerden. Ausgangspunkt dieser Compliance-Pflicht ist die Haftungsregelung für Diensteanbieter nach § 10 TMG. Diese sind verpflichtet, einen rechtswidrigen Inhalt, den sie für einen Nutzer speichern, unverzüglich zu entfernen oder den Zugang zu ihm zu sperren, wenn sie von dem Inhalt Kenntnis genommen haben. Die in diesem Entwurf statuierten Compliance-Pflichten setzen diese Verpflichtung der Diensteanbieter voraus und konkretisieren sie.

Das Bedürfnis nach einer Regelung zum Umgang mit Beschwerden über Hasskriminalität und anderen strafbaren Inhalten – im Unterschied zu den „klassischen Medien“ – lässt sich mit der Besonderheit des Internets erklären. Bei den klassischen Medien wird eine rechtswidrige Situation nicht in gleicher Weise perpetuiert wie im Internet.

Die vorsätzliche oder fahrlässige Nichteinhaltung der Berichtspflicht und die Zuwiderhandlung gegen die Pflicht, ein wirksames Beschwerdemanagement vorzuhalten, sowie die nicht rechtzeitige Benennung eines inländischen Zustellungsbevollmächtigten oder eines inländischen Empfangsberechtigten stellen nach dem Entwurf eine Ordnungswidrigkeit dar, die mit einer Geldbuße bis zu fünf Millionen Euro geahndet werden kann. Die Ordnungswidrigkeit knüpft im Hinblick auf das Beschwerdemanagement an die Organisationspflichten an. Ordnungswidrig handelt, wer vorsätzlich oder fahrlässig ein Beschwerdemanagement gar nicht oder mangelhaft einrichtet, organisatorische Unzulänglichkeiten nicht beseitigt oder die gesetzlichen Vorgaben für das Beschwerdemanagement über einen nicht unerheblichen Zeitraum verfehlt. Die Geldbuße soll gemäß § 17 Absatz 4 des Gesetzes über Ordnungswidrigkeiten (OWiG) den wirtschaftlichen Vorteil aus der Ordnungswidrigkeit übersteigen.

Durch den daneben anwendbaren § 130 OWiG ist auch eine Verfolgung des Inhabers des Unternehmens, das das soziale Netzwerk betreibt, möglich, wenn die Zuwiderhandlung gegen die Pflicht zur Vorhaltung eines wirksamen Beschwerdemanagements oder gegen die Berichtspflicht durch gehörige Aufsicht hätte verhindert oder wesentlich erschwert werden können.

Nach Maßgabe des § 30 OWiG kann auch gegen juristische Personen und Personenvereinigungen eine Geldbuße festgesetzt werden. Das Höchstmaß der Geldbuße nach diesem Entwurf erhöht sich in diesem Fall auf 50 Millionen Euro (§ 30 Absatz 2 Satz 3 OWiG).

Als zuständige Verwaltungsbehörde nach § 36 OWiG bestimmt der Entwurf das Bundesamt für Justiz, das im Rahmen der Verfolgung der in diesem Entwurf bezeichneten OWiG-Tatbestände auch zu prüfen hat, ob ein strafbarer Inhalt im Sinne des § 1 Absatz 3 vorliegt. Das Bundesamt für Justiz holt eine Vorabentscheidung über die Rechtswidrigkeit des Inhalts beim zuständigen Gericht ein. Diese Prüfkompetenz ist vergleichbar mit der Tätigkeit der Landesmedienanstalten als zuständige Verwaltungsbehörde gemäß § 24 des Jugendmedienschutz-Staatsvertrages. Die Landesmedienanstalten können gegen Telemedienanbieter wegen unzulässiger Angebote, die zum

Hass aufstacheln, zu Gewalt auffordern oder die Menschenwürde angreifen, Bußgelder verhängen. Außerdem wird durch eine Ergänzung des Telemediengesetzes in Artikel 2 des Entwurfs Opfern von Persönlichkeitsrechtsverletzungen im Netz ermöglicht, aufgrund gerichtlicher Anordnung die Bestandsdaten der Verletzer von Diensteanbietern zu erhalten.

III. Alternativen

Keine. Die mit den sozialen Netzwerken vereinbarten Selbstverpflichtungen haben sich als nicht ausreichend erwiesen.

IV. Gesetzgebungskompetenz

Die Gesetzgebungskompetenz des Bundes ergibt sich aus Artikel 74 Absatz 1 Nummer 11 des Grundgesetzes (Recht der Wirtschaft) sowie aus Artikel 74 Absatz 1 Nummer 7 des Grundgesetzes (öffentliche Fürsorge), soweit Belange des Jugendschutzes betroffen sind, und hinsichtlich der Bußgeldvorschriften (§ 4 des Entwurfs) aus Artikel 74 Absatz 1 Nummer 1 des Grundgesetzes (Strafrecht). Artikel 74 Absatz 1 Nummer 7 des Grundgesetzes ist einschlägig, da das Schutzziel des Entwurfs, das sich gegen die Verrohung der Debattenkultur in sozialen Netzwerken richtet, auch den Schutzzweck des Jugendmedienschutzes berührt, nämlich die Entwicklung von Kindern und Jugendlichen oder ihre Erziehung zu einer eigenverantwortlichen und gemeinschaftsfähigen Persönlichkeit. Die Gesetzgebungskompetenz des Bundes im Bereich der Verbesserung der Rechtsdurchsetzung in sozialen Netzwerken ist gegeben, da hier die Herstellung gleichwertiger Lebensverhältnisse im Bundesgebiet und die Wahrung der Rechts- oder Wirtschaftseinheit im gesamtstaatlichen Interesse mit einer bundesgesetzlichen Regelung erforderlich ist (Artikel 72 Absatz 2 des Grundgesetzes). Durch eine einheitliche Bundesgesetzgebung im Bereich der Rechtsdurchsetzung in sozialen Netzwerken wird verhindert, dass sich innerhalb der Bundesrepublik Deutschland die Lebensverhältnisse auseinanderentwickeln, indem Hasskriminalität und andere rechtswidrige Inhalte unter Umständen nicht in jedem Land effektiv bekämpft und verfolgt werden und dort infolgedessen das friedliche Zusammenleben einer freien, offenen und demokratischen Gesellschaft in Gefahr ist. Die Regelungen können auch deshalb nur durch den Bundesgesetzgeber erfolgen, weil ansonsten die Gefahr einer Rechtszersplitterung bestünde, die sowohl im Interesse des Bundes als auch der Länder nicht hinnehmbar ist. Eine bundeseinheitliche Ausgestaltung der Rechtsdurchsetzung in sozialen Netzwerken gewährleistet die Anwendung einheitlicher Maßstäbe unabhängig vom Standort der Anbieter sozialer Netzwerke und wirkt so Binnenwanderungen und einem möglichen Wettlauf zwischen den Ländern um das niedrigste Schutzniveau zur Anlockung von Anbietern sozialer Netzwerke entgegen.

V. Vereinbarkeit mit dem Recht der Europäischen Union und völkerrechtlichen Verträgen

Die in den §§ 2, 3 und 5 des Entwurfs vorgesehenen gesetzlichen Compliance-Regeln sind mit europäischem Recht vereinbar. Dies gilt insbesondere für die Richtlinie 2000/31/EG (e-commerce-RL).

1. Richtlinie 2000/31/EG (e-commerce-RL)

   a) Die e-commerce-RL hält bereits eine Reihe von Instrumenten vor, die zur Regulierung sozialer Netzwerke eingesetzt werden können.

      So können nach Artikel 14 e-commerce-RL Mitgliedstaaten einen Diensteanbieter für die im Nutzerauftrag gespeicherten Informationen verantwortlich machen, sobald er „tatsächliche Kenntnis von der rechtswidrigen Tätigkeit oder Information [hat], und, in Bezug auf Schadenersatzansprüche, [...] er sich [...] Tatsachen oder Umstände bewusst [ist], aus denen die rechtswidrige Tätigkeit oder Information offensichtlich wird" (Artikel 14 Absatz 1 Buchstabe a e-commerce-RL), oder aber wenn der Diensteanbieter nicht, „sobald er diese Kenntnis oder dieses Bewusstsein erlangt, unverzüglich tätig [wird], um die Information zu entfernen oder den Zugang zu ihr zu sperren" (Artikel 14 Absatz 1 Buchstabe b e-commerce-RL). Allerdings verhält sich diese Richtlinien-Vorschrift nicht ausdrücklich zur Einrichtung eines Verfahrens für den Umgang mit Beschwerden, ganz zu schweigen von der Möglichkeit für die Mitgliedstaaten, auch insoweit Bußgelder als Sanktion vorzusehen (Artikel 20 e-commerce-RL). Artikel 14 Absatz 3 e-commerce-RL eröffnet die zusätzliche Variante, „dass die Mitgliedstaaten Verfahren für die Entfernung einer Information oder die Sperrung des Zugangs zu ihr festlegen". Dem entspricht der Erwägungsgrund 46, wonach „diese Richtlinie die Möglichkeit der Mitgliedstaaten unberührt" lässt, „spezifische Anforderungen vorzuschreiben, die vor der Entfernung oder der Sperrung des Zugangs unverzüglich zu erfüllen sind." Dementsprechend eröffnet der Erwägungsgrund 48 den Mitgliedstaaten die Möglichkeit, dass die Mitgliedstaaten von Diensteanbietern verlangen, „die nach vernünftigem Ermessen von ihnen zu erwartende und in innerstaatlichen Rechtsvorschriften niedergelegte Sorgfaltspflicht anzuwenden, um bestimmte Arten rechtswidriger Tätigkeiten aufzudecken und zu verhindern".

Zwar verwehrt Artikel 15 Absatz 1 e-commerce-RL den Mitgliedstaaten, den Diensteanbietern eine allgemeine Verpflichtung aufzuerlegen, die von ihnen übermittelten oder gespeicherten Informationen zu überwachen oder aktiv nach Umständen zu forschen, die auf eine rechtswidrige Tätigkeit hinweisen. Diese allgemeine Recherchepflicht wird in diesem Entwurf auch nicht statuiert.

b) Hilfsweise besteht auch außerhalb des von der e-commerce-RL vorgehaltenen Instrumentariums Spielraum für nationale Regelungen. Zwar enthält Artikel 3 Absatz 2 e-commerce-RL ein grundsätzliches Verbot für die Mitgliedstaaten, den freien Verkehr von Diensten der Informationsgesellschaft aus einem anderen Mitgliedstaat aus Gründen einzuschränken, die in den sogenannten koordinierten Bereich fallen. Dazu gehören nach Artikel 2 Buchstabe h Ziffer i 2. Spiegelstrich e-commerce-RL unter anderem die von einem Diensteanbieter zu erfüllenden Anforderungen in Bezug auf die Ausübung der Tätigkeit eines Dienstes der Informationsgesellschaft, beispielsweise Anforderungen betreffend das Verhalten des Diensteanbieters, Anforderungen betreffend Qualität oder Inhalt des Dienstes sowie Anforderungen betreffend die Verantwortlichkeit des Diensteanbieters. Hiervon dürften auch die im Entwurf vorgeschlagenen Betreiberpflichten bei sozialen Netzwerken erfasst werden.

Eine Ausnahme zu dem grundsätzlichen Verbot sieht aber Artikel 3 Absatz 4 Buchstabe a Ziffer i e-commerce-RL vor. Danach sind Maßnahmen zulässig, die etwa aus folgenden Gründen erforderlich sind: „Schutz der öffentlichen Ordnung, insbesondere Verhütung, Ermittlung, Aufklärung und Verfolgung von Straftaten, einschließlich des Jugendschutzes und der Bekämpfung der Hetze aus Gründen der Rasse, des Geschlechts, des Glaubens oder der Nationalität, sowie von Verletzungen der Menschenwürde einzelner Personen". Der Entwurf sieht insbesondere ein effektives Beschwerdemanagement zur Verbesserung der Durchsetzung der in § 1 Absatz 3 genannten Straftatbestände in sozialen Netzwerken vor. Dies ist notwendig, um Hasskriminalität und andere strafbare Inhalte effektiv zu bekämpfen und zu verfolgen. So wird das friedliche Zusammenleben der freien, offenen und demokratischen Gesellschaft in der Bundesrepublik Deutschland geschützt.

Der Entwurf erfüllt auch die weiteren Voraussetzungen für die Ausnahme vom Regelungsverbot. So verlangt Artikel 3 Absatz 4 Buchstabe a Ziffer ii und iii e-commerce-RL, dass die Maßnahmen einen ganz bestimmten Dienst der Informationsgesellschaft betreffen, der gerade die vorgenannten Schutzziele beeinträchtigt oder eine ernsthafte und schwerwiegende Gefahr einer Beeinträchtigung dieser Ziele darstellt, und dass die Maßnahmen in einem angemessenen Verhältnis zu diesen Schutzzielen stehen. Die im Entwurf geregelten Compliance-Pflichten sozialer Netzwerke betreffen spezielle Dienste der Informationsgesellschaft und dienen der Verhinderung objektiv strafbarer Taten.

Darüber hinaus wird gemäß Artikel 3 Absatz 4 Buchstabe b Ziffer i 1. Spiegelstrich e-commerce-RL zwar verfahrensmäßig vorausgesetzt, dass der Mitgliedstaat, der eine Maßnahme als Ausnahme zu dem grundsätzlichen Verbot ergreifen will, zunächst den Mitgliedstaat, in dem der Diensteanbieter niedergelassen ist, zu eigenen Maßnahmen auffordert, die dieser dann jedoch entweder unterlässt oder aber die sich als unzulänglich erweisen. Weiterhin schreibt Artikel 3 Absatz 4 Buchstabe b Ziffer i 2. Spiegelstrich e-commerce-RL für das Verfahren vor, dass der zu einer Ausnahmeregelung entschlossene Mitgliedstaat den zuvor vergeblich aufgeforderten Mitgliedstaat und die Europäische Kommission über seine Absicht unterrichten muss, nunmehr Maßnahmen zu ergreifen. In dringenden Fällen gestattet jedoch Artikel 3 Absatz 5 e-commerce-RL ein Absehen von den Verfahrensvorgaben, um ein sofortiges Handeln zu ermöglichen. Ein sofortiges Handeln ist zur effektiven Bekämpfung von Hasskriminalität und weiterer objektiv strafbarer Handlungen im Internet dringend geboten.

2. Dienstleistungsfreiheit

Vorbehaltlich spezieller sekundärrechtlicher Bestimmungen ist eine nationale Regelung zur Verbesserung der Rechtsdurchsetzung in sozialen Netzwerken an den unionsrechtlichen Grundfreiheiten zu messen, sobald ein grenzüberschreitender Bezug besteht. Davon dürfte hier auszugehen sein. Denn die Regulierung richtet sich nicht ausschließlich an inländische Betreiber und umfasst auch nicht nur deren Dienstleistung im Inland, sondern betrifft ebenso Betreiber aus anderen EU-Mitgliedstaaten beziehungsweise die Erbringung von Dienstleistungen durch inländische Betreiber an Nutzer in anderen EU-Mitgliedstaaten (außer bei § 4 Absatz 1 Nummer 2 des Entwurfs).

Berührt wird hier die Grundfreiheit des freien Dienstleistungsverkehrs (Artikel 56 des Vertrags über die Arbeitsweise der Europäischen Union). Eine Beschränkung lässt sich hier nur rechtfertigen, wenn sich erweist, dass sie zwingenden Gründen des Allgemeininteresses entspricht, geeignet ist, die Erreichung des mit ihr verfolgten Ziels zu gewährleisten, und nicht über das hinausgeht, was zur Erreichung dieses Ziels erforderlich ist.

Als zwingendes Gemeinwohlinteresse ist die Verhütung und Bekämpfung von Hasskriminalität und anderen strafbaren Inhalten auf Plattformen der sozialen Netzwerke anzusehen. Der mit dem Entwurf verfolgte Zweck wird in der Begründung ausgeführt. Dort wird auch dezidiert dargelegt, anhand welcher Erwägungen bußgeldbewehrte Compliance- und Berichtspflichten als geeignet und erforderlich eingestuft werden.

3. Notifizierungspflicht nach der Richtlinie (EU) 2015/1535

Die geplante Regelung ist notifizierungspflichtig nach der Richtlinie (EU) 2015/1535 vom 9. September 2015 über ein Informationsverfahren auf dem Gebiet der technischen Vorschriften und der Vorschriften für die Dienste der Informationsgesellschaft.

VI. Gesetzesfolgen

1. Rechts- und Verwaltungsvereinfachung

Der Entwurf dient nicht der Rechts- und Verwaltungsvereinfachung.

2. Nachhaltigkeitsaspekte

Das grundlegende Ziel des Entwurfs besteht darin, Hasskriminalität und anderen strafbaren Inhalten, die den Tatbestand des § 1 Absatz 3 des Entwurfs erfüllen, in sozialen Netzwerken entgegenzutreten, um so das friedliche Zusammenleben in einer freien, offenen und demokratischen Gesellschaft zu fördern. Dieses Ziel entspricht den Leitgedanken der Bundesregierung für eine nachhaltige Entwicklung im Sinne der Deutschen Nachhaltigkeitsstrategie. Denn Nachhaltigkeit zielt auf sozialen Zusammenhalt, der nach der Managementregel Nummer 10 gemäß Ziffer II. 2. des Nachhaltigkeitsmanagementsystems der Deutschen Nachhaltigkeitsstrategie zu stärken ist.

3. Haushaltsausgaben ohne Erfüllungsaufwand

Keine.

4. Erfüllungsaufwand

a) Erfüllungsaufwand für Bürgerinnen und Bürger

Keiner.

b) Erfüllungsaufwand für die Wirtschaft

Der Entwurf führt neun neue Informationspflichten für soziale Netzwerke ein, die in einem vierteljährlich zu erstellenden Bericht zu erfüllen sind. Die Schätzung des damit verbundenen Erfüllungsaufwands ist naturgemäß mit Unsicherheiten verbunden. Für die weitere Betrachtung wird davon ausgegangen, dass die Unternehmen bereits jetzt die Mehrzahl der im Entwurf geforderten Angaben intern erheben, so dass diese Informationspflichten keinen erheblichen Mehraufwand bei den sozialen Netzwerken auslösen. Außerdem veröffentlichen die Betreiber sozialer Netzwerke schon jetzt einen Teil der im Entwurf geforderten Angaben in sogenannten Transparenzberichten. Daher wird durch den Entwurf in erster Linie ein zusätzlicher Prüfungs- und Kontrollaufwand für das intern vorhandene Zahlenwerk ausgelöst.

Mit diesen Maßgaben wird der auf jeden Bericht entfallende Erfüllungsaufwand einschließlich der Entgelte für die Veröffentlichung im Bundesanzeiger auf 50 000 Euro geschätzt. Hierbei wird auch berücksichtigt, dass die Berichte thematisch auf die Bekämpfung von Hasskriminalität und andere strafbare Inhalte im Sinne dieses Entwurfs beschränkt sind.

Wegen des Schwellenwertes in § 1 Absatz 2 (zwei Millionen Nutzerinnen und Nutzer im Inland) werden höchstens zehn soziale Netzwerke berichtspflichtig werden. Der gesamte Erfüllungsaufwand für die Berichtspflicht ist daher auf 2 Millionen Euro jährlich zu schätzen.

Die Schätzung des Erfüllungsaufwands für die Pflicht zur Vorhaltung eines wirksamen Beschwerdesystems ist ebenfalls mit Unsicherheiten verbunden. Die Kosten, die die sozialen Netzwerke für die bereits vorhandenen Beschwerdesysteme aufwenden, sind nicht bekannt. Diese Kosten werden für alle sozialen Netzwerke auf 50 Millionen Euro jährlich geschätzt. Es wird weiterhin angenommen, dass die sozialen Netzwerke ihre Aufwendungen zur Bekämpfung von Hasskriminalität und anderen strafbaren Inhalten gegenüber dem Ist-Zustand um 50 Prozent steigern müssen, um den Compliance-Anforderungen aus diesem Entwurf gerecht zu werden. Daraus ergibt sich ein jährlicher Erfüllungsaufwand in Höhe von 25 Millionen Euro für die Pflicht zur Vorhaltung eines wirksamen Beschwerdemanagements.

Schließlich wird der Erfüllungsaufwand der Pflicht, einen inländischen Zustellungsbevollmächtigten für jeden Zivilprozess und jedes Bußgeldverfahren nach diesem Gesetz zu benennen, auf 1 Million Euro jährlich geschätzt.

Der Erfüllungsaufwand für den durch die Änderung in Artikel 2 durchsetzbar gemachten Auskunftsanspruch gegen sämtliche Diensteanbieter nach dem Telemediengesetz wird auf eine Million Euro jährlich geschätzt.

Der Entwurf verursacht für die sozialen Netzwerke mithin insgesamt einen Erfüllungsaufwand in Höhe von 28 Millionen Euro jährlich, zusätzlich für sämtliche Diensteanbieter nach dem Telemediengesetz in Höhe von einer Million Euro jährlich. Dieser jährliche Erfüllungsaufwand unterliegt der „One in, one out"-Regel der Bundesregierung. Die Kompensation erfolgt durch Teile des Anteils des Bundesministeriums der Justiz und für Verbraucherschutz an den Entlastungen aus dem Gesetz zur Entlastung insbesondere der mittelständischen Wirtschaft von Bürokratie (Bürokratieentlastungsgesetz).

Davon Bürokratiekosten aus Informationspflichten

2 Millionen Euro jährlich.

c) Erfüllungsaufwand der Verwaltung

Der Entwurf führt zu Erfüllungsaufwand beim Bund.

Für die Bundesverwaltung entstehen durch die im Gesetz vorgesehene Funktion des Bundesamtes für Justiz als Verfolgungsbehörde für Verstöße gegen die Berichtspflicht nach § 2 und gegen das in § 3 vorgegebene Beschwerdemanagement sozialer Netzwerke Kosten von rund 4 Millionen Euro jährlich und einmalige Aufwendungen in Höhe von circa 350 000 Euro.

Die sozialen Netzwerke werden durch § 2 verpflichtet, vierteljährlich einen Bericht über den Umgang mit Hasskriminalität und anderen strafbaren Inhalten in sozialen Netzwerken herauszugeben. Vom Entwurf sind primär drei soziale Netzwerke betroffen, bei weiteren sieben Netzwerken ist eine Einbeziehung denkbar. Insgesamt geht es also jährlich um höchstens 40 Berichte, die Gegenstand eines Bußgeldverfahrens sein könnten. Da diese Berichte mit hoher Aufmerksamkeit aufgenommen werden, sind rund 500 Beschwerden gegen die Berichte denkbar. Auf der anderen Seite ist zu erwarten, dass die sozialen Netzwerke ihrer Berichtspflicht rechtzeitig und richtig nachkommen werden, so dass sich der Kontrollaufwand in Grenzen hält. Daher werden pro Jahr voraussichtlich nicht mehr als 20 Bußgeldverfahren erwachsen.

Daneben werden die sozialen Netzwerke durch § 3 verpflichtet, ein wirksames und effizientes Beschwerdemanagement vorzuhalten. Insbesondere werden sie verpflichtet, einen offensichtlich rechtswidrigen Inhalt innerhalb von 24 Stunden nach Eingang der Beschwerde zu löschen. Verstöße gegen diese Pflicht können mit einem Bußgeld geahndet werden. In diesem Bereich ist mit einer erheblichen Zahl von Anzeigen an das Bundesamt für Justiz zu rechnen. Bei den sozialen Netzwerken gehen schätzungsweise jährlich mindestens 500 000 Beschwerden aus der Bundesrepublik Deutschland wegen Hasskriminalität und anderen strafbaren Inhalten ein. Gelöscht oder gesperrt wird jedoch nur ein Bruchteil dessen. Zahlreiche Nutzer, die vermeintliche Hasskriminalität oder andere strafbare Inhalte gemeldet haben, könnten sich daher veranlasst sehen, ihre erfolglose Beschwerde dem Bundesamt für Justiz zuzuleiten. Geschätzt wird, dass dies in 5 Prozent aller erfolglosen Beschwerden, also in rund 25 000 Fällen geschieht. Da diese Anzeigen aber zum großen Teil unbegründet sein werden, kann mit einem jährlichen Verfahrensaufkommen von 500 Bußgeldverfahren im Bereich des Beschwerdemanagements gerechnet werden.

Nach einer Schätzung des Bundesamtes für Justiz ergeben sich durch die durch den Entwurf eingeführte Funktion als Verfolgungsbehörde zusätzliche jährliche Personalkosten für die Registrierung und Prüfung der Anzeigen, die Führung der Bußgeldverfahren einschließlich der Rechtsmittelverfahren, die Fach- und Rechtsaufsicht, Führungs- und Leitungsaufgaben, Zwangsvollstreckung und Rechnungswesen. Hinzu kommt Personal für den IT-Betrieb. Die Personalkosten setzen sich wie folgt zusammen:

	Stellen	Personalkosten je Stelle/Jahr einschließlich Sachkostenpauschale (€)	Personalkosten gesamt (€)
A 15	1	125 158,19	125 158
A 14	7	112 523,69	787 666
A 13gD	2,5	103 647,49	259 186
A 12	20	95 273,87	1 905 477
A 8	8,5	72 233,77	613 987
A 6e	0,5	65 318,00	32 659
Summe	**39,5**		**3 724 134**

Weiterer Erfüllungsaufwand wird durch notwendige Schulungen und Betreuungen der Bearbeiterinnen und Bearbeiter, Übersetzungen für fremdsprachige Inhalte, die als rechtswidrig gemeldet werden und durch das in § 3 Absatz 5 vorgesehene Monitoring durch eine externe Stelle verursacht. Die Gesamtkosten werden auf 300 000 Euro jährlich geschätzt. Für IT-Aufwände fallen einmalige Sachkosten in Höhe von rund 350 000 Euro und jährliche Kosten in Höhe von 25 000 Euro an.

Mehrbedarf an Sach- und Personalmitteln beim Bund soll finanziell und stellenmäßig im Einzelplan 07 ausgeglichen werden. Über Einzelheiten zur Deckung des Mehrbedarfs wird im Rahmen kommender Haushaltsaufstellungsverfahren zu entscheiden sein.

5. Weitere Kosten

Geringe Mehrkosten für die Justiz der Länder ergeben sich zum einen aus der in § 4 Absatz 5 vorgesehenen Verpflichtung des Bundesamtes für Justiz, eine Vorabentscheidung über die Rechtswidrigkeit beim zuständigen Gericht einzuholen. Dieses Aufkommen wird auf weniger als 100 Fälle im Jahr geschätzt. Zum anderen werden die Gerichte der Länder mit zusätzlichen gerichtlichen Verfahren nach dem Ordnungswidrigkeitengesetz und zur Durchsetzung von Auskunftsansprüchen befasst. Hier ist von 300 Verfahren im Jahr auszugehen. Der insgesamt erforderliche Erfüllungsaufwand wird auf 300 000 Euro im Jahr geschätzt.

Auswirkungen auf das Preisniveau, insbesondere auf das Verbraucherpreisniveau, sind nicht zu erwarten.

6. Weitere Gesetzesfolgen

Der Entwurf hat Auswirkungen von gleichstellungspolitischer Bedeutung. Der Entwurf trägt dazu bei, Diskriminierungen auch wegen des Geschlechts durch Hasskriminalität und anderen strafbaren Inhalten auf den Plattformen sozialer Netzwerke wirksamer zu bekämpfen.

VII. Befristung; Evaluierung

Dieses Gesetz wird spätestens drei Jahre nach Inkrafttreten evaluiert. Dabei wird die Bundesregierung in fachlich geeigneter Weise prüfen, ob und inwieweit die beabsichtigten Wirkungen auf die sozialen Netzwerke mit Blick auf ihren Umgang mit Beschwerden über Hasskriminalität und andere strafbare Inhalte erreicht worden sind. Die Bundesregierung wird ferner untersuchen, wie sich der Erfüllungsaufwand für Wirtschaft und Verwaltung entwickelt hat und ob die Entwicklung in einem angemessenen Verhältnis zu den festgestellten Regelungswirkungen steht. Die Evaluierung wird die Frage nach unbeabsichtigten Nebenwirkungen sowie nach der Akzeptanz und Praktikabilität der Regelungen einschließen.

B. Besonderer Teil

Zu Artikel 1 (Gesetz zur Verbesserung der Rechtsdurchsetzung in sozialen Netzwerken)

Zu § 1 (Anwendungsbereich)

Die Vorschrift definiert den Anwendungsbereich des Gesetzes entsprechend der Zielsetzung, Hasskriminalität, andere strafbare Inhalte, die unter § 1 Absatz 3 des Entwurfs fallen, sowie strafbare Falschnachrichten auf den Plattformen sozialer Netzwerke wirksamer zu bekämpfen, um die damit verbundenen Gefahren für das friedliche Zusammenleben und für die freie, offene und demokratische Gesellschaft abzuwenden. Die in den §§ 2, 3 und 5 aufgestellten Compliance-Regeln beziehen sich daher nur auf soziale Netzwerke und allein auf rechtswidrige Inhalte, die den objektiven Tatbestand einer der in Absatz 3 genannten Normen erfüllen.

Zu Absatz 1

Die Compliance-Pflichten des Gesetzes sollen nur sozialen Netzwerken, nicht allen Diensteanbietern nach dem TMG auferlegt werden. Soziale Netzwerke werden in Absatz 1 Satz 1 definiert als Telemediendiensteanbieter, die mit Gewinnerzielungsabsicht Plattformen im Internet betreiben, die es Nutzern ermöglichen, beliebige Inhalte mit anderen Nutzern auszutauschen, zu teilen oder der Öffentlichkeit zugänglich zu machen.

Telemediendiensteanbieter sind solche, bei denen die elektronische Informationsbereitstellung im Vordergrund steht. Die Begriffsbestimmung folgt Artikel 2 Buchstabe b e-commerce-RL. § 2 Nummer 1 TMG gilt entsprechend.

Nutzer im Sinne des Gesetzes ist eine natürliche oder juristische Person, die die Infrastruktur der Plattform zugangsfrei nutzt, insbesondere, um auf Inhalte zuzugreifen und um Informationen zu erlangen (vgl. § 2 Nummer 3 TMG). So werden beispielsweise auch die sogenannten Follower des Kurznachrichtendienstes Twitter von dem Nutzerbegriff in Absatz 2 erfasst.

Erfasst sind nur Telemediendiensteanbieter, die Plattformen betreiben, die darauf angelegt sind, dass Inhalte für Nutzer gespeichert werden, um sie mit anderen Nutzern auszutauschen, zu teilen oder der Öffentlichkeit zugänglich zu machen. Erfasst sind damit in erster Linie Dienste im Sinne von § 10 TMG. Dienste der Individualkommunikation, insbesondere E-Mail-Dienste fallen hingegen nicht unter die erfassten Plattformen.

Erfasst werden Plattformen unabhängig von der Form der Kommunikation. Die Norm erfasst also sowohl Plattformen, die es den Nutzern ermöglichen, Inhalte wie Bilder, Videos sowie Texte und dergleichen einzustellen, als auch Plattformen, deren Hauptaugenmerk auf nur einer der genannten Kategorien liegt.

Der Austausch findet stets zwischen administrativ festgelegten Gruppenmitgliedern oder Chatmitgliedern statt. Im Gegensatz zum „Teilen“ und der „Öffentlichkeit zugänglich machen“ bestimmt der Nutzer die einzelnen Empfänger. Der Austausch findet mit einem potenziell bestimmten Personenkreis statt.

Teilen bedeutet sowohl das Zugänglichmachen von selbst eingestellten als auch von bereits vorhandenen beliebigen Inhalten für ausgewählte Nutzergruppen, wobei Inhalte auch für alle Nutzer freigegeben werden können.

Ein soziales Netzwerk kann den Nutzerinnen und Nutzern zudem ermöglichen, beliebige Inhalte der Öffentlichkeit zugänglich zu machen. Auf den tatsächlichen Empfang kommt es nicht an. Zugänglichmachen bedeutet die Ermöglichung des Empfangs durch eine Öffentlichkeit (BGH GRUR 1994, 45 (46) – Verteileranlagen; GRUR

1996, 875 (876) – Zweibettzimmer im Krankenhaus; Schricker/Loewenheim/v. Ungern-Sternberg Rn. 10). Ein zeitgleicher Empfang durch die Empfänger muss ermöglicht werden (BGH GRUR 2009, 845 (848) – Internet-Videorecorder). Technisch bedingte geringfügige Zeitdifferenzen bei den Empfangsmöglichkeiten stehen dem nicht entgegen (Schricker/Loewenheim/von Ungern-Sternberg Rn. 10).

Das Gesetz erfasst nur soziale Netzwerke ohne spezielle Themen- und Nutzerfestlegung. Es muss möglich sein, beliebige Inhalte mit beliebigen anderen Nutzern auszutauschen, zu teilen oder der Öffentlichkeit zugänglich zu machen. Eine entsprechende Eröffnung des Verbreitens beliebiger Inhalte liegt auch dann noch vor, wenn es spezifische Einschränkungen gibt, z. B. aufgrund der sog. Netiquette oder einer virtuellen Hausordnung. Denn auch bei punktuellen thematischen Einschränkungen bleibt es dann dabei, dass entsprechende Netzwerke grundsätzlich keine Themenvorgaben machen. Plattformen, die hingegen darauf angelegt sind, dass nur spezifische Themen verbreitet werden (z. B. berufliche Netzwerke) werden vom Gesetz nicht erfasst. Unschädlich ist, wenn sich einige Nutzer an diese Vorgaben nicht halten, da es auf die generelle Ausrichtung der Plattform ankommt. Thematisch und personell eingegrenzte Netzwerke wie berufliche Netzwerke bedürfen keiner gesetzlichen Compliance-Regeln.

Telemediendiensteanbieter mit journalistisch-redaktionell gestalteten Angeboten werden gemäß Absatz 1 Satz 2 von diesem Gesetz nicht erfasst. Für sie gelten die Vorschriften der §§ 54 ff. des Rundfunkstaatsvertrages.

Ebenso nicht erfasst sind Plattformen, die für die Zugänglichmachung ihrer eigenen journalistisch-redaktionell gestalteten Angebote auf die Infrastruktur eines anderen sozialen Netzwerkes zurückgreifen, wie z. B. durch den Betrieb einer eigenen Seite oder eines Profils bei Facebook. In Bezug auf Angebote, die danach nicht von diesem Gesetz erfasst werden, unterliegt das soziale Netzwerk, dessen Infrastruktur für die Zugänglichmachung genutzt wird, ebenso keinen Compliance-Verpflichtungen nach den §§ 2 und 3 dieses Gesetzes.

Zu Absatz 2

In Absatz 2 wird die Bagatellgrenze definiert. Absatz 2 befreit soziale Netzwerke im Sinne des Absatzes 1 von den Pflichten, wenn das Netzwerk weniger als zwei Millionen Nutzerinnen und Nutzer in der Bundesrepublik Deutschland hat.

Der Grund für eine solche Regelung liegt darin, dass kleinere soziale Netzwerke von aufwändigen Prüfpflichten befreit werden sollen. Die umfassenden gesetzlichen Anforderungen können nur von sozialen Netzwerken mit entsprechenden Ressourcen und Kapazitäten bewältigt werden.

Ein weiterer Grund liegt in der Perpetuierungswirkung der ausgetauschten und geteilten oder der Öffentlichkeit zugänglich gemachten Inhalte. Bei einer großen Anzahl von Nutzern ist die Reichweite der Inhalte regelmäßig höher. Dies geht mit einem Anstieg der diffamierenden Wirkung einher.

Die Bagatellschwelle liegt bei zwei Millionen Nutzerinnen und Nutzern, da nach gegenwärtigen Daten die in der Öffentlichkeit relevanten und breit vertretenen sozialen Netzwerke mindestens zwei Millionen Nutzer haben. Diese sozialen Netzwerke sind vom Gesetz zu erfassen, damit der Sinn und Zweck des Gesetzes erfüllt wird.

Ein ausreichend territorialer Bezug ist gleichfalls gewährleitet. Absatz 2 bezieht sich auf im Inland ansässige Nutzerinnen und Nutzer. Es kommt nicht darauf an, in welchem Land der jeweilige Nutzer hauptsächlich aktiv ist.

Zu Absatz 3

Der Begriff des rechtswidrigen Inhalts stellt einen zentralen Anknüpfungspunkt des Entwurfs dar. Strafbar sind solche Inhalte, die den Tatbestand der §§ 86, 86a, 89a, 90, 90a, 90b, 91, 100a, 111, 126, 129, 129a, 129b, 130, 131, 140, 166, 184b, 184d, 185 bis 187, 241 oder 269 des Strafgesetzbuchs erfüllen. Hierdurch wird verdeutlicht, dass es bei dem Entwurf nicht um staatliche Reaktionen auf Verstöße gegen beliebige Verletzungen des geltenden Rechts durch Einträge in sozialen Netzwerken gehen kann (wozu etwa selbst geringfügige Verletzungen von verwaltungsrechtlichen Verboten oder auch vertraglichen Pflichten gehören können). Es ist nicht Ziel des Gesetzes, auf den Plattformen der sozialen Netzwerke begangene Ordnungswidrigkeiten oder bloße unerlaubte Handlungen zu erfassen. Vielmehr machen der Begriff und die abschließende Aufzählung der einschlägigen Straftatbestände deutlich, dass die Rechtsdurchsetzung bei der Bekämpfung von Hasskriminalität und strafbaren Falschnachrichten in sozialen Netzwerken geregelt werden soll. Erfasst werden also ausschließlich Handlungen, die den

Tatbestand eines oder mehrerer der in Absatz 3 genannten Strafgesetze erfüllen und rechtswidrig, aber nicht notwendigerweise schuldhaft begangen werden. Dies trägt dem Gebot der Bestimmtheit sowie Verhältnismäßigkeit Rechnung.

Zu § 2 (Berichtspflicht)

Die Vorschrift verpflichtet die Anbieter sozialer Netzwerke, über den Umgang mit Beschwerden über Hasskriminalität und anderen strafbaren Inhalten zu berichten. Gegenwärtig ist den öffentlich zugänglichen Transparenzberichten der reichweitenstarken sozialen Netzwerke weder zu entnehmen, wie die Zahl an Beschwerden über rechtswidrige Inhalte insgesamt zu beziffern ist noch wie viele rechtswidrige Inhalte von privaten Nutzern gemeldet sowie in welchem Zeitraum gemeldete Inhalte gelöscht oder gesperrt werden. Daneben ist nicht nachvollziehbar, wie sich die Bearbeitungsteams der einzelnen Unternehmen zusammensetzen und über welche Qualifikationen diese verfügen. Vor diesem Hintergrund bedarf es einer gesetzlichen Berichtspflicht, um die gebotene Transparenz für die breite Öffentlichkeit herzustellen. Daneben ist im Interesse einer wirksamen Gesetzesfolgenabschätzung, insbesondere der Evaluation des Umgangs mit Beschwerden über Hasskriminalität und andere strafbare Inhalte, eine regelmäßige Berichtspflicht notwendig.

Zu Absatz 1

Anbieter sozialer Netzwerke haben einen Bericht zu erstellen, um auf diese Weise ein aussagekräftiges und umfassendes Bild über ihren Umgang mit Beschwerden sicherzustellen. Der Bericht ist vierteljährlich zu erstellen, da auf diese Weise eine feste Struktur und ein systematischer Prozess für die Evaluation des Umgangs mit Beschwerden aufgesetzt werden. Der Bericht ist innerhalb eines Monats nach Ende des Quartals im Bundesanzeiger sowie auf der eigenen Homepage zu veröffentlichen. Ersteres ist notwendig, um einen inländischen Anknüpfungspunkt für die Bußgeldtatbestände zu gewährleisten. Zudem orientiert sich die Veröffentlichungspflicht im Bundesanzeiger an einigen Maßgaben des Regierungsentwurfs eines CSR-Richtlinie-Umsetzungsgesetzes (Bundestagsdrucksache 18/9982).

Zu Absatz 2

Absatz 2 bestimmt die Mindestvoraussetzungen der Berichtspflicht.

Zu Nummer 1

Soziale Netzwerke haben inzwischen eine wesentliche Bedeutung für öffentliche Debatten und können die Stimmung im Land beeinflussen. Gegenwärtig sind in den sozialen Netzwerken massive Veränderungen des gesellschaftlichen Diskurses hin zu einer aggressiven, verletzenden und hasserfüllten Debattenkultur festzustellen. Das Internet ist jedoch kein rechtsfreier Raum, in dem Hasskriminalität und andere strafbare Inhalte verbreitet werden dürfen. Deshalb müssen auch die Diensteanbieter ihrer gesteigerten gesellschaftlichen Verantwortung nachkommen.

Zu Nummer 2

Diensteanbieter müssen ein wirksames Beschwerdemanagement einrichten, um zu gewährleisten, dass Nutzerinnen und Nutzer von der Möglichkeit des Meldens eines rechtswidrigen Inhaltes tatsächlich Gebrauch machen. So wird ein effektives Tätigwerden der Diensteanbieter erst sichergestellt. Hierüber muss der Bericht Angaben enthalten.

Diensteanbieter müssen darstellen, anhand welcher Kriterien sie rechtswidrige Inhalte löschen oder sperren. Somit ist nachvollziehbar, ob soziale Netzwerke rechtswidrige Inhalte anhand nationaler Strafvorschriften oder anhand ihrer Community Standards löschen oder sperren.

Zu Nummer 3

Im Interesse der Transparenz und der Evaluation ist in dem Bericht die Anzahl der Beschwerden zu nennen. Eine Aufschlüsselung der Beschwerden nach Beschwerdegruppen ist notwendig, um nachprüfen zu können, dass eine effektive Beschwerdebearbeitung von Beschwerden von Beschwerdestellen und Nutzerinnen und Nutzern gleichermaßen gegeben ist. Zudem ist der Beschwerdegrund anzugeben.

Zu Nummer 4

Für eine effektive Beschwerdebearbeitung ist ein qualifiziertes Bearbeitungsteam unerlässlich. Um ein transparentes und somit nachvollziehbares Beschwerdeverfahren zu gewährleisten, sind alle Arbeitseinheiten, die Beschwerden bearbeiten, das heißt interne sowie externe, vollständig zu benennen. Auf diese Weise soll zudem sichergestellt werden, dass die Anforderungen an die Qualifikationen externer Arbeitseinheiten erfüllt werden.

Mitarbeiterinnen und Mitarbeiter sind in der Regel einer hohen physischen Belastung und einem hohen Arbeitsaufwand mit ständig neuen Herausforderungen ausgesetzt. Um die Mitarbeiterinnen und Mitarbeiter zu schützen und entsprechend zu qualifizieren, müssen Betreuung und Schulungen gewährleistet sein. Zur Überprüfbarkeit der Umsetzung dieser Anforderungen an die Anbieter sozialer Netzwerke ist hierauf in dem Bericht einzugehen.

Zu Nummer 5

Diensteanbieter müssen darlegen, ob sie Mitglied in einem Branchenverband sind und ob dieser Branchenverband eine Beschwerdestelle für Meldungen von Hasskriminalität und anderen strafbaren Inhalten in sozialen Netzwerken vorsieht. Ist eine Beschwerdestelle vorhanden, kann dieser Umstand im Falle einer Bußgeldbewehrung strafmildernd berücksichtigt werden.

Zu Nummer 6

Die Zahl der Beschwerden, bei denen die internen Ressourcen der Anbieter nicht ausreichend sind, beispielsweise aus Gründen des Umfangs oder der Komplexität der Beschwerde, ist anzugeben, um ein aussagekräftiges Gesamtbild der Beschwerden zu ermöglichen.

Zu Nummer 7

Im Interesse der Transparenz und der Effektivität des Beschwerdemanagements ist die Anzahl der Beschwerden, die im Berichtszeitraum zur Löschung oder Sperrung des beanstandeten Inhalts führten, zu nennen. Zur weiteren Begründung wird auf die Ausführungen zu Nummer 3 verwiesen.

Zu Nummer 8

Um überprüfen zu können, ob die vorgegebene Bearbeitungszeit von 24 Stunden eingehalten wird, ist die Bearbeitungszeit anzugeben. Darüber hinaus ist die Bearbeitungszeit in Zeitspannen von 48 Stunden, einer Woche und einem späteren Zeitpunkt anzugeben, um evaluieren zu können, wie effizient die zuständigen Teams die Beschwerden bearbeiten. Zur weiteren Begründung wird auf die Ausführungen zu Nummer 3 verwiesen.

Zu Nummer 9

Im Interesse der Transparenz, der Nachvollziehbarkeit und der Güte der Argumente für die Löschung oder Sperrung eines rechtswidrigen Inhalts, sind die Maßnahmen zur Unterrichtung des Beschwerdeführers sowie des Nutzers über die Entscheidung der Beschwerde darzulegen.

Zu § 3 (Umgang mit Beschwerden über rechtswidrige Inhalte)

Das Bedürfnis einer Regelung zum Umgang mit Beschwerden über Hasskriminalität und andere strafbare Inhalte – im Unterschied zu den „klassischen Medien“ – lässt sich mit der Besonderheit des Internets erklären. Bei den klassischen Medien wird eine rechtswidrige Situation nicht so perpetuiert wie im Internet. § 3 sieht Regelungen vor, die sowohl eigene Inhalte eines sozialen Netzwerks betreffen als auch fremde, also solche, die Nutzerinnen und Nutzer eingestellt haben, ohne dass das soziale Netzwerk sich die Inhalte zu Eigen gemacht hat.

Die in § 3 normierte Regelung dient lediglich dazu, dass den gesetzlichen Verpflichtungen, rechtswidrige Inhalte zu löschen oder zu sperren, schnell und umfassend nachgekommen wird. Hierin liegt kein neuer Eingriff in Artikel 5 Absatz 1 des Grundgesetzes im Vergleich zum geltenden Recht. Denn das Gebot, rechtswidrige Inhalte zu löschen oder zu sperren, ergibt sich schon aus den allgemeinen Gesetzen. Vielmehr sieht § 3 eine Verpflichtung vor, ein bestimmtes Verfahren vorzuhalten, damit der an anderer Stelle geregelten Verpflichtung, rechtswidrige Inhalte zu entfernen beziehungsweise zu sperren, in wirksamer Weise nachgekommen wird.

Die Verpflichtung, ein Verfahren vorzuhalten, das die Durchsetzung der Rechtsordnung (Löschungs- oder Sperrverpflichtung) sicherstellt, ist ein Eingriff in die Berufsausübungsfreiheit, die durch Artikel 12 Absatz 1 des Grundgesetzes geschützt wird. Der BGH hat in einem Fall geurteilt, dass eine Löschungsverpflichtung für einen

Hostprovider dann bestehe, wenn auf der Grundlage der Stellungnahme desjenigen, der einen Inhalt eingestellt hat, und einer etwaigen Replik des Betroffenen unter Berücksichtigung etwa zu verlangender Nachweise von einer rechtswidrigen Verletzung des Persönlichkeitsrechts auszugehen ist (BGHZ 191, 219, Leitsatz 3). Es gibt aber bislang keine gesetzliche Verpflichtung, ein spezielles Verfahren vorzuhalten, die unabhängig von tatsächlichen Rechtsverletzungen ist.

Eingriffe in die Berufsausübungsfreiheit können durch jede vernünftige Erwägung des Gemeinwohls legitimiert werden. Der Schutz der Meinungsfreiheit und der Rundfunk- und Pressefreiheit muss hier in die Gesamtbewertung mit einfließen. Die Regelung zielt auf die praktische Durchsetzung von Löschungs- oder Sperrpflichten ab, die sich aus anderen Gesetzen ergeben. Dies ist ein legitimes Ziel.

Die einzelnen in § 3 vorgesehenen Verfahrensvorschriften sind geeignet, erforderlich und verhältnismäßig im engeren Sinne, um dieses Ziel zu erreichen. Denn bei der derzeitigen Rechtslage und Praxis kommen die sozialen Netzwerke dem Gebot, rechtswidrige Inhalte, die die in § 1 Absatz 3 normierten Straftatbestände erfüllen, zu löschen, nicht hinreichend und nicht schnell genug nach (siehe A. II.)

Zu Absatz 1

Absatz 1 enthält die Grundsätze für ein wirksames Beschwerdemanagement sozialer Netzwerke. Soziale Netzwerke werden durch Absatz 1 Satz 1 verpflichtet, ein wirksames und transparentes Verfahren für den Umgang mit Nutzerbeschwerden über rechtswidrige Inhalte vorzuhalten. Die näheren Anforderungen an diese Verfahren werden in den Absätzen 2 und 3 beschrieben. Im Übrigen werden die bewehrungsfähigen Inhalte der Absätze 2 und 3, die separat mangels Vorliegen von Handlungsgeboten oder Handlungsverboten nicht bewehrbar wären, in die Bußgeldbewehrung einbezogen.

Durch Absatz 1 Satz 2 wird das soziale Netzwerk verpflichtet, ein nutzerfreundliches Verfahren zur Übermittlung von Beschwerden über rechtswidrige Inhalte anzubieten. Das Verfahren muss leicht erkennbar, unmittelbar erreichbar und ständig verfügbar sein. Diese Anforderungen entsprechen den gesetzlichen Vorgaben für Informationspflichten von Telemedienanbietern gemäß § 5 Absatz 1 TMG.

Die bestehenden Beschwerdesysteme sozialer Netzwerke müssen anhand der in den Absätzen 1 bis 3 festgelegten Standards weiterentwickelt werden. Die gesetzlichen Anforderungen an die Beschwerdesysteme sozialer Netzwerke gelten unabhängig davon, ob die sozialen Netzwerke die Beschwerden über rechtswidrige Inhalte durch eigenes Personal bearbeiten oder diese Aufgabe an einen externen Dienstleister auslagern.

Zu Absatz 2

Absatz 2 enthält die gesetzlichen Zielvorgaben für das Beschwerdemanagementsystem der sozialen Netzwerke.

Zu Nummer 1

Nummer 1 fordert von den sozialen Netzwerken unverzügliche Kenntnisnahme und Prüfung von Nutzerbeschwerden. Die Vorschrift konkretisiert und ergänzt damit die in § 10 TMG enthaltene Verpflichtung für Anbieter von Telemedien, rechtswidrige Inhalte unverzüglich nach Kenntnisnahme zu entfernen oder den Zugang zu ihnen zu sperren. Das soziale Netzwerk hat von einer Beschwerde Kenntnis genommen, wenn der befugte Wissensvertreter innerhalb des Bearbeitungsteams Kenntnis erlangt hat. Als befugter Wissensvertreter ist nur derjenige anzusehen, der auch die Vollmacht zur Löschung oder Sperrung des gemeldeten Inhalts hat. Denn nur dieser kann die von der Vorschrift geforderte Prüfung vornehmen.

Zu Nummer 2

Nummer 2 fordert von den sozialen Netzwerken, offensichtlich rechtswidrige, also offensichtlich strafbare (§ 1 Absatz 3) Inhalte binnen 24 Stunden nach Eingang der Beschwerde zu löschen oder zu sperren. Ein Inhalt ist offensichtlich rechtswidrig, wenn zur Feststellung der Rechtswidrigkeit im Sinne von § 1 Absatz 3 keine vertiefte Prüfung erforderlich ist. Durch diese Vorschrift ist gewährleistet, dass evidente Fälle von Hasskriminalität und Gewaltverherrlichung und andere offensichtlich strafbare Inhalte von den Plattformen so schnell wie möglich entfernt werden. Da die Vorschrift nur offensichtlich rechtswidrige Inhalte erfasst und für diese Inhalte eine aufwändige Prüfung nicht erforderlich ist, ist der den sozialen Netzwerken gegebene Zeitrahmen von 24 Stunden zumutbar.

Ausgenommen von der 24-Stunden-Regelung sind die offensichtlich rechtswidrigen Inhalte, die von einer Beschwerdestelle nicht nur bei dem sozialen Netzwerk, sondern auch bei den Strafverfolgungsbehörden gemeldet werden. In der Folge kann es zu einer Vereinbarung zwischen sozialem Netzwerk und Strafverfolgungsbehörde kommen, dass der offensichtlich rechtswidrigen Inhalt erst zeitverzögert gelöscht oder gesperrt werden soll. Diese Wartefrist kann im Einzelfall notwendig sein, um die erforderlichen Strafverfolgungsmaßnahmen (insbesondere die Sicherung von Beweisen) und gegebenenfalls laufende Ermittlungsverfahren nicht zu gefährden.

Zu Nummer 3

Nummer 3 soll gewährleisten, dass soziale Netzwerke gemeldete Inhalte, die nicht offensichtlich rechtswidrig sind, innerhalb einer angemessenen Frist von sieben Tagen sorgfältig prüfen. Das soziale Netzwerk kann innerhalb dieser Frist der Verfasserin oder dem Verfasser des gemeldeten Inhalts Gelegenheit zur Stellungnahme zu der Beschwerde geben. Es kann bei schwierigen Rechtsfragen innerhalb dieser Frist auch externe Expertise einholen. Damit wird verhindert, dass soziale Netzwerke aufgrund Zeitdrucks Beiträge löschen („chilling effect"). Gleichzeitig wird gewährleistet, dass Anbieter sozialer Netzwerke dazu angehalten werden, alle gemeldeten Inhalte, auch wenn sie nicht offensichtlich rechtswidrig im Sinne des § 1 Absatz 3 sind, zügig zu bearbeiten und eine Auseinandersetzung mit ihnen nicht zu vernachlässigen.

Zu Nummer 4

Die in Nummer 4 vorgeschriebene Sicherung zu Beweiszwecken vor der Entfernung eines rechtswidrigen Inhalts dient in erster Linie der Sicherung der Strafverfolgung gegen den Absender einer Nachricht mit strafbarem Inhalt. Die Frist für die im Inland vorzunehmende Speicherung beträgt zehn Wochen. Die Länge der Speicherfrist orientiert sich an der Speicherfrist für Verkehrsdaten in § 113b Absatz 1 Nummer 1 TKG. Mit dieser kurzen Speicherfrist wird einerseits dem Gebot einer möglichst grundrechtsschonenden Regelung Rechnung getragen. Diese Speicherungsdauer ist andererseits ausreichend, um die Verfügbarkeit der maßgeblichen Daten des Absenders eines strafbaren Inhalts zum Zweck der Strafverfolgung gewährleisten zu können.

Zu Nummer 5

Die in Nummer 5 vorgesehene Begründungspflicht gegenüber dem Beschwerdeführer und dem Absender ist in den Beschwerdesystemen der sozialen Netzwerke in der Regel bereits vorgesehen. Sowohl die Löschung beziehungsweise Sperrung des Inhalts als auch die Ablehnung von Maßnahmen nach § 10 TMG sind unverzüglich zu begründen. Die in den Beschwerdesystemen der sozialen Netzwerke übliche Multiple-Choice-Begründungsform ist ausreichend. Die Begründung stellt sicher, dass ein Nutzer, der gegen die Entfernung oder Sperrung eines für ihn gespeicherten Inhalts vorgehen will, die geeigneten rechtlichen Schritte zur Wahrung seines Rechts auf Meinungsfreiheit zeitnah einleiten kann. Niemand muss hinnehmen, dass seine legitimen Äußerungen aus sozialen Netzwerken entfernt werden.

Zu Nummer 6

Die Entfernung eines rechtswidrigen Inhalts muss sich gemäß Nummer 6 auch auf sämtliche auf den Plattformen des sozialen Netzwerks befindlichen Kopien des rechtswidrigen Inhalts erstrecken. Diese Vorschrift enthält eine Konkretisierung und Klarstellung der Löschungsverpflichtung in § 10 TMG.

Zu Absatz 3

Die Dokumentationspflicht in Absatz 3 ist insbesondere für das Monitoring gemäß Absatz 5, aber auch zur Beweissicherung für ein gerichtliches Verfahren über die Rechtmäßigkeit einer Löschung oder Entfernung eines gespeicherten Inhalts unverzichtbar. Entscheidend ist, dass die Dokumentation im Inland verfügbar ist.

Zu Absatz 4

Absatz 4 umschreibt die organisationsinternen Pflichten im Hinblick auf das Beschwerdemanagement. Satz 1 ordnet eine hochrangige Überwachung des Beschwerdemanagements durch die Leitung des sozialen Netzwerks an. Dies entspricht der gesellschaftlichen Bedeutung der Aufgabe, Hasskriminalität und andere Straftaten im Netz wirksam zu bekämpfen. Plattformen, die von ihrer Struktur her missbrauchsanfällig sind, müssen institutionelle Gewähr dafür bieten, dass von höchster Stelle alles Notwendige für eine Bekämpfung des Missbrauchs zu kriminellen Zwecken getan wird. Satz 2 verpflichtet die Leitung des sozialen Netzwerks, organisatorische Unzulänglichkeiten unverzüglich zu beseitigen. Da die Beurteilung gemeldeter Inhalte eine psychisch sehr belastbare Tätigkeit sein kann, wird die Leitung des sozialen Netzwerks gemäß Satz 3 verpflichtet, den Bearbeiterinnen und Bearbeitern von Nutzerbeschwerden regelmäßig Schulungen und Betreuungen anzubieten.

Zu Absatz 5

Das gemäß Absatz 5 zulässige Monitoring der Beschwerdebearbeitung wird derzeit von jugendschutz.net durchgeführt und hat sich in der Praxis bewährt.

Zu § 4 (Bußgeldvorschriften)

Zu Absatz 1

Durch Absatz 1 wird ein Verstoß gegen die Compliance-Vorschriften der §§ 2, 3 und 5 als Ordnungswidrigkeit verfolgbar. Es reicht aus, dass der Verstoß fahrlässig begangen worden ist. In Fällen, in denen die Bußgeldvorschriften an Rechtspflichten des Diensteanbieters anknüpfen (Absatz 1 Nummer 1 bis 3 und Nummer 7), kann das Bußgeld gegen die gesetzlichen oder gewillkürten Vertreter des Unternehmens verhängt werden. Dies ergibt sich aus § 9 Absatz 1 und 2 OWiG, der vorliegend Anwendung findet. Demzufolge zählt die (eigen-)verantwortliche Leiterin oder der (eigen-)verantwortliche Leiter der Beschwerdestelle zum Kreis der betroffenen Personen, sofern sie oder er nach § 9 Absatz 2 OWiG beauftragt wurde. Nicht erfasst ist hingegen die Mitarbeiterin oder der Mitarbeiter ohne eigenverantwortliche Aufgabenwahrnehmung.

In den Fällen des Absatzes 1 Nummer 4 bis 6 wenden sich die bußgeldbewehrten Normen des § 3 Absatz 4 bereits ausdrücklich an die Leitung des sozialen Netzwerkes. Ein Rückgriff auf § 9 Absatz 1 OWiG ist damit entbehrlich. Eine gewillkürte Vertretung gemäß § 9 Absatz 2 OWiG kommt hier jedoch in Betracht.

Die sozialen Netzwerke werden durch die Androhung von empfindlichen Bußgeldern zu erhöhter Aufmerksamkeit bei der Einhaltung des gesetzlichen Compliance-Standards verpflichtet.

Zu Nummer 1

Nummer 1 enthält die Bußgeldvorschrift, die die Berichtspflicht sozialer Netzwerke in § 2 absichert. In den Bußgeldvorschriften des sogenannten Nebenstrafrechts ist stets eine akzessorische Anknüpfung an die bewehrte verwaltungsrechtliche Vorschrift vorzusehen. Zudem wurde aus Gründen der Bestimmtheit eine inhaltliche und sprachliche Übereinstimmung zwischen der Bußgeldvorschrift und der bewehrten verwaltungsrechtlichen Norm hergestellt. Diese beiden Anforderungen werden durch die hier vorgenommene übliche Bewehrungsausgestaltung erfüllt. Zudem wird die gebotene differenzierte Anknüpfung an § 2 Absatz 1 Satz 1 vorgenommen.

Zu Nummer 2

Durch Nummer 2 wird die vorsätzliche oder fährlässige Zuwiderhandlung gegen die Verpflichtung sozialer Netzwerke, ein wirksames und transparentes Verfahren für den Umgang mit Beschwerden über rechtswidrige Inhalte vorzuhalten, als Ordnungswidrigkeit verfolgbar. Die Bußgeldvorschrift erfasst die Pflicht der sozialen Netzwerke zur unverzüglichen Kenntnisnahme und Prüfung der Beschwerde (§ 3 Absatz 2 Nummer 1), die Pflicht zur Entfernung oder Sperrung eines offensichtlich rechtswidrigen Inhalts (§ 3 Absatz 1 Nummer 2), die Pflicht zur Entfernung oder Sperrung anderer rechtswidriger Inhalte innerhalb von 7 Tagen (§ 3 Absatz 1 Nummer 3), die Pflicht zur Sicherung zu Beweiszwecken (§ 3 Absatz 1 Nummer 4), die Pflicht zur Information des Beschwerdeführers und des Nutzers, für den gespeichert wurde (§ 3 Absatz 1 Nummer 5) sowie die Pflicht zur Entfernung oder Sperrung sämtlicher auf den Plattformen befindlichen Kopien rechtswidriger Inhalte (§ 3 Absatz 1 Nummer 6).

Der Tatbestand wird in der Regel nicht bereits durch einen einmaligen Verstoß gegen die Pflicht, offensichtlich rechtswidrige Inhalte innerhalb von 24 Stunden nach Eingang der Beschwerde oder andere rechtswidrige Inhalte innerhalb von 7 Tagen zu löschen oder zu sperren, erfüllt. Bei einem einmaligen Verstoß kann regelmäßig noch nicht davon ausgegangen werden, dass kein wirksames Verfahren für den Umgang mit Beschwerden über rechtswidrige Inhalte vorgehalten wird. Eine Verletzung der Pflicht, offensichtlich rechtswidrige Inhalte innerhalb von 24 Stunden nach Eingang der Beschwerde oder andere rechtswidrige Inhalte innerhalb von 7 Tagen zu löschen oder zu sperren kann dementsprechend nur zur Verhängung eines Bußgelds führen, wenn es sich nicht nur um einen Einzelfall handelt. Unterbleibt eine Entfernung oder Sperrung, weil das soziale Netzwerk den Inhalt vertretbar nicht für rechtswidrig hält, kann daraus nicht der Schluss auf systemische Mängel im Beschwerdemanagement gezogen werden.

Mit der Fokussierung des Bußgeldtatbestandes auf organisatorische Pflichten wird das Ziel des Gesetzes betont, wirksame Beschwerdeverfahren zu etablieren, die dem sozialen Netzwerk die unvoreingenommene Prüfung des Einzelfalls ermöglichen und dadurch sogenannte „chilling effects" zu verhindern. Dem sozialen Netzwerk droht dadurch kein Bußgeld bei einer Fehlentscheidung im Einzelfall.

Macht das soziale Netzwerk hingegen organisatorische Vorgaben (z. B. rechtliche Leitlinien) für die Bewertung von Sachverhalten bei der Einzelfallprüfung, die regelmäßig dazu führen, dass rechtswidrige Inhalte nicht gesperrt oder nicht gelöscht werden, ist der Anwendungsbereich des § 4 Absatz 1 Nummer 2 eröffnet. In solchen Fällen ist jedoch vor einer eindeutigen Klärung der Rechtswidrigkeit einer Äußerung ein Bußgeldverfahren nicht angezeigt. Vielmehr muss das Bundesamt für Justiz ein Vorabentscheidverfahren nach § 4 Absatz 5 durchführen.

Zum Schutz der Meinungsfreiheit ist generell ein behutsames Vorgehen der Bußgeldbehörde angezeigt. Auch soll ein Bußgeldverfahren nicht eingeleitet werden, wenn die Rechtswidrigkeit eines Inhalts von dessen Wahrheitsgehalt abhängt und das soziale Netzwerk keine Möglichkeit hat, den Wahrheitsgehalt zeitnah zu klären und den Inhalt deswegen nicht innerhalb der in § 3 Absatz 2 Nummer 2 genannten Frist entfernt oder sperrt. Näheres wird in Bußgeldleitlinien geregelt (siehe zu Absatz 4). Insgesamt ist außerdem auf das in § 47 Absatz 1 OWiG verankerte Opportunitätsprinzip hinzuweisen.

Durch die hier vorgesehene Fassung der Bußgeldvorschrift wird lediglich eine Teilbewehrung des § 3 Absatz 1 Satz 1 Nummer 1 vorgenommen, die sich auf Beschwerden von Inländern beschränkt.

Zu Nummer 3

Nummer 3 enthält die korrespondierende Bußgeldvorschrift zu der Verpflichtung der sozialen Netzwerke, ein leicht erkennbares, unmittelbar erreichbares und ständig verfügbares Verfahren zur Übermittlung von Nutzerbeschwerden zur Verfügung zu stellen (§ 3 Absatz 1 Satz 2).

Zu Nummer 4

Nummer 4 enthält die Bußgeldvorschrift, die die Pflicht der Leitung des sozialen Netzwerks zur Überwachung des Umgangs mit Beschwerden über rechtswidrige Inhalte (§ 3 Absatz 4 Satz 1) absichert.

Zu Nummer 5

Nummer 5 enthält die Bußgeldvorschrift, die die Pflicht der Leitung des sozialen Netzwerks zur unverzüglichen Beseitigung einer organisatorischen Unzulänglichkeit absichert.

Zu Nummer 6

Gemäß Nummer 6 ist es als Ordnungswidrigkeit verfolgbar, wenn die Leitung des sozialen Netzwerks den mit der Bearbeitung von Beschwerden über rechtswidrige Inhalte beauftragten Personen eine Schulung oder eine Betreuung nicht oder nicht rechtzeitig angeboten hat.

Zu Nummer 7

Nummer 7 enthält schließlich die Bußgeldvorschrift, die mit der Pflicht der sozialen Netzwerke zur Benennung eines inländischen Zustellungsbevollmächtigten und eines inländischen Empfangsberechtigten für Auskunftsersuchen der Strafverfolgungsbehörden (§ 5) korrespondiert.

Zu Absatz 2

Der Bußgeldrahmen bei Verstößen gegen die Compliance-Pflichten gemäß Absatz 1 Nummer 1 bis 6 orientiert sich an den vergleichbaren Tatbeständen im Kreditwesengesetz (KWG) und reicht bis zu 5 Millionen Euro (vgl. § 56 Absatz 6 Nummer 1 KWG).

Bei der Festsetzung der konkreten Geldbuße ist zu berücksichtigen, dass bei der Bemessung die Bedeutung der Ordnungswidrigkeit und der Vorwurf, der den Täter trifft, berücksichtigt werden. Daher ist ein weiter Bußgeldrahmen vorzusehen, der der Verfolgungsbehörde die notwendige Flexibilität bei der Bußgeldbemessung im Einzelfall gibt. In jedem Fall kommt es auf den Unrechtsgehalt der Tat an. Außerdem soll sich die Geldbuße am wirtschaftlichen Vorteil, den der Betroffene durch die begangene Ordnungswidrigkeit erlangt hat, orientieren (vgl. § 17 Absatz 4 OWiG).

Für den Verstoß gegen § 5 ist eine niedrigere Bußgelddrohung vorzusehen. Es handelt sich lediglich um die Verletzung einer förmlichen Pflicht, die der Behörde oder dem Gericht eine erleichterte Zustellung ermöglichen soll und daher einen geringeren Unrechtsgehalt aufweist. Auch bei Nichtnennung eines inländischen Zustellungsbevollmächtigten bleibt eine Zustellung beim Sitz des sozialen Netzwerks möglich.

Absatz 2 Satz 2 verweist auf § 30 Absatz 2 Satz 3 OWiG und führt dadurch bei der nach § 30 Absatz 1 OWiG möglichen Festsetzung einer Geldbuße gegen die das soziale Netzwerk betreibende juristische Person oder Personenvereinigung dazu, dass sich das Höchstmaß der nach diesem Gesetz angedrohten Geldbuße auf 50 Millionen Euro verzehnfacht. Zudem kann eine Verbandsgeldbuße auch bei Auslandstaten und gegen ausländische Unternehmensträger verhängt werden (vgl. dazu OLG Celle wistra 2002, 230), wenn die Ordnungswidrigkeit, die als Anknüpfungstat nach § 30 Absatz 1 OWiG dient, deutschem Sanktionsrecht unterliegt (siehe hierzu Absatz 3) und die Typologie des ausländischen Verbandes rechtlich mit derjenigen einer juristischen Person oder Personenvereinigung nach deutschem Recht vergleichbar ist (vgl. KK-OWiG-Rogall, 4. Auflage, § 30 Rd. 33 m.w.N.).

Die Kriterien für die Bemessung der Höhe der Geldbuße werden in Leitlinien für das Bußgeldverfahren festgelegt (siehe zu Absatz 4).

Zu Absatz 3

Absatz 3 stellt sicher, dass die hier vorgesehenen Pflichten und die korrespondierenden Ordnungswidrigkeitentatbestände auch auf Handlungen im Ausland anwendbar sind. Ohne die klarstellende Vorschrift wäre zweifelhaft, ob für sämtliche Bußgeldtatbestände des Entwurfs die §§ 5 und 7 Absatz 1 OWiG zur Ahndbarkeit von Auslandstaten führen würden. Beispielsweise könnte der Anbieter den Bericht nach § 2 Absatz 1 Satz 1 auch im Ausland erstellen (lassen) oder Schulungen nach § 3 Absatz 4 Satz 3 auch im Ausland anbieten. Der Handlungsort im Sinne des § 7 Absatz 1 OWiG, an dem der Pflichtige bei einem Unterlassen hätte handeln müssen, würde daher nicht im Inland liegen, so dass die räumliche Geltung des OWiG nach § 5 nicht gegeben wäre.

Zu Absatz 4

Absatz 4 Satz 1 bestimmt als Bußgeldbehörde für die in diesem Gesetz bezeichneten Ordnungswidrigkeiten das Bundesamt für Justiz. Aufgabe des Bundesamtes ist es, Gesetzesverstöße im Rahmen des durch § 47 Absatz 1 OWiG eingeräumten Ermessens zu verfolgen und zu ahnden. Um eine gleichmäßige, effektive und verhältnismäßige Sanktionierung sicherzustellen, ist gemäß Satz 2 der Erlass von Bußgeldleitlinien vorgesehen. In diesen Leitlinien soll unter anderem festgelegt werden, wie das Bundesamt bei der Festsetzung von Geldbußen und bei der Ausübung seines Verfolgungsermessens vorgehen wird.

Zu Absatz 5

Durch Absatz 5 Satz 1 wird die Verwaltungsbehörde verpflichtet, über die Rechtswidrigkeit im Sinne des § 1 Absatz 3 eine gerichtliche Vorabentscheidung einzuholen. Das Bundesamt für Justiz soll über die Strafbarkeit von Inhalten nicht selbst entscheiden, sondern die Entscheidung den Gerichten überlassen. Nach der Kompetenzverteilung des Grundgesetzes sind allein die Gerichte dazu berufen, über die Strafbarkeit einer Handlung zu entscheiden. Zudem trägt die enge Einbeziehung der Gerichte zur notwendigen Klärung der Strafbarkeit von Handlungen und Äußerungen in sozialen Netzwerken bei.

Das Gericht führt ausschließlich eine rechtliche Überprüfung des gemeldeten Inhalts durch. Prüfmaßstab sind die in § 1 Absatz 3 genannten Straftatbestände. Ausreichend ist eine Prüfung der objektiven Strafbarkeit. Mit Schuldgesichtspunkten muss sich das Gericht nicht auseinandersetzen. Das Gericht hat die Rechtsprüfung auf der Grundlage des von der Verwaltungsbehörde ermittelten Sachverhalts vorzunehmen. In der Regel wird durch den gemeldeten Inhalt nebst dem Kontext, in dem er verfasst worden ist, eine hinreichende Entscheidungsgrundlage für das Gericht eröffnet.

Die Pflicht zur Einholung einer gerichtlichen Vorabentscheidung trifft das Bundesamt für Justiz, wenn die Rechtswidrigkeit gemeldeter Inhalte Voraussetzung für den Erlass eines Bußgeldbescheids ist. Das ist insbesondere dann der Fall, wenn das soziale Netzwerk aufgrund organisatorischer Defizite im Beschwerdemanagement oder aufgrund organisatorischer Vorgaben (zum Beispiel Leitlinien oder Handreichungen zur Beurteilung von bestimmten Fallgruppen) regelmäßig den Standpunkt vertritt, gemeldete Inhalte seien nicht rechtswidrig und müssten daher nicht entfernt oder gesperrt werden.

Zuständig ist gemäß Satz 2 das Gericht, das gemäß § 68 OWiG über den Einspruch der oder des Betroffenen gegen den Bußgeldbescheid entscheidet. Das ist das Amtsgericht, in dessen Bezirk die Verwaltungsbehörde ihren Sitz hat.

Die Vorabentscheidung ist gemäß Satz 3 von der Verwaltungsbehörde zu beantragen. Zuvor hat sie eine Stellungnahme des sozialen Netzwerks über die Rechtswidrigkeit einzuholen, die dem Antrag beizufügen ist. In dem Antrag ist der Sachverhalt, den das Gericht unter strafrechtlichen Gesichtspunkten prüfen soll, umfassend darzustellen.

Gemäß Satz 4 ist die mündliche Verhandlung fakultativ. Das angerufene Gericht kann hierüber nach Zweckmäßigkeitsgesichtspunkten entscheiden. Da das Gericht ausschließlich eine rechtliche Prüfung des gemeldeten Inhalts durchführt, kann es zu keiner Beweisaufnahme kommen, so dass eine mündliche Verhandlung nicht zwingend geboten ist.

Da das Vorabentscheidungsverfahren eine eigenständige Entscheidung der Verwaltungsbehörde über die Rechtswidrigkeit gerade verhindern soll, ist die gerichtliche Entscheidung gemäß Satz 5 bindend. Kommt das Gericht zu dem Ergebnis, dass der gemeldete Inhalt nicht rechtswidrig ist, ist das Bußgeldverfahren somit zwingend einzustellen. Andernfalls kann bei Vorliegen der weiteren Voraussetzungen ein Bußgeldbescheid erlassen werden.

Eines gesonderten Rechtsbehelfs gegen die Vorabentscheidung bedarf es nicht. Wenn das soziale Netzwerk durch die Vorabentscheidung beschwert ist, kann es den Bußgeldbescheid anfechten, in den die Vorabentscheidung zwingend einfließt.

Zu § 5 (Inländischer Zustellungsbevollmächtigter)

Eines der Hauptprobleme bei der Rechtsdurchsetzung in sozialen Netzwerken ist das Fehlen von verantwortlichen Ansprechpartnern bei den Betreibern der sozialen Netzwerke für Justiz, Bußgeldbehörden und für Betroffene und das Fehlen einer zustellungsfähigen Adresse des Plattformbetreibers in Deutschland. Durch Satz 1 werden Diensteanbieter von sozialen Netzwerken künftig gesetzlich verpflichtet, einen inländischen Zustellungsbevollmächtigten in Deutschland vorzuhalten und in Zivilprozessen, die gegen sie geführt werden, sowie in Bußgeldverfahren nach diesem Gesetz einschließlich des gerichtlichen Verfahrens unverzüglich zu benennen.

Die Vorschrift gilt für alle soziale Netzwerke unabhängig von ihrem Sitz im Inland oder im Ausland. Eine Beschränkung auf soziale Netzwerke im Ausland, einen inländischen Zustellungsbevollmächtigen zu bestellen, wäre problematisch, weil damit auch EU-Ausländer (etwa in Irland) erfasst werden. Darin läge eine unzulässige Beschränkung der Dienstleistungsfreiheit, weil inländische soziale Netzwerke nicht erfasst werden. Die Pflicht aus Satz 1 trifft deswegen alle sozialen Netzwerke im In- und Ausland. Die bisher gegen soziale Netzwerke geführten Zivilprozesse haben gezeigt, dass die europäischen Zustellungsmechanismen (Einschreiben mit Rückschein in Zivilverfahren) generell nicht ausreichen. Gerade wegen der erheblichen Meinungsmacht sozialer Netzwerke ist es dringend erforderlich, insbesondere zur gerichtlichen Abwehr von strafrechtlich relevanten Falschnachrichten eine schnelle und sichere Zustellungsvariante zur Verfügung zu haben, um den Betroffenen ein schnelles rechtliches Einschreiten zu ermöglichen. Ein Zustellungsbevollmächtigter im Heimatstaat des sozialen Netzwerks kann eine sichere und zügige Zustellung nicht in gleichem Maße gewährleisten, selbst wenn per Einschreiben zugestellt werden könnte.

Satz 2 erweitert die Pflicht der sozialen Netzwerke, einen inländischen Ansprechpartner zu benennen, auf Strafverfahren, die gegen die Nutzer sozialer Netzwerke geführt werden. Für Auskunftsersuchen nach den §§ 14, 15 TMG, die die Bestands- und Nutzungsdaten der Verfasser strafrechtlich relevanter Inhalte zum Gegenstand haben, haben die sozialen Netzwerke eine inländische empfangsberechtigte Person zu benennen. Ziel der Regelung ist es sicherzustellen, dass die sozialen Netzwerke sozusagen einen „Briefkasten" im Inland bereitstellen. Durch die Benennung eines Ansprechpartners werden daher keine zusätzlichen Auskunftspflichten begründet. Die Benennung eines Ansprechpartners verbessert jedoch die Möglichkeiten einer freiwilligen unmittelbaren Kooperation zwischen Strafverfolgungsbehörden und Providern. Weitere Verpflichtungen des sozialen Netzwerks oder rechtliche Folgen knüpfen sich an die Benennung des Empfangsberechtigten nicht; insbesondere handelt es sich nicht um einen Zustellungsbevollmächtigten im Sinne von § 132 Absatz 2 der Strafprozessordnung.

Zu § 6 (Übergangsvorschriften)

Zu Absatz 1

Die Vorschrift enthält eine Übergangsregelung für die Berichtspflicht. Um den sozialen Netzwerken Zeit für die Anpassung an die Berichtspflicht zu geben, wird der erste Quartalsbericht erst für das zweite auf das Inkrafttreten folgende Quartal fällig.

Zu Absatz 2

Die Vorschrift enthält eine Übergangsregelung für das Beschwerdemanagement (§ 3 Absatz 1 Satz 1) und das Vorhalten eines nutzerfreundlichen Systems zur Übermittlung von Beschwerden (§ 3 Absatz 1 Satz 2). Diese Verfahren müssen drei Monate nach Inkrafttreten entsprechend den Anforderungen in § 3 Absatz 2 eingeführt werden.

Zu Artikel 2 (Änderung des Telemediengesetzes)

Die Änderung erweitert die datenschutzrechtliche Erlaubnisnorm des Telemedienrechts, die nach geltendem Recht einem zivilrechtlichen Auskunftsanspruch bei Persönlichkeitsrechtsverletzungen oder bei der Verletzung anderer absolut geschützter Rechte entgegenstehen kann. Nach der sogenannten „Ärztebewertung I"-Entscheidung des BGH vom 1. Juli 2014 (BGHZ 201, 380) ergibt sich nämlich der Auskunftsanspruch des durch einen auf eine Internet-Plattform eingestellten Beitrags in seinem allgemeinen Persönlichkeitsrecht Verletzten bereits aus allgemeinen zivilrechtlichen Grundsätzen, insbesondere gemäß § 242 BGB. Auch kann dieser Anspruch nach der Entscheidung im Einzelfall gegen einen anderen als den unmittelbaren Rechtsverletzer, hier den Dienstanbieter, gerichtet sein. Der BGH sah sich jedoch an einer Verurteilung zur Auskunft dadurch gehindert, dass die datenschutzrechtliche Ermächtigungsnorm des § 14 Absatz 2 TMG die Durchsetzung des allgemeinen Persönlichkeitsrechts als Herausgabezweck nicht erwähnte und auch eine Analogie nicht möglich war. Ausdrücklich verwies der BGH drauf, dass es hierzu einer gesetzgeberischen Entscheidung durch Ausweitung des § 14 Absatz 2 TMG bedürfe. Diese Ausweitung wird durch die Änderung des Telemediengesetzes in Artikel 2 umgesetzt.

Diese Forderung war bereits im Rechtsetzungsverfahren zum 2. TMG-Änderungsgesetz erstmals vom Bundesrat in seiner Stellungnahme vom 8. November 2015 erhoben worden. In ihrer Gegenäußerung führte die Bundesregierung hierzu seinerzeit aus:

„Aus Sicht der Bundesregierung bestehen grundsätzlich keine Einwände dagegen, die Auskunftserteilung auf weitere Fälle zu erweitern. Denkbar wäre dabei eine Erweiterung nicht nur im Hinblick auf die Verletzung von Persönlichkeitsrechten, sondern auf alle sonstigen absoluten Rechte. Die konkrete Reichweitenbestimmung bedarf weiterer Prüfung. Die Bundesregierung verweist darüber hinaus auf die anstehende Verabschiedung der neuen EU-Datenschutz-Grundverordnung und die Schlussfolgerungen, die zu gegebener Zeit auf ihrer Grundlage hinsichtlich aller in Deutschland bestehenden Datenschutzvorschriften zu ziehen sein werden. Die geltende Fassung von § 14 Absatz 2 TMG hat zur Folge, dass trotz Bestehens eines gesetzlichen Auskunftsanspruchs wegen einer anonym begangenen Verletzung von Persönlichkeitsrechten der Diensteanbieter nicht befugt ist, Daten zum Zwecke der Auskunftserteilung zu verwenden. In diesem Fall hat der Datenschutz Vorrang; der gesetzliche Auskunftsanspruch geht ins Leere. Die Ausführungen des Bundesrates sind insofern zutreffend."

Eine Änderung der Sachlage wird nunmehr durch die anstehende Anpassung des Datenschutzrechts im TMG an die Datenschutz-Grundverordnung eintreten. Mit der Aufhebung des bereichsspezifischen Telemediendatenschutzes werden für die Telemedien dann die Vorschriften der Datenschutz-Grundverordnung und des Bundesdatenschutzgesetzes gelten, dessen Anpassung sich in der parlamentarischen Beratung befindet (Bundestagsdrucksache 18/11325). Diensteanbieter werden dann nach § 24 Absatz 1 Nummer 2 BDSG n. F. zur Datenverarbeitung zum Zwecke der Erfüllung von zivilrechtlichen Auskunftsansprüchen berechtigt sein:

„§ 24 Verarbeitung zu anderen Zwecken durch nichtöffentliche Stellen

[...] Die Verarbeitung personenbezogener Daten zu einem anderen Zweck als zu demjenigen, zu dem die Daten erhoben wurden, durch nichtöffentliche Stellen ist zulässig, wenn [...] sie zur Geltendmachung, Ausübung oder Verteidigung rechtlicher Ansprüche erforderlich ist, sofern nicht die Interessen der betroffenen Person an dem Ausschluss der Verarbeitung überwiegen."

Diese künftige Rechtslage nimmt die in Artikel 2 vorgesehene Änderung des Telemediengesetzes in modifizierter Form vorweg und eröffnet bereits mit Inkrafttreten dieses Gesetzes einen durchsetzbaren Auskunftsanspruch des Opfers gegenüber sozialen Netzwerken bei Persönlichkeitsrechtsverletzungen und Verletzungen anderer absolut geschützter Rechte.

Zu Artikel 3 (Inkrafttreten)

Die Vorschrift enthält die Regelung über das Inkrafttreten dieses Gesetzes.

Satz: Satzweiss.com Print, Web, Software GmbH, Mainzer Straße 116, 66121 Saarbrücken, www.satzweiss.com
Druck: Printsystem GmbH, Schafwäsche 1-3, 71296 Heimsheim, www.printsystem.de
Vertrieb: Bundesanzeiger Verlag GmbH, Postfach 10 05 34, 50445 Köln, Telefon (02 21) 97 66 83 40, Fax (02 21) 97 66 83 44, www.betrifft-gesetze.de
ISSN 0722-8333

Gesetzesentwurf der Bundesregierung – BT-Drucks. 18/12727 v. 14.06.2017

Deutscher Bundestag **Drucksache 18/12727**
18. Wahlperiode 14.06.2017

Gesetzentwurf

der Bundesregierung

Entwurf eines Gesetzes zur Verbesserung der Rechtsdurchsetzung in sozialen Netzwerken (Netzwerkdurchsetzungsgesetz – NetzDG)

A. Problem und Ziel

Gegenwärtig ist eine massive Veränderung des gesellschaftlichen Diskurses im Netz und insbesondere in den sozialen Netzwerken festzustellen. Die Debattenkultur im Netz ist oft aggressiv, verletzend und nicht selten hasserfüllt. Durch Hasskriminalität und andere strafbare Inhalte kann jede und jeder aufgrund der Meinung, Hautfarbe oder Herkunft, der Religion, des Geschlechts oder der Sexualität diffamiert werden. Hasskriminalität und andere strafbare Inhalte, die nicht effektiv bekämpft und verfolgt werden können, bergen eine große Gefahr für das friedliche Zusammenleben einer freien, offenen und demokratischen Gesellschaft. Nach den Erfahrungen im US-Wahlkampf hat überdies auch in der Bundesrepublik Deutschland die Bekämpfung von strafbaren Falschnachrichten („Fake News") in sozialen Netzwerken hohe Priorität gewonnen. Es bedarf daher einer Verbesserung der Rechtsdurchsetzung in sozialen Netzwerken, um objektiv strafbare Inhalte wie etwa Volksverhetzung, Beleidigung, Verleumdung oder Störung des öffentlichen Friedens durch Vortäuschen von Straftaten unverzüglich zu entfernen.

Die zunehmende Verbreitung von Hasskriminalität und anderen strafbaren Inhalten vor allem in sozialen Netzwerken wie Facebook, YouTube und Twitter hat das Bundesministerium der Justiz und für Verbraucherschutz bereits im Jahr 2015 veranlasst, eine Task Force mit den Betreibern der Netzwerke und Vertretern der Zivilgesellschaft ins Leben zu rufen. Die in der Task Force vertretenen Unternehmen haben zugesagt, den Umgang mit Hinweisen auf Hasskriminalität und andere strafbare Inhalte auf ihren Seiten zu verbessen. Die Unternehmen haben sich verpflichtet, anwenderfreundliche Mechanismen zur Meldung kritischer Beiträge einzurichten und die Mehrzahl der gemeldeten Beiträge mit sprachlich und juristisch qualifizierten Teams innerhalb von 24 Stunden zu prüfen und zu löschen, falls diese rechtswidrig sind. Maßstab der Prüfung ist deutsches Recht.

Die Selbstverpflichtungen der Unternehmen haben zu ersten Verbesserungen geführt. Diese reichen aber noch nicht aus. Noch immer werden zu wenige strafbare Inhalte gelöscht. Ein von jugendschutz.net durchgeführtes Monitoring der Löschpraxis sozialer Netzwerke vom Januar/Februar 2017 hat ergeben, dass die Beschwerden von Nutzerinnen und Nutzern gegen Hasskriminalität und andere strafbare Inhalte nach wie vor nicht unverzüglich und ausreichend bearbeitet werden.

Zwar werden bei YouTube mittlerweile in 90 Prozent der Fälle strafbare Inhalte gelöscht. Facebook hingegen löschte nur in 39 Prozent der Fälle, Twitter nur in 1 Prozent der Fälle.

Die Anbieter der sozialen Netzwerke haben eine Verantwortung, der sie gerecht werden müssen. Angesichts der Tatsache, dass das bisherige Instrumentarium und die zugesagten Selbstverpflichtungen der sozialen Netzwerke nicht ausreichend wirken und es erhebliche Probleme bei der Durchsetzung des geltenden Rechts gibt, bedarf es der Einführung von bußgeldbewehrten Compliance-Regeln für soziale Netzwerke, um effektiv und unverzüglich gegen Hasskriminalität und andere strafbare Inhalte im Netz vorgehen zu können.

B. Lösung

Um die sozialen Netzwerke zu einer zügigeren und umfassenderen Bearbeitung von Beschwerden insbesondere von Nutzerinnen und Nutzern über Hasskriminalität und andere strafbare Inhalte anzuhalten, werden durch den Entwurf gesetzliche Compliance-Regeln für soziale Netzwerke eingeführt. Vorgesehen sind eine gesetzliche Berichtspflicht für soziale Netzwerke über den Umgang mit Hasskriminalität und anderen strafbaren Inhalten, ein wirksames Beschwerdemanagement sowie die Benennung eines inländischen Zustellungsbevollmächtigten. Verstöße gegen diese Pflichten können mit Bußgeldern gegen das Unternehmen und die Aufsichtspflichtigen geahndet werden. Außerdem wird es Opfern von Persönlichkeitsrechtsverletzungen im Netz ermöglicht, aufgrund gerichtlicher Anordnung die Bestandsdaten der Verletzer von Diensteanbietern zu erhalten.

C. Alternativen

Keine.

D. Haushaltsausgaben ohne Erfüllungsaufwand

Keine.

E. Erfüllungsaufwand

E.1 Erfüllungsaufwand für Bürgerinnen und Bürger

Keiner.

E.2 Erfüllungsaufwand für die Wirtschaft

Der Entwurf führt neun neue Informationspflichten für soziale Netzwerke ein, die in einem vierteljährlich zu erstellenden Bericht zu erfüllen sind. Die Schätzung des damit verbundenen Erfüllungsaufwands ist naturgemäß mit Unsicherheiten verbunden. Der auf jeden Bericht entfallende Erfüllungsaufwand einschließlich der Entgelte für die Veröffentlichung im Bundesanzeiger wird auf 50 000 Euro geschätzt. Hierbei wird auch berücksichtigt, dass die Berichte thematisch auf die Bekämpfung von Hasskriminalität und anderen strafbaren Inhalten im Sinne dieses Entwurfs beschränkt sind.

Wegen des Schwellenwertes in § 1 Absatz 2 (zwei Millionen Nutzerinnen und Nutzer im Inland) werden höchstens zehn soziale Netzwerke berichtspflichtig werden. Der gesamte Erfüllungsaufwand für die Berichtspflicht ist daher auf 2 Millionen Euro jährlich zu schätzen.

Die Schätzung des Erfüllungsaufwands für die Pflicht zur Vorhaltung eines wirksamen Beschwerdesystems ist ebenfalls mit Unsicherheiten verbunden. Unter Berücksichtigung aller relevanten Umstände ergibt sich ein jährlicher Erfüllungsaufwand in Höhe von 25 Millionen Euro für die Pflicht zur Vorhaltung eines wirksamen Beschwerdemanagements.

Schließlich wird der Erfüllungsaufwand der Pflicht, einen inländischen Zustellungsbevollmächtigten für jeden Zivilprozess und jedes Bußgeldverfahren nach diesem Gesetz zu benennen, auf eine Million Euro jährlich geschätzt.

Der Erfüllungsaufwand für den durch die Änderung in Artikel 2 durchsetzbar gemachten Auskunftsanspruch gegen sämtliche Diensteanbieter nach dem Telemediengesetz wird auf eine Million Euro jährlich geschätzt.

Der Entwurf verursacht für die sozialen Netzwerke mithin insgesamt einen Erfüllungsaufwand in Höhe von 28 Millionen Euro jährlich, zusätzlich für sämtliche Diensteanbieter nach dem Telemediengesetz einen Erfüllungsaufwand in Höhe von einer Million Euro jährlich. Dieser jährliche Erfüllungsaufwand unterliegt der „One in, one out"-Regel der Bundesregierung. Die Kompensation erfolgt durch Teile des Anteils des Bundesministeriums der Justiz und für Verbraucherschutz an den Entlastungen aus dem Gesetz zur Entlastung insbesondere der mittelständischen Wirtschaft von Bürokratie (Bürokratieentlastungsgesetz).

Davon Bürokratiekosten aus Informationspflichten

2 Millionen Euro jährlich.

E.3 Erfüllungsaufwand der Verwaltung

Der Entwurf führt zu Erfüllungsaufwand beim Bund.

Für die Bundesverwaltung entstehen durch die im Gesetz vorgesehene Funktion des Bundesamtes für Justiz als Verfolgungsbehörde für Verstöße gegen die Berichtspflicht nach § 2 und gegen das in § 3 vorgegebene Beschwerdemanagement sozialer Netzwerke Kosten von rund 4 Millionen Euro jährlich und einmalige Aufwendungen in Höhe von circa 350 000 Euro.

Die sozialen Netzwerke werden durch § 2 verpflichtet, vierteljährlich einen Bericht über den Umgang mit Hasskriminalität und anderen strafbaren Inhalten in sozialen Netzwerken herauszugeben. Vom Entwurf sind primär drei soziale Netzwerke betroffen, bei weiteren sieben Netzwerken ist eine Einbeziehung denkbar. Insgesamt geht es also jährlich um höchstens 40 Berichte, die Gegenstand eines Bußgeldverfahrens sein könnten. Da diese Berichte mit hoher Aufmerksamkeit aufgenommen werden, sind rund 500 Beschwerden gegen die Berichte denkbar. Auf der anderen Seite ist zu erwarten, dass die sozialen Netzwerke ihrer Berichtspflicht rechtzeitig und richtig nachkommen werden, so dass sich der Kontrollaufwand in Grenzen hält. Daher werden pro Jahr voraussichtlich nicht mehr als 20 Bußgeldverfahren erwachsen.

Daneben werden die sozialen Netzwerke durch § 3 verpflichtet, ein wirksames und effizientes Beschwerdemanagement vorzuhalten. Insbesondere werden sie verpflichtet, einen offensichtlich rechtswidrigen Inhalt innerhalb von 24 Stunden nach Eingang der Beschwerde zu löschen. Verstöße gegen diese Pflicht können mit einem Bußgeld geahndet werden. In diesem Bereich ist mit einer erheblichen Zahl von Anzeigen an das Bundesamt für Justiz zu rechnen. Bei den sozialen Netzwerken gehen schätzungsweise jährlich mindestens 500 000 Beschwerden aus der Bundesrepublik Deutschland wegen Hasskriminalität und anderen strafbaren Inhalten ein. Gelöscht oder gesperrt wird jedoch nur ein Bruchteil dessen. Zahlreiche Nutzer, die vermeintliche Hasskriminalität oder andere strafbare Inhalte gemeldet haben, könnten sich daher veranlasst sehen, ihre erfolglose Beschwerde dem Bundesamt für Justiz zuzuleiten. Geschätzt wird, dass dies in 5 Prozent aller erfolglosen Beschwerden, also in rund 25 000 Fällen geschieht. Da diese Anzeigen aber zum großen Teil unbegründet sein werden, kann mit einem jährlichen Verfahrensaufkommen von 500 Bußgeldverfahren im Bereich des Beschwerdemanagements gerechnet werden.

Nach einer Schätzung des Bundesamtes für Justiz ergeben sich durch die durch den Entwurf eingeführte Funktion als Verfolgungsbehörde zusätzliche jährliche Personalkosten für die Registrierung und Prüfung der Anzeigen, die Führung der Bußgeldverfahren einschließlich der Rechtsmittelverfahren, die Fach- und Rechtsaufsicht, Führungs- und Leitungsaufgaben, Zwangsvollstreckung und Rechnungswesen. Hinzu kommt Personal für den IT-Betrieb. Die Personalkosten setzen sich wie folgt zusammen:

	Stellen	Personalkosten je Stelle/Jahr einschließlich Sachkostenpauschale (€)	Personalkosten gesamt (€)
A 15	1	125 158,19	125 158
A 14	7	112 523,69	787 666
A 13gD	2,5	103 647,49	259 186
A 12	20	95 273,87	1 905 477
A 8	8,5	72 233,77	613 987
A 6e	0,5	65 318,00	32 659
Summe	**39,5**		**3 724 134**

Weiterer Erfüllungsaufwand wird durch notwendige Schulungen und Betreuungen der Bearbeiterinnen und Bearbeiter, Übersetzungen für fremdsprachige Inhalte, die als rechtswidrig gemeldet werden und durch das in § 3 Absatz 5 vorgesehene Monitoring durch eine externe Stelle verursacht. Die Gesamtkosten werden auf 300 000 Euro jährlich geschätzt. Für IT-Aufwände fallen einmalige Sachkosten in Höhe von rund 350 000 Euro und jährliche Kosten in Höhe von 25 000 Euro an.

Mehrbedarf an Sach- und Personalmitteln beim Bund soll finanziell und stellenmäßig im Einzelplan 07 ausgeglichen werden. Über Einzelheiten zur Deckung des Mehrbedarfs wird im Rahmen kommender Haushaltsaufstellungsverfahren zu entscheiden sein.

F. Weitere Kosten

Geringe Mehrkosten für die Justiz der Länder ergeben sich zum einen aus der in § 4 Absatz 5 vorgesehenen Verpflichtung des Bundesamtes für Justiz, eine Vorabentscheidung über die Rechtswidrigkeit beim zuständigen Gericht einzuholen. Dieses Aufkommen wird auf weniger als 100 Fälle im Jahr geschätzt. Zum anderen werden die Gerichte der Länder mit zusätzlichen gerichtlichen Verfahren nach dem Ordnungswidrigkeitengesetz und zur Durchsetzung von Auskunftsansprüchen befasst. Hier ist von 300 Verfahren im Jahr auszugehen. Der insgesamt erforderliche Erfüllungsaufwand wird auf 300 000 Euro im Jahr geschätzt.

Auswirkungen auf das Preisniveau, insbesondere auf das Verbraucherpreisniveau, sind nicht zu erwarten.

BUNDESREPUBLIK DEUTSCHLAND
DIE BUNDESKANZLERIN

Berlin, 14. Juni 2017

An den
Präsidenten des
Deutschen Bundestages
Herrn Prof. Dr. Norbert Lammert
Platz der Republik 1
11011 Berlin

Sehr geehrter Herr Präsident,

hiermit übersende ich den von der Bundesregierung beschlossenen

Entwurf eines Gesetzes zur Verbesserung der Rechtsdurchsetzung
in sozialen Netzwerken
(Netzwerkdurchsetzungsgesetz – NetzDG)

mit Begründung und Vorblatt (Anlage 1).

Ich bitte, die Beschlussfassung des Deutschen Bundestages herbeizuführen.

Federführend ist das Bundesministerium der Justiz und für Verbraucherschutz.

Die Stellungnahme des Nationalen Normenkontrollrates gemäß § 6 Absatz 1 NKRG ist als Anlage 2 beigefügt.

Die Stellungnahme der Bundesregierung zur Stellungnahme des Nationalen Normenkontrollrates ist als Anlage 3 beigefügt.

Der Bundesrat hat in seiner 958. Sitzung am 2. Juni 2017 gemäß Artikel 76 Absatz 2 des Grundgesetzes beschlossen, zu dem Gesetzentwurf wie aus Anlage 4 ersichtlich Stellung zu nehmen.

Die Auffassung der Bundesregierung zu der Stellungnahme des Bundesrates ist in der als Anlage 5 beigefügten Gegenäußerung dargelegt.

Mit freundlichen Grüßen

Dr. Angela Merkel

Anlage 1

Entwurf eines Gesetzes zur Verbesserung der Rechtsdurchsetzung in sozialen Netzwerken

(Netzwerkdurchsetzungsgesetz – NetzDG)

Der Text des Gesetzentwurfs und der Begründung ist gleich lautend mit der Bundestagsdrucksache 18/12356.

Anlage 2

Stellungnahme des Nationalen Normenkontrollrates gem. § 6 Absatz 1 NKRG

Entwurf eines Gesetzes zur Verbesserung der Rechtsdurchsetzung in sozialen Netzwerken (NKR-Nummer 4137, BMJV)

Der Nationale Normenkontrollrat hat den Entwurf des oben genannten Regelungsvorhabens geprüft.

I. Zusammenfassung

Bürgerinnen und Bürger	Keine Auswirkungen
Wirtschaft Jährlicher Erfüllungsaufwand: *davon aus Informationspflichten (Quartalsberichte):*	 rund 29 Mio. Euro *rund 2 Mio. Euro*
Verwaltung (Bund) Bund Jährlicher Erfüllungsaufwand: Einmaliger Erfüllungsaufwand:	 rund 4 Mio. Euro rund 350.000 Euro
Weitere Kosten (Gerichte)	rund 300.000 Euro
'One in one out'-Regel	Im Sinne der ,One in one out'-Regel der Bundesregierung stellt der jährliche Erfüllungsaufwand der Wirtschaft in diesem Regelungsvorhaben ein „In" von rund 29 Mio. Euro dar. Die Kompensation erfolgt aus dem Anteil des BMJV an dem Bürokratieentlastungsgesetz.
Evaluierung	Das Gesetz wird spätestens drei Jahre nach Inkrafttreten evaluiert. Dabei wird die Bundesregierung in fachlich geeigneter Weise prüfen, ob und inwieweit die beabsichtigten Wirkungen auf die sozialen Netzwerke mit Blick auf ihren Umgang mit Beschwerden über Hasskriminalität und andere strafbare Inhalte erreicht worden sind. Die Bundesregierung wird ferner untersuchen, wie sich der Erfüllungsaufwand für Wirtschaft und Verwaltung entwickelt hat und ob die Entwicklung in einem angemessenen Verhältnis zu den festgestellten Regelungswirkungen steht. Die Evaluierung wird die Frage nach unbeabsichtigten Nebenwirkungen sowie nach der Akzeptanz und Praktikabilität der Regelungen einschließen.

Mit dem Regelungsvorhaben soll u.a. die bisher eigenverantwortliche Bekämpfung von Hasskriminalität durch die Netzwerkbetreiber (Beschwerdemanagement) gesetzlichen Vorgaben unterworfen werden. Diese Vorgaben erzeugen den größten Anteil des Erfüllungsaufwands für die Wirtschaft.

Um dessen Höhe ermitteln zu können, hat das Ressort die drei größten Marktteilnehmer (google, facebook, Twitter) um Auskunft über ihren bisherigen Aufwand gebeten, jedoch nur „unbefriedigende Antworten" erhalten. Tatsächlich sind ihm „die Kosten, die die sozialen Netzwerke für die bereits vorhandenen Beschwerdesysteme aufwenden, nicht bekannt". Das BMJV hat geschätzt, dass diese Kosten 50 Millionen Euro betragen und sich durch die neuen Vorgaben um 50 Prozent erhöhen werden. Eine Begründung für diese Ansätze enthält der Regelungsentwurf allerdings nicht. Daher ist die Darstellung des Erfüllungsaufwands insoweit nicht nachvollziehbar.

Ebenfalls ohne Begründung und daher nicht nachvollziehbar ist die Schätzung des Erfüllungsaufwands für den neuen Auskunftsanspruch bei Verletzung von Persönlichkeitsrechten. Ebenso wie für den Zustellungsbevollmächtigten, hätten hierbei Fallzahlen zu Grunde gelegt werden müssen.

Zwar hat das Ressort den Entwurf auf Empfehlung des Nationalen Normenkontrollrats (NKR) um eine ursprünglich nicht vorgesehene Evaluierungsklausel erweitert, die den Erfüllungsaufwand einschließt. Jedoch wird das Ziel, bereits im Zeitpunkt der Entscheidung ein realitätsnahes Bild der zu erwartenden Belastungen zu geben, nicht erreicht.

II. Im Einzelnen

Das Bundesministerium der Justiz und für Verbraucherschutz (BMJV) will der Hasskriminalität und anderen strafbaren Inhalten einschließlich sogenannter Fake News in sozialen Netzwerken entgegenwirken. Eine Selbstverpflichtung der Netzwerkbetreiber (2015) hat sich hierfür als nicht ausreichend erwiesen. Zwar werden nach Feststellung des Ressorts z.B. bei YouTube mittlerweile in 90 Prozent der Fälle strafbare Inhalte gelöscht. Facebook hingegen löschte bisher in nur 39 Prozent, Twitter in nur einem Prozent (Januar 2017). Mit dem Regelungsvorhaben sollen daher gesetzliche Compliance-Regeln für soziale Netzwerke ≥ zwei Millionen Nutzer (Inland) eingeführt werden. Vorgesehen sind

- eine vierteljährliche Berichtspflicht über den Umgang mit Hasskriminalität und anderen strafbaren Inhalten,
- ein wirksames Beschwerdemanagement,
- die Benennung eines inländischen Zustellungsbevollmächtigten
- bei der Verletzung von Persönlichkeitsrechten: ein Anspruch des Verletzten gegen den Netzwerkbetreiber auf Auskunft über die Bestandsdaten des Verletzers.

Verstöße gegen die neuen gesetzlichen Pflichten sollen mit Bußgeldern gegen das Unternehmen und die Aufsichtspflichtigen geahndet werden können.

II.1. Erfüllungsaufwand

Für Bürgerinnen und Bürger ruft das Regelungsvorhaben keinen Erfüllungsaufwand hervor.

Wirtschaft

Das Ressort geht davon aus, dass zehn soziale Netzwerke den Schwellenwert von zwei Millionen inländischen Nutzern erreichen. Diesen zehn Wirtschaftsbeteiligten entsteht jährlicher Erfüllungsaufwand, den das BMJV auf 29 Millionen Euro schätzt:

- Vierteljährliche Berichte auf eigener Homepage und im Bundesanzeiger

  10 Unternehmen x 4 Quartale x 50 000 Euro/Bericht = 2 Millionen Euro p.a.

  Für die Kostenhöhe/Bericht (50 000 Euro) geht das BMJV davon aus, dass die Netzwerkbetreiber die Mehrzahl der geforderten Angaben bereits intern erheben, so dass diese Informationspflichten keinen erheblichen Mehraufwand auslösen. Ferner davon, dass die Unternehmen die geforderten Angaben teilweise bereits in sogenannten Transparenzberichten veröffentlichen. Daher werde durch mit dem Regelungsvorhaben in erster Linie ein zusätzlicher Prüfungs- und Kontrollaufwand für das intern vorhandene Zahlenwerk ausgelöst.

- Wirksames Beschwerdemanagement

  Dem Ressort ist nicht bekannt, in welcher Höhe den Netzwerkbetreibern bisher Kosten für Beschwerdesysteme entstanden sind. Jedoch schätzt das BMJV diese Kosten auf jährlich 50 Millionen Euro und geht zugleich davon aus, dass mit dem Regelungsvorhaben eine Kostensteigerung um 50 Prozent verbunden ist. Auf diesem Weg kommt das Ressort zu der Annahme eines zusätzlichen Erfüllungsaufwands für die Wirtschaft von 25 Millionen Euro jährlich.

- Zustellungsbevollmächtigter

  Die Bestellung eines inländischen Zustellungsbevollmächtigten für jedes Bußgeldverfahren und jeden Zivilprozess verursacht nach Einschätzung des BMJV Erfüllungsaufwand von einer Million Euro jährlich.

- Auskunftsanspruch

  Ebenfalls auf eine Million Euro jährlich schätzt das Ressort den Erfüllungsaufwand für den neuen Auskunftsanspruch bei Verletzung von Persönlichkeitsrechten.

Verwaltung (Bund)

Verstöße gegen die Pflicht zur Berichterstattung bzw. zum Betrieb eines Beschwerdemanagements sollen künftig mit Geldbußen von bis zu fünf Millionen Euro geahndet werden können. Verfolgungsbehörde ist das Bundesamt für Justiz (BfJ), dem zugleich die präventive Überwachung des Beschwerdemanagements übertragen wird. Den Erfüllungsaufwand des BfJ hat das Ressort mit rund 4 Millionen Euro (jährlich) sowie mit rund 350.000 Euro (einmalig) nachvollziehbar dargestellt.

II.2. Weitere Kosten (Länder)

Weitere Kosten, die das BMJV auf jährlich 300.000 Euro schätzt, entstehen auf der Landesebene durch richterliche Entscheidungen über die Rechtswidrigkeit von Netzwerkinhalten sowie über Bußgeldbescheide und über den neuen Auskunftsanspruch bei Verletzung von Persönlichkeitsrechten.

II.3. ‚One in one Out'-Regel

Im Sinne der ‚One in one out'-Regel der Bundesregierung stellt der jährliche Erfüllungsaufwand der Wirtschaft in diesem Regelungsvorhaben ein „In" von rund 29 Millionen Euro dar. Die Kompensation soll aus dem Anteil des BMJV am Bürokratieentlastungsgesetz erfolgen.

II.4 Evaluierung

Das Gesetz wird spätestens drei Jahre nach Inkrafttreten evaluiert. Dabei wird die Bundesregierung in fachlich geeigneter Weise prüfen, ob und inwieweit die beabsichtigten Wirkungen auf die sozialen Netzwerke mit Blick auf ihren Umgang mit Beschwerden über Hasskriminalität und andere strafbare Inhalte erreicht worden sind. Die Bundesregierung wird ferner untersuchen, wie sich der Erfüllungsaufwand für Wirtschaft und Verwaltung entwickelt hat und ob die Entwicklung in einem angemessenen Verhältnis zu den festgestellten Regelungswirkungen steht. Die Evaluierung wird die Frage nach unbeabsichtigten Nebenwirkungen sowie nach der Akzeptanz und Praktikabilität der Regelungen einschließen.

III. Votum

Mit dem Regelungsvorhaben soll u.a. die bisher eigenverantwortliche Bekämpfung von Hasskriminalität durch die Netzwerkbetreiber (Beschwerdemanagement) gesetzlichen Vorgaben unterworfen werden. Diese Vorgaben erzeugen den größten Anteil des Erfüllungsaufwands für die Wirtschaft.

Um dessen Höhe ermitteln zu können, hat das Ressort die drei größten Marktteilnehmer (google, facebook, Twitter) um Auskunft über ihren bisherigen Aufwand gebeten, dabei jedoch nur „unbefriedigende Antworten" erhalten. Tatsächlich sind ihm „die Kosten, die die sozialen Netzwerke für die bereits vorhandenen Beschwerdesysteme aufwenden, nicht bekannt". Das BMJV hat geschätzt, dass diese Kosten 50 Millionen Euro betragen und sich durch die neuen Vorgaben um 50 Prozent erhöhen werden. Eine Begründung für diese Ansätze enthält der Regelungsentwurf allerdings nicht. Daher ist die Darstellung des Erfüllungsaufwands insoweit nicht nachvollziehbar.

Ebenfalls ohne Begründung und daher nicht nachvollziehbar ist die Schätzung des Erfüllungsaufwands für den neuen Auskunftsanspruch bei Verletzung von Persönlichkeitsrechten. Ebenso wie für den Zustellungsbevollmächtigten, hätten hierbei Fallzahlen zu Grunde gelegt werden müssen.

Zwar hat das Ressort den Entwurf auf Empfehlung des Nationalen Normenkontrollrats (NKR) um eine ursprünglich nicht vorgesehene Evaluierungsklausel erweitert, die den Erfüllungsaufwand einschließt. Jedoch wird das Ziel, bereits im Zeitpunkt der Entscheidung ein realitätsnahes Bild der zu erwartenden Belastungen zu geben, nicht erreicht.

Dr. Ludewig	Dr. Holtschneider
Vorsitzender	Berichterstatter

Anlage 3

Stellungnahme der Bundesregierung zu der Stellungnahme des Nationalen Normenkontrollrates

Die Bundesregierung nimmt zu der Stellungnahme des Nationalen Normenkontrollrates wie folgt Stellung:

Der Nationale Normenkontrollrat hat in seiner Stellungnahme zu dem oben genannten Gesetzentwurf kritisiert, es fehlten die Darstellung der Schätzgrundlagen für den Erfüllungsaufwand im Bereich des Beschwerdemanagements der sozialen Netzwerke, des Zustellungsbevollmächtigten sowie des Auskunftsanspruchs bei der Verletzung von Persönlichkeitsrechten.

Die Bundesregierung hält nach nochmaliger Prüfung an der von ihr dargestellten Höhe des Erfüllungsaufwands für die Wirtschaft fest. Die Kosten, die die sozialen Netzwerke für ihre bereits vorhandenen Beschwerdesysteme aufwenden, sind nicht bekannt. Um hier Transparenz herzustellen, sieht § 2 Absatz 2 Nummer 4 NetzDG gerade vor, dass soziale Netzwerke vierteljährlich über Organisation, personelle Ausstattung, fachliche und sprachliche Kompetenz der für die Bearbeitung von Beschwerden zuständigen Arbeitseinheiten und Schulung und Betreuung der für die Bearbeitung von Beschwerden zuständigen Personen berichten. Erst wenn diese Angaben gemacht werden, sind belastbare Schätzgrundlagen für die von den sozialen Netzwerken aufgewandten Kosten für die Beschwerdesysteme vorhanden.

Die Schätzung des Erfüllungsaufwands für von den sozialen Netzwerken zu benennenden Zustellungsbevollmächtigten beruht auf hinreichenden Grundlagen. Der Zustellungsbevollmächtigte kann zum einen in allen nach diesem Gesetz entstehenden Bußgeldverfahren benannt werden. Diese Zahl wird in dem Gesetzentwurf – vom Nationalen Normenkontrollrat unbeanstandet – auf 520 Verfahren jährlich geschätzt. Hinzu kommt eine Anzahl von Zivilprozessen, die künftig gegen soziale Netzwerke geführt werden, die sich in ähnlicher Größenordnung bewegen dürfte. Eine genauere Schätzung ist nicht möglich, da eine Statistik über die Anzahl der bisher gegen soziale Netzwerke geführten Prozesse nicht vorliegt.

Die Schätzung des Erfüllungsaufwands der sozialen Netzwerke für den künftig durchsetzbaren Auskunftsanspruch lässt sich nicht verlässlich mit Fallzahlen unterlegen. Mit der vorgeschlagenen Ergänzung des § 14 Absatz 2 des Telemediengesetzes wird lediglich die Befugnis der Diensteanbieter geschaffen, personenbezogene Daten der Nutzer für Zwecke der Auskunftserteilung zu verarbeiten, die aufgrund von anderen gesetzlichen Grundlagen bestehen, § 14 Absatz 2 des Telemediengesetzes enthält keinen eigenständigen Anspruch auf Auskunftserteilung. In wie vielen Fällen der in einem absolut geschützten Recht Verletzte künftig gegenüber dem Diensteanbieter Auskunft über die Bestandsdaten des Verletzers anfordert, kann nicht beziffert werden, da die Zahl der Persönlichkeitsverletzungen in sozialen Netzwerken statistisch nicht erhoben wird.

Anlage 4

Stellungnahme des Bundesrates

Der Bundesrat hat in seiner 958. Sitzung am 2. Juni 2017 beschlossen, zu dem Gesetzentwurf gemäß Artikel 76 Absatz 2 des Grundgesetzes wie folgt Stellung zu nehmen:

1. Zum Gesetzentwurf insgesamt (Erfüllungsaufwand)

   Der Bundesrat bittet, die Schätzung des Erfüllungsaufwandes des Gesetzes im weiteren Verlauf des Gesetzgebungsverfahrens zu überprüfen.

Begründung:

Die Begründung des Gesetzentwurfs geht davon aus, dass der Justiz der Länder durch das NetzDG ein insgesamt erforderlicher Erfüllungsaufwand in Höhe von 300 000 Euro im Jahr entsteht.

Diese Schätzung erscheint nur schwer nachvollziehbar. In der Begründung des Gesetzentwurfs ist ausgeführt, dass bei den sozialen Netzwerken jährlich mindestens 500 000 Beschwerden wegen Hasskriminalität eingehen, wovon schätzungsweise 25 000 Beschwerden an das Bundesamt weitergegeben werden. Bei diesen 25 000 Beschwerden soll es lediglich in 500 Fällen zu Bußgeldverfahren kommen, weil die übrigen Anzeigen unbegründet sein sollen. Hieraus sollen 300 gerichtliche Verfahren nach dem OWiG pro Jahr resultieren. Worauf diese Schätzungen beruhen, erschließt sich nicht. Ebenso ist anhand der Begründung des Gesetzentwurfs nicht nachvollziehbar, warum es lediglich in weniger als 100 Fällen zu einem gerichtlichen Vorabentscheidungsverfahren kommen soll.

Zudem dürften die betroffenen Verfahren auch aus qualitativen Gründen mit erheblichem Arbeitsaufwand für die Gerichte der Länder einhergehen. Hasskriminalität und strafbare Falschnachrichten in den reichweitenstarken sozialen Netzwerken können nur durch die Verhängung empfindlicher Bußgelder bekämpft werden, die nach dem Gesetzentwurf bis zu 50 Millionen Euro betragen können. Angesichts der hohen Komplexität der betroffenen Rechtsmaterie ist davon auszugehen, dass eine gerichtliche Überprüfung der verhängten Bußgelder erst im Anschluss an eine detaillierte und arbeitsaufwändige Einzelfallprüfung erfolgen kann.

Der Bundesrat bittet daher, die in der Begründung des Gesetzentwurfs zum Erfüllungsaufwand genannten Zahlen im weiteren Gesetzgebungsverfahren zu überprüfen und den durch das beabsichtigte Gesetz entstehenden Erfüllungsaufwand für die Länder korrekt abzuschätzen.

Zum Gesetzentwurf allgemein

2. Der Bundesrat stellt fest, dass die Zielsetzung des Gesetzentwurfs, für soziale Netzwerke und Anbieter von Internetplattformen eine schnellere, umfassendere und wirkungsvollere Behandlung von berechtigten Beschwerden und Fällen von Hasskriminalität, Falschinformationen und anderen strafbaren Inhalten sicherzustellen, eine hohe Priorität und Dringlichkeit hat.

3. Der Bundesrat erkennt an, dass bei der effektiven Rechtsdurchsetzung im Internet Handlungsbedarf besteht. Auf entsprechende Entschließungen von Landesparlamenten, wirksam gegen strafbare Hasskommentare vorzugehen, wird Bezug genommen. Der Bundesrat begrüßt daher ausdrücklich das im Gesetzentwurf genannte Ziel, die Rechtsdurchsetzung in sozialen Netzwerken hinsichtlich der Verbreitung rechtswidriger Inhalte zu verbessern.

4. Soziale Netzwerke werden von Einzelnen als rechtsfreier Raum verstanden, um dort etwa schwerwiegende Beleidigungen oder Volksverhetzungen zu begehen. Die Funktionsweise des Internets, wobei es nur eines Klicks bedarf, um innerhalb von Sekunden einen Beitrag mit zahlreichen anderen zu teilen, schadet den Betroffenen umso mehr, indem sich die rechtswidrigen Eingriffe in ihre geschützten Rechte entsprechend perpetuieren. Auch hat sich gezeigt, dass freiwillige Selbstverpflichtungen sozialer Netzwerke, konsequenter gegen strafbare Inhalte vorzugehen, keine ausreichende Wirkung erzielt haben. Der Bundesrat begrüßt deshalb, dass mit dem NetzDG-E regulatorische Maßnahmen ergriffen werden sollen, um bestimmte strafbare Inhalte zeitnah aus sozialen Netzwerken zu entfernen und deren Perpetuierungswirkung entgegenzuwirken.

5. Dabei sind auch die Anbieter sozialer Netzwerke grundsätzlich stärker in die Verantwortung zu nehmen.

6. Der Bundesrat weist darauf hin, dass die Regulierung die Kommunikation in sozialen Netzwerken betrifft und damit Auswirkungen auf die nach Artikel 5 Absatz 1 Satz 1 und 2 GG geschützten freiheits- und demokratiefördernden Grundrechte (Meinungsfreiheit, Informationsfreiheit und Medienfreiheiten) hat. Die Aufsicht über Telemedien enthält in § 59 RStV in Verbindung mit § 20 Absatz 4 JMStV ein Instrumentarium, das die Verbreitung unzulässiger Inhalte erfasst und diese unmittelbar mit einem Bußgeld belegt. Diese Regelungen gelten für alle Anbieter von Telemedien, mithin auch für soziale Netzwerke. Der Bundesrat bittet, im weiteren Gesetzgebungsverfahren zu prüfen, inwieweit die Zuständigkeit des Bundesamtes für Justiz (BfJ) gemäß § 4 Absatz 5 NetzDG-E in diese Zuständigkeitsregelungen für die Aufsicht über Telemedien eingreift und dies zu Doppelstrukturen führt. In diesem Zusammenhang bittet der Bundesrat, im weiteren Gesetzgebungsverfahren zudem zu prüfen, ob das NetzDG-E zustimmungsbedürftig ist.

7. Der Bundesrat unterstreicht überdies, dass jegliche Aufsicht beziehungsweise Regulierung in diesem Bereich – im Gegensatz zur Ahndung strafbaren Verhaltens – staatsfern ausgestaltet sein muss. Der Staat hat sich der Regulierung von meinungsrelevanten Kommunikationsinhalten weitestgehend zu enthalten. Auch unter diesem Gesichtspunkt ist die vorgesehene Zuständigkeit des BfJ für die Einhaltung der Verfahrensvorgaben wegen der Relevanz für die Meinungsfreiheit in den Augen des Bundesrates zu beanstanden.

8. Der Bundesrat ist der Auffassung, dass neben repressiven Mitteln zur staatlichen Durchsetzung der im NetzDG-E enthaltenen Pflichten vor allem präventive Befugnisse zu stärken sind, die es den Aufsichtsbehörden erleichtern, Rechtsverstöße im Sinne des NetzDG-E durch Anordnungen in Form des Verwaltungsaktes zu verhüten oder zu beseitigen. Der Bundesrat bittet, im weiteren Gesetzgebungsverfahren eine § 20 Absatz 1 des Jugendmedienschutz-Staatsvertrags (JMStV) entsprechende Ermächtigung vorzusehen, auf deren Grundlage die Landesmedienanstalten die für den Vollzug des NetzDG-E erforderlichen Maßnahmen treffen können. Dies sollte auch einen § 14 Absatz 2 TMG vergleichbaren Auskunftsanspruch der Landesmedienanstalten zu Bestandsdaten der Nutzer als Grundlage für entsprechende Untersagungen oder Beanstandungen umfassen. Die in § 4 JMStV aufgeführten Straftatbestände sind teilweise deckungsgleich mit denen in § 1 Absatz 3 des NetzDG-E (so zum Beispiel die §§ 86, 86a und 126 StGB). In diesem Zusammenhang stellen die Länder in Aussicht zu prüfen, welche der im NetzDG-E genannten Straftatbestände in den Staatsvertrag zusätzlich aufzunehmen sind, um eine lückenlose Rechtsdurchsetzung zu gewährleisten.

9. <u>Zum Gesetzentwurf insgesamt</u>

Der Bundesrat weist darauf hin, dass marktbeherrschenden sozialen Netzwerken heutzutage als Instrument zur Teilhabe an der Kommunikation und dem öffentlichen Diskurs eine große Bedeutung bei der Ausübung des Grundrechts auf freie Meinungsäußerung zukommt. Soziale Netzwerke bieten eine niederschwellige Möglichkeit, um mit anderen zu kommunizieren. Zunehmend treten sie an die Stelle klassischer Telekommunikationsmittel. Auch findet eine Debatte etwa zu politischen Themen zunehmend darüber statt. Derzeit sind soziale Netzwerke im Rahmen der Privatautonomie weitgehend frei in ihrer Entscheidung, Inhalte zu löschen oder sogar den Nutzungsvertrag mit Nutzerinnen und Nutzern zu kündigen. Zusätzlich birgt die erhebliche Bußgeldbewehrung (§ 4 Absatz 2 NetzDG-E) das Risiko, dass soziale Netzwerke als sogenannter chilling effect verleitet werden, Inhalte vorsorglich zu löschen, um nicht gegebenenfalls eine Ordnungswidrigkeit im Sinne von § 4 Absatz 1 NetzDG-E zu begehen, soweit sie einen Inhalt als nicht strafbar im Sinne des NetzDG einschätzen und deshalb nicht löschen. Der Bundesrat bittet, im weiteren Gesetzgebungsverfahren zu prüfen, wie ein diskriminierungsfreier Zugang zu sozialen Netzwerken gewährleistet und einer vorsorglichen Löschung von Inhalten, die nicht offensichtlich rechtswidrig sind, wirksam entgegengewirkt werden kann.

Das NetzDG beschränkt die gerichtliche Kontrolle auf das sogenannte Vorabentscheidungsverfahren (§ 4 Absatz 5 NetzDG-E) für den Fall, dass die zuständige Verwaltungsbehörde ein Bußgeld verhängen möchte, weil das soziale Netzwerk einen Inhalt nicht gelöscht hat, den die Verwaltungsbehörde aber als strafbar im Sinne des NetzDG einschätzt. Demgegenüber ist für die Entscheidung über die Löschung eines Inhalts, den ein soziales Netzwerk entgegen der Ansicht des Nutzers bzw. der Nutzerin für strafbar im Sinne des NetzDG hält, keine Kontrolle im NetzDG implementiert. Der Bundesrat bittet um Prüfung, wie eine solche Kontrolle der Löschentscheidungen durch soziale Netzwerke angemessen, effektiv und möglichst auf Kosten der Betreiber gewährleistet werden kann.

10. Zu Artikel 1 (Einrichtung einer Clearingstelle)

Der Bundesrat bittet, im weiteren Gesetzgebungsverfahren zu prüfen, ob die Einrichtung einer Clearingstelle durch die Plattformbetreiber vorgesehen werden sollte, bei denen auf Kosten der Betreiber insbesondere auch Beschwerden vorgebracht werden können, wenn eine Äußerung gelöscht wurde, obwohl sie nicht rechtswidrig im Sinne des NetzDG-E ist, das Gesetz also eine Löschung nicht verlangt.

Begründung:

Aufgrund der Bußgeldbewehrung in § 4 NetzDG-E droht die Gefahr eines sogenannten „Overblocking". Plattformbetreiber könnten sich zur Vermeidung von Bußgeldern veranlasst sehen, bei Zweifeln über die Rechtswidrigkeit von Inhalten vorschnell eine Löschung vorzunehmen, aus der sich keinerlei Sanktionen ergeben können, als zu riskieren, dass die Nichtlöschung als Indiz für die Nichterfüllung ihrer Überwachungspflicht mit der Folge der Verhängung hoher Bußgelder herangezogen werden kann.

Derjenige, der einen rechtmäßigen Inhalt in das soziale Netzwerk eingestellt hat, hat im Falle der Löschung keine rechtliche Möglichkeit, hiergegen vorzugehen. Zwar kann ein Plattformbetreiber nicht gesetzlich verpflichtet werden, bestimmte Inhalte Dritter zu verbreiten. Für den Betroffenen, der sich der Löschung eines rechtmäßigen Inhalts ausgesetzt sieht, ist die Situation aber unbefriedigend und es droht eine Gefahr für die Meinungsäußerungsfreiheit (Artikel 5 Absatz 1 Satz 1 des Grundgesetzes). Daher erscheint es erwägenswert, die Plattformbetreiber zu verpflichten, auf ihre Kosten eine Clearingstelle einzurichten, bei der von einer Löschung Betroffene ihre Beschwerden vorbringen und insbesondere den Nachweis der Rechtmäßigkeit ihrer Äußerung führen können. Dies erscheint insbesondere aufgrund der durch die Bußgeldbewehrung des NetzDG-E geschaffenen Gefahren für die Meinungsäußerungsfreiheit (Artikel 5 Absatz 1 Satz 1 des Grundgesetzes) angezeigt.

11. Zu Artikel 1 (Verhältnis des Netzwerkdurchsetzungsgesetzes zum Telemediengesetz)

Der Bundesrat bittet, im weiteren Gesetzgebungsverfahren zu prüfen, wie durch geeignete Regelungen das Verhältnis zwischen dem Netzwerkdurchsetzungsgesetz und dem Telemediengesetz klargestellt werden kann.

Begründung:

Das Verhältnis zwischen den Regelungen des Netzwerkdurchsetzungsgesetzes (NetzDG-E) und den Regelungen des Telemediengesetzes (TMG) muss geklärt werden. § 10 TMG enthält bereits jetzt Regelungen zur Haftung des Betreibers. Zwar lässt sich die Begründung des Gesetzentwurfs zum NetzDG (etwa auf Seite 19 letzter Absatz oder auf Seite 21 erster Absatz) so verstehen, dass die Gesetze nebeneinander anwendbar sein sollen. Eine ausdrückliche Klarstellung im Gesetzestext erschiene aber aus Gründen der Rechtssicherheit wünschenswert und sinnvoll.

12. Zu Artikel 1 (§ 1 Absatz 1 Satz 1 NetzDG)

Der Bundesrat bittet, im weiteren Gesetzgebungsverfahren zu prüfen, wie der Begriff des sozialen Netzwerks konkretisiert und stärker eingegrenzt werden kann.

Begründung:

Nach der Begründung des Gesetzentwurfs sollen nach aktuellem Stand drei soziale Netzwerke, höchstens aber zehn berichtspflichtig gemacht werden. Die Definition des § 1 Absatz 1 Satz 1 NetzDG-E bedarf vor diesem Hintergrund einer Präzisierung. Die Formulierung „beliebige Inhalte mit anderen Nutzern auszutauschen, zu teilen oder der Öffentlichkeit zugänglich zu machen" erscheint mit Blick auf die Angebotsvielfalt in Internetplattformen konkretisierungsbedürftig. Heutzutage ist es auf zahlreichen digitalen Plattformen möglich, Text-, Foto- oder Videoinhalte zu erstellen, die von anderen Nutzern eingesehen werden können. Dadurch würden weit mehr Plattformen in den Anwendungsbereich des Gesetzes fallen als in der Begründung des Gesetzentwurfs genannt sind, was dem Ziel des Gesetzesvorhabens zuwiderlaufen würde.

Dies gilt auch unter Heranziehung der im Gesetzes- und Begründungstext genannten Eingrenzungskriterien. So bedarf es einer Konkretisierung, was unter thematisch eingegrenzten Netzwerken – die nicht vom Netzwerkdurchsetzungsgesetz erfasst sein sollen – zu verstehen ist. Nach den Ausführungen in der Begründung des Gesetzentwurfs soll für den Themenbezug eines Netzwerkes der Austausch beliebiger Inhalte entscheidend sein. Letztlich ist es jedoch bereits mit einem einfachen Kommentarformular auf einer Webseite möglich, beliebige Inhalte zu teilen.

Auch die Begrenzung auf solche Netzwerke, die mehr als zwei Millionen Nutzerinnen und Nutzer im Inland aufweisen, schafft keine Vollzugssicherheit bei Plattformen, auf denen sich die Nutzer nicht registrieren müssen und die genaue Zahl der Nutzer daher nur schwer erfasst werden kann.

Beispielhaft sind folgende Netzwerke zu nennen, welche Gefahr laufen, auch in den Anwendungsbereich des Netzwerkdurchsetzungsgesetzes zu fallen. Dies sind Sharing-Plattformen, Online-Speicherdienste, eCommerce-Plattformen, E-Mail- und internetbasierte Kurznachrichtendienste und (Online-)Chats, Auktionsplattformen, Gaming-Netzwerke, Reiseportale, Rubrikenseiten, Vergleichsportale oder Ratgebercommunities.

13. Zu Artikel 1 (§ 1 Absatz 2 NetzDG)

Der Bundesrat bittet, im weiteren Gesetzgebungsverfahren zu prüfen, ob die Bagatellgrenze auf zwei Millionen registrierte Nutzer im Inland festgelegt werden sollte.

Begründung:

Die Erfassung aller Nutzer eines Netzwerks gestaltet sich technisch sehr schwierig. Zwar kann mittels Analyse-Tools der Besucherstrom auf eine Webseite beziffert werden, allerdings müssten aus den erfassten Daten die (vielen) Nutzer herausgefiltert werden, welche die Webseite mehrmals am Tag besuchen. Dies ist nicht zuverlässig über eine Filterung der IP-Adresse möglich, da ein Nutzer z. B. für den Aufruf der Seite zuhause aus dem WLAN und unterwegs aus dem Mobilnetz jeweils eine andere IP-Adresse zugeteilt bekommen kann. Diese Schwierigkeiten bei der Erfassung können durch das Abstellen auf registrierte Nutzer nicht vollständig ausgeräumt, jedoch dadurch abgeschwächt werden, dass bei der Registrierung weitere Angaben verlangt werden, die eine Bestimmung des Herkunftslandes der Nutzer erleichtern.

Im Interesse der Rechtssicherheit sowohl für die zuständige Verwaltungsbehörde als auch für die Plattformbetreiber ist daher zu prüfen, ob ein Abstellen auf registrierte Nutzer den Vollzug des Netzwerkdurchsetzungsgesetzes verbessern könnte.

14. Zu Artikel 1 (§ 1 Absatz 3 NetzDG)

Der Bundesrat bittet, im weiteren Gesetzgebungsverfahren die in § 1 Absatz 3 NetzGD-E enthaltene Aufzählung der Straftatbestände, die einen „rechtswidrigen Inhalt" im Sinne des NetzDG-E begründen, zu überprüfen. Dabei sollte insbesondere die Aufnahme der folgenden weiteren Vorschriften in Betracht gezogen werden: §§ 80a, 105, 106, 107, 108, 109d, 130a, 145d, 164, 189, 201, 201a, 238 Absatz 1 Nummer 4, §§ 240, 241a Absatz 4 StGB und § 52 Absatz 1 Nummer 4 WaffG. Auch sollte eine Streichung des § 269 StGB aus der Aufzählung in § 1 Absatz 3 NetzDG-E geprüft werden.

Begründung:

Ein zentrales Element des Gesetzentwurfs ist die Definition des Begriffs „rechtswidrige Inhalte" in § 1 Absatz 3 NetzDG-E. Denn der Großteil der im NetzDG-E enthaltenen Pflichten knüpft an das Vorliegen eines rechtswidrigen Inhalts oder einer Beschwerde über einen rechtswidrigen Inhalt an. Ausweislich der Begründung des Gesetzentwurfs soll der Katalog der Straftatbestände, deren objektive Erfüllung einen „rechtswidrigen Inhalt" im Sinne des NetzDG-E begründet, verdeutlichen, dass nicht ein Einschreiten gegen jede in sozialen Netzwerken begangene Rechtsverletzung das Anliegen des Gesetzentwurfs ist, sondern die Bekämpfung von Hasskriminalität und strafbaren Falschnachrichten. Im Gesetzentwurf wird bezüglich der einzelnen in § 1 Absatz 3 NetzDG-E aufgezählten Straftatbestände jedoch nicht begründet, wieso sie ausgewählt wurden. Es wird auch nicht begründet, wieso andere für die Bekämpfung von Hassrede und „Fake News" ebenfalls bedeutsame oder sogar noch bedeutsamere Straftatbestände nicht in § 1 Absatz 3 NetzDG-E aufgezählt werden.

Geprüft werden sollte insbesondere die Aufnahme folgender weiterer Straftatbestände in den Katalog des § 1 Absatz 3 NetzDG:

§ 80a StGB: Das Aufstacheln zum Verbrechen der Aggression ist eine schwerwiegende Hassstraftat, die durch das Einstellen von Inhalten in sozialen Netzwerken begangen werden kann.

§§ 105, 106, 107, 108 StGB: Bei diesen Vorschriften handelt es sich um Spezialfälle der Nötigung, die einen Bezug zum politischen Leben aufweisen. Drohungen gegen Verfassungsorgane und ihre Mitglieder, gegen Wahlen als zentralem Merkmal unseres demokratischen Gemeinwesens oder gegen die an ihnen teilnehmenden Wähler sind eine nicht seltene Erscheinungsform von Hassreden.

§ 109d StGB: Die Vorschrift hat mit dem in § 1 Absatz 3 NetzDG-E genannten § 100a StGB gemeinsam, dass durch unwahre Tatsachenbehauptungen öffentliche Sicherheitsinteressen gefährdet werden. Sie kann bei der Bekämpfung strafbarer „Fake News" von Bedeutung sein.

§ 130a StGB: Es erschließt sich nicht, wieso zwar das öffentliche Auffordern zu Straftaten (§ 111 StGB), die Störung des öffentlichen Friedens durch Androhung von Straftaten (§ 126 StGB) und das Billigen von Straftaten (§ 140 StGB) in den Anwendungsbereich des NetzDG-E fallen, das Anleiten zu Straftaten aber nur, wenn es sich um schwere staatsgefährdende Gewalttaten (§ 91 StGB) handelt. Die Bekämpfung von nach § 130a StGB strafbaren Anleitungen zu Straftaten ist ein ebenso wichtiges Element zur Bekämpfung von Hassrede, insbesondere um zu verhindern, dass Hassrede in gewalttätiges Hassverbrechen umschlägt. Ein Ausufern des Anwendungsbereichs des NetzDG-E ist dadurch nicht zu befürchten. Denn § 130a StGB bezieht sich auf dieselbe abschließende Aufzählung schwerwiegender Straftaten wie der in § 1 Absatz 3 NetzDG-E genannte § 126 StGB.

§ 145d StGB: Das strafbare Vortäuschen einer Straftat kann nicht nur durch Mitteilungen unmittelbar gegenüber einer zur Entgegennahme von Anzeigen zuständigen Behörde begangen werden, sondern auch durch an die Öffentlichkeit gerichtete Behauptungen, sofern der Täter billigend in Kauf nimmt, dass eine Behörde davon Kenntnis erlangt (vgl. z. B. Valerius, in: v. Heintschel-Heinegg, BeckOK StGB, § 145d Rn. 6). Der Tatbestand hat gerade in jüngster Zeit im Zusammenhang mit der Verbreitung von „Fake News" im Internet Bedeutung erlangt (vgl. Fahl, Zur Strafbarkeit der Falschmeldung im Internet über den Tod eines Asylsuchenden, Jura 2016, 735 ff.).

§ 164 StGB: Auch die falsche Verdächtigung kann durch wider besseres Wissen im Internet aufgestellte Falschbehauptungen begangen werden (vgl. § 164 Absatz 2 2. Alternative StGB). Sie ist daher ein wichtiger Straftatbestand im Kampf gegen „Fake News".

§ 189 StGB: Nur schwer nachvollziehbar ist, wieso zwar die Beleidigung und Verleumdung Lebender, nicht aber die Verunglimpfung Verstorbener in den Anwendungsbereich des NetzDG-E fallen. Die Herabwürdigung verstorbener Menschen ist eine verbreitete und besonders perfide Erscheinungsform der Hassrede.

§§ 201, 201a StGB: Die Diffamierung anderer Menschen durch das unbefugte Einstellen von kompromittierenden Bildaufnahmen in sozialen Netzwerken ist eine weit verbreitete Vorgehensweise zur Verbreitung von Hass und zur Verletzung der Menschenwürde. Gleiches gilt für das unbefugte Veröffentlichen kompromittierender Tonaufnahmen.

§ 238 Absatz 1 Nummer 4 StGB: Diese Begehungsweise der Nachstellung ist eng mit den Straftatbeständen der Nötigung und der Bedrohung verwandt.

§ 240 StGB: Es erschließt sich nicht, wieso der Tatbestand der Bedrohung (§ 241 StGB) in § 1 Absatz 3 NetzDG-E aufgeführt ist, nicht aber derjenige der Nötigung (§ 240 StGB). Nicht selten werden gerade gegenüber Personen des öffentlichen Lebens im Netz Drohungen mit Angriffen auf die körperliche Unversehrtheit oder das Eigentum ausgesprochen. Sofern es sich bei diesen angedrohten Angriffen nicht um Verbrechen (wie z. B. Tötungsdelikte) handelt, sondern nur z. B. nur um Körperverletzungen, wären diese Drohungen nach dem Gesetzentwurf nicht vom NetzDG-E erfasst. Ein Grund für diese Differenzierung drängt sich jedenfalls nicht auf. Zwar beinhaltet die Prüfung der Verwerflichkeit im Sinne des § 240 Absatz 2 StGB wertende Elemente. Dies ist jedoch etwa auch bei dem Tatbestandsmerkmal der „Eignung zur Friedensstörung" in § 130 StGB der Fall; gleichwohl wird diese Vorschrift in § 1 Absatz 3 NetzDG-E genannt.

§ 241a Absatz 4 StGB: Das Aufstellen unwahrer Behauptungen, die den Betroffenen der Gefahr politischer Verfolgung aussetzen, ist eine schwerwiegende Erscheinungsform der Verbreitung von „Fake News".

§ 52 Absatz 1 Nummer 4 WaffG: Dieser Straftatbestand wird verbreitet bei Hass-Postings aus dem salafistischen und rechtsextremistischen Milieu beobachtet.

Auch sollte geprüft werden, ob die Erwähnung von § 269 StGB in § 1 Absatz 3 NetzDG-E sachgerecht ist. § 269 StGB schützt, wie auch die anderen Tatbestände der §§ 267 ff. StGB, die Sicherheit und Zuverlässigkeit des Rechts- und Beweisverkehrs. Es leuchtet nicht ohne weiteres ein, wieso gerade diese Vorschrift als einziger Straftatbestand aus dem Abschnitt „Urkundenfälschung" in § 1 Absatz 3 NetzDG-E aufgenommen wurde. Für die Bekämpfung von Hassrede und „Fake News" dürfte § 269 StGB allenfalls am Rande tauglich sein.

15. Zu Artikel 1 (§ 2 Absatz 1 Satz 1 NetzDG)

In Artikel 1 ist in § 2 Absatz 1 Satz 1 die Angabe „vierteljährlich" durch die Angabe „halbjährlich" zu ersetzen.

Folgeänderung:

In Artikel 1 ist in § 6 Absatz 1 die Angabe „Vierteljahr" durch die Angabe „Halbjahr" zu ersetzen.

Begründung:

Ziel der vierteljährlichen Berichtspflicht ist laut der Begründung des Gesetzentwurfs die Etablierung einer festen Struktur und eines systematischen Prozesses für die Evaluation des Umgangs mit Beschwerden. Angesichts der umfangreichen Angaben, die nach § 2 Absatz 2 NetzDG-E in dem Bericht enthalten sein sollen, erscheint es jedoch vor dem Hintergrund der gebotenen sorgfältigen Evaluation und des damit verbundenen erheblichen bürokratischen Aufwands notwendig, den Zeitraum auf sechs Monate auszudehnen.

16. Zum Gesetzentwurf allgemein

Das NetzDG-E richtet seinen Fokus auf die Rechtsdurchsetzung durch Betroffene gegenüber den sozialen Netzwerken, soweit bestimmte strafbare Inhalte betroffen sind. Es sollten aber nicht nur Anforderungen an Anbieter von sozialen Netzwerken erhöht werden, um strafbare Inhalte schneller zu entfernen, sondern zusätzlich auch die strafrechtliche Verfolgung durch staatliche Einrichtungen vereinfacht werden. Der Bundesrat fordert deshalb, dass im NetzDG-E auch das Verfahren der Zusammenarbeit sozialer Netzwerke mit Staatsanwaltschaften und Strafverfolgungsbehörden mit definierten kurzen Reaktionszeiten verbindlich geregelt wird.

17. Zum Gesetzentwurf allgemein

Der Bundesrat ist der Auffassung, dass es auf der Grundlage gesetzlicher Regelungen auch eine Aufgabe von Plattformbetreibern ist, zum einen die schnelle Entfernung eines Inhalts, bei dem eine Strafbarkeit im Raum steht, zu gewährleisten, zum anderen auch den Aufsichts- und Strafverfolgungsbehörden die notwendigen Informationen für ein Einschreiten an die Hand zu geben. Hierfür ist ein effizientes Beschwerdeverfahren aufzusetzen, bei dem bereits bewährte Selbstregulierungsmechanismen einzubeziehen sind.

18. Zu Artikel 1 (§ 3 Absatz 2 Nummer 2 und 3 NetzDG)

Die im NetzDG-E vorgesehenen starren Verfahrensfristen von 24 Stunden beziehungsweise sieben Tagen für die Sperrung rechtswidriger Inhalte tragen einer juristisch fundierten Prüfung nur eingeschränkt Rechnung. In Verbindung mit den hohen Bußgeldern (bis 50 Millionen Euro für Unternehmen und bis fünf Millionen Euro für einzelne Mitarbeiter) könnte zudem ein Anreiz gesetzt werden, gemeldete Inhalte im Zweifel sofort zu löschen, was zu einer neuen Gefährdungslage für die Meinungsfreiheit führen kann. Der Bundesrat regt daher an, im weiteren Gesetzgebungsverfahren das im NetzDG-E vorgeschlagene Instrumentarium unter dem Aspekt der Verhältnismäßigkeit zu optimieren.

19. Zu Artikel 1 (§ 3 Absatz 2 Nummer 2 und 3 NetzDG)

Der Bundesrat bittet, im weiteren Gesetzgebungsverfahren zu prüfen, ob bei den Fristen zur Löschung von rechtswidrigen Inhalten weitere Ausnahmen vorgesehen werden sollten.

Begründung:

Die Überprüfung eines gemeldeten Inhalts auf seine Rechtswidrigkeit bedarf nicht unerheblicher juristischer Anstrengungen, da sich nur wenige gemeldete Beiträge als offensichtlich rechtswidrig herausstellen. Selbst ein vordergründig rechtswidriger Inhalt wie die Abbildung einer Hakenkreuzflagge kann ein Auszug aus einem Geschichtsbuch oder einer historischen Dokumentation sein, welcher der Berichterstattung über historische Vorgänge des Zeitgeschehens dient. Im Bereich der Straftaten gegen die persönliche Ehre zeigte sich die Schwierigkeit einer Beurteilung in jüngster Vergangenheit bei der Diskussion um das Böhmermann-Gedicht, die sich in einer längeren Prozessdauer widerspiegelt.

Durch die vorgegebenen Fristen von vierundzwanzig Stunden bzw. sieben Tagen darf es nicht zu rein vorsorglichen Löschungen aus Zeitdruck kommen, insbesondere da gerade bei der Siebentagefrist keinerlei Ausnahmen im Gesetz vorgesehen sind. Der Gesetzentwurf will die Betreiber nicht zu willkürlichen Löschungen verpflichten, sondern nur zur Löschung solcher Inhalte, die sich nach einer eingehenden Prüfung als tatsächlich rechtswidrig herausstellen. Um sicherzustellen, dass ausschließlich rechtswidrige Inhalte entfernt werden und eine rechtlich fundierte Überprüfung der gemeldeten Beiträge möglich bleibt, bietet sich die Schaffung von Ausnahmetatbeständen an. Allein durch die Einstellung weiterer Mitarbeiter zur rechtlichen Beurteilung kann dem Problem der Löschfristen angesichts der zahlreichen Beiträge in sozialen Netzwerken und der fehlenden Begrenzung des Gesetzentwurfs auf inländische Beiträge nicht wirksam begegnet werden. Diese können im Internet Größenordnungen von mehreren Milliarden pro Tag erreichen.

20. Zu Artikel 1 (§ 3 Absatz 4,
§ 4 Absatz 1 Nummer 4 bis 6 NetzDG)

Der Bundesrat bittet, im weiteren Gesetzgebungsverfahren eine inhaltliche Konkretisierung der bußgeldbewehrten Verpflichtungen aus § 3 Absatz 4 NetzDG-E zu prüfen.

Begründung:

Das in Artikel 103 Absatz 2 des Grundgesetzes verankerte Bestimmtheitsgebot gilt nicht nur für Straf-, sondern auch für Bußgeldtatbestände. Danach kann eine Tat nur dann sanktioniert werden, wenn die Strafbarkeit oder

Bußgeldbewehrung gesetzlich bestimmt war, bevor die Tat begangen wurde. Dies verpflichtet den Gesetzgeber, die Voraussetzungen der Ahndung so genau zu umschreiben, dass sich Tragweite und Anwendungsbereich der Normen durch Auslegung ermitteln lassen. Dies schließt zwar die Verwendung unbestimmter, auslegungsbedürftiger Rechtsbegriffe nicht aus, um der Vielgestaltigkeit des Lebens Rechnung zu tragen. Jedenfalls im Regelfall muss der Normadressat aber anhand der gesetzlichen Regelung voraussehen können, ob ein Verhalten strafbar oder als Ordnungswidrigkeit zu ahnden ist (vgl. BVerfG NJW 2005, 349).

Mit Blick auf die nach § 4 Absatz 1 Nummer 4 bis 6 NetzDG-E bußgeldbewehrten Verpflichtungen aus § 3 Absatz 4 NetzDG-E ist vor diesem Hintergrund Folgendes anzumerken:

Gemäß § 4 Absatz 1 Nummer 4 NetzDG-E handelt ordnungswidrig, wer entgegen § 3 Absatz 4 Satz 1 NetzDG-E den Umgang mit Beschwerden nicht oder nicht richtig überwacht. Da die entsprechende Gebotsnorm lediglich vorsieht, dass der Umgang mit Beschwerden von der Leitung des sozialen Netzwerks durch monatliche Kontrollen überwacht werden muss, ist unklar, welche Anknüpfung dem Tatbestandsmerkmal „nicht richtig" zugrunde liegen soll. Insoweit ist eine inhaltliche Präzisierung der Kontrollpflichten erforderlich.

Nach § 4 Absatz 1 Nummer 5 NetzDG-E handelt ordnungswidrig, wer entgegen § 3 Absatz 4 Satz 2 NetzDG-E eine organisatorische Unzulänglichkeit nicht oder nicht rechtzeitig beseitigt. Insoweit ist – ungeachtet der zweifelhaften Bestimmtheit des Tatbestandsmerkmals – nicht erkennbar, welche (weiteren) „organisatorischen Unzulänglichkeiten" der Entwurf hiermit im Blick hat, wenn und weil bereits mit den Vorschriften von § 4 Absatz 1 Nummer 2 und 3 NetzDG-E das Vorhalten bzw. Zurverfügungstellen der relevanten Verfahren und Mechanismen umfassend sanktioniert wird.

Gemäß § 4 Absatz 1 Nummer 6 NetzDG-E handelt ordnungswidrig, wer entgegen § 3 Absatz 4 Satz 3 NetzDG-E eine Schulung oder eine Betreuung nicht oder nicht rechtzeitig anbietet. Da die entsprechende Gebotsnorm lediglich vorsieht, dass den mit der Bearbeitung von Beschwerden beauftragten Personen von der Leitung des sozialen Netzwerks regelmäßig, mindestens aber halbjährlich deutschsprachige Schulungs- und Betreuungsangebote gemacht werden müssen, bleibt offen, welchen konkreten Inhalt die genannten Angebote haben müssen. Eine inhaltliche Präzisierung der korrespondierenden Pflicht wäre auch hier angebracht.

21. Zu Artikel 1 (§ 3 Absatz 2 Nummer 6 NetzDG)

Der Bundesrat bittet, im weiteren Gesetzgebungsverfahren zu prüfen, ob die Verpflichtung der Betreiber sozialer Netzwerke, Kopien rechtswidriger Inhalte unverzüglich zu entfernen oder zu sperren, mit europäischem Recht vereinbar ist, und erforderlichenfalls Konkretisierungen vorzunehmen.

Begründung:

Artikel 15 Absatz 1 der Richtlinie 2000/31/EG („eCommerce-Richtlinie") verbietet den Mitgliedstaaten, Diensteanbietern allgemeine Pflichten aufzuerlegen, die von ihnen gespeicherten oder übermittelten Daten zu überwachen oder aktiv nach Umständen zu forschen, die auf eine rechtswidrige Tätigkeit hinweisen. Es bestehen Zweifel, dass die Entfernung von Kopien rechtswidriger Inhalte in jedem Fall ohne eine laufende aktive Überwachung des gesamten Datenverkehrs möglich ist. So stellt sich die Frage, wie der Begriff der Kopie zu verstehen ist. Wird ein und derselbe rechtswidrige Inhalt unter verschiedenen Meldungen in einem sozialen Netzwerk veröffentlicht, stellen sich alle diese Postings als Veröffentlichung dieses einen rechtswidrigen Inhalts dar. Wird jedoch nur eines der Postings als rechtswidrig gemeldet, könnte der Betreiber des sozialen Netzwerks nicht ohne aktive Überwachung herausfinden, ob der Nutzer gleichlautende Inhalte (mithin Kopien) unter anderen Meldungen veröffentlicht hat.

22. Zu Artikel 1 (§ 3 NetzDG)

Der Bundesrat bittet, im weiteren Gesetzgebungsverfahren zu prüfen, wie der von einer Entfernung oder Zugangssperrung eines inkriminierten Inhalts betroffene Nutzer die Möglichkeit zur Stellungnahme beziehungsweise zum Widerspruch erhält.

Begründung:

Der Entwurf des NetzDG, speziell § 3, enthält umfassende und detaillierte Vorgaben zur Berücksichtigung der Einwände von Beschwerdeführern. Der betroffene Nutzer wird entsprechend § 3 Absatz 2 Nummer 5 nur über die Entscheidung (mit Begründung) informiert. Eine Möglichkeit der Stellungnahme oder des Widerspruchs ist nicht vorgesehen. Dies ist weniger ein Problem bei offensichtlich rechtswidrigen Inhalten als ein Problem bei (nur) rechtswidrigen Inhalten. Für diese ist deshalb auch aus gutem Grund eine Prüffrist von bis zu sieben Tagen vorgesehen.

Die korrekte Feststellung der Rechtswidrigkeit ist für die Vielzahl der unter § 1 Absatz 3 NetzDG-E angeführten Tatbestände selbst von versierten Fachleuten nicht immer zweifelsfrei zu leisten.

Da eine nicht erfolgte Löschung oder Sperrung eines beanstandeten Inhalts mit einem hohen Bußgeld bewehrt ist, kann davon ausgegangen werden, dass Inhalte vorsichtigerweise auch gelöscht werden, wenn diese nicht die Kriterien der Rechtswidrigkeit erfüllen. Die rechtsstaatlichen Prinzipien gebieten es, dass einem Betroffenen die Möglichkeit zur Stellungnahme beziehungsweise zum Widerspruch gegeben wird.

23. Zu Artikel 1 (§ 4 Absatz 5 NetzDG)

In Artikel 1 ist § 4 Absatz 5 zu streichen.

Begründung:

Die Prüfung der rechtlichen Voraussetzungen für den Erlass eines Bußgeldbescheides ist ureigenste Aufgabe der für die Verfolgung und Ahndung der Ordnungswidrigkeit zuständigen Verwaltungsbehörde. Die Gerichte werden nur auf einen Einspruch des Betroffenen gegen den Bußgeldbescheid tätig.

Hiervon weicht § 4 Absatz 5 NetzDG-E für den Fall ab, dass ein Bußgeldbescheid auf die Rechtswidrigkeit eines nicht entfernten oder gesperrten Inhalts gestützt werden soll. Die Vorschrift sieht hierfür ein „Vorabentscheidungsverfahren" vor dem Gericht, das über einen Einspruch gegen den Bußgeldbescheid zu entscheiden hätte (also: dem Amtsgericht Bonn als Sitz des Bundesamtes für Justiz, § 68 Absatz 1 OWiG), vor. Gegenstand des Vorabentscheidungsverfahrens soll die Frage sein, ob der umstrittene Inhalt den objektiven Tatbestand einer der in § 1 Absatz 3 NetzDG-E genannten Strafvorschriften erfüllt. In der Einzelbegründung zu § 4 Absatz 5 NetzDG-E heißt es hierzu, dass nach der Kompetenzverteilung des Grundgesetzes allein die Gerichte dazu berufen seien, über die Strafbarkeit einer Handlung zu entscheiden.

Diese Begründung trägt verfassungsrechtlich nicht. Aus Artikel 92 des Grundgesetzes folgt nur, dass die Verhängung von Kriminalstrafen den Gerichten vorbehalten ist (vgl. BVerfGE 22, 49 <80 f.>). Das Bußgeldverfahren ist aber kein Strafverfahren; daher können Ordnungswidrigkeiten von einer Verwaltungsbehörde verfolgt werden (vgl. BVerfGE 8, 195 <207>). Den rechtsstaatlichen Erfordernissen ist dadurch Rechnung getragen, dass gegen den Bußgeldbescheid auf Einspruch eine gerichtliche Entscheidung erfolgt (vgl. BVerfGE 8, 195 <207 f.>).

Das Verfahren nach § 4 NetzDG-E ist ein Bußgeldverfahren. Es ändert seinen Charakter nicht deshalb, weil bei der Bußgeldentscheidung inzident geprüft werden muss, ob das Verhalten eines Dritten (hier: des Nutzers, der einen bestimmten Inhalt eingestellt hat) objektiv einen Straftatbestand erfüllt.

Dass Verwaltungsbehörden bei ihren Entscheidungen als inzidente Vorfrage die Erfüllung objektiver Straftatbestände prüfen müssen, ist nicht selten. Ein gerichtliches „Vorabentscheidungsverfahren" hat der Gesetzgeber dennoch nirgendwo vorgesehen. Dies gilt auch in Fällen, die mit dem vorliegenden Sachverhalt insoweit vergleichbar sind, als es auch in ihnen um die Erfüllung bestimmter objektiver Straftatbestände durch Medieninhalte als Voraussetzung für den Erlass eines Bußgeldbescheides geht (vgl. § 24 Jugendmedienschutz-Staatsvertrag). Überzeugende Gründe, ein solches „Vorabentscheidungsverfahren" nun gerade im NetzDG-E erstmals vorzusehen, sind nicht ersichtlich.

Für eine Klärung grundsätzlicher Fragen darüber, welche Äußerungen in sozialen Netzwerken strafbar sind und welche nicht, wäre eine erst- und letztinstanzliche Entscheidung eines Einzelrichters am Amtsgericht (vgl. § 4

Absatz 5 NetzDG-E in Verbindung mit § 68 OWiG) auch nicht das geeignete Instrument. Das Einspruchsverfahren gegen den Bußgeldbescheid, an dessen Ende der betroffene Netzwerkanbieter mittels einer Verfassungsbeschwerde auch das Bundesverfassungsgericht anrufen kann, ist diesbezüglich weitaus wirksamer.

Selbst für den Einzelfall könnte die Vorabentscheidung keine Rechtssicherheit schaffen, denn sie wäre nach § 4 Absatz 5 Satz 2 NetzDG-E nur für die Verwaltungsbehörde bindend, nicht aber für den Netzwerkanbieter oder das Gericht, das später über einen Einspruch gegen den Bußgeldentscheid zu entscheiden hat. Es bestünde daher die Gefahr divergierender Entscheidungen im Vorabentscheidungsverfahren und im Einspruchsverfahren.

24. Zu Artikel 1 (§ 5 Satz 2 NetzDG)

In Artikel 1 ist in § 5 Satz 2 nach den Wörtern „ist eine" das Wort „deutschsprachige" einzufügen.

Begründung:

Der Gesetzentwurf der Bundesregierung sieht die Verpflichtung der Betreiber aller sozialen Netzwerke vor, für Auskunftsersuchen einer inländischen Strafverfolgungsbehörde eine empfangsberechtigte Person im Inland zu benennen.

Diese Verpflichtung beinhaltet nach diesseitiger Auffassung wegen der Formulierung „im Inland" bereits, dass diese Person auch deutschsprachig sein muss. Aus Klarstellungsgesichtspunkten ist der Satz um das Wort „deutschsprachig" zu ergänzen. Dies entspricht auch der Begründung des Gesetzentwurfs, nach der eines der Hauptprobleme bei der Rechtsdurchsetzung in sozialen Netzwerken das Fehlen verantwortlicher Ansprechpartner der sozialen Netzwerke ist. Die Benennung eines Ansprechpartners soll „die Möglichkeiten einer freiwilligen unmittelbaren Kooperation zwischen Strafverfolgungsbehörden und Providern" verbessern (S. 25 der Begründung des Gesetzentwurfs).

Die unmittelbare Kooperation lässt sich aber nur dann effektiv verbessern, wenn dieser Ansprechpartner mit den Strafverfolgungsbehörden auch in deutscher Sprache kommunizieren kann. Denn die Erfahrung zeigt, dass das Verfassen von Auskunftsersuchen durch die Strafverfolgungsbehörden und die Rückübersetzung von Nachfragen oder Antworten seitens der Provider schon in einer Standardsprache wie Englisch zu Verzögerungen und Missverständnissen führen kann. Sollte der Ansprechpartner im Inland noch nicht einmal der englischen (und nicht der deutschen) Sprache mächtig sein, wäre eine unmittelbare und rasche Verständigung sogar noch schwieriger.

25. Zu Artikel 1 (§ 5 NetzDG)

Der Bundesrat bittet, im weiteren Gesetzgebungsverfahren zu prüfen, ob die Regelung des § 5 NetzDG-E weiter gefasst werden sollte. Der Bundesrat ist der Ansicht, dass nicht lediglich – wie derzeit vorgesehen – die Pflicht zur Benennung eines Zustellungsbevollmächtigten gegenüber der Verwaltungsbehörde, der Staatsanwaltschaft, sowie den im Bußgeld- und Zivilverfahren zuständigen Gerichten im konkreten Einzelfall vorgesehen werden sollte. Vielmehr sollten die Anbieter sozialer Netzwerke mit Wirkung für Jedermann und losgelöst vom Einzelfall verpflichtet werden, auf ihrer Homepage leicht auffindbar einen inländischen Zustellungsbevollmächtigten zu benennen.

Begründung:

Die Regelung des § 5 NetzDG-E sieht lediglich die Pflicht vor, im jeweiligen Fall gegenüber der Verwaltungsbehörde, der Staatsanwaltschaft, sowie den im Bußgeldverfahren und im Zivilverfahren zuständigen Gerichten einen inländischen Zustellungsbevollmächtigten unverzüglich zu benennen.

Die vorgesehene Regelung geht – jedenfalls was das Zivilverfahren angeht – nicht nennenswert über die ohnehin schon in § 184 ZPO enthaltene Regelung zur Benennung eines Zustellungsbevollmächtigten hinaus. Will etwa ein Betroffener eine einstweilige Verfügung beantragen, etwa weil der Anbieter des sozialen Netzwerks der Löschungsaufforderung nicht nachkommt, hat er keine Möglichkeit, eine Parteizustellung an einen Zustellungsbevollmächtigten im Inland vorzunehmen (§ 922 Absatz 2 i. V. m. § 936 ZPO, § 181 ZPO), denn ihm gegenüber besteht nach der derzeitigen Fassung des Gesetzes keine Verpflichtung, einen derartigen Zustellungsbevollmächtigten zu benennen. Es bleibt dem Betroffenen in diesem Fall nur eine eigene Auslandszustellung oder die Beantragung einer Auslandszustellung (§ 183 ZPO). Eine Auslandszustellung ist aber insbesondere außerhalb Europas mit oft ganz erheblichen Zeitverzögerungen und Problemen verbunden und auch innerhalb Europas muss mit spürbaren – und gerade in Verfahren des einstweiligen Rechtsschutzes nicht hinnehmbaren – Verzögerungen gerechnet werden. Darüber hinaus wäre auch im Rahmen außergerichtlicher Auseinandersetzungen mit dem Betreiber eines sozialen Netzwerks für Betroffene von „Hate Speech" die Benennung eines verbindlichen Ansprechpartners im Inland wünschenswert.

Vor diesem Hintergrund erscheint es sinnvoll und angezeigt, die Unternehmen generell mit Wirkung für Jedermann dazu zu verpflichten, auf ihrer Homepage leicht auffindbar einen inländischen Zustellungsbevollmächtigten zu benennen.

Hierfür sprechen zudem auch verfahrensökonomische Gesichtspunkte. Die Unternehmen müssen einen derartigen Bevollmächtigten auch nach dem derzeitigen Entwurf vorhalten. Sie müssen ihn aber immer wieder auf konkrete Nachfrage von Behörden und Gerichten in jedem Einzelfall erneut benennen und diese müssen ihn in jedem Einzelfall erfragen. Die einmalige und dauerhafte Benennung auf der eigenen Homepage würde daher auch für die betroffenen Behörden, Gerichte und Unternehmen selbst eine deutliche Vereinfachung bedeuten und Verwaltungsaufwand in jedem Einzelfall sparen.

26. Zu Artikel 1 (§ 6 Absatz 2 NetzDG)

In Artikel 1 ist in § 6 Absatz 2 die Angabe „drei" durch die Angabe „sechs" zu ersetzen.

Begründung:

Der Entwurf des Netzwerkdurchsetzungsgesetzes stellt die nach dem Gesetz Verpflichteten und die für die Verfolgung der Ordnungswidrigkeiten zuständige Verwaltungsbehörde vor erhebliche organisatorische Herausforderungen. Nicht zuletzt vor dem Hintergrund der hohen Bußgeldbewehrung wäre es unbillig, den Betreibern sozialer Netzwerke für die Umsetzung der Anforderungen eine Frist von unter einem halben Jahr ab Inkrafttreten zu setzen.

27. Zu Artikel 2 (§ 14 Absatz 2 TMG)

Der Bundesrat bittet, im weiteren Gesetzgebungsverfahren zu prüfen, ob die geplante Änderung des § 14 Absatz 2 des Telemediengesetzes erforderlich ist und in Zusammenhang mit der Zielsetzung des Gesetzes steht.

Begründung:

Die Ausweitung des Auskunftsanspruchs gemäß § 14 Absatz 2 des Telemediengesetzes auf absolut geschützte Rechte ist angesichts ihrer Tragweite genau zu prüfen. Anders als das Netzwerkdurchsetzungsgesetz verpflichtet das Telemediengesetz alle Diensteanbieter. Dadurch droht eine faktische Abschaffung der Möglichkeit der anonymen und pseudonymen Meinungsäußerung im Internet. Dies wäre insbesondere vor dem Hintergrund anonymer Berichterstattung äußerst bedenklich, wodurch sich verfassungsrechtliche Fragestellungen ergeben können.

Anlage 5

Gegenäußerung der Bundesregierung

Die Bundesregierung äußert sich zu der Stellungnahme des Bundesrates wie folgt:

Zu Nummer 1 (Zum Gesetzentwurf insgesamt – Erfüllungsaufwand)

Die Schätzung des Erfüllungsaufwands des Gesetzes beruht auf den Annahmen in der Gesetzesbegründung. Da es derzeit keine gesetzliche Verpflichtung der sozialen Netzwerke zu Transparenzberichten oder ähnlichem über den Umgang mit Beschwerden im Hinblick auf rechtswidrige Inhalte gibt, fehlt es weitgehend an entsprechenden belastbaren Angaben der Netzwerke. § 2 NetzDG führt entsprechende Berichtspflichten ein. Die Bundesregierung geht davon aus, dass die nach § 2 NetzDG zu erstellenden Berichte zukünftig eine genauere Schätzung des Erfüllungsaufwands (insbes. im Rahmen der üblichen Nachmessung durch das Statistische Bundesamt und der geplanten Evaluierung des Gesetzes) ermöglichen werden.

Zu den Nummern 2 bis 5 (Zum Gesetzentwurf allgemein)

Die Bundesregierung nimmt die Ausführungen des Bundesrates zur Kenntnis.

Zu Nummer 6 (Zum Gesetzentwurf allgemein)

Ein Konflikt mit dem Medienrecht bzw. der Medienaufsicht der Länder besteht nach Auffassung der Bundesregierung nicht. Das NetzDG reguliert nicht unmittelbar die Verbreitung von Inhalten in sozialen Netzwerken. Den Erstellern der fraglichen Inhalte, d. h. den Nutzerinnen und Nutzern werden keine neuen Vorgaben gemacht. Es werden auch keine neuen Vorgaben geschaffen, welche Inhalte die sozialen Netzwerke auf ihren Plattformen verbreiten dürfen. Erst recht werden keine diesbezüglichen Anordnungsbefugnisse für Behörden geschaffen. Im Mittelpunkt stehen vielmehr Compliance-Vorgaben, wie die sozialen Netzwerke mit Beschwerden bezüglich der von ihren Nutzerinnen und Nutzern eingestellten Inhalte vorgehen sollen.

Die Zuständigkeit des Bundesamtes für Justiz (BfJ) nach § 4 Absatz 4 NetzDG für die Verfolgung von Ordnungswidrigkeiten nach § 4 Absatz 1 NetzDG führt somit nicht zu Überschneidungen mit den Zuständigkeiten der Landesbehörden für Anordnungen gegen Anbieter von Telemedien nach § 20 Absatz 4 des Jugendmedienschutz-Staatsvertrages (JMStV) in Verbindung mit § 59 Absatz 4 des Rundfunkstaatsvertrages (RfStV). Nach diesen Vorschriften können die zuständigen Landesbehörden „Maßnahmen zur Sperrung von Angeboten … auch gegen den Diensteanbieter von fremden Inhalten nach den §§ 8 bis 10 des Telemediengesetzes" richten, d. h. insbesondere Angebote bzw. Inhalte untersagen und deren Sperrung anordnen, § 20 Absatz 4 JMStV, § 59 Absatz 4 in Verbindung mit Absatz 3 RfStV.

Entsprechende Anordnungsbefugnisse eröffnet das NetzDG dem BfJ gerade nicht. Das BfJ ist einzig zuständig für die Verfolgung und Ahndung der in § 4 Absatz 1 NetzDG genannten Ordnungswidrigkeiten. Anordnungsbefugnisse bestehen nicht.

Das Netzwerkdurchsetzungsgesetz ist nicht zustimmungsbedürftig. Insbesondere liegt kein Fall des Artikels 84 Absatz 1 Satz 5 des Grundgesetzes vor, da das NetzDG nicht durch die Länder ausgeführt wird.

Zu Nummer 7 (Zum Gesetzentwurf allgemein)

Die Bundesregierung hat Zweifel, ob die Einbindung eines staatsfernen Systems der regulierten Selbstregulierung vorliegend zielführend sein kann. Sie weist darauf hin, dass die Vorschrift des § 20 Absatz 5 JMStV, die ein mögliches Vorbild sein könnte, die Privilegierungswirkung der Unterwerfung unter eine Selbstkontrolleinrichtung gerade nicht vorsieht für die absolut unzulässigen Inhalte im Sinne von § 4 Absatz 1 JMStV. Bei diesen von der Selbstregulierung ausgenommenen Inhalten handelt es sich überwiegend um Inhalte, deren Verbreitung einen Straftatbestand erfüllen kann. Von der Selbstregulierung ausgenommen sind also gerade diejenigen strafbaren Inhalte, die vom NetzDG erfasst werden. Die Einbeziehung des NetzDG in ein System regulierter Selbstregulierung würde also zu einem Wertungswiderspruch mit dem Jugendmedienschutzstaatsvertrag führen.

Die Bundesregierung hat darüber hinaus auch die begründete Sorge, dass mit einer entsprechenden Selbstregulierung Verzögerungseffekte einhergehen würden, die im Bereich der strafbaren Inhalte des NetzDG nicht hinnehmbar wären. Aus den genannten Gründen lehnt die Bundesregierung eine entsprechende Umgestaltung des NetzDG im laufenden Gesetzgebungsverfahren ab.

Zu Nummer 8 (Zum Gesetzentwurf allgemein)

Die Bundesregierung hat Bedenken gegen den Vorschlag des Bundesrates, eine § 20 Absatz 1 JMStV entsprechende Ermächtigung vorzusehen, auf deren Grundlage die Landesmedienanstalten die für den Vollzug des NetzDG erforderlichen Maßnahmen treffen können. Die Überwachungsbefugnis nach § 3 Absatz 5 NetzDG enthält bereits Aufsichtselemente. Es kann nicht ausgeschlossen werden, dass eine zusätzliche Aufsicht durch die Landesmedienanstalten zu ineffizienten Parallelstrukturen führen würde. Außerdem würde die vorgeschlagene Ausweitung des NetzDG um eine präventiv ausgerichtete Anordnungsbefugnis den Charakter des Gesetzes maßgeblich ändern. Schließlich eröffnet der Jugendmedienschutzstaatsvertrag den Ländern bereits nach geltendem Recht eine Aufsicht durch die Landesmedienanstalten über die Angebote von Telemediendiensten. Die unzulässigen Angebote gemäß § 4 Absatz 1 JMStV sind in vielerlei Hinsicht deckungsgleich mit dem Straftatenkatalog des § 1 Absatz 3 NetzDG, so dass nicht ersichtlich ist, dass die Einräumung weiterer Aufsichtsbefugnisse im Rahmen des Vollzugs des NetzDG den Ländern in der Sache eine wesentliche Erweiterung ihrer medienrechtlichen Kompetenzen bringen würde.

Zu Nummer 9 (Zum Gesetzentwurf insgesamt)

Die Zweifel des Bundesrates bezüglich Beschränkungseffekten für die Informations- und Meinungsfreiheit nimmt die Bundesregierung zur Kenntnis. Nach Auffassung der Bundesregierung sind Kollateralschäden für die Kommunikationsfreiheiten durch sogenanntes Overblocking nicht zu befürchten. Maßgeblich ist insofern, dass grundsätzlich nicht ein einzelnes (fehlerhaftes) Nichtlöschen bußgeldbewehrt ist, sondern nur systemisches Versagen (z. B. kein Vorhalten eines Beschwerdemanagements). Hinzu kommt, dass nur schuldhafte Verstöße gegen die Compliance-Vorgaben Ordnungswidrigkeiten darstellen. Schließlich ist das eigene wirtschaftliche Interesse der sozialen Netzwerke zu beachten, nicht zu weitgehend Inhalte zu entfernen. Die Bundesregierung wird jedoch prüfen, ob weitere Mechanismen zum Schutz vor einem auch aus Sicht der Bundesregierung unerwünschten Overblocking sinnvoll sind, z. B. durch noch stärkere Klarstellung, dass Bußgelder nur bei systemischem Versagen drohen.

Zudem wird die Bundesregierung prüfen, inwiefern die in § 3 Absatz 5 NetzDG angelegte Überwachungsbefugnis auch auf etwaige Overblocking-Effekte erstreckt werden kann. Denkbar wäre hier auch ein Monitoring des Umgangs der sozialen Netzwerke mit Wiederherstellungsansprüchen von Nutzerinnen und Nutzern, d. h. wenn diese geltend machen, dass ihre Inhalte zu Unrecht gelöscht wurden und deren Wiedereinstellung begehren.

Zu Nummer 10 (Artikel 1 – Einrichtung einer Clearingstelle)

Die Bundesregierung wird die Prüfbitte des Bundesrates, wie einer vorsorglichen Löschung nicht offensichtlich rechtswidriger Inhalte wirksam entgegen getreten werden kann, im weiteren Verlauf des Gesetzgebungsverfahrens berücksichtigen. Nach Auffassung der Bundesregierung liegt ein Verhindern der Löschung tatsächlich rechtmäßiger Inhalte zunächst im eigenen Interesse der sozialen Netzwerke. Insofern ist zu erwarten, dass soziale Netzwerke Anstrengungen in diese Richtung unternehmen werden. Da das NetzDG grundsätzlich nicht das einzelne Nichtlöschen zur Ordnungswidrigkeit erhebt, sondern nur systemisches Versagen, besteht auch kein tatsächlicher Anreiz, „vorsorglich" rechtmäßige Inhalte zu löschen. Dies wird auch daran deutlich, dass nur schuldhafte Verstöße gegen die Compliance-Vorgaben zu einem Bußgeld führen können, § 4 Absatz 1 NetzDG. Schließlich wirkt das gerichtliche Vorabentscheidungsverfahren in § 4 Absatz 5 NetzDG wie ein Filter zugunsten der sozialen Netzwerke und damit möglichen Anreizen, „vorsorglich" zu weitgehend zu löschen, entgegen: denn was das Gericht in dem Vorabentscheidungsverfahren nicht als rechtswidrigen Inhalt im Sinne von § 1 Absatz 3 NetzDG erkennen kann, wird auch nicht (in Bezug auf die Nichtlöschung) Grundlage für ein Bußgeld sein können.

Die Bundesregierung wird zudem, wie in den Ausführungen zu Nummer 9 dargetan, prüfen, ob weitere Klarstellungen vorgenommen werden sollten, um die Gefahr eines „vorsorglichen Löschens" auszuschließen und insbesondere die Verbindlichkeit der Sieben-Tages-Frist in § 3 Absatz 2 Nummer 3 NetzDG prüfen, um gegebenenfalls den sozialen Netzwerken für die Prüfung schwieriger Grenzfälle mehr Zeit zu geben.

Auch wird die Bundesregierung prüfen, ob Ergänzungen notwendig sind, um die Wiederherstellung zu Unrecht gelöschter Inhalte abzusichern. So wird die Bundesregierung prüfen, inwiefern die in § 3 Absatz 5 NetzDG angelegte Überwachungsbefugnis auch auf etwaige Overblocking-Effekte erstreckt werden kann. Denkbar wäre hier auch ein Monitoring des Umgangs der sozialen Netzwerke mit Wiederherstellungsansprüchen von Nutzerinnen und Nutzern, wenn diese darauf hinweisen, dass ihre Inhalte zu Unrecht gelöscht wurden und Wiedereinstellung der Inhalte begehren.

Zu Nummer 11 (Artikel 1 – Verhältnis des Netzwerkdurchsetzungsgesetzes zum Telemediengesetz)

NetzDG und TMG bestehen unabhängig nebeneinander.

§ 7 Absatz 2 Satz 1 TMG stellt lediglich klar, dass den Diensteanbietern keine allgemeinen Überwachungspflichten auferlegt werden dürfen. Solche allgemeinen Überwachungspflichten folgen aus dem NetzDG gerade nicht. Das NetzDG verpflichtet nicht zu einer allgemeinen Überwachung der Inhalte auf der eigenen Plattform, sondern lediglich dazu, ein effektives Beschwerdeverfahren zur Verarbeitung von Nutzerbeschwerden vorzuhalten. Die Nutzerbeschwerden beziehen sich auf einzelne Inhalte, d. h. lösen eng umgrenzte Handlungsobliegenheiten aus, so dass von einer allgemeinen Überwachungspflicht keine Rede sein kann. Die Bundesregierung weist darauf hin, dass auch die Handlungsobliegenheiten, die einen Hostprovider nach Hinweis auf eine Rechtsverletzung aufgrund der sogenannten Störerhaftung treffen, nach der Rechtsprechung des Bundesgerichtshofes (BGH) keinen Verstoß gegen das Verbot der allgemeinen Überwachungspflichten implizieren, da es eben nur um Handlungsobliegenheiten in spezifischen Fällen geht.

Zu den Nummern 12 bis 13 (Artikel 1 – § 1 Absatz 1 Satz 1 NetzDG; § 1 Absatz 2 NetzDG)

Der Begriff des sozialen Netzwerks wird in § 1 Absatz 1 NetzDG definiert. Der im Ansatz weite Anwendungsbereich wird erheblich eingeschränkt durch das Merkmal der Ermöglichung des Austauschs beliebiger Inhalte. Insofern ist nicht allein auf die technische Möglichkeit des Einstellens von beliebigen Inhalten abzustellen, sondern ob dies auch der Zielsetzung der Anbieter entspricht, dies entsprechend zu „ermöglichen". Anbieter von Plattformen, die nach ihrer rechtlichen oder tatsächlichen Gestaltung darauf angelegt sind, dass nur spezifische Inhalte verbreitet werden, fallen nicht darunter. Daher fallen z. B. berufliche Netzwerke, Fachportale, Online-Spiele, Verkaufsplattformen nicht in den Anwendungsbereich.

Durch das eingrenzende Tatbestandsmerkmal der „Plattformen" ist zugleich klargestellt, dass Individualkommunikation (z. B. E-Mail- oder Messengerdienste) nicht erfasst sind. Denn der Begriff der Plattform verweist nach dem allgemeinen Sprachgebrauch auf Kommunikationsräume, wo sich Kommunikation typischerweise an eine Mehrzahl von Adressaten richtet bzw. zwischen diesen stattfindet.

Die Bundesregierung wird prüfen, ob die Definition der sozialen Netzwerke im Gesetzeswortlaut im Sinne der obigen Ausführungen klargestellt werden kann.

Die Bundesregierung wird auch prüfen, ob eine Konkretisierung der sogenannten De-minimis-Schwelle in § 1 Absatz 2 NetzDG (zwei Millionen Nutzer) erfolgen soll.

Zu Nummer 14 (Artikel 1 – § 1 Absatz 3 NetzDG)

Die Bundesregierung wird die vorgeschlagene Streichung von § 269 des Strafgesetzbuches im Katalog des § 1 Absatz 3 NetzDG prüfen.

Die gleichfalls vorgeschlagene Erweiterung des ohnehin schon weit gefassten Straftatenkatalogs in § 1 Absatz 3 NetzDG wird die Bundesregierung prüfen, lehnt jedoch eine Berücksichtigung im laufenden Gesetzgebungsvorhaben ab. Die Aufnahme weiterer Straftatbestände in den Katalog des § 1 Absatz 3 NetzDG bedarf intensiver Prüfung.

Zu Nummer 15 (Artikel 1 – § 2 Absatz 1 Satz 1 NetzDG)

Die Bundesregierung lehnt den Vorschlag des Bundesrates ab. Die vierteljährlichen Berichte erscheinen notwendig, um ausreichend Transparenz im Umgang mit Beschwerden durch die sozialen Netzwerke zu gewährleisten.

Zu den Nummern 16 bis 17 (Zum Gesetzentwurf allgemein)

Die Bundesregierung hält eine Regelung verbindlicher Reaktionszeiten der sozialen Netzwerke gegenüber den Strafverfolgungsbehörden sowie Mitteilungspflichten der Anbieter sozialer Netzwerke gegenüber Strafverfolgungsbehörden im NetzDG derzeit nicht für zielführend. Zunächst bedürfte es weiterer – auch rechtstatsächlicher – Prüfung, ob die bestehenden Instrumentarien der Strafverfolgungsbehörden, um die sozialen Netzwerke zur zügigen Mitwirkung anzuhalten, ausreichend sind und weiter ausgeschöpft werden müssen oder gegebenenfalls die entsprechenden Regelungen ergänzt werden müssen. Die Bundesregierung weist in diesem Zusammenhang außerdem darauf hin, dass sie die freiwillige Zusammenarbeit der sozialen Netzwerke mit den Strafverfolgungsbehörden beobachtet und neue Informationspflichten der Netzwerke prüft.

Zu Nummer 18 (Artikel 1 – § 3 Absatz 2 Nummer 2 und 3 NetzDG)

Bezüglich der vom Bundesrat angesprochenen Gefahr, dass im Zweifel sofort gelöscht werden könnte, wird auf die Stellungnahme zu Nummer 9 verwiesen.

Zu Nummer 19 (Artikel 1 – § 3 Absatz 2 Nummer 2 und 3 NetzDG)

Es wird auf die Stellungnahme zu Nummer 9 verwiesen.

Zu Nummer 20 (Artikel 1 – § 3 Absatz 4, § 4 Absatz 1 Nummer 4 bis 6 NetzDG)

Die Bundesregierung wird prüfen, ob der Bußgeldtatbestand des § 4 Absatz 1 Nummer 5 NetzDG konkretisiert werden kann. Im Übrigen sieht die Bundesregierung keinen Anlass für eine erneute Prüfung. Die Pflicht zur Überwachung des Umgangs mit Beschwerden durch monatliche Kontrollen (§ 3 Absatz 4 Satz 1 NetzDG) ist durch den klaren zeitlichen Rahmen konkret gefasst. Die Pflicht zum Angebot von Schulungs- und Betreuungsangeboten (§ 3 Absatz 4 Satz 3) ist durch die klaren zeitlichen Vorgaben hinreichend konkret.

Zu Nummer 21 (Artikel 1 – § 3 Absatz 2 Nummer 6 NetzDG)

Die Bundesregierung hat die Vereinbarkeit des Gesetzesentwurfs mit europarechtlichen Vorgaben geprüft. Ein Konflikt des Gebots der Kopienlöschung mit Artikel 15 Absatz 1 der Richtlinie 2000/31/EG (E-Commerce-RL) besteht nicht. Denn es geht nicht um inhaltlich und zeitlich unbegrenzte Überwachungspflichten, sondern spezifische Pflichten, die zeitlich und inhaltlich stark eingeschränkt sind. Die Netzwerke werden lediglich zu einer einmaligen Handlung im Nachgang der Beschwerde verpflichtet, die begrenzt ist auf identische Kopien. Dass solche spezifischen Prüfpflichten mit Artikel 15 Absatz 1 E-Commerce-RL vereinbar sind, entspricht der Rechtsprechung des BGH und des Europäischen Gerichtshofs. Nach Auffassung der Bundesregierung ist § 3 Absatz 2

Nummer 6 NetzDG auch mit Artikel 14 E-Commerce-RL vereinbar, weil Artikel 14 Absatz 3 Alternative 2 E-Commerce-RL den Mitgliedstaaten die Möglichkeit offen hält, „Verfahren für die Entfernung einer Information“ festzulegen. Nach Erwägungsgrund 48 der E-Commerce-RL bleibt die Möglichkeit unbenommen, „daß die Mitgliedstaaten von Diensteanbietern, die von Nutzern ihres Dienstes bereitgestellte Informationen speichern, verlangen, die nach vernünftigem Ermessen von ihnen zu erwartende und in innerstaatlichen Rechtsvorschriften niedergelegte Sorgfaltspflicht anzuwenden, um bestimmte Arten rechtswidriger Tätigkeiten aufzudecken und zu verhindern.“

Zu Nummer 22 (Artikel 1 – § 3 NetzDG)

Die Bundesregierung wird das Anliegen des Bundesrates prüfen (auf die Stellungnahme zu Nummer 9 wird verwiesen).

Zu Nummer 23 (Artikel 1 – § 4 Absatz 5 NetzDG)

Die Bundesregierung lehnt den Vorschlag des Bundesrates ab.

Das in § 4 Absatz 5 NetzDG eingeführte Vorabentscheidungsverfahren stellt zwar eine gesetzestechnische Ausnahme dar. Allerdings hält die Bundesregierung daran fest, dass die Regelung in dem vom NetzDG erfassten grundrechtssensiblen Bereich sinnvoll ist. Bei Meinungsverschiedenheiten zwischen sozialem Netzwerk und Bußgeldbehörde darüber, ob Inhalte rechtswidrig im Sinne des § 1 Absatz 3 NetzDG sind, soll ein Gericht entscheiden, bevor die Bußgeldbehörde das Nichtlöschen von Inhalten als Begründung für fehlende Compliance heranziehen darf. Damit bleibt die Beurteilung der Strafrechtsrelevanz von Inhalten im Streitfall von Anfang an den Gerichten und nicht der Bußgeldbehörde vorbehalten.

Das Vorabentscheidungsverfahren stellt zudem einen wichtigen zusätzlichen Mechanismus dar, damit es nicht voreilig zu unbegründeten Löschungen (Overblocking) kommt. Denn das Vorabentscheidungsverfahren fungiert wie ein Filter: Wenn das Gericht etwas nicht als rechtswidrig erkennen kann, kann dies nicht zu Lasten des sozialen Netzwerkes gehen. Dieser Filter wirkt zu Gunsten der Meinungsfreiheit, da er Anreize zum Overblocking vermindert. Das Vorabentscheidungsverfahren ist auch nicht deshalb überflüssig, weil jedes Bußgeld auf Grundlage des NetzDG ohnehin mit den hergebrachten Rechtsbehelfen überprüft werden kann. Die Gerichte überprüfen, ob ein Verstoß gegen bußgeldbewehrte Compliance-Pflichten der sozialen Netzwerke vorliegt. Das Nichtlöschen eines einzelnen Beitrags kann hier nur inzident als Anhaltspunkt für diese Einschätzung überprüft werden. Das Vorabentscheidungsverfahren gewährleistet, dass jeder einzelne streitige Inhalt, den die Bußgeldbehörde als symptomatisch für den Verstoß gegen Compliance-Pflichten ansieht, eine gerichtliche Prüfung durchläuft. Dies gewährleistet eine sehr feinmaschige Prüfung der Bußgeldvoraussetzungen in einem grundrechtssensiblen Bereich. Zudem wird so verhindert, dass Bußgeldbescheide, die auf einer unrichtigen Auffassung über die Strafbarkeit eines Inhalts beruhen, überhaupt erlassen werden, was die sozialen Netzwerke entlastet.

Zu Nummer 24 (Artikel 1 – § 5 Satz 2 NetzDG)

Die Bundesregierung wird das Anliegen des Bundesrates prüfen.

Zu Nummer 25 (Artikel 1 – § 5 NetzDG)

Die Bundesregierung lehnt das Anliegen des Bundesrates ab, die sozialen Netzwerke zur Benennung eines Zustellungsbevollmächtigten auf ihrer Homepage zu verpflichten. Eine entsprechende Erweiterung wäre mit dem in der E-Commerce-RL verankerten Herkunftslandprinzip unvereinbar.

Zu Nummer 26 (Artikel 1 – § 6 Absatz 2 NetzDG)

Die Bundesregierung wird den Vorschlag des Bundesrates, die Übergangsfrist für die sozialen Netzwerke im Hinblick auf die Einrichtung eines wirksamen Beschwerdemanagement von drei auf sechs Monate zu verlängern, im weiteren Verlauf des Gesetzgebungsverfahrens prüfen.

Zu Nummer 27 (§ 14 Absatz 2 TMG)

Die Bundesregierung hält die geplante Änderung des § 14 Absatz 2 TMG für erforderlich und verweist auf eine entsprechende Gesetzesinitiative des Bundesrates, die in der Gesetzesbegründung näher ausgeführt wird. Die geplante Änderung steht auch mit der Zielsetzung des Gesetzentwurfs der Bundesregierung im Einklang. Neben dem Anliegen, dass soziale Netzwerke entsprechend ihrer bisherigen Verpflichtungen effektiv strafbare Inhalte sperren, geht es auch darum, dass die durch Hasskriminalität in ihren Rechten (insbesondere Persönlichkeitsrechten) Verletzten ihre Auskunftsansprüche gegenüber sozialen Netzwerken durchsetzen können. Die Auskunft wird benötigt für die Rechtsdurchsetzung gegen die Verletzer, also insbesondere die Verfasser von Hassposts. Die Bundesregierung wird in diesem Zusammenhang prüfen, ob zum Schutz vor Missbrauch und vor übereilten Entscheidungen der Diensteanbieter die Einfügung eines Richtervorbehalts entsprechend § 101 Absatz 9 des Urheberrechtsgesetzes erforderlich erscheint.

Satz: Satzweiss.com Print, Web, Software GmbH, Mainzer Straße 116, 66121 Saarbrücken, www.satzweiss.com
Druck: Printsystem GmbH, Schafwäsche 1-3, 71296 Heimsheim, www.printsystem.de
Vertrieb: Bundesanzeiger Verlag GmbH, Postfach 10 05 34, 50445 Köln, Telefon (02 21) 97 66 83 40, Fax (02 21) 97 66 83 44, www.betrifft-gesetze.de
ISSN 0722-8333

Gesetzesentwurf – Beschlussempfehlung und Bericht des Ausschusses für Recht und Verbraucherschutz – BT-Drucks. 18/13013 v. 28.06.2017

Deutscher Bundestag **Drucksache 18/13013**

18. Wahlperiode 28.06.2017

Beschlussempfehlung und Bericht

des Ausschusses für Recht und Verbraucherschutz (6. Ausschuss)

**a) zu dem Gesetzentwurf der Fraktionen der CDU/CSU und SPD
– Drucksache 18/12356 –**

**Entwurf eines Gesetzes zur Verbesserung der Rechtsdurchsetzung in sozialen Netzwerken
(Netzwerkdurchsetzungsgesetz – NetzDG)**

**b) zu dem Gesetzentwurf der Bundesregierung
– Drucksache 18/12727 –**

**Entwurf eines Gesetzes zur Verbesserung der Rechtsdurchsetzung in sozialen Netzwerken
(Netzwerkdurchsetzungsgesetz – NetzDG)**

**c) zu dem Antrag der Abgeordneten Dr. Konstantin von Notz, Renate Künast, Tabea Rößner, weiterer Abgeordneter und der Fraktion BÜNDNIS 90/DIE GRÜNEN
– Drucksache 18/11856 –**

Transparenz und Recht im Netz – Maßnahmen gegen Hasskommentare, „Fake News" und Missbrauch von „Social Bots"

A. Problem

Zu den Buchstaben a und b

Die Initianten der gleichlautenden Gesetzentwürfe zu a) und b) konstatieren eine massive Veränderung des gesellschaftlichen Diskurses im Netz und insbesondere in den sozialen Netzwerken. Die Debattenkultur im Netz sei oft aggressiv, verletzend und nicht selten hasserfüllt. Hasskriminalität und andere strafbare Inhalte, die nicht effektiv bekämpft und verfolgt werden könnten, bärgen eine große Gefahr für das friedliche Zusammenleben einer freien, offenen und demokratischen Gesellschaft. Nach den Erfahrungen im US-Wahlkampf habe überdies auch in der Bundesrepublik Deutschland die Bekämpfung von strafbaren Falschnachrichten („Fake News") in sozialen Netzwerken hohe Priorität gewonnen. Die Gesetzentwürfe zielen auf eine Verbesserung der Rechtsdurchsetzung in sozialen Netzwerken, um objektiv strafbare Inhalte wie etwa Volksverhetzung, Beleidigung, Verleumdung oder Störung des öffentlichen Friedens durch Vortäuschen von Straftaten unverzüglich zu entfernen. Aus Sicht der Initianten haben die Anbieter der sozialen Netzwerke eine Verantwortung, der sie gerecht werden müssten. Um sie zu einer zügigeren und umfassenderen Bearbeitung von Beschwerden insbesondere von Nutzerinnen und Nutzern über Hasskriminalität und andere strafbare Inhalte anzuhalten, sollen gesetzliche Compliance-Regeln für soziale Netzwerke eingeführt werden. Vorgesehen werden eine gesetzliche Berichtspflicht für soziale Netzwerke über den Umgang mit Hasskriminalität und anderen strafbaren Inhalten, ein wirksames Beschwerdemanagement sowie die Benennung eines inländischen Zustellungsbevollmächtigten. Verstöße gegen diese Pflichten sollen mit Bußgeldern gegen das Unternehmen und die Aufsichtspflichtigen geahndet werden können. Außerdem soll es Opfern von Persönlichkeitsrechtsverletzungen im Netz ermöglicht werden, aufgrund gerichtlicher Anordnung die Bestandsdaten der Verletzer von Diensteanbietern zu erhalten.

Zu Buchstabe c

Der Antrag zielt auf die Feststellung des Deutschen Bundestages, dass Hass und Hetze, Beleidigung und Bedrohung, das Schüren von Vorurteilen und Feindbildern seit geraumer Zeit auch im Internet zuzunehmen scheinen. Die Grenzen des Zulässigen seien aber in der digitalen wie der analogen Welt im Grundsatz dieselben: Grund- und Menschenrechte gälten für alle sich im Internet bewegenden Menschen. Die bestehenden Straftatbestände seien ausreichend; das gelte grundsätzlich auch für Rechtsschutzmöglichkeiten bei Verletzungen der Persönlichkeitsrechte. Verletzungen von Persönlichkeitsrechten müssten stets mit der durch Artikel 5 des Grundgesetzes (GG) geschützten Meinungs- und Informationsfreiheit abgewogen werden. Dies dürfe nicht den Diensteanbietern überlassen werden, sondern sei im Streitfall Sache der Gerichte. Zudem fehle es an Informationspflichten bei der Verwendung von Computerprogrammen, die menschliche Identität und Kommunikation vortäuschen („Social Bots") und zu Zwecken der Manipulation oder Desinformation eingesetzt werden können. Schließlich sei im digitalen Zeitalter der Erwerb von Medien- und Datenschutzkompetenz – möglichst lebenslang – eine zentrale Herausforderung.

Die Bundesregierung soll daher insbesondere aufgefordert werden, einen Gesetzentwurf vorzulegen, mit dem das Melde- und Abhilfeverfahren („Notice and take down") bei rechtswidrigen Informationen für Diensteanbieter von Telemedien ab einer festzulegenden Größenordnung verbindlich strukturiert wird. Außerdem sollen mit dem Gesetz die Diensteanbieter ab einer festzulegenden Größenordnung verpflichtet werden, auf ihre Kosten zur Gewährleistung effektiver Strafverfolgung und Durchsetzung zivilrechtlicher Ansprüche benutzerfreundliche und altersgerechte Möglichkeiten bereitzuhalten, um rechtswidrige Inhalte zu melden. Sie sollen auch verpflichtet werden, innerhalb von 24 Stunden den Meldenden sowie den für den Inhalt der als rechtswidrig gemeldeten Information Verantwortlichen über den Verfahrensstand zu informieren und offensichtlich rechtswidrige Inhalte spätestens innerhalb von 24 Stunden nach Meldungszugang zu löschen. Außerdem sollen sie auf Anfrage innerhalb von 24 Stunden den Strafverfolgungsbehörden und Gerichten Auskunft über die Herkunft einer als rechtswidrig gemeldeten Information erteilen. Weiter sollen sie verpflichtet werden, einen inländischen empfangs- und zustellungsbevollmächtigten Verantwortlichen für Meldungen, Beschwerden und Löschungsforderungen bei rechtswidrigen Inhalten zu bestellen und bekannt zu machen, Vorkehrungen zur Dokumentation rechtswidriger oder streitiger Inhalte und zur fachgerechten Bearbeitung der Meldungen zu treffen sowie im Falle eines erfolgreichen Widerspruchs gegen die Löschung eine zeitnahe Wiederzugänglichmachung zu gewährleisten. Weiter sollen verschiedene Maßnahmen zur Gewährleistung von Transparenz bei „Social Bots" getroffen werden. Außerdem soll das Gesetz effektive Sanktionen und die Pflicht zu einer unabhängigen externen Evaluierung der Neuregelungen vorsehen.

B. Lösung

Zu Buchstabe a

Annahme des Gesetzentwurfs auf Drucksache 18/12356 in geänderter Fassung. Der Ausschuss empfiehlt insbesondere Präzisierungen des Anwendungsbereichs, eine Erweiterung des zeitlichen Spielraums für die Entfernung nicht offensichtlich rechtswidriger Inhalte, die Einführung eines Systems der Regulierten Selbstregulierung und Präzisierungen zum inländischen Zustellungsbevollmächtigten.

Annahme des Gesetzentwurfs in geänderter Fassung mit den Stimmen der Fraktionen der CDU/CSU und SPD gegen die Stimmen der Fraktion DIE LINKE. bei Stimmenthaltung der Fraktion BÜNDNIS 90/DIE GRÜNEN.

Zu Buchstabe b

Einvernehmliche Erledigterklärung des Gesetzentwurfs auf Drucksache 18/12727.

Zu Buchstabe c

Ablehnung des Antrags auf Drucksache 18/11856 mit den Stimmen der Fraktionen CDU/CSU, SPD und DIE LINKE. gegen die Stimmen der Fraktion BÜNDNIS 90/DIE GRÜNEN.

C. Alternativen

Keine.

D. Kosten

Wurden im Ausschuss nicht erörtert.

Beschlussempfehlung

Der Bundestag wolle beschließen,

a) den Gesetzentwurf auf Drucksache 18/12356 in der aus der nachstehenden Zusammenstellung ersichtlichen Fassung anzunehmen,

b) den Gesetzentwurf auf Drucksache 18/12727 für erledigt zu erklären,

c) den Antrag auf Drucksache 18/11856 abzulehnen.

Berlin, den 28. Juni 2017

Der Ausschuss für Recht und Verbraucherschutz

Renate Künast
Vorsitzende und Berichterstatterin

Dr. Stefan Heck
Berichterstatter

Dr. Johannes Fechner
Berichterstatter

Harald Petzold (Havelland)
Berichterstatter

Zusammenstellung

des Entwurfs eines Gesetzes zur Verbesserung der Rechtsdurchsetzung
in sozialen Netzwerken (Netzwerkdurchsetzungsgesetz – NetzDG)
– Drucksache 18/12356 –
mit den Beschlüssen des Ausschusses für Recht und Verbraucherschutz (6. Ausschuss)

Entwurf	Beschlüsse des 6. Ausschusses
Entwurf eines Gesetzes zur Verbesserung der Rechtsdurchsetzung in sozialen Netzwerken	**Entwurf eines Gesetzes zur Verbesserung der Rechtsdurchsetzung in sozialen Netzwerken**
(Netzwerkdurchsetzungsgesetz – NetzDG)[*)]	**(Netzwerkdurchsetzungsgesetz – NetzDG)[*)]**
Vom ...	Vom ...
Der Bundestag hat das folgende Gesetz beschlossen:	Der Bundestag hat das folgende Gesetz beschlossen:
Artikel 1	**Artikel 1**
Gesetz zur Verbesserung der Rechtsdurchsetzung in sozialen Netzwerken	**Gesetz zur Verbesserung der Rechtsdurchsetzung in sozialen Netzwerken**
(Netzwerkdurchsetzungsgesetz – NetzDG)	**(Netzwerkdurchsetzungsgesetz – NetzDG)**
§ 1	§ 1
Anwendungsbereich	**Anwendungsbereich**
(1) Dieses Gesetz gilt für Telemediendiensteanbieter, die mit Gewinnerzielungsabsicht Plattformen im Internet betreiben, die *es Nutzern ermöglichen*, beliebige Inhalte mit anderen Nutzern *auszutauschen, zu* teilen oder der Öffentlichkeit zugänglich *zu* machen (soziale Netzwerke). Plattformen mit journalistisch-redaktionell gestalteten Angeboten, die vom Diensteanbieter selbst verantwortet werden, gelten nicht als soziale Netzwerke im Sinne dieses Gesetzes.	(1) Dieses Gesetz gilt für Telemediendiensteanbieter, die mit Gewinnerzielungsabsicht Plattformen im Internet betreiben, die **dazu bestimmt sind, dass Nutzer** beliebige Inhalte mit anderen Nutzern teilen oder der Öffentlichkeit zugänglich machen (soziale Netzwerke). Plattformen mit journalistisch-redaktionell gestalteten Angeboten, die vom Diensteanbieter selbst verantwortet werden, gelten nicht als soziale Netzwerke im Sinne dieses Gesetzes. **Das Gleiche gilt für Plattformen, die zur Individualkommunikation**

*) Notifiziert gemäß der Richtlinie (EU) 2015/1535 des Europäischen Parlaments und des Rates vom 9. September 2015 über ein Informationsverfahren auf dem Gebiet der technischen Vorschriften und der Vorschriften für die Dienste der Informationsgesellschaft (ABl. L 204 vom 17.9.2015, S. 1).

Entwurf	Beschlüsse des 6. Ausschusses
	oder zur Verbreitung spezifischer Inhalte bestimmt sind.
(2) Der Anbieter eines sozialen Netzwerks ist von den Pflichten nach den §§ 2 und 3 befreit, wenn das soziale Netzwerk im Inland weniger als zwei Millionen Nutzer hat.	(2) Der Anbieter eines sozialen Netzwerks ist von den Pflichten nach den §§ 2 und 3 befreit, wenn das soziale Netzwerk im Inland weniger als zwei Millionen **registrierte** Nutzer hat.
(3) Rechtswidrige Inhalte sind Inhalte im Sinne des Absatzes 1, die den Tatbestand der §§ 86, 86a, 89a, *90, 90a, 90b,* 91, 100a, 111, 126, 129 bis 129b, 130, 131, 140, 166, 184b, 184d, 185 bis 187, 241 oder 269 des Strafgesetzbuchs erfüllen.	(3) Rechtswidrige Inhalte sind Inhalte im Sinne des Absatzes 1, die den Tatbestand der §§ 86, 86a, 89a, 91, 100a, 111, 126, 129 bis 129b, 130, 131, 140, 166, 184b **in Verbindung mit** 184d, 185 bis 187, **201a,** 241 oder 269 des Strafgesetzbuchs erfüllen **und nicht gerechtfertigt sind**.
§ 2	§ 2
Berichtspflicht	**Berichtspflicht**
(1) Anbieter sozialer Netzwerke sind verpflichtet, einen deutschsprachigen Bericht über den Umgang mit Beschwerden über rechtswidrige Inhalte auf ihren Plattformen mit den Angaben nach Absatz 2 *vierteljährlich* zu erstellen und im Bundesanzeiger sowie auf der eigenen Homepage spätestens einen Monat nach Ende eines *Quartals* zu veröffentlichen. Der auf der eigenen Homepage veröffentlichte Bericht muss leicht erkennbar, unmittelbar erreichbar und ständig verfügbar sein.	(1) Anbieter sozialer Netzwerke**, die im Kalenderjahr mehr als 100 Beschwerden über rechtswidrige Inhalte erhalten,** sind verpflichtet, einen deutschsprachigen Bericht über den Umgang mit Beschwerden über rechtswidrige Inhalte auf ihren Plattformen mit den Angaben nach Absatz 2 **halbjährlich** zu erstellen und im Bundesanzeiger sowie auf der eigenen Homepage spätestens einen Monat nach Ende eines **Halbjahres** zu veröffentlichen. Der auf der eigenen Homepage veröffentlichte Bericht muss leicht erkennbar, unmittelbar erreichbar und ständig verfügbar sein.
(2) Der Bericht hat mindestens auf folgende Aspekte einzugehen:	(2) Der Bericht hat mindestens auf folgende Aspekte einzugehen:
1. Allgemeine Ausführungen, welche Anstrengungen der Anbieter des sozialen Netzwerks unternimmt, um strafbare Handlungen auf den Plattformen zu unterbinden,	1. u n v e r ä n d e r t
2. Darstellung der Mechanismen zur Übermittlung von Beschwerden über rechtswidrige Inhalte und der Entscheidungskriterien für Löschung und Sperrung von rechtswidrigen Inhalten,	2. u n v e r ä n d e r t
3. Anzahl der im Berichtszeitraum eingegangenen Beschwerden über rechtswidrige Inhalte, aufgeschlüsselt nach Beschwerden von Beschwerdestellen und Beschwerden von Nutzern und nach dem Beschwerdegrund,	3. u n v e r ä n d e r t
4. Organisation, personelle Ausstattung, fachliche und sprachliche Kompetenz der für die Bearbeitung von Beschwerden zuständigen Arbeitseinheiten und Schulung und Betreuung der für die	4. u n v e r ä n d e r t

Entwurf	**Beschlüsse des 6. Ausschusses**
Bearbeitung von Beschwerden zuständigen Personen,	
5. Mitgliedschaft in Branchenverbänden mit Hinweis darauf, ob in diesen Branchenverbänden eine Beschwerdestelle existiert	5. u n v e r ä n d e r t
6. Anzahl der Beschwerden, bei denen eine externe Stelle konsultiert wurde, um die Entscheidung vorzubereiten,	6. u n v e r ä n d e r t
7. Anzahl der Beschwerden, die im Berichtszeitraum zur Löschung oder Sperrung des beanstandeten Inhalts führten, aufgeschlüsselt nach Beschwerden von Beschwerdestellen und von Nutzern *sowie* nach dem Beschwerdegrund,	7. Anzahl der Beschwerden, die im Berichtszeitraum zur Löschung oder Sperrung des beanstandeten Inhalts führten, aufgeschlüsselt nach Beschwerden von Beschwerdestellen und von Nutzern, nach dem Beschwerdegrund, **ob ein Fall des § 3 Absatz 2 Nummer 3 Buchstabe a vorlag, ob in diesem Fall eine Weiterleitung an den Nutzer erfolgte sowie ob eine Übertragung an eine anerkannte Einrichtung der Regulierten Selbstregulierung nach § 3 Absatz 2 Nummer 3 Buchstabe b erfolgte,**
8. Zeit zwischen Beschwerdeeingang beim sozialen Netzwerk und Löschung oder Sperrung des rechtswidrigen Inhalts, aufgeschlüsselt nach Beschwerden von Beschwerdestellen und von Nutzern, nach dem Beschwerdegrund sowie nach den Zeiträumen "innerhalb von 24 Stunden"/"innerhalb von 48 Stunden"/"innerhalb einer Woche"/"zu einem späteren Zeitpunkt",	8. u n v e r ä n d e r t
9. Maßnahmen zur Unterrichtung des Beschwerdeführers sowie des Nutzers, für den der beanstandete Inhalt gespeichert wurde, über die Entscheidung über die Beschwerde.	9. u n v e r ä n d e r t
§ 3	§ 3
Umgang mit Beschwerden über rechtswidrige Inhalte	**Umgang mit Beschwerden über rechtswidrige Inhalte**
(1) Der Anbieter eines sozialen Netzwerks muss ein wirksames und transparentes Verfahren nach Absatz 2 und 3 für den Umgang mit Beschwerden über rechtswidrige Inhalte vorhalten. Der Anbieter muss Nutzern ein leicht erkennbares, unmittelbar erreichbares und ständig verfügbares Verfahren zur Übermittlung von Beschwerden über rechtswidrige Inhalte zur Verfügung stellen.	(1) u n v e r ä n d e r t
(2) Das Verfahren muss gewährleisten, dass der Anbieter des sozialen Netzwerks	(2) Das Verfahren muss gewährleisten, dass der Anbieter des sozialen Netzwerks

Entwurf	**Beschlüsse des 6. Ausschusses**
1. unverzüglich von der Beschwerde Kenntnis nimmt und prüft, ob der Inhalt rechtswidrig und zu entfernen oder der Zugang zu ihm zu sperren ist,	1. unverzüglich von der Beschwerde Kenntnis nimmt und prüft, ob der **in der Beschwerde gemeldete** Inhalt rechtswidrig und zu entfernen oder der Zugang zu ihm zu sperren ist,
2. einen offensichtlich rechtswidrigen Inhalt innerhalb von 24 Stunden nach Eingang der Beschwerde entfernt oder den Zugang zu ihm sperrt; dies gilt nicht, wenn das soziale Netzwerk mit der zuständigen Strafverfolgungsbehörde einen längeren Zeitraum für die Löschung oder Sperrung des offensichtlich rechtswidrigen Inhalts vereinbart hat,	2. u n v e r ä n d e r t
3. jeden rechtswidrigen Inhalt innerhalb von sieben Tagen nach Eingang der Beschwerde entfernt oder den Zugang zu ihm sperrt,	3. jeden rechtswidrigen Inhalt **unverzüglich, in der Regel** innerhalb von sieben Tagen nach Eingang der Beschwerde entfernt oder den Zugang zu ihm sperrt; **die Frist von sieben Tagen kann überschritten werden**, **wenn**
	a) die Entscheidung über die Rechtswidrigkeit des Inhalts von der Unwahrheit einer Tatsachenbehauptung oder erkennbar von anderen tatsächlichen Umständen abhängt; das soziale Netzwerk kann in diesen Fällen dem Nutzer vor der Entscheidung Gelegenheit zur Stellungnahme zu der Beschwerde geben,
	b) das soziale Netzwerk die Entscheidung über die Rechtswidrigkeit innerhalb von sieben Tagen nach Eingang der Beschwerde einer nach den Absätzen 6 bis 8 anerkannten Einrichtung der Regulierten Selbstregulierung überträgt und sich deren Entscheidung unterwirft,
4. im Falle der Entfernung den Inhalt zu Beweiszwecken sichert und zu diesem Zweck für die Dauer von zehn Wochen *im Inland* speichert,	4. im Falle der Entfernung den Inhalt zu Beweiszwecken sichert und zu diesem Zweck für die Dauer von zehn Wochen **innerhalb des Geltungsbereichs der Richtlinien 2000/31/EG und 2010/13/EU** speichert,
5. den Beschwerdeführer und den Nutzer über jede Entscheidung unverzüglich informiert und seine Entscheidung ihnen gegenüber begründet *und*	5. den Beschwerdeführer und den Nutzer über jede Entscheidung unverzüglich informiert und seine Entscheidung ihnen gegenüber begründet**.**
6. sämtliche auf den Plattformen befindlichen Kopien des rechtswidrigen Inhalts ebenfalls unverzüglich entfernt oder sperrt.	**6. entfällt**
(3) Das Verfahren muss vorsehen, dass jede Beschwerde und die zu ihrer Abhilfe getroffene Maßnahme *im Inland* dokumentiert wird.	(3) Das Verfahren muss vorsehen, dass jede Beschwerde und die zu ihrer Abhilfe getroffene Maßnahme **innerhalb des Geltungsbereichs der Richtlinien 2000/31/EG und 2010/13/EU** dokumentiert wird.

Entwurf	Beschlüsse des 6. Ausschusses
(4) Der Umgang mit Beschwerden muss von der Leitung des sozialen Netzwerks durch monatliche Kontrollen überwacht werden. Organisatorische Unzulänglichkeiten im Umgang mit eingegangenen Beschwerden müssen unverzüglich beseitigt werden. Den mit der Bearbeitung von Beschwerden beauftragten Personen müssen von der Leitung des sozialen Netzwerks regelmäßig, mindestens aber halbjährlich deutschsprachige Schulungs- und Betreuungsangebote gemacht werden.	(4) u n v e r ä n d e r t
(5) Die Verfahren nach Absatz 1 können durch eine von der in § 4 genannten Verwaltungsbehörde beauftragten Stelle überwacht werden.	(5) u n v e r ä n d e r t
	(6) Eine Einrichtung ist als Einrichtung der Regulierten Selbstregulierung im Sinne dieses Gesetzes anzuerkennen, wenn
	1. die Unabhängigkeit und Sachkunde ihrer Prüfer gewährleistet ist,
	2. eine sachgerechte Ausstattung und zügige Prüfung innerhalb von sieben Tagen sichergestellt sind,
	3. eine Verfahrensordnung besteht, die den Umfang und Ablauf der Prüfung sowie Vorlagepflichten der angeschlossenen sozialen Netzwerke regelt und die Möglichkeit der Überprüfung von Entscheidungen vorsieht,
	4. eine Beschwerdestelle eingerichtet ist und
	5. die Einrichtung von mehreren Anbietern sozialer Netzwerke oder Institutionen getragen wird, die eine sachgerechte Ausstattung sicherstellen. Außerdem muss sie für den Beitritt weiterer Anbieter insbesondere sozialer Netzwerke offenstehen.
	(7) Die Entscheidung über die Anerkennung einer Einrichtung der Regulierten Selbstregulierung trifft die in § 4 genannte Verwaltungsbehörde.
	(8) Die Anerkennung kann ganz oder teilweise widerrufen oder mit Nebenbestimmungen versehen werden, wenn Voraussetzungen für die Anerkennung nachträglich entfallen sind.
	(9) Die Verwaltungsbehörde nach § 4 kann auch bestimmen, dass für einen Anbieter von sozialen Netzwerken die Möglichkeit zur Übertragung von Entscheidungen nach Absatz 2 Nummer 3 Buchstabe b für einen zeitlich befristeten Zeitraum entfällt, wenn zu erwarten ist, dass bei diesem Anbieter die Erfüllung der Pflichten des Absatzes 2

Entwurf	**Beschlüsse des 6. Ausschusses**
	Nummer 3 durch einen Anschluss an die Regulierte Selbstregulierung nicht gewährleistet wird.
§ 4	§ 4
Bußgeldvorschriften	**Bußgeldvorschriften**
(1) Ordnungswidrig handelt, wer vorsätzlich oder fahrlässig	(1) Ordnungswidrig handelt, wer vorsätzlich oder fahrlässig
1. entgegen § 2 Absatz 1 Satz 1 einen Bericht nicht, nicht richtig, nicht vollständig oder nicht rechtzeitig erstellt oder nicht, nicht richtig, nicht vollständig, nicht in der vorgeschriebenen Weise oder nicht rechtzeitig veröffentlicht,	1. unverändert
2. entgegen § 3 Absatz 1 Satz 1 ein dort genanntes Verfahren für den Umgang mit Beschwerden von Beschwerdestellen oder Nutzern, die im Inland wohnhaft sind oder ihren Sitz haben, nicht, nicht richtig oder nicht vollständig vorhält,	2. unverändert
3. entgegen § 3 Absatz 1 Satz 2 ein dort genanntes Verfahren nicht oder nicht richtig zur Verfügung stellt,	3. unverändert
4. entgegen § 3 Absatz 4 Satz 1 den Umgang mit Beschwerden nicht oder nicht richtig überwacht,	4. unverändert
5. entgegen § 3 Absatz 4 Satz 2 eine organisatorische Unzulänglichkeit nicht oder nicht rechtzeitig beseitigt,	5. unverändert
6. entgegen § 3 Absatz 4 Satz 3 eine Schulung oder eine Betreuung nicht oder nicht rechtzeitig anbietet *oder*	6. entgegen § 3 Absatz 4 Satz 3 eine Schulung oder eine Betreuung nicht oder nicht rechtzeitig anbietet**,**
7. entgegen § 5 einen inländischen Zustellungsbevollmächtigten oder einen inländischen Empfangsberechtigten nicht oder *nicht rechtzeitig* benennt.	7. entgegen § 5 einen inländischen Zustellungsbevollmächtigten oder einen inländischen Empfangsberechtigten nicht benennt, oder
	8. entgegen § 5 Absatz 2 Satz 2 als Empfangsberechtigter auf Auskunftsersuchen nicht reagiert.
(2) Die Ordnungswidrigkeit kann in den Fällen des Absatzes 1 Nummer 7 mit einer Geldbuße bis zu fünfhunderttausend Euro, in den übrigen Fällen des Absatzes 1 mit einer Geldbuße bis zu fünf Millionen Euro geahndet werden. § 30 Absatz 2 Satz 3 des Gesetzes über Ordnungswidrigkeiten ist anzuwenden.	(2) Die Ordnungswidrigkeit kann in den Fällen des Absatzes 1 Nummer 7 **und 8** mit einer Geldbuße bis zu fünfhunderttausend Euro, in den übrigen Fällen des Absatzes 1 mit einer Geldbuße bis zu fünf Millionen Euro geahndet werden. § 30 Absatz 2 Satz 3 des Gesetzes über Ordnungswidrigkeiten ist anzuwenden.
(3) Die Ordnungswidrigkeit kann auch dann geahndet werden, wenn sie nicht im Inland begangen wird.	(3) unverändert

Entwurf	Beschlüsse des 6. Ausschusses
(4) Verwaltungsbehörde im Sinne des § 36 Absatz 1 Nummer 1 des Gesetzes über Ordnungswidrigkeiten ist das Bundesamt für Justiz. Das Bundesministerium der Justiz und für Verbraucherschutz erlässt im Einvernehmen mit dem Bundesministerium des Innern, dem Bundesministerium für Wirtschaft und Energie und dem Bundesministerium für Verkehr und digitale Infrastruktur allgemeine Verwaltungsgrundsätze über die Ausübung des Ermessens der Bußgeldbehörde bei der Einleitung eines Bußgeldverfahrens und bei der Bemessung der Geldbuße.	(4) unverändert
(5) Will die Verwaltungsbehörde ihre Entscheidung darauf stützen, dass *ein* nicht *entfernter* oder nicht *gesperrter Inhalt* rechtswidrig im Sinne des § 1 Absatz 3 *ist*, so *hat* sie über die Rechtswidrigkeit vorab eine gerichtliche Entscheidung *herbeizuführen*. Zuständig ist das Gericht, das über den Einspruch gegen den Bußgeldbescheid entscheidet. Der Antrag auf Vorabentscheidung ist dem Gericht zusammen mit der Stellungnahme des sozialen Netzwerks zuzuleiten. Über den Antrag kann ohne mündliche Verhandlung entschieden werden. Die Entscheidung ist nicht anfechtbar und für die Verwaltungsbehörde bindend.	(5) Will die Verwaltungsbehörde ihre Entscheidung darauf stützen, dass nicht **entfernte** oder nicht **gesperrte Inhalte** rechtswidrig im Sinne des § 1 Absatz 3 **sind**, so **soll** sie über die Rechtswidrigkeit vorab eine gerichtliche Entscheidung **herbeiführen**. Zuständig ist das Gericht, das über den Einspruch gegen den Bußgeldbescheid entscheidet. Der Antrag auf Vorabentscheidung ist dem Gericht zusammen mit der Stellungnahme des sozialen Netzwerks zuzuleiten. Über den Antrag kann ohne mündliche Verhandlung entschieden werden. Die Entscheidung ist nicht anfechtbar und für die Verwaltungsbehörde bindend.
§ 5	§ 5
Inländischer Zustellungsbevollmächtigter	**Inländischer Zustellungsbevollmächtigter**
Anbieter sozialer Netzwerke haben *für* Zustellungen in *Bußgeldverfahren* nach *diesem Gesetz gegenüber* der *Verwaltungsbehörde, der Staatsanwaltschaft und dem zuständigen Gericht, sowie in zivilgerichtlichen* Verfahren *gegenüber dem zuständigen Gericht einen inländischen Zustellungsbevollmächtigten unverzüglich zu benennen. Für Auskunftsersuchen einer inländischen Strafverfolgungsbehörde ist eine empfangsberechtigte Person im Inland zu benennen.*	**(1)** Anbieter sozialer Netzwerke haben **im Inland einen Zustellungsbevollmächtigten zu benennen und auf ihrer Plattform in leicht erkennbarer und unmittelbar erreichbarer Weise auf ihn aufmerksam zu machen. An diese Person können** Zustellungen in **Verfahren** nach **§ 4 oder in Gerichtsverfahren vor deutschen Gerichten wegen** der **Verbreitung rechtswidriger Inhalte bewirkt werden. Das gilt auch für die Zustellung von Schriftstücken, die solche** Verfahren **einleiten**.
	(2) Für Auskunftsersuchen einer inländischen Strafverfolgungsbehörde ist eine empfangsberechtigte Person im Inland zu benennen. Die empfangsberechtigte Person ist verpflichtet, auf Auskunftsersuchen nach Satz 1 48 Stunden nach Zugang zu antworten. Soweit das Auskunftsersuchen nicht mit einer das Ersuchen erschöpfenden Auskunft beantwortet wird, ist dies in der Antwort zu begründen.

Entwurf	**Beschlüsse des 6. Ausschusses**
§ 6	§ 6
Übergangsvorschriften	**Übergangsvorschriften**
(1) Der Bericht nach § 2 wird erstmals für das *zweite auf das Inkrafttreten dieses Gesetzes folgende Vierteljahr* fällig.	(1) Der Bericht nach § 2 wird erstmals für das **erste Halbjahr 2018** fällig.
(2) Die Verfahren nach § 3 müssen innerhalb von drei Monaten nach Inkrafttreten dieses Gesetzes eingeführt sein.	(2) Die Verfahren nach § 3 müssen innerhalb von drei Monaten nach Inkrafttreten dieses Gesetzes eingeführt sein. **Erfüllt der Anbieter eines sozialen Netzwerkes die Voraussetzungen des § 1 erst zu einem späteren Zeitpunkt, so müssen die Verfahren nach § 3 drei Monate nach diesem Zeitpunkt eingeführt sein.**
Artikel 2	**Artikel 2**
Änderung des Telemediengesetzes	**Änderung des Telemediengesetzes**
In § 14 Absatz 2 des Telemediengesetzes, das zuletzt durch Artikel 1 des Gesetzes vom 21. Juli 2016 (BGBl. I S. 1766) geändert worden ist, *werden nach dem Wort „Eigentum" die Wörter „oder anderer absolut geschützter Rechte" eingefügt.*	**Das Telemediengesetz vom 26. Februar 2007 (BGBl. I S. 179),** das zuletzt durch Artikel 1 des Gesetzes vom 21. Juli 2016 (BGBl. I S. 1766) geändert worden ist, **wird wie folgt geändert:**
	1. Dem § 14 werden die folgenden Absätze 3 bis 5 angefügt:
	„(3) Der Diensteanbieter darf darüber hinaus im Einzelfall Auskunft über bei ihm vorhandene Bestandsdaten erteilen, soweit dies zur Durchsetzung zivilrechtlicher Ansprüche wegen der Verletzung absolut geschützter Rechte aufgrund rechtswidriger Inhalte, die von § 1 Absatz 3 des Netzwerkdurchsetzungsgesetzes erfasst werden, erforderlich ist.
	(4) Für die Erteilung der Auskunft nach Absatz 3 ist eine vorherige gerichtliche Anordnung über die Zulässigkeit der Auskunftserteilung erforderlich, die vom Verletzten zu beantragen ist. Für den Erlass dieser Anordnung ist das Landgericht ohne Rücksicht auf den Streitwert zuständig. Örtlich zuständig ist das Gericht, in dessen Bezirk der Verletzte seinen Wohnsitz, seinen Sitz oder eine Niederlassung hat. Die Entscheidung trifft die Zivilkammer. Für das Verfahren gelten die Vorschriften des Gesetzes über das Verfahren in Familiensa-

Entwurf	Beschlüsse des 6. Ausschusses
	chen und in den Angelegenheiten der freiwilligen Gerichtsbarkeit entsprechend. Die Kosten der richterlichen Anordnung trägt der Verletzte. Gegen die Entscheidung des Landgerichts ist die Beschwerde statthaft.
	(5) Der Diensteanbieter ist als Beteiligter zu dem Verfahren nach Absatz 4 hinzuzuziehen. Er darf den Nutzer über die Einleitung des Verfahrens unterrichten.“
	2. In § 15 Absatz 5 wird Satz 4 wie folgt gefasst:
	„§ 14 Absatz 2 bis 5 findet entsprechende Anwendung.“
Artikel 3	Artikel 3
Inkrafttreten	**Inkrafttreten**
Dieses Gesetz tritt am *Tag nach der Verkündung* in Kraft.	Dieses Gesetz tritt am **1. Oktober 2017** in Kraft.

Bericht der Abgeordneten Dr. Stefan Heck, Dr. Johannes Fechner, Harald Petzold (Havelland) und Renate Künast

I. Überweisung

Zu Buchstabe a

Der Deutsche Bundestag hat die Vorlage auf **Drucksache 18/12356** in seiner 235. Sitzung am 19. Mai 2017 beraten und an den Ausschuss für Recht und Verbraucherschutz zur federführenden Beratung sowie an den Innenausschuss, den Haushaltsausschuss, den Ausschuss für Wirtschaft und Energie, den Ausschuss für Familie, Senioren, Frauen und Jugend, den Ausschuss für Verkehr und digitale Infrastruktur, den Ausschuss für Menschenrechte und humanitäre Hilfe, den Ausschuss für Bildung, Forschung und Technikfolgenabschätzung, den Ausschuss für Kultur und Medien und an den Ausschuss Digitale Agenda zur Mitberatung überwiesen.

Zu Buchstabe b

Der Deutsche Bundestag hat die Vorlage auf **Drucksache 18/12727** in seiner 240. Sitzung am 22. Juni 2017 beraten und an den Ausschuss für Recht und Verbraucherschutz zur federführenden Beratung sowie an den Innenausschuss, den Haushaltsausschuss, den Ausschuss für Wirtschaft und Energie, den Ausschuss für Familie, Senioren, Frauen und Jugend, den Ausschuss für Verkehr und digitale Infrastruktur, den Ausschuss für Menschenrechte und humanitäre Hilfe, den Ausschuss für Bildung, Forschung und Technikfolgenabschätzung, den Ausschuss für Kultur und Medien und an den Ausschuss Digitale Agenda zur Mitberatung überwiesen.

Zu Buchstabe c

Der Deutsche Bundestag hat die Vorlage auf **Drucksache 18/11856** in seiner 235. Sitzung am 19. Mai 2017 beraten und an den Ausschuss für Recht und Verbraucherschutz zur federführenden Beratung sowie an den Ausschuss für Kultur und Medien und an den Ausschuss Digitale Agenda zur Mitberatung überwiesen.

II. Stellungnahmen der mitberatenden Ausschüsse

Zu Buchstabe a

Der **Innenausschuss** hat die Vorlage auf Drucksache 18/12356 in seiner 123. Sitzung am 28. Juni 2017 beraten und empfiehlt mit den Stimmen der Fraktionen der CDU/CSU und SPD gegen die Stimmen der Fraktion DIE LINKE. bei Stimmenthaltung der Fraktion BÜNDNIS 90/DIE GRÜNEN die Annahme.

Der **Haushaltsausschuss** hat die Vorlage auf Drucksache 18/12356 in seiner 109. Sitzung am 28. Juni 2017 beraten und empfiehlt mit den Stimmen der Fraktionen der CDU/CSU und SPD gegen die Stimmen der Fraktion DIE LINKE. bei Stimmenthaltung der Fraktion BÜNDNIS 90/DIE GRÜNEN die Zustimmung zu dem Gesetzentwurf in geänderter Fassung.

Der **Ausschuss für Wirtschaft und Energie** hat die Vorlage auf Drucksache 18/12356 in seiner 119. Sitzung am 28. Juni 2017 beraten und empfiehlt mit den Stimmen der Fraktionen der CDU/CSU und SPD gegen die Stimmen der Fraktion DIE LINKE. bei Stimmenthaltung der Fraktion BÜNDNIS 90/DIE GRÜNEN die Annahme mit Änderungen. Der Ausschuss beschließt mit den Stimmen der Fraktionen der CDU/CSU und SPD gegen die Stimmen der Fraktion DIE LINKE. bei Stimmenthaltung der Fraktion BÜNDNIS 90/DIE GRÜNEN die Annahme des Änderungsantrags der Fraktionen der CDU/CSU und SPD.

Der **Ausschuss für Familie, Senioren, Frauen und Jugend** hat die Vorlage auf Drucksache 18/12356 in seiner 97. Sitzung am 28. Juni 2017 beraten und empfiehlt mit den Stimmen der Fraktionen der CDU/CSU und SPD gegen die Stimmen der Fraktion DIE LINKE. bei Stimmenthaltung der Fraktion BÜNDNIS 90/DIE GRÜNEN die Annahme mit Änderungen. Der Änderungsantrag der Fraktionen der CDU/CSU und SPD wurde mit den Stimmen der Fraktionen der CDU/CSU und SPD bei Stimmenthaltung der Fraktionen DIE LINKE. und BÜNDNIS 90/DIE GRÜNEN angenommen.

Der **Ausschuss für Verkehr und digitale Infrastruktur** hat die Vorlage auf Drucksache 18/12356 in seiner 116. Sitzung am 28. Juni 2017 beraten und empfiehlt die Annahme des Gesetzentwurfs in der durch den Änderungsantrag der Fraktionen der CDU/CSU und SPD geänderten Fassung mit den Stimmen der Fraktionen der CDU/CSU und SPD gegen die Stimmen der Fraktion DIE LINKE. bei Stimmenthaltung der Fraktion BÜNDNIS 90/DIE GRÜNEN. Der Änderungsantrag der Fraktionen der CDU/CSU und SPD wurde mit den Stimmen der Fraktionen der CDU/CSU und SPD bei Stimmenthaltung der Fraktionen DIE LINKE. und BÜNDNIS 90/DIE GRÜNEN angenommen.

Der **Ausschuss für Menschenrechte und humanitäre Hilfe** hat die Vorlage auf Drucksache 18/12356 in seiner 91. Sitzung am 28. Juni 2017 beraten und empfiehlt mit den Stimmen der Fraktionen der CDU/CSU und SPD gegen die Stimmen der Fraktion DIE LINKE. bei Stimmenthaltung der Fraktion BÜNDNIS 90/DIE GRÜNEN die Annahme mit Änderungen. Der Änderungsantrag der Fraktionen der CDU/CSU und SPD zu dem Gesetzentwurf wurde mit den Stimmen der Fraktionen der CDU/CSU und SPD gegen die Stimmen der Fraktion DIE LINKE. bei Stimmenthaltung der Fraktion BÜNDNIS 90/DIE GRÜNEN angenommen.

Der **Ausschuss für Bildung, Forschung und Technikfolgenabschätzung** hat die Vorlage auf Drucksache 18/12356 in seiner 101. Sitzung am 28. Juni 2017 beraten und empfiehlt mit den Stimmen der Fraktionen der CDU/CSU und SPD gegen die Stimmen der Fraktion DIE LINKE. bei Stimmenthaltung der Fraktion BÜNDNIS 90/DIE GRÜNEN die Annahme mit Änderungen. Der Ausschuss empfiehlt außerdem mit den Stimmen der Fraktionen der CDU/CSU und SPD bei Stimmenthaltung der Fraktionen DIE LINKE. und BÜNDNIS 90/DIE GRÜNEN die Annahme des Änderungsantrags.

Der **Ausschuss für Kultur und Medien** hat die Vorlage auf Drucksache 18/12356 in seiner 86. Sitzung am 28. Juni 2017 beraten und empfiehlt Zustimmung zum Gesetzentwurf der Fraktionen der CDU/CSU und SPD in geänderter Fassung mit den Stimmen der Fraktionen der CDU/CSU und SPD gegen die Stimmen der Fraktion DIE LINKE. bei Stimmenthaltung der Fraktion BÜNDNIS 90/DIE GRÜNEN. Der Änderungsantrag der Fraktionen der CDU/CSU und SPD wurde mit den Stimmen der Fraktionen der CDU/CSU und SPD bei Stimmenthaltung der Fraktionen DIE LINKE. und BÜNDNIS 90/DIE GRÜNEN angenommen.

Der **Ausschuss Digitale Agenda** hat die Vorlage auf Drucksache 18/12356 in seiner 92. Sitzung am 28. Juni 2017 beraten und empfiehlt mit den Stimmen der Fraktionen der CDU/CSU und SPD gegen die Stimmen der Fraktion DIE LINKE. bei Stimmenthaltung der Fraktion BÜNDNIS 90/DIE GRÜNEN, den Gesetzentwurf in geänderter Fassung anzunehmen. Mit den Stimmen der Fraktionen der CDU/CSU und SPD bei Stimmenthaltung der Fraktionen DIE LINKE. und BÜNDNIS 90/DIE GRÜNEN empfiehlt der Ausschuss die Annahme des Änderungsantrags der Fraktionen der CDU/CSU und SPD.

Zu Buchstabe b

Der **Innenausschuss** hat die Vorlage auf Drucksache 18/12727 in seiner 123. Sitzung am 28. Juni 2017 beraten und empfiehlt einvernehmlich, den Gesetzentwurf für erledigt zu erklären.

Der **Haushaltsausschuss** hat die Vorlage auf Drucksache 18/12727 in seiner 109. Sitzung am 28. Juni 2017 beraten und empfiehlt einvernehmlich, den Gesetzentwurf für erledigt zu erklären.

Der **Ausschuss für Wirtschaft und Energie** hat die Vorlage auf Drucksache 18/12727 in seiner 119. Sitzung am 28. Juni 2017 beraten und empfiehlt einvernehmlich, den Gesetzentwurf für erledigt zu erklären.

Der **Ausschuss für Familie, Senioren, Frauen und Jugend** hat die Vorlage auf Drucksache 18/12727 in seiner 97. Sitzung am 28. Juni 2017 beraten und empfiehlt einvernehmlich, den Gesetzentwurf für erledigt zu erklären.

Der **Ausschuss für Verkehr und digitale Infrastruktur** hat die Vorlage auf Drucksache 18/12727 in seiner 116. Sitzung am 28. Juni 2017 beraten und empfiehlt einvernehmlich, den Gesetzentwurf für erledigt zu erklären.

Der **Ausschuss für Menschenrechte und humanitäre Hilfe** hat die Vorlage auf Drucksache 18/12727 in seiner 91. Sitzung am 28. Juni 2017 beraten und empfiehlt einvernehmlich, den Gesetzentwurf für erledigt zu erklären.

Der **Ausschuss für Bildung, Forschung und Technikfolgenabschätzung** hat die Vorlage auf Drucksache 18/12727 in seiner 101. Sitzung am 28. Juni 2017 beraten und empfiehlt einvernehmlich, den Gesetzentwurf für erledigt zu erklären.

Der **Ausschuss für Kultur und Medien** hat die Vorlage auf Drucksache 18/12727 in seiner 86. Sitzung am 28. Juni 2017 beraten und empfiehlt einvernehmlich, den Gesetzentwurf für erledigt zu erklären.

Der **Ausschuss Digitale Agenda** hat die Vorlage auf Drucksache 18/12727 in seiner 92. Sitzung am 28. Juni 2017 beraten und empfiehlt einvernehmlich, den Gesetzentwurf für erledigt zu erklären.

Der **Parlamentarische Beirat für nachhaltige Entwicklung** hat sich mit der Vorlage auf Bundesratsdrucksache 315/17 (Bundestagsdrucksache 18/12727) in seiner 62. Sitzung am 17. Mai 2017 befasst und festgestellt, dass eine Nachhaltigkeitsrelevant des Gesetzentwurfs gegeben sei. Diese ergebe sich hinsichtlich der Managementregel (10) zum sozialen Zusammenhalt. Die Darstellung der Nachhaltigkeitsprüfung sei plausibel, eine Prüfbitte daher nicht erforderlich.

Zu Buchstabe c

Der **Ausschuss für Kultur und Medien** hat die Vorlage auf Drucksache 18/11856 in seiner 86. Sitzung am 28. Juni 2017 beraten und empfiehlt mit den Stimmen der Fraktionen CDU/CSU, SPD und DIE LINKE. gegen die Stimmen der Fraktion BÜNDNIS 90/DIE GRÜNEN die Ablehnung.

Der **Ausschuss Digitale Agenda** hat die Vorlage auf Drucksache 18/11856 in seiner 92. Sitzung am 28. Juni 2017 beraten und empfiehlt mit den Stimmen der Fraktionen CDU/CSU, SPD und DIE LINKE. gegen die Stimmen der Fraktion BÜNDNIS 90/DIE GRÜNEN die Ablehnung.

III. Beratungsverlauf und Beratungsergebnisse im federführenden Ausschuss

Zu den Buchstaben a und c

Der Ausschuss für Recht und Verbraucherschutz hat die Vorlagen auf Drucksachen 18/12356 und 18/11856 in seiner 151. Sitzung am 31. Mai 2017 anberaten und beschlossen, eine öffentliche Anhörung durchzuführen, die er in seiner 153. Sitzung am 19. Juni 2017 durchgeführt hat. An dieser Anhörung haben folgende Sachverständige teilgenommen:

Ulf Bornemann	Deutscher Richterbund (DRB) Staatsanwalt, Generalstaatsanwaltschaft Hamburg
Dr. iur. Ulf Buermeyer, LL.M. (Columbia)	Richter am Landgericht Berlin Wissenschaftlicher Mitarbeiter des Verfassungsgerichtshofs des Landes Berlin
Martin Drechsler	Freiwillige Selbstkontrolle Multimedia-Diensteanbieter (FSM e. V.), Berlin
Prof. Dr. Bernd Holznagel, LL.M.	Universität Münster Institut für Informations-, Telekommunikations- und Medienrecht
Christian Mihr	Reporter ohne Grenzen e. V., Berlin
Prof. Dr. Wolfgang Schulz	Universität Hamburg Hans-Bredow-Institut für Medienforschung Lehrstuhl für Medienrecht und Öffentliches Recht einschließlich ihrer theoretischen Grundlagen
Prof. Dr. Rolf Schwartmann	Technische Hochschule Köln Leiter der Kölner Forschungsstelle für Medienrecht
Holger Herzog	jugendschutz.net, Mainz Leiter des Justiziariats
MinDir Diethelm Gerhold	Die Bundesbeauftragte für den Datenschutz und die Informationssicherheit, Bonn Leitender Beamter
Dr. Bernhard Rohleder	Bitkom e. V., Berlin

Hinsichtlich des Ergebnisses der Anhörung wird auf das Protokoll der 153. Sitzung vom 19. Juni 2017 mit den anliegenden Stellungnahmen der Sachverständigen verwiesen.

Zu den Buchstaben a, b und c

Der **Ausschuss für Recht und Verbraucherschutz** hat die Vorlagen auf Drucksachen 18/12356, 18/12727 und 18/11856 in seiner 159. Sitzung am 28. Juni 2017 abschließend beraten.

Er empfiehlt mit den Stimmen der Fraktionen der CDU/CSU und SPD gegen die Stimmen der Fraktion DIE LINKE. bei Stimmenthaltung der Fraktion BÜNDNIS 90/DIE GRÜNEN die Annahme des Gesetzentwurfs auf Drucksache 18/12356 in der aus der Beschlussempfehlung ersichtlichen Fassung. Die Änderungen entsprechen einem von den Fraktionen der CDU/CSU und SPD in den Ausschuss eingebrachten Änderungsantrag, der mit den Stimmen der Fraktionen der CDU/CSU und SPD bei Stimmenthaltung der Fraktionen DIE LINKE. und BÜNDNIS 90/DIE GRÜNEN angenommen wurde.

Weiter empfiehlt der Ausschuss einvernehmlich, den Gesetzentwurf auf Drucksache 18/12727 für erledigt zu erklären.

Schließlich empfiehlt der Ausschuss mit den Stimmen der Fraktionen CDU/CSU, SPD und DIE LINKE. gegen die Stimmen der Fraktion BÜNDNIS 90/DIE GRÜNEN die Ablehnung des Antrags auf Drucksache 18/11856.

Die **Fraktion der SPD** erläuterte zu dem Änderungsantrag, dass dadurch unter anderem der Anwendungsbereich des Gesetzes dahingehend präzisiert werden solle, dass nur soziale Netzwerke erfasst seien, die dazu bestimmt seien, dass Nutzer beliebige Inhalte mit anderen Nutzern teilten. Weiter werde präzisiert, dass Netzwerke mit weniger als zwei Millionen registrierten Nutzern von den Pflichten nach den §§ 2 und 3 NetzDG-E befreit seien. Zur Entlastung junger Start-up-Unternehmen gelte die Berichtspflicht des § 2 NetzDG-E erst ab dem Erhalt von jährlich mehr als 100 Beschwerden. Die Berichte seien, anders als im Gesetzentwurf vorgesehen, nunmehr nur halbjährlich zu erbringen. Die starre Frist im Gesetzentwurf von sieben Tagen für die Entfernung nicht offensichtlich rechtswidriger Inhalte werde flexibler gestaltet, um den Unternehmen entgegenzukommen. Weiter werde ein System der Regulierten Selbstregulierung eingeführt. Für den Fall, dass der Empfangsberechtigte auf ein Auskunftsersuchen nicht reagiere, solle ein Bußgeld verhängt werden können, damit die sozialen Netzwerke auf Anfragen tatsächlich reagierten. Die aus ihrer Sicht wichtigste Regelung sei die Verpflichtung zur Benennung eines inländischen Zustellungsbevollmächtigten; der Änderungsantrag ergänze hier die Verpflichtung, auf der Plattform in leicht erkennbarer und unmittelbar erreichbarer Weise auf den Zustellungsbevollmächtigten aufmerksam zu machen, damit für jedermann offensichtlich sei, wer Ansprechpartner sei. Die Fraktion betonte, dass ihr der Abschluss dieses Vorhabens noch in dieser Wahlperiode wichtig gewesen sei. Angesichts der Zunahme von Hass und Hetze im Internet sei das Gesetz, bei dem es sich um das wohl weltweit erste Gesetz dieser Art handele, wichtig und auch effektiv. Keineswegs führe es zu einer Privatisierung der Rechtsdurchsetzung, auch die Meinungsfreiheit werde nicht beeinflusst; das befürchtete Overblocking sei angesichts der klaren Regelungen nicht zu erwarten. Es sei richtig, die sozialen Netzwerke nicht aus der Verantwortung zu entlassen.

Die **Fraktion BÜNDNIS 90/DIE GRÜNEN** teilte die Auffassung, dass gesetzgeberischer Handlungsbedarf bestehe und wies auf den eigenen Antrag hin. Sie rügte jedoch das gesetzgeberische Verfahren, das zu spät begonnen worden sei und zu einem unvollständigen Gesetz geführt habe. Offen bleibe etwa, wie die Selbstregulierung im Einzelnen aussehen und wie die Wiedereinstellung von Inhalten erfolgen solle. Die Kurzfristigkeit der Beratungen sei auch deshalb unangemessen, weil es sich um eine zentrale Weichenstellung im digitalen Bereich handele, auf die viele Länder blicken würden. Ein wichtiges Element sei allerdings die Benennung und Bekanntmachung des inländischen Zustellungsbevollmächtigten. Der Begriff des innerhalb von 24 Stunden zu löschenden offensichtlich rechtswidrigen Inhalts sei hingegen nicht hinreichend klar definiert; auch die Aufweichung der Frist von sieben Tagen für die Löschung nicht offensichtlich rechtswidriger Inhalte sei zu unbestimmt. Fraglich sei zudem, ob die Regelung zur Einholung einer Vorabentscheidung durch das Bundesamt für Justiz bei einer großen Anzahl von Beschwerden praktikabel sei. Weil eine allgemeine Beschwerdestelle bzw. Clearingstelle für eine Wiedereinstellung rechtswidrig gelöschter Inhalte fehle, liege aus ihrer Sicht ein Eingriff in das Grundrecht auf Meinungsfreiheit vor. Problematisch sei schließlich, dass der Auskunftsanspruch nicht nur Bestands-, sondern auch Nutzungsdaten umfasse und keine Evaluierung der neuen Regelungen vorgesehen sei.

Die **Fraktion der CDU/CSU** hob die Einführung eines Systems der Regulierten Selbstregulierung durch den Änderungsantrag hervor, wodurch dem Eindruck entgegengetreten werde, dass allein die sozialen Netzwerke entschieden, was veröffentlicht werde oder nicht. Das Gesetz mache deutlich, dass ein Rechtsstaat auch einen Rechtsdurchsetzungsanspruch im digitalen Raum habe. Es handele sich um ein richtiges und wichtiges Signal. Auch wenn das Themenfeld noch nicht abschließend bearbeitet sei, sei es richtig, damit wenigstens zu beginnen, statt gar nichts zu tun. In der kommenden Wahlperiode müsse insbesondere noch die wichtige Frage, wann ein Anspruch auf Wiederherstellung eines rechtswidrig gelöschten Inhalts bestehe, geklärt werden.

Die **Fraktion DIE LINKE.** erklärte, es sei problematisch, dass zunächst durch die Plattformen – statt durch den Staat – eine rechtliche Einordnung der Inhalte vorgenommen werden müsse. Dies werde dazu führen, dass die Plattformen sich zur Vermeidung eines Bußgeldverfahrens im Zweifelsfall für das Löschen entscheiden würden. Damit bestehe die Gefahr von Overblocking und unberechtigten Löschungen. Die Verpflichtung, auch bei zivilrechtlichen Ansprüchen Bestandsdaten herauszugeben, eröffne ein Betätigungsfeld für die Abmahnindustrie und könne trotz der Einführung eines Richtervorbehalts weiterhin zur Einschüchterung, etwa von Aktivisten gegen Rechtsextremismus, missbraucht werden. Vor der Einführung ordnungspolitischer Maßnahmen gegenüber Plattformbetreibern sei eine breite gesellschaftliche Debatte erforderlich. Sie kritisierte die zu knappen Fristen bei der grundsätzlich begrüßenswerten Regulierten Selbstregulierung und sprach sich angesichts der dynamischen Entwicklungen für eine Befristung der Geltungsdauer des Gesetzes aus.

Dem Ausschuss für Recht und Verbraucherschutz lagen mehrere Petitionen vor.

IV. Zur Begründung der Beschlussempfehlung

Im Folgenden werden lediglich die vom Ausschuss für Recht und Verbraucherschutz empfohlenen Änderungen gegenüber der ursprünglichen Fassung des Gesetzentwurfs erläutert. Soweit der Ausschuss die unveränderte Annahme des Gesetzentwurfs empfiehlt, wird auf die jeweilige Begründung auf Drucksache 18/12356 verwiesen.

1. Allgemeines

Die Einführung wirksamer Managementsysteme zum Umgang mit Beschwerden bei Anbietern sozialer Netzwerke kann durch die Nutzung von Audits und Zertifizierungen unterstützt werden. Das Bundesministerium der Justiz und für Verbraucherschutz wird gebeten, bis Mitte 2018 einen mit den beteiligten Kreisen beratenen Vorschlag für die Auditierung und Zertifizierung des Beschwerdemanagements sozialer Netzwerke zu erarbeiten. Ein erfolgreich abgeschlossenes Audit muss bei der Bewertung des Beschwerdemanagements durch das Bundesamt für Justiz eine positive Vermutungswirkung entfalten. In den Prozess der Erarbeitung sollen die Anbieter sozialer Netzwerke, die anerkannten Einrichtungen der Regulierten Selbstregulierung, Zertifizierungseinrichtungen, Akkreditierungsstellen und weitere Beteiligte eingebunden werden. Das Bundesministerium der Justiz und für Verbraucherschutz wird gebeten, unverzüglich mit den Arbeiten an dem Vorschlag zu beginnen.

2. Im Einzelnen

Zu Artikel 1 (NetzDG-E)

Zu § 1 Absatz 1 NetzDG-E

Durch das Abstellen auf den bestimmungsgemäßen Gebrauch sowie die Klarstellung in Satz 3 wird im Gesetzestext deutlich zum Ausdruck gebracht, dass Anbieter von Plattformen, die darauf angelegt sind, dass nur spezifische Inhalte verbreitet werden, nicht unter die Regelungen des NetzDG fallen. Daher fallen z. B. berufliche Netzwerke, Fachportale, Online-Spiele, Verkaufsplattformen nicht in den Anwendungsbereich.

Durch das Streichen des Wortes „auszutauschen“ sowie die Klarstellung in Satz 3 wird im Gesetzestext deutlich zum Ausdruck gebracht, dass Dienste der Individualkommunikation (z. B. E-Mail- oder Messengerdienste) nicht unter das Gesetz fallen. Dies ergibt sich auch aus dem eingrenzenden Tatbestandsmerkmal des Betreibens von

„Plattformen". Denn der Begriff der Plattform verweist nach dem allgemeinen Sprachgebrauch auf Kommunikationsräume, wo sich Kommunikation typischerweise an eine Mehrzahl von Adressaten richtet bzw. zwischen diesen stattfindet.

Zu § 1 Absatz 2 NetzDG-E

Durch die Ergänzung in § 1 Absatz 2 wird für die relevante Nutzerzahl, welche Voraussetzung für die Anwendbarkeit des NetzDG ist, auf „registrierte" Nutzer abgestellt. Dies setzt voraus, dass die insofern relevanten Nutzer einen gewissen Registrierungsprozess durchlaufen haben, wozu in der Regel die Zuordnung eines Nutzernamens und Zustimmung zu gewissen Regeln des sozialen Netzwerkes in Form von allgemeinen Geschäftsbedingungen gehört. Ausgenommen sind damit bloße Besucher einer Webseite. Diese auszunehmen entsprach schon bisher dem Gesetzesanliegen. Ziel der Mindestnutzerzahl ist es, (nur) soziale Netzwerke mit großer Perpetuierungswirkung zu erfassen, wozu unregistrierte Besucher in der Regel nicht beitragen. Nicht mehr registriert sind Nutzer, deren Nutzungsverhältnis mit dem sozialen Netzwerk beendet wurde.

Zu § 1 Absatz 3 NetzDG-E

Bei der Ergänzung des Wortlautes von § 1 Absatz 3 NetzDG-E um die Wörter „und nicht gerechtfertigt sind" handelt es sich um eine Klarstellung des Gesetzesanliegens, wonach nur rechtswidrige Verbreitungen von Inhalten erfasst sein sollen. Die Verbreitung von Inhalten, welche z. B. nach § 193 des Strafgesetzbuches (StGB) gerechtfertigt sind, soll nicht erfasst werden.

Der Straftatenkatalog in § 1 Absatz 3 NetzDG-E wird durch Streichung verschiedener Straftatbestände gestrafft. Herausgenommen aus dem Anwendungsbereich werden strafbare Inhalte, soweit es um Straftatbestände vorrangig zum Schutz des Ansehens der Bundesrepublik Deutschland und seiner Repräsentanten oder von Institutionen geht. Gegenüber dem Gesetzentwurf der Fraktionen der CDU/CSU und SPD entfallen § 90 StGB (Verunglimpfung des Bundespräsidenten), § 90a StGB (Verunglimpfung des Staates und seiner Symbole) und § 90b StGB (Verfassungsfeindliche Verunglimpfung von Verfassungsorganen).

Zudem wird durch das Einfügen der Wörter „in Verbindung mit" zwischen § 184b (Verbreitung, Erwerb und Besitz kinderpornographischer Schriften) und § 184 d StGB (Zugänglichmachen pornographischer Inhalte mittels Rundfunk oder Telemedien; Abruf kinder- und jugendpornographischer Inhalte mittels Telemedien) klargestellt, dass entsprechend dem bisherigen Anliegen des Entwurfs nur kinderpornographische Inhalte in den Anwendungsbereich des Gesetzes fallen.

Schließlich wird mit § 201a StGB ein in der Praxis wichtiger Straftatbestand zur Bekämpfung von Mobbing und anderen Formen der Verächtlichmachung durch Einstellen von Bildaufnahmen unter Verletzung des höchstpersönlichen Lebensbereichs aufgenommen.

Zu § 2 Absatz 1 NetzDG-E

Aufgrund der Änderung in § 2 Absatz 1 NetzDG-E sind Transparenzberichte durch die erfassten sozialen Netzwerke alle sechs Monate, anstatt wie ursprünglich vorgesehen alle drei Monate, zu erstellen. Hiermit wird einem vertretbaren Anliegen vor allem der betroffenen Netzwerke und einem Vorschlag des Bundesrates entsprochen.

§ 2 Absatz 1 NetzDG-E wurde zudem um eine Regelung ergänzt, wonach die Berichtspflichten nur für Anbieter sozialer Netzwerke gelten, die im Kalenderjahr mehr als 100 Beschwerden über rechtswidrige Inhalte im Sinne von § 1 Absatz 3 NetzDG-E erhalten. Damit entfällt die Berichtspflicht für Anbieter, bei denen rechtswidrige Inhalte im Sinne von § 1 Absatz 3 NetzDG-E nur eine untergeordnete Rolle spielen. Die vorgenommene Einschränkung dient der Wahrung der Verhältnismäßigkeit der Berichtspflichten, die vor allem für kleinere Netzwerke oder Start-ups belastend sein können. Unabhängig hiervon gilt die Berichtspflicht ohnehin nur für Anbieter, die mehr als zwei Millionen registrierte Nutzer haben, § 1 Absatz 2 NetzDG-E.

Zu § 2 Absatz 2 Nummer 7 NetzDG-E

Die Berichtspflichten werden in § 2 Absatz 2 Nummer 7 NetzDG-E dahingehend ergänzt, dass die erfassten Anbieter in ihren Berichten auch aufschlüsseln müssen, in wie vielen Fällen sie sich auf Ausnahmen zur Sieben-

Tages-Frist im Sinne von § 3 Absatz 2 Nummer 3 NetzDG-E wegen notwendiger Klärung von Tatsachenbehauptungen oder anderer tatsächlicher Umstände sowie möglicher Gelegenheit zur Stellungnahme für den betroffenen Nutzer gestützt haben. Zudem ist anzugeben, in wie vielen Fällen eine Weiterleitung an anerkannte Einrichtungen der Regulierten Selbstregulierung erfolgte.

Zu § 3 Absatz 2 Satz 1 Nummer 1 NetzDG-E

Durch die Ergänzung in § 3 Absatz 2 Satz 1 Nummer 1 NetzDG-E wird klargestellt, dass eine Prüfungspflicht der sozialen Netzwerke nur besteht, wenn die vom NetzDG erfassten Beschwerden einem konkreten Inhalt zugeordnet werden können. Die Beschwerde muss als Grundlage für die Einschätzung der Rechtswidrigkeit des Inhalts geeignet sein. Nicht auf konkrete Inhalte bezogene Beschwerden, welche den sozialen Netzwerken über die Beschwerdemechanismen nach § 3 Absatz 1 NetzDG-E zur Kenntnis gegeben werden, bleiben daher für die Erfüllung der Compliance-Vorgaben nach dem NetzDG-E irrelevant.

Zu § 3 Absatz 2 Nummer 3 NetzDG-E

Das Einfügen der Wörter „in der Regel" in § 3 Absatz 2 Nummer 3 NetzDG-E dient dazu, den sozialen Netzwerken in schwierigen Fallkonstellationen mehr Zeit zu geben für die Entscheidung, ob Inhalte strafrechtlich relevant im Sinne von § 1 Absatz 3 NetzDG-E sind. So erscheinen Fälle denkbar, in welchen das soziale Netzwerk innerhalb von sieben Tagen eine abschließende Entscheidung nicht mit der angemessenen Sorgfalt treffen kann.

Die Erweiterung des zeitlichen Spielraums in § 3 Absatz 2 Nummer 3 NetzDG-E trägt dazu bei, dass die sozialen Netzwerke nicht aus Zeitnot gemeldete Inhalte, die eine genauere strafrechtliche Prüfung erfordern, im Zweifel entfernen oder den Zugang zu ihnen sperren (sogenanntes Overblocking). Im Gesetzgebungsverfahren sind entsprechende Befürchtungen geäußert worden. Durch die Flexibilisierung der (bisher) starren Frist in § 3 Absatz 2 Nummer 3 NetzDG-E wird die Gefahr eines solchen Fehlanreizes ausgeschlossen, weil den sozialen Netzwerken ausreichend Zeit für eine notwendige rechtliche Prüfung des Inhalts zur Verfügung steht.

Die Compliance-Pflicht, rechtswidrige Inhalte umgehend zu entfernen oder zu sperren, wird mit der Erweiterung des zeitlichen Spielraums in § 3 Absatz 2 Nummer 3 NetzDG-E nicht aufgehoben. Durch die Formulierung „in der Regel" wird klargestellt, dass eine abschließende Bewertung der Beschwerde zu einem Inhalt grundsätzlich weiterhin innerhalb von sieben Tagen erfolgen soll. Zudem bleibt es dabei, dass die Entfernung oder Sperrung immer noch unverzüglich erfolgen muss (d. h. ohne schuldhaftes Zögern), was durch Einfügen des Wortes „unverzüglich" in § 3 Absatz 2 Nummer 3 NetzDG-E klargestellt ist. Unberührt bleibt ohnehin, dass die Privilegierung des § 10 des Telemediengesetzes (TMG) nur dann erhalten bleiben kann, wenn das soziale Netzwerk unverzüglich, d. h. ohne schuldhaftes Zögern, tätig wird.

Eine entsprechende Ergänzung von § 3 Absatz 2 Satz 1 Nummer 2 NetzDG-E bei der Frist zur Entfernung oder Sperrung offensichtlich rechtswidriger Inhalte binnen 24 Stunden ist nicht geboten. Durch die Begrenzung auf offensichtlich rechtswidrige Inhalte enthält die Fristenvorgabe bereits auf tatbestandlicher Ebene eine Eingrenzung. Denn erfasst werden nur Inhalte, die offensichtlich rechtswidrig sind. Für die Bestimmung der Offensichtlichkeit kann zum einen auf die Erfahrungen mit dem Begriff in ähnlichen Konstellationen zurückgegriffen werden (z. B. in § 101 Absatz 2 des Urheberrechtsgesetzes – UrhG). Zum anderen ergibt sich eine Präzisierung anhand der Frist von 24 Stunden. Offensichtlich rechtswidrig sind Inhalte daher nur, wenn die Rechtswidrigkeit ohne vertiefte Prüfung, d. h. von geschultem Personal in der Regel sofort, mit zumutbarem Aufwand aber in jedem Fall binnen 24 Stunden erkannt werden kann. Verbleiben danach Zweifel in tatsächlicher oder rechtlicher Hinsicht, wird keine offensichtliche Rechtsverletzung vorliegen (vergleichbar schon Drucksache 16/5048, S. 39).

Zu § 3 Absatz 2 Nummer 3 Buchstabe a NetzDG-E

Zudem kann es geboten sein, den betroffenen Nutzern vor einer Entscheidung zur Entfernung oder Zugangssperrung Gelegenheit zur Stellungnahme einzuräumen. Dies kann insbesondere der Fall sein, wenn die Entscheidung über die Rechtswidrigkeit des Inhalts von der Wahrheit oder Unwahrheit einzelner Tatsachenbehauptungen in der Beschwerde oder von anderen tatsächlichen Umständen, insbesondere dem Kontext einer Äußerung, abhängt. Für diese in der Regel aufklärungsbedürftigen Fälle sieht § 3 Absatz 2 Nummer 3 Buchstabe a NetzDG-E nunmehr vor, dass die Sieben-Tages-Frist regelmäßig überschritten werden kann.

Bleibt die Gelegenheit zur Stellungnahme durch den Nutzer ungenutzt, darf das soziale Netzwerk in der Regel von der Glaubhaftigkeit des Beschwerdevorbringens ausgehen und den Inhalt entfernen. Verteidigt der Nutzer dagegen seine Behauptungen, so muss das Netzwerk die Glaubhaftigkeit der entgegenstehenden Behauptungen abwägen. Sollte sich die Entscheidung des sozialen Netzwerks im Nachhinein als Fehleinschätzung herausstellen, darf hierauf kein Bußgeld gestützt werden, wie bereits im Gesetzentwurf der Fraktionen der CDU/CSU und SPD in der Begründung zu § 4 NetzDG-E ausgeführt wurde.

Zu § 3 Absatz 2 Nummer 3 Buchstabe b NetzDG-E

Durch § 3 Absatz 2 Nummer 3 Buchstabe b NetzDG-E wird das Beschwerdemanagement in Fällen des § 3 Absatz 2 Nummer 3 NetzDG-E für die Einbindung von anerkannten Einrichtungen der Regulierten Selbstregulierung geöffnet. Liegt kein Fall der offensichtlichen Rechtswidrigkeit vor, steht es den sozialen Netzwerken frei, die Entscheidung über die Entfernung oder Sperrung einer anerkannten Einrichtung der Regulierten Selbstregulierung zu übertragen.

Wenn die anerkannte Einrichtung der Regulierten Selbstregulierung den Inhalt als rechtswidrig im Sinne des NetzDG-E einordnet, muss das soziale Netzwerk diesen unverzüglich entfernen oder sperren. Kommt die anerkannte Einrichtung der Regulierten Selbstregulierung zu der Einschätzung, dass der Inhalt nicht rechtswidrig ist, so darf das soziale Netzwerk diesen nicht entfernen oder sperren. In diesen Fällen ist es der Bußgeldbehörde verwehrt, ein Bußgeld darauf zu stützen, dass entsprechende Inhalte tatsächlich rechtswidrig waren und diese gesperrt oder entfernt werden mussten. Denn in diesem Fall hat das soziale Netzwerk seine Pflicht zur Befolgung der Compliance-Vorgaben erfüllt, indem es die Entscheidung über die Entfernung oder Sperrung zulässigerweise an die anerkannte Einrichtung der Regulierten Selbstregulierung übertragen hat und bei entsprechender Entscheidung dieser Einrichtung unverzüglich entfernt oder gesperrt hat. Insofern begrenzt die Öffnungsklausel des § 3 Absatz 2 Nummer 3 Buchstabe b NetzDG-E den Einschätzungsspielraum der Bußgeldbehörde; zugleich eröffnet es für die sozialen Netzwerke die Möglichkeit, die Einschätzung eines Inhalts auszulagern und auf eine unabhängige anerkannte Einrichtung der Regulierten Selbstregulierung zu übertragen.

Eine Übertragung der Entscheidung nach § 3 Absatz 2 Nummer 3 Buchstabe b NetzDG-E ist nur auf anerkannte Einrichtungen möglich.

Zu § 3 Absatz 6 bis 9 NetzDG-E

Die materiellen Voraussetzungen der Anerkennung einer Einrichtung der Regulierten Selbstregulierung werden in § 3 Absatz 6 NetzDG-E festgelegt und orientieren sich an § 19 des Jugendmedienschutz-Staatsvertrages. Voraussetzung für eine Anerkennung sind danach vor allem Unabhängigkeit und Sachkunde der Prüfer sowie eine sachgerechte Ausstattung, die eine Entscheidung über die Rechtswidrigkeit des gemeldeten und übertragenen Inhalts nach sieben Tagen ermöglicht. Es müssen Vorgaben für das Prüfverfahren, eine Verfahrensordnung sowie eine Beschwerdestelle bestehen. Die Entscheidungsgremien sollen plural besetzt werden unter Einbeziehung der nach § 59 Absatz 2 des Rundfunkstaatsvertrags der Länder zuständigen Aufsichtsbehörden (Landesmedienanstalten).

Bei den Einrichtungen der Regulierten Selbstregulierung sind auch Beschwerdestellen einzurichten, damit Nutzer, deren Inhalte zu Unrecht entfernt wurden, sich hiergegen beschweren können (§ 3 Absatz 6 Nummer 4 NetzDG-E). Damit wird sichergestellt, dass es in Fällen der unberechtigten Sperrung tatsächlich zulässiger Inhalte schnell und unkompliziert zur Wiederherstellung der Inhalte kommt.

Die Einrichtung muss gemäß § 3 Absatz 6 Nummer 5 NetzDG-E von mehreren Anbietern sozialer Netzwerke oder Institutionen getragen werden, die eine sachgerechte Ausstattung sicherstellen. Außerdem muss sie für den Beitritt weiterer Anbieter insbesondere sozialer Netzwerke offenstehen. Das Prüfverfahren der angerufenen Einrichtung der Regulierten Selbstregulierung wird im Einzelnen durch dessen Verfahrensordnung bestimmt. Die Betroffenen (soziales Netzwerk, Beschwerdeführer, Nutzer) haben Gelegenheit, gegenüber der Einrichtung der Regulierten Selbstregulierung Stellung zu nehmen. Das soziale Netzwerk kann eine Stellungnahme schon mit der Übertragung der Entscheidung auf die Einrichtung der Regulierten Selbstregulierung verbinden. Beschwerdeführer und Nutzer können sich, nachdem sie gemäß § 3 Absatz 2 Nummer 5 NetzDG-E von der Übertragung auf die Einrichtung der Regulierten Selbstregulierung informiert wurden, gegenüber dieser äußern.

Das eröffnete System der Regulierten Selbstregulierung bleibt einer Aufsicht unterworfen. Die Einrichtung der Regulierten Selbstregulierung muss durch das Bundesamt für Justiz anerkannt werden, § 3 Absatz 7 NetzDG-E. Die Anerkennung kann widerrufen oder mit Nebenbestimmungen versehen werden, § 3 Absatz 8 NetzDG-E. Dies wird insbesondere dann in Betracht kommen, wenn sich herausstellt, dass die Unabhängigkeit und Sachkunde der Prüfer nicht gewährleistet oder eine zügige Bearbeitung nicht sichergestellt ist. Dadurch ist gewährleistet, dass die Compliance-Vorgaben des NetzDG nicht unterlaufen werden.

Durch § 3 Absatz 9 NetzDG-E wird geregelt, dass in Fällen, in denen zu erwarten ist, dass bei einem Anbieter die Erfüllung der Pflichten des Absatzes 2 Nummer 3 durch einen Anschluss an die Selbstkontrolle nicht gewährleistet ist, das Bundesamt für Justiz dessen Möglichkeit, an dem System der Regulierten Selbstregulierung teilzunehmen, für einen begrenzten Zeitraum suspendieren kann.

Weitergehender Kontrollmechanismen über das Funktionieren der Regulierten Selbstregulierung bedarf es nicht. Ergeben sich bei der Einrichtung der Regulierten Selbstregulierung Missstände, so wird deren Anerkennung zu widerrufen sein. Wenn soziale Netzwerke Entscheidungen zum Entfernen oder Sperren an die Einrichtung abgeben, obwohl die Voraussetzungen hierfür nicht gegeben sind, z. B. bei offensichtlicher Rechtswidrigkeit des Inhalts) oder den Entscheidungen der Einrichtung zum Entfernen oder Sperren nicht Folge leistet, so ist dieses Verhalten mit der Compliance-Vorgabe nach § 3 Absatz 2 Nummer 3 nicht vereinbar und kann, wenn sich hier ein systemischer Mangel des Netzwerks offenbart, Grundlage für ein Bußgeld nach § 4 Absatz 1 Nummer 2 NetzDG-E sein.

Zu § 3 Absatz 2 Nummer 4, Absatz 3 NetzDG-E

Die Pflicht zur Speicherung entfernter Inhalte zu Beweiszwecken in § 3 Absatz 2 Nummer 4 NetzDG-E wird dahingehend geändert, dass eine Pflicht zum Speichern im Inland entfällt und eine Speicherung im Anwendungsbereich der genannten EU-Richtlinien genügt. Entsprechendes gilt für die Dokumentation von Beschwerden und von Abhilfemaßnahmen nach § 3 Absatz 3 NetzDG-E. Damit werden europarechtliche Bedenken im Hinblick auf die Vereinbarkeit einer Inlandsspeicherpflicht mit dem digitalen Binnenmarkt in Europa ausgeräumt.

Zu § 3 Absatz 2 Nummer 6 NetzDG-E

Die Pflicht in § 3 Absatz 2 Nummer 6 NetzDG-E zur Löschung von Kopien rechtswidriger Inhalte entfällt. Damit wird berücksichtigt, dass der Begriff der Kopien schwer bestimmbar ist, insbesondere in Fällen, wenn bestimmte Posts bzw. Inhalte in einem anderen Kontext (z. B. als Zitat oder in Form einer Berichterstattung) wiedergegeben werden. Jeweils den Kontext von Kopien zu berücksichtigen, würde die sozialen Netzwerke mit schwierigen Prüfungen konfrontieren, zumal sich die Beschwerde in der Regel nicht auf die Verbreitung des rechtswidrigen Inhalts in anderen Kontexten bezieht.

Zu § 4 Absatz 5 NetzDG-E

Das Vorabentscheidungsverfahren wird nach Auffassung des Ausschusses für die Fälle der eigenständigen Entscheidungen der sozialen Netzwerke gemäß § 3 Absatz 2 Nummer 2 und Nummer 3 NetzDG-E benötigt. Allerdings wird die strikte Verpflichtung der Verwaltungsbehörde, ein Vorabentscheidungsverfahren durchzuführen, durch die Umwandlung des § 4 Absatz 5 NetzDG-E in eine Soll-Vorschrift flexibilisiert. Das Vorabentscheidungsverfahren ist geboten, wenn die Verwaltungsbehörde den Vorwurf, kein richtiges Verfahren für den Umgang mit Beschwerden über rechtswidrige Inhalte vorzuhalten, auf eine systemisch falsche Entscheidungspraxis der sozialen Netzwerke stützt, die mit einer überschaubaren Zahl von falschen Einzelfallentscheidungen belegt wird. Wird der Vorwurf dagegen in erster Linie auf eine fehlerhafte Anweisung der Mitarbeiter des Beschwerdeteams gestützt, erscheint ein Vorabentscheidungsverfahren entbehrlich.

Zudem wird auch durch die Verwendung des Plurals in § 4 Absatz 5 NetzDG-E deutlicher zum Ausdruck gebracht, dass Grundlage für die Verwirklichung des Bußgeldtatbestandes in § 4 Absatz 1 Nummer 2 NetzDG-E nicht schon die fehlerhafte Nichtlöschung eines einzelnen Inhaltes sein kann, sondern es auf ein systemisches Versagen ankommt, welches sich erst durch beharrliche Verstöße gegen die Compliance-Vorgaben aus § 3 Absatz 1 und 2 NetzDG-E ergeben kann.

Zu § 5 NetzDG-E in Verbindung mit § 4 Absatz 1 Nummer 7, 8, Absatz 2 NetzDG-E

Die Regelung zum Zustellungsbevollmächtigten wird dahingehend ergänzt, dass die Angaben – ähnlich Impressumspflichten – auf der Plattform der sozialen Netzwerke leicht erkennbar und unmittelbar erreichbar sein müssen. Außerdem ist der Zustellungsbevollmächtigte nicht nur in konkreten Verfahren, sondern dauerhaft, d. h. auch zum Zwecke der Einleitung von Verfahren mit Bezug zur Verbreitung rechtswidriger Inhalte im Sinne von § 1 Absatz 3 NetzDG-E, verfügbar zu halten.

Zudem wurde eine Pflicht zur Reaktion auf Auskunftsersuchen inländischer Strafverfolgungsbehörden binnen 48 Stunden eingefügt.

Die Regelungen in § 5 NetzDG-E sind bußgeldbewehrt. Neben dem schon bisher vorgesehenen § 4 Absatz 1 Nummer 7 NetzDG-E wird eine weitere Nummer 8 eingefügt, wonach es auch eine Ordnungswidrigkeit darstellt, wenn der Empfangsberechtigte beharrlich nicht auf Anfragen der Strafverfolgungsbehörden reagiert.

Zu § 6 NetzDG-E

§ 6 Absatz 1 NetzDG-E ist an den geänderten Turnus der Berichtspflichten angepasst.

Für Anbieter sozialer Netzwerke, die die Bagatellgrenze des § 1 Absatz 2 NetzDG-E erst nach Inkrafttreten erfüllen, erhält der angefügte Satz 2 eine Übergangsregelung, die auch diesen Netzwerken eine angemessene Übergangsfrist sichert. Nähere Bestimmungen zur Feststellung, ob ein Netzwerk die Voraussetzungen des § 1 erfüllt, werden in den gemäß § 4 Absatz 4 Satz 2 zu erlassenden allgemeinen Verwaltungsgrundsätzen über die Ausübung des Ermessens der Bußgeldbehörde bei der Einleitung eines Bußgeldverfahrens geregelt.

Zu Artikel 2 (Änderung des TMG)

Zu Nummer 1 (Änderung von § 14 Absatz 3 bis 5 TMG)

Ziel des Auskunftsanspruchs ist es, den Betroffenen einen wirksamen und durchsetzbaren Anspruch auf Feststellung der Identität des Verletzers bei Rechtsverletzungen im Internet zu verschaffen. Mit § 14 Absatz 3 TMG-E wird deshalb eine neue datenschutzrechtliche Ermächtigungsnorm in die Regelungen der §§ 11 ff. TMG eingefügt. Dies entspricht dem schon im Gesetzentwurf der Fraktionen CDU/CSU und SPD, dort mit § 14 Absatz 2 TMG-E verfolgten Anliegen. Damit wird geregelt, in welchen Fällen von Persönlichkeitsrechtsverletzungen dem Diensteanbieter die Datenherausgabe erlaubt ist. In Fällen, in welchen bereits nach jetziger Rechtslage ein Auskunftsanspruch gemäß § 242 des Bürgerlichen Gesetzbuchs (BGB) dem Grunde nach besteht, wird dieser Auskunftsanspruch nun durch die Regelung des § 14 Absatz 3 TMG für den Diensteanbieter auch erfüllbar. Für die Zukunft sollte überlegt werden, ob der Anspruch nach dem Vorbild vergleichbarer Auskunftsansprüche wie beispielsweise in § 101 UrhG kodifiziert werden könnte, um dem Verletzten eine Durchsetzung seiner Rechte nach klaren Kriterien zu ermöglichen. Dabei wäre insbesondere sicherzustellen, dass der Verletzte von denjenigen, die für rechtsverletzende Tätigkeiten genutzte Dienstleistungen in gewerblichem Ausmaß erbracht haben, Auskunft über Tatsachen verlangen kann, die erforderlich sind, um die Identität des Täters festzustellen und die sich aus der Rechtsverletzung ergebenden Ansprüche durchzusetzen.

Ob und wann ein Auskunftsanspruch gemäß § 242 BGB dem Grunde nach besteht, bleibt weiterhin der Ausgestaltung der Gerichte vorbehalten. Eine Änderung nimmt Artikel 2 insofern nicht vor.

Der Anwendungsbereich von § 14 Absatz 3 TMG-E ist auf Fälle strafrechtlich relevanter Verletzungen absolut geschützter Rechte beschränkt. Die Auskunft darf nur erteilt werden, wenn die Verletzungshandlung den Tatbestand einer der in § 1 Absatz 3 NetzDG-E genannten Strafvorschriften erfüllt. Damit wird die Datenherausgabe nur in Fällen schwerwiegender Persönlichkeitsrechtsverletzungen eröffnet. Zudem gilt § 14 Absatz 3 TMG-E nur für die Fälle der Verletzung absolut geschützter Rechte, die nicht bereits durch § 14 Absatz 2 TMG erfasst sind. § 14 Absatz 2 TMG bleibt unverändert, so dass mit der Neuregelung keine Änderungen hinsichtlich der zivilrechtlichen Durchsetzung von Immaterialgüterrechten verbunden sind.

Die datenschutzrechtliche Erlaubnis der Datenherausgabe steht unter dem Vorbehalt einer richterlichen Gestattung (Richtervorbehalt). Dies war schon im Gesetzentwurf der Fraktionen der CDU/CSU und SPD angelegt (vgl.

dort Begründung unter Abschnitt B.: „aufgrund gerichtlicher Anordnung"). Damit wird verfahrensrechtlich sichergestellt, dass es nicht vorschnell zur Herausgabe von Daten kommt, sondern dem immer eine richterliche Prüfung und Anordnung vorausgeht. Eine entsprechende Absicherung erscheint in den erfassten Fällen deswegen notwendig, weil die behaupteten Rechtsverletzungen sich oft im Kontext heftiger Debatten und Auseinandersetzungen abspielen können. Die Situation ist damit nicht vergleichbar mit der Auskunftserteilung über Bestandsdaten in anderen Bereichen wie etwa im Urheberrecht. Sie betrifft einen Kernbereich der Ausübung der durch Artikel 5 Absatz 1 des Grundgesetzes geschützten Meinungsfreiheit. Der Richtervorbehalt wird Einschüchterungseffekte auf die Ausübung der Meinungsfreiheit in diesem eng begrenzten Bereich besonders grundrechtssensibler Kommunikation verhindern. Insbesondere sollen Teilnehmer von Debatten und Diskussionen nicht mit der Angst leben müssen, dass Diensteanbieter vorschnell und ohne richterliche Prüfung, gegebenenfalls aufgrund falscher Angaben eines Dritten, ihre Anonymität aufdecken.

Die Ausgestaltung des Richtervorbehalts erfolgt in § 14 Absatz 4 TMG-E, der sich an die Regelung in § 101 Absatz 9 UrhG anlehnt. Voraussetzung für eine Entscheidung des Gerichts ist ein entsprechender Antrag des Verletzten.

Sachlich zuständig für das richterliche Gestattungsverfahren ist das Landgericht. Am Wohnsitz, Sitz oder Ort der Niederlassung des Verletzten wird eine örtliche Zuständigkeit begründet. Die internationale Zuständigkeit richtet sich grundsätzlich nach der Verordnung (EU) Nr. 1215/2012 des Europäischen Parlaments und des Rates vom 12. Dezember 2012 über die gerichtliche Zuständigkeit und die Anerkennung und Vollstreckung von Entscheidungen in Zivil- und Handelssachen (Brüssel-Ia-Verordnung).

Im Übrigen gelten für das Verfahren die Vorschriften des Gesetzes über das Verfahren in Familiensachen und in den Angelegenheiten der freiwilligen Gerichtsbarkeit entsprechend. Der Prüfungsumfang für das gerichtliche Verfahren folgt aus § 14 Absatz 3 TMG-E. Das Gericht wird prüfen, ob eine Herausgabe von Bestandsdaten beantragt ist und dies zur Durchsetzung zivilrechtlicher Ansprüche wegen der Verletzung absolut geschützter Rechte aufgrund von rechtswidrigen Inhalten im Sinne von § 1 Absatz 3 des Netzwerkdurchsetzungsgesetzes erforderlich ist.

Der Diensteanbieter ist zwingend am richterlichen Gestattungsverfahren zu beteiligen, § 14 Absatz 5 Satz 1 TMG-E. Dieser kann den Nutzer von dem Verfahren unterrichten, § 14 Absatz 5 Satz 2 TMG-E. In der Regel wird er hierzu aus den vertraglichen Regelungen im Innenverhältnis zum Nutzer (Rücksichtnahmepflichten nach § 241 Absatz 2 BGB) verpflichtet sein.

Zu Nummer 2 (Änderung von § 15 Absatz 5 TMG-E)

Die Änderung von § 15 Absatz 5 Satz 4 TMG-E ist redaktionell bedingt. Schon bisher war die gesamte Öffnungsklausel des § 14 Absatz 2 TMG für Nutzungsdaten über die Verweisung in § 15 Absatz 5 Satz 4 TMG entsprechend anwendbar (vgl. Drucksache 16/3078, S. 16: „§ 15 Abs. 5 ordnet die entsprechende Anwendung von § 14 Abs. 2 für den Bereich der Nutzungsdaten an."). Schon nach dem Gesetzentwurf der Fraktionen der CDU/CSU und SPD würde sich die Ergänzung in § 14 Absatz 2 TMG-E auch auf Nutzungsdaten erstrecken, da sich der bisherige § 15 Absatz 5 Satz 4 TMG dann auch darauf beziehen würde. Da die Änderungen der datenschutzrechtlichen Öffnungsklausel nunmehr nicht in § 14 Absatz 2 TMG-E, sondern in § 14 Absatz 3 bis 5 TMG-E erfolgen, ist die Verweisungsnorm in § 15 Absatz 5 Satz 4 TMG-E entsprechend redaktionell anzupassen.

Zu Artikel 3 (Inkrafttreten)

Mit dem späteren Inkrafttreten am 1. Oktober 2017 wird den sozialen Netzwerken und den anerkannten Einrichtungen der Regulierten Selbstregulierung mehr Zeit für die Anpassung an die neue Gesetzeslage gewährt. Dies erscheint angemessen vor dem Hintergrund, dass insofern erhebliche Dispositionen zu treffen sind.

Berlin, den 27. Juni 2017

Dr. Stefan Heck Berichterstatter	**Dr. Johannes Fechner** Berichterstatter	**Harald Petzold (Havelland)** Berichterstatter	**Renate Künast** Berichterstatterin

Satz: Satzweiss.com Print, Web, Software GmbH, Mainzer Straße 116, 66121 Saarbrücken, www.satzweiss.com
Druck: Printsystem GmbH, Schafwäsche 1-3, 71296 Heimsheim, www.printsystem.de
Vertrieb: Bundesanzeiger Verlag GmbH, Postfach 10 05 34, 50445 Köln, Telefon (02 21) 97 66 83 40, Fax (02 21) 97 66 83 44, www.betrifft-gesetze.de
ISSN 0722-8333

NetzDG-Bußgeldleitlinien

Leitlinien zur Festsetzung von Geldbußen im Bereich des Netzwerkdurchsetzungsgesetzes (NetzDG)

vom 22. März 2018

Inhalt

A. Grundlagen 1
I. Begriff und Zweck der NetzDG-Bußgeldleitlinien 1
II. Geltungsbereich der NetzDG-Bußgeldleitlinien 1
B. Einleitung des Bußgeldverfahrens 2
I. Anwendungsbereich nach § 1 Absatz 1 NetzDG 3
II. Registrierte Nutzer 4
III. Auslandsgeltung 4
IV. Persönliche Verantwortlichkeit 5
V. Verfahren zum Umgang mit Beschwerden über rechtswidrige Inhalte nach§ 3 Absatz 1 Satz 1 NetzDG 7
VI. Zustellungsbevollmächtigter und empfangsberechtigte Person 9
C. Bestimmung des einschlägigen Bußgeldrahmens 10
I. Juristische Personen 10
II. Natürliche Personen 11
III. Fahrlässige Verstöße (§ 17 Absatz 2 OWiG) 11
D. Bußgeldzumessung (§ 17 OWiG) 11
I. Schritt 1 – Ermittlung des Grundbetrags 12
II. Schritt 2 – Anpassung des Grundbetrags 13
III. Schritt 3 – Berücksichtigung der wirtschaftlichen Verhältnisse 15
IV. Schritt 4 – Abschöpfung des wirtschaftlichen Vorteils 15
E. Grundbeträge 16
I. Berichtspflicht 16
II. Umgang mit Beschwerden über rechtswidrige Inhalte 17
III. Kontrolle 20
IV. Zustellungsbevollmächtigter und Empfangsberechtigter 23

A. Grundlagen

I. Begriff und Zweck der NetzDG-Bußgeldleitlinien

Die Leitlinien zur Festsetzung von Geldbußen im Bereich des Netzwerkdurchsetzungsgesetzes (NetzDG-Bußgeldleitlinien) stellen allgemeine Verwaltungsgrundsätze über die Ausübung des Ermessens der Bußgeldbehörde bei der Einleitung eines Bußgeldverfahrens und bei der Bemessung der Geldbuße dar. Sie stützen sich auf das Entschließungs- sowie das Rechtsfolgeermessen des Bundesamts für Justiz (BfJ) nach § 47 Absatz 1 Satz 1 des Gesetzes über Ordnungswidrigkeiten (OWiG), § 4 Absatz 2 des Netzwerkdurchsetzungsgesetzes (NetzDG).

Die NetzDG-Bußgeldleitlinien dienen dazu, die Voraussetzungen für die Einleitung eines Bußgeldverfahrens im Bereich des NetzDG zu konkretisieren, sowie die Höhe der zu verhängenden Geldbuße innerhalb des gesetzlichen Bußgeldrahmens zu bestimmen. Sie konkretisieren die für die Bußgeldzumessung maßgebliche Vorschrift des § 17 OWiG. Die NetzDG-Bußgeldleitlinien erfassen Tatumstände und Tatfolgen, die bei Verstößen gegen das NetzDG typischerweise auftreten (sogenannte Regelfälle), ebenso wie außergewöhnliche Sachverhalte, die sich durch einen wesentlich erhöhten Unrechtsgehalt auszeichnen und eine besondere Abschreckung rechtfertigen. In den NetzDG-Bußgeldleitlinien wird die allgemeine Methode für die Ermittlung der Geldbuße dargelegt, jedoch können besondere Umstände eines Einzelfalls ein Abweichen von dieser Methode oder den festgelegten Grundbeträgen rechtfertigen.

Die NetzDG-Bußgeldleitlinien unterstützen das Prinzip der Gleichbehandlung, dem die Verwaltung verpflichtet ist. Sie gewährleisten, dass im Wesentlichen gleiche Ordnungswidrigkeiten vergleichbar behandelt werden, ohne die im Mittelpunkt der Bußgeldentscheidung stehende Bewertung von tat- und täterbezogenen Umständen des Einzelfalls aufzugeben. Schließlich fördern die NetzDG-Bußgeldleitlinien die Transparenz der Entscheidung für die Einleitung eines Bußgeldverfahrens sowie der Bußgeldentscheidung des BfJ gegenüber den Verfahrensbeteiligten und der Öffentlichkeit.

II. Geltungsbereich der NetzDG-Bußgeldleitlinien

Die NetzDG-Bußgeldleitlinien gelten für die Festsetzung von Geldbußen nach § 4 Absatz 2 NetzDG gegen natürliche und juristische Personen, die gegen die bußgeldbewehrten Pflichten des NetzDG verstoßen haben. Bei der Festsetzung von Geldbußen gegen juristische Personen handelt es sich um eine unternehmensbezogene Bußgeldzumessung nach § 30 OWiG. Die Festlegung der NetzDG-Bußgeldleitlinien für juristische Personen gilt für Personenvereinigungen jeweils entsprechend.

Die NetzDG-Bußgeldleitlinien sind anwendbar auf Verstöße gegen verschiedene Vorschriften. Dabei geht es um Verstöße gegen die Verpflichtung zum Vorhalten eines wirksamen Verfahrens für den Umgang mit Beschwerden über rechtswidrige Inhalte (Beschwerdemanagement), sowie um Verstöße gegen Verpflichtungen zur Benennung eines verantwortlichen Ansprechpartners im Inland für Zustellungen und Auskunftsersuchen.

Wirksames Beschwerdemanagement:

- § 2 Absatz 1 Satz 1 NetzDG
  (Berichtspflicht)

- § 3 Absatz 1 Satz 1 NetzDG
  (Verfahren für den Umgang mit Beschwerden über rechtswidrige Inhalte)

- § 3 Absatz 1 Satz 2 NetzDG
  (Verfahren zur Übermittlung von Beschwerden über rechtswidrige Inhalte)

- § 3 Absatz 4 Satz 1 NetzDG
  (Überwachung des Umgangs mit Beschwerden)

- § 3 Absatz 4 Satz 2 NetzDG
  (Beseitigung organisatorischer Unzulänglichkeiten)

- § 3 Absatz 4 Satz 3 NetzDG
  (Schulungs- und Betreuungsangebote)

Verantwortlicher Ansprechpartner im Inland:

- § 5 NetzDG
  (Benennung eines inländischen Zustellungsbevollmächtigten und eines inländischen Empfangsberechtigten)

- § 5 Absatz 2 Satz 2 NetzDG
  (Antwortpflicht)

Die NetzDG-Bußgeldleitlinien werden sowohl im einheitlichen als auch im selbständigen Verfahren (vergleiche § 30 Absatz 4 OWiG) angewendet.

B. Einleitung des Bußgeldverfahrens

Gemäß § 47 Absatz 1 OWiG liegt es im pflichtgemäßen Ermessen der Verwaltungsbehörde, hier des BfJ, ob und in welchem Umfang Ordnungswidrigkeiten verfolgt werden. Im Gegensatz zum Strafverfahren, wo das Legalitätsprinzip gilt, ist das BfJ demnach nicht verpflichtet, ein Ordnungswidrigkeitenverfahren einzuleiten.

Als Erwägungsgrund für die Nichtverfolgung von einzelnen Verstößen gegen Vorgaben für ein wirksames Beschwerdemanagement kann Berücksichtigung finden, dass es sich um geringfügige Verstöße handelt (zum Beispiel nur geringfügiges Überschreiten der Fristen in § 3 Absatz 2 Nummer 2 und 3 NetzDG beziehungsweise Überschreiten nur in einer überschaubaren Zahl von Fällen) oder dass das Beschwerdemanagement in der Folge glaubwürdig überarbeitet wurde, um den gesetzlichen Vorgaben zukünftig nachkommen zu können. Ferner kann ein Erwägungsgrund für die Nichtverfolgung von einzelnen Taten sein, wenn dem sozialen Netzwerk beziehungsweise den verantwortlichen Mitarbeitern nur ein geringer Fahrlässigkeitsvorwurf gemacht werden kann.

Als Erwägungsgrund für die Nichtverfolgung von einzelnen Taten kann auch der Umstand in Betracht kommen, dass bei mehreren Geldbußen gegebenenfalls wegen § 20 OWiG unbillige Härte drohen könnte. Wurde gegen ein soziales Netzwerk mit Sitz im Ausland bereits ein Bußgeld wegen eines Verstoßes gegen Compliance-Standards des Sitzlandes verhängt, kann dies als Erwägungsgrund für die Nichtverfolgung einzelner Taten nach dem NetzDG in Betracht kommen.

I. Anwendungsbereich nach § 1 Absatz 1 NetzDG

Das NetzDG gilt nach § 1 Absatz 1 Satz 1 NetzDG für Telemediendiensteanbieter, die mit Gewinnerzielungsabsicht Plattformen im Internet betreiben, die dazu bestimmt sind, dass Nutzer beliebige Inhalte mit anderen Nutzern teilen oder der Öffentlichkeit zugänglich machen (soziale Netzwerke).

Dabei muss für Telemediendiensteanbieter die elektronische Informationsbereitstellung im Vordergrund stehen. Nutzer sind natürliche oder juristische Personen, die die Infrastruktur der Plattform nutzen, insbesondere um auf Inhalte zuzugreifen und um Informationen zu erlangen. Vom Anwendungsbereich des NetzDG werden Plattformen erfasst, die dazu bestimmt sind, dass beliebige Inhalte wie Bilder, Videos oder Texte vom Nutzer eingestellt werden können. Die Plattformen ermöglichen Kommunikationsräume, in denen sich die Kommunikation typischerweise an eine Mehrzahl von Adressaten richtet beziehungsweise zwischen diesen stattfindet. Angebote, welche entsprechende Kommunikationsräume nur als Nebenfunktion anbieten, sind nicht als solche „dazu bestimmt“, dass Inhalte im Sinne von § 1 Absatz 1 Satz 1 NetzDG geteilt oder zugänglich gemacht werden. Nicht in den Anwendungsbereich fallen daher zum Beispiel Verkaufsplattformen oder Online-Spiele, wo die Nutzer als Nebenfunktion auch Inhalte teilen können (etwa Bewertungen in Foren von Verkaufsplattformen oder Kommunikationsforen als untergeordnete Funktion von Online-Spielen).

Nicht erfasst vom Anwendungsbereich des NetzDG sind soziale Netzwerke mit journalistisch-redaktionell gestalteten Angeboten (§ 1 Absatz 1 Satz 2 NetzDG), Plattformen zur Verbreitung spezifischer Inhalte oder solche, die zur Individualkommunikation bestimmt sind (§ 1 Absatz 1 Satz 3 NetzDG). Es fallen daher beispielsweise berufliche Netzwerke, Fachportale sowie E-Mail- oder Messengerdienste nicht in den Anwendungsbereich.

II. Registrierte Nutzer

Gemäß § 1 Absatz 2 NetzDG ist der Anbieter eines sozialen Netzwerkes von den Pflichten nach den § 2 und § 3 NetzDG befreit, wenn das soziale Netzwerk im Inland weniger als zwei Millionen registrierte Nutzer hat. Entscheidend ist die Anzahl der inländischen Nutzer, die registriert sind.

Das Merkmal „registriert" setzt voraus, dass die insofern relevanten Nutzer einen gewissen Registrierungsprozess aktiv durchlaufen haben, wozu in der Regel die Zuordnung eines Nutzernamens und die Zustimmung zu gewissen Regeln des sozialen Netzwerkes in Form von Allgemeinen Geschäftsbedingungen gehört. Der Anbieter des sozialen Netzwerkes erhält durch die Registrierung in der Regel nähere Informationen über den Nutzer, der Nutzer hingegen erhält gegebenenfalls ein Passwort, das ihm den Zugang zu der Plattform und die Nutzung der registrierungspflichtigen Dienste der Plattform ermöglicht. Nicht erforderlich hingegen ist das aktive Einstellen von Inhalten. Entscheidend ist die Möglichkeit des Konsums der auf einem sozialen Netzwerk angebotenen Inhalte. Als nicht registriert gelten damit bloße Besucher einer Webseite, die beispielsweise das Informationsangebot der Seite nutzen, ohne vorab nähere Informationen über ihre Person preisgegeben zu haben. Als nicht mehr registriert gelten Nutzer, deren Nutzungsverhältnis mit dem sozialen Netzwerk beendet wurde.

Maßgeblich ist die Zahl der registrierten Nutzer über den gesamten Zeitraum, die das BfJ dem Tatvorwurf zugrunde legt. Innerhalb dieses Zeitraums müssen die Voraussetzungen des § 1 Absatz 2 NetzDG erfüllt sein.

Um die Nutzeranzahl zu ermitteln, kann sich das BfJ öffentlich zugänglicher Quellen bedienen und das Netzwerk von dem Ergebnis in Kenntnis setzen. Das Netzwerk kann daraufhin zu der vom BfJ ermittelten Nutzeranzahl Stellung nehmen. Die Stellungnahme des sozialen Netzwerkes ist vom BfJ bei der Überzeugungsbildung zu berücksichtigen. Anhand von aussagekräftigen Daten (zum Beispiel der Stellungnahme des Netzwerkes, belastbaren Angaben der Netzwerke zur eigenen Reichweite sowie zu registrierten Nutzern – etwa gegenüber Werbekunden – und ähnliche Angaben) kann das BfJ die Mindestzahl (registrierter Nutzer im Inland) auch schätzen. Dabei sind hinreichende Sicherheitsabschläge zugunsten der Netzwerke vorzunehmen. In Zweifelsfällen kann das BfJ die Zahl der registrierten Nutzer im Inland auch durch ein Sachverständigengutachten weiter klären lassen.

III. Auslandsgeltung

Ordnungswidrigkeiten nach dem NetzDG werden unabhängig davon geahndet, ob diese im Inland oder im Ausland begangen werden (§ 4 Absatz 3 NetzDG).

Eine Einschränkung des Anwendungsbereichs des NetzDG gilt für den Ordnungswidrigkeitentatbestand des § 4 Absatz 1 Nummer 2 NetzDG. Die Nichterfüllung der aus § 3 Absatz 1 Satz 1 NetzDG folgenden Pflicht zum Vorhalten eines Verfahrens für den Umgang mit Beschwerden von Beschwerdestellen oder von Nutzern ist danach nur insoweit bußgeldbewehrt, als dass es um Beschwerdestellen oder Nutzer geht, die ihren Sitz im Inland haben oder im Inland wohnhaft sind. Es ist jedoch unbeachtlich, ob der Inhalt der Beschwerde deutschsprachig ist. Auch Inhalte, die nicht auf Deutsch verfasst worden sind, können Gegenstand einer inländischen Beschwerde sein.

Wenn jedoch keinerlei Bezug zur Bundesrepublik Deutschland oder inländischen Nutzern vorliegt, beispielsweise im Falle einer Kommunikation innerhalb geschlossener Gruppen gänzlich ohne inländische Mitglieder oder ohne inländische Beteiligung, so können diese Inhalte kein Gegenstand einer Beschwerde nach dem NetzDG sein.

IV. Persönliche Verantwortlichkeit

1. Normadressaten

Die bußgeldbewehrten Tatbestände des NetzDG richten sich überwiegend an die Anbieter sozialer Netzwerke als Normadressaten. Da diese aber als juristische Personen selbst nicht handlungsfähig sind und damit nicht Täter einer Ordnungswidrigkeit sein können, bedarf es innerhalb der Unternehmensorganisation einer Zurechnung des ordnungswidrigen Handelns.

Folgende Pflichten richten sich an die Anbieter sozialer Netzwerke:

- Die Berichtspflicht aus § 2 Absatz 1 Satz 1 in Verbindung mit § 4 Absatz 1 Nummer 1 NetzDG;
- Die Pflicht aus § 3 Absatz 1 Satz 1 NetzDG in Verbindung mit § 4 Absatz 1 Nummer 2 NetzDG
- Die Pflicht aus § 3 Absatz 1 Satz 2 NetzDG in Verbindung mit § 4 Absatz 1 Nummer 3 NetzDG
- Die Pflicht aus § 5 Absatz 1 und Absatz 2 Satz 1 in Verbindung mit § 4 Absatz 1 Nummer 7 NetzDG

Folgende Pflichten richten sich an die Leitungen sozialer Netzwerke:

- Die Pflicht aus § 3 Absatz 4 Satz 1 NetzDG in Verbindung mit § 4 Absatz 1 Nummer 4 NetzDG
- Die Pflicht aus § 3 Absatz 4 Satz 2 NetzDG in Verbindung mit § 4 Absatz 1 Nummer 5 NetzDG
- Die Pflicht aus § 3 Absatz 4 Satz 3 NetzDG in Verbindung mit § 4 Absatz 1 Nummer 6 NetzDG

Die Pflicht aus § 5 Absatz 2 Satz 2 in Verbindung mit § 4 Absatz 1 Nummer 8 NetzDG richtet sich an die in § 5 Absatz 2 Satz 2 NetzDG aufgeführte empfangsberechtigte Person. Die Vorschriften über das Handeln für einen anderen gemäß § 9 OWiG sind ausgeschlossen. Alleiniger Adressat eines Bußgeldbescheides kann daher nur die in § 5 Absatz 2 Satz 2 NetzDG aufgeführte empfangsberechtigte Person sein. Dies kann eine natürliche oder juristische Person sein.

2. Übertragung der Pflichten nach § 2 oder § 3 NetzDG durch Beauftragung

Die Pflichten nach § 2 oder § 3 NetzDG kann der Anbieter eines sozialen Netzwerkes (Betriebsinhaber im Sinne von § 9 OWiG) jedoch auch auf gewillkürte Vertreter übertragen. Unter den Voraussetzungen des § 9 Absatz 2 OWiG können sich Bußgelder dann auch gegen den Vertreter richten. Gemäß § 9 Absatz 2 Satz 1 OWiG setzt dies voraus, dass jemand vom Inhaber eines Betriebs oder sonst dazu Befugten beauftragt ist, den Betrieb ganz oder zum Teil zu leiten, oder ausdrücklich beauftragt ist, in eigener Verantwortung Aufgaben wahrzunehmen, die dem Inhaber des Betriebs obliegen. Handelt die Person aufgrund dieses Auftrages, so ist auch eine bußgeldrechtliche Verfolgung des Beauftragten möglich (beispielsweise bei Auslagerung des Beschwerdemanagements durch Beauftragung eines externen Dienstleisters), soweit auch die weiteren Tatbestandsmerkmale vorliegen. Eine Beauftragung, den Betrieb ganz oder zum Teil zu leiten, liegt auch dann vor, wenn sich die Übertragung der Pflichten aus den Umständen ergibt; einer ausdrücklichen Betrauung mit den bußgeldbewehrten Pflichten bedarf es nicht. Eine wirksame Delegation setzt dabei stets die Übertragung der Aufgabe an sachgerecht ausgewählte, fachlich ausreichend qualifizierte Mitarbeiter voraus, denen im Rahmen ihrer Tätigkeit ausreichend Kapazitäten zur Verfügung stehen müssen, damit sie die übertragene Aufgabe auch tatsächlich erfüllen können. Nur dann dürfen delegierende Unternehmensleiter auf eine sorgfältige und rechtmäßige Aufgabenerfüllung vertrauen.

Sonstige Beauftragte gelten nach § 9 Absatz 2 Satz 1 Nummer 2 OWiG nur dann als Normadressaten der den Betriebsinhaber treffenden Pflichten, wenn sie ausdrücklich beauftragt sind, in eigener Verantwortung Aufgaben wahrzunehmen, die dem Inhaber des Betriebes obliegen. Eine besondere Form ist für die Beauftragung nicht vorgeschrieben. Der Beauftragte muss autonom handeln können und eine echte Entscheidungskompetenz besitzen. So tritt er aufgrund der Delegation der Betriebsaufgaben in den Verantwortungsbereich des Betriebsinhabers ein, jedoch nur soweit der Aufgabenbereich hinreichend klar umrissen ist.

Die Verantwortlichkeit des Inhabers entfällt jedoch mit der Bestellung von Beauftragten nicht gänzlich. Vielmehr hat er alle organisatorischen Maßnahmen zur Verhinderung von Zuwiderhandlungen zu treffen. Erkennt der Inhaber, dass der Beauftragte bestimmte Pflichten missachtet oder möglicherweise verletzt oder kann er dies erkennen, so muss er selbst wieder eingreifen. Unterlässt er dies, trifft den Inhaber wieder die volle Verantwortlichkeit als Normadressat.

V. Verfahren zum Umgang mit Beschwerden über rechtswidrige Inhalte nach § 3 Absatz 1 Satz 1 NetzDG

1. Berücksichtigungsfähige Beschwerden

Zunächst ist zu beachten, dass eine Prüfpflicht des Anbieters eines sozialen Netzwerkes zum richtigen Umgang mit Beschwerden im Sinne von § 3 Absatz 1 NetzDG erst dann ausgelöst wird, wenn der Nutzer eine substantiierte Beschwerde beim sozialen Netzwerk einlegt. Die Beanstandung des Betroffenen muss so konkret gefasst sein, dass der Rechtsverstoß auf Grundlage der Behauptungen des Betroffenen qualifiziert geprüft werden kann.

2. Systemisches Versagen

Das NetzDG enthält in § 3 Absatz 1 Satz 1 eine organisatorische Vorgabe, ein wirksames und transparentes Verfahren für den Umgang mit Beschwerden über rechtswidrige Inhalte vorzuhalten. Diese Organisationspflicht ist bußgeldbewehrt (§ 4 Absatz 1 Nummer 2 NetzDG); die einzelnen Fristvorgaben bei der Handhabung von Beschwerden (§ 3 Absatz 2 Nummer 2 und 3 NetzDG) sind lediglich Indikatoren für die Erfüllung dieser Organisationspflicht und nicht selbständig bußgeldbewehrt. Mit der Fokussierung des Bußgeldtatbestandes auf organisatorische Pflichten wird das Ziel des Gesetzes betont, wirksame Beschwerdeverfahren zu etablieren, die dem sozialen Netzwerk die unvoreingenommene und zügige Prüfung des Einzelfalls ermöglichen. Dem sozialen Netzwerk droht bei einer Fehlentscheidung im Einzelfall kein Bußgeld. Diese gebotene systemische Betrachtungsweise verhindert, dass es zur vorsorglichen Löschung oder Sperrung von Inhalten aufgrund der Befürchtung vor einer möglichen Bußgeldandrohung kommt („Overblocking").Grundsätzlich folgt somit eine Nichterfüllung der aus § 3 Absatz 1 NetzDG folgenden Pflichten nicht bereits aus einem einzelnen Verstoß gegen die Vorgaben aus § 3 Absatz 2 Nummer 2 und 3 NetzDG (Entfernung/Sperrung offensichtlich rechtswidriger Inhalte binnen 24 Stunden; im Übrigen in der Regel innerhalb von sieben Tagen beziehungsweise Übertragung der Entscheidung an eine anerkannte Einrichtung der Regulierten Selbstregulierung innerhalb dieser Frist). Dies gilt auch bei einzelnen Verstößen gegen die übrigen Vorgaben des § 3 Absatz 2 NetzDG.

Denn bei einem einmaligen Verstoß gegen einzelne Vorgaben nach § 3 Absatz 2 NetzDG kann regelmäßig noch nicht davon ausgegangen werden, dass kein wirksames Verfahren für den Umgang mit Beschwerden über rechtswidrige Inhalte vorgehalten wird. Eine Verletzung der Pflicht, offensichtlich rechtswidrige Inhalte innerhalb von 24 Stunden nach Eingang der Beschwerde oder andere rechtswidrige Inhalte unverzüglich, in der Regel innerhalb von sieben Tagen zu löschen oder zu sperren, kann dementsprechend nur zur Verhängung eines Bußgelds führen, wenn es sich nicht um einen Einzelfall handelt, sondern um systemisches Versagen, welches sich aus beharrlichen Verstößen, das heißt zeit- und sachnah wiederholt auftretenden Verfehlungen gegen die Vorgaben aus § 3 Absatz 2 NetzDG, ergibt.

Macht ein soziales Netzwerk hingegen organisatorische Vorgaben für die Bewertung von Sachverhalten bei der Einzelfallprüfung, die regelmäßig dazu führen, dass bestimmte rechtswidrige Inhalte nicht gesperrt oder nicht gelöscht werden, ist der Anwendungsbereich des § 4 Absatz 1 Nummer 2 NetzDG wegen des systemischen Versagens eröffnet. Daneben kann auch dann ein systemisches Versagen vorliegen, wenn in einem bestimmten Themenbereich, der sich durch ein zusammenhängendes Merkmal (zum Beispiel gegen eine bestimmte Bevölkerungsgruppe gerichtete rechtswidrige Inhalte) auszeichnet, systematisch keine rechtswidrigen Inhalte gelöscht oder gesperrt werden. Dies gilt unabhängig davon, ob entsprechende Vorgaben des sozialen Netzwerkes hierzu feststellbar sind.

Zudem kann sich aus einer Häufung von Fehlentscheidungen innerhalb eines überschaubaren Zeitraums eine Indizwirkung dahin ergeben, dass die Vorgaben des § 3 Absatz 2 NetzDG nicht richtig umgesetzt werden und der Tatbestand des § 4 Absatz 1 Nummer 2 NetzDG erfüllt sein könnte.

Verschiedene Überschreitungen der Fristen zum Entfernen oder Sperren (§ 3 Absatz 2 Nr. 2 und 3 NetzDG) können allerdings von vornherein nicht zu einer solchen Indizwirkung beitragen:

So kann in Fällen, in denen die Entscheidung über die Rechtswidrigkeit eines Inhaltes von der Wahrheit oder Unwahrheit einer Tatsachenbehauptung in der Beschwerde abhängt, die Sieben-Tages-Frist gemäß § 3 Absatz 2 Nummer 3 Buchstabe a NetzDG überschritten werden. In allen Fällen nicht-offensichtlicher Rechtswidrigkeit von Inhalten ist es zudem so, dass das soziale Netzwerk die Entscheidung über die Rechtswidrigkeit innerhalb von sieben Tagen an eine anerkannte Einrichtung der Regulierten Selbstregulierung übertragen und sich deren Entscheidung unterwerfen kann. Kommt es dann dort zu einer Fehlentscheidung, so geht dies nicht zu Lasten des sozialen Netzwerkes.

Außerdem können nur schuldhafte Verstöße gegen die organisatorische Vorgabe, ein Verfahren im Sinne des § 3 Absatz 1 Satz 1 NetzDG (Umgang mit Beschwerden) vorzuhalten, zu einem Bußgeld führen (§ 4 Absatz 1 NetzDG). Bleibt die rechtliche Bewertung bezüglich eines bestimmten Inhalts trotz zumutbarer Anstrengungen des Beschwerdemanagements im Einzelfall zweifelhaft, kann dem Netzwerk wegen der fehlerhaften Behandlung entsprechender Inhalte nachträglich kein Schuldvorwurf gemacht werden. Hierzu gehören Fälle, in welchen widersprechende Entscheidungen von Instanzgerichten vorliegen und es somit an einer höchstrichterlichen Klärung fehlt. Hierzu gehören auch Fälle, in welchen die Einschätzung der Rechtslage aus anderen Gründen rechtlich schwierig ist, etwa bei scharfen Äußerungen im politischen Meinungskampf oder satirischen Beiträgen, die sich auf der Grenze der Strafbarkeit bewegen.

VI. Zustellungsbevollmächtigter und empfangsberechtigte Person

1. Zustellungsbevollmächtigter

Nach § 4 Absatz 1 Nummer 7 Variante 1 NetzDG ist bußgeldbewehrt, wenn entgegen § 5 Absatz 1 NetzDG ein Zustellbevollmächtigter nicht benannt wird. Hierzu gehört nach § 5 Absatz 1 Satz 1 NetzDG, dass die Benennung veröffentlicht wird. Die Vorschrift dient dazu, Verzögerungen von Verfahren beziehungsweise der Verfahrenseinleitung in den in § 5 Absatz 1 NetzDG genannten Verfahren, die sich daraus ergeben, dass der Anbieter seinen Sitz im Ausland hat, zu vermeiden. Aus diesem Grund ist die Vorgabe nach § 5 Absatz 1 NetzDG für Anbieter mit Sitz im Inland schon dann erfüllt, wenn diese ihre zustellfähige inländische Anschrift entsprechend veröffentlichen. Ausreichend ist dann zum Beispiel eine Impressumsangabe gemäß § 5 Telemediengesetz (TMG). Anbieter ohne zustellfähige Anschrift im Inland müssen eine Person im Inland benennen. Dabei kann es sich um eine natürliche oder juristische Person handeln. Nur so ist sichergestellt, dass die Zustellungswirkungen gegenüber dem Anbieter bereits mit Zustellung an den Bevollmächtigten als Zustellungsadressaten eintreten (vergleiche etwa § 171 Satz 1 der Zivilprozessordnung [ZPO]).

2. Empfangsberechtigte Person

§ 5 Absatz 2 NetzDG enthält unterschiedliche Bußgeldtatbestände.

Gemäß § 4 Absatz 1 Nummer 7 Variante 2 NetzDG ist bußgeldbewehrt, wenn entgegen § 5 Absatz 2 Satz 1 NetzDG ein inländischer Empfangsberechtigter nicht benannt wird. Nicht ausdrücklich geregelt ist, gegenüber wem beziehungsweise welcher Stelle die empfangsberechtigte Person zu benennen ist. Anders als beim Zustellungsbevollmächtigten besteht keine Pflicht zur allgemeinen Veröffentlichung, weil die unter § 5 Absatz 2 NetzDG fallenden Kommunikationskanäle nur durch legitimierte Stellen in Anspruch genommen werden sollen, damit ihre Funktionstüchtigkeit nicht etwa durch Spam-Nachrichten beeinträchtigt wird. Ausreichend ist es daher, wenn die empfangsberechtigte Person gegenüber der einzelnen Strafverfolgungsbehörde oder der betreffenden Justizverwaltung benannt wird.

Als Empfangsberechtigter kann eine natürliche oder eine juristische Person benannt werden. Der Anbieter eines sozialen Netzwerkes mit Sitz im Inland kann auch sich selbst als empfangsberechtigte Person benennen, da der Zweck des § 5 Absatz 2 NetzDG die Benennung einer weiteren Person dann nicht erfordert. Anbieter mit Sitz im Ausland müssen eine (natürliche oder juristische) Person im Inland benennen.

Nicht ausdrücklich im Gesetz geregelt ist, wie die Entgegennahme von Auskunftsersuchen durch diese Person konkret ausgestaltet sein muss. Sinn und Zweck des § 5 Absatz 2 NetzDG ist es, Strafverfolgungsbehörden einen zuverlässigen und effektiven Kommunikationskanal zu den Netzwerken zu eröffnen (vergleiche insofern die Begründung zur Regelung des Empfangsberechtigten im

Fraktionsentwurf zum NetzDG, Bundestagsdrucksache 18/12356, Seite 27). Hierfür ist es nicht notwendig, dass die benannte empfangsberechtigte Person die Ersuchen eigenhändig oder in einer bestimmten Form entgegennimmt. Ausreichend ist es, wenn hinreichend klar ein einfach zu handhabender effektiver Kommunikationskanal benannt wird. Insofern kann die Entgegennahme von Auskunftsersuchen auch dahin ausgestaltet sein, dass die Strafverfolgungsbehörden ihre Ersuchen über sichere Online-Formulare oder spezielle Portale für Strafverfolgungsbehörden, welche von den Netzwerken ausreichend transparent zur Verfügung gestellt werden, stellen können. Der Empfangsberechtigte dient hingegen nicht dazu, eine etwa notwendige förmliche Zustellung zu ersetzen oder (wie § 5 Absatz 1 NetzDG) zu vereinfachen, da es sich beim Empfangsberechtigten nicht um einen Zustellungsbevollmächtigten im Sinne von § 132 der Strafprozessordnung (StPO) handelt (Bundestagsdrucksache 18/12356, Seite 27).

Die Regelung lässt im Übrigen materielle Vorgaben zur Auskunftspflicht unberührt (zum Beispiel die Notwendigkeit von Rechtshilfeersuchen); zusätzliche Auskunftspflichten werden nicht begründet (vergleiche Bundestagsdrucksache 18/12356, Seite 27).

Gemäß § 4 Absatz 1 Nummer 8 NetzDG ist zudem bußgeldbewehrt, wenn der Empfangsberechtigte entgegen § 5 Absatz 2 Satz 2 NetzDG nicht reagiert. Der Bußgeldtatbestand ist erfüllt, wenn nicht binnen 48 Stunden nach Zugang des Auskunftsersuchens hierauf geantwortet wird oder bei nicht erschöpfender Antwort nicht begründet wird, weshalb keine erschöpfende Antwort gegeben wurde.

C. Bestimmung des einschlägigen Bußgeldrahmens

Die Regelungen in § 4 Absatz 2 NetzDG in Verbindung mit § 30 OWiG sehen zwei Höchstbeträge für Bußgelder bei natürlichen Personen sowie zwei Höchstbeträge für Bußgelder bei juristischen Personen vor.

Zu differenzieren ist zwischen einem Verstoß gegen die Pflichten aus § 5 NetzDG und einem Verstoß gegen die übrigen Pflichten aus den § 2 und § 3 NetzDG.

I. Juristische Personen

§ 4 Absatz 2 NetzDG verweist auf § 30 Absatz 2 Satz 3 OWiG, weshalb sich das Höchstmaß der Geldbuße für die im Gesetz bezeichneten Tatbestände verzehnfacht, wenn die Geldbuße gegen eine juristische Person oder gegen eine Personenvereinigung verhängt wird.

Ein Verstoß gegen § 2 oder § 3 NetzDG eröffnet daher gegenüber juristischen Personen einen Bußgeldrahmen von fünf Euro bis zu fünfzig Millionen Euro, § 4 Absatz 1 Nummer 1 bis 6 NetzDG in Verbindung mit § 4 Absatz 2 NetzDG.

- 11 -

Bei Verstößen gegen § 5 Absatz 1 Satz 1 und Absatz 2 Satz 1 und 2 NetzDG ergibt sich für juristische Personen ein Bußgeldrahmen von fünf Euro bis zu fünf Millionen Euro, § 4 Absatz 1 Nummer 7 bis 8 NetzDG in Verbindung mit § 4 Absatz 2 NetzDG.

II. Natürliche Personen

Ein Verstoß gegen § 2 oder § 3 NetzDG eröffnet gegenüber natürlichen Personen einen Bußgeldrahmen von fünf Euro bis fünf Millionen Euro, § 4 Absatz 1 Nummer 1 bis 6 NetzDG in Verbindung mit § 4 Absatz 2 NetzDG.

Bei Verstößen gegen § 5 Absatz 1 Satz 1, Absatz 2 Satz 1 und Satz 2 NetzDG ergibt sich für natürliche Personen ein Bußgeldrahmen von fünf Euro bis fünfhunderttausend Euro, § 4 Absatz 1 Nummer 7 bis 8 NetzDG in Verbindung mit § 4 Absatz 2 NetzDG.

III. Fahrlässige Verstöße (§ 17 Absatz 2 OWiG)

Hat der Betroffene fahrlässig gegen eine der im NetzDG normierten bußgeldbewehrten Pflichten verstoßen, so kann das fahrlässige Handeln im Höchstmaß nur mit der Hälfte des angedrohten Höchstbetrags der Geldbuße geahndet werden.

D. Bußgeldzumessung gemäß § 17 OWiG

Nach der Ermittlung des im Einzelfall maßgeblichen Bußgeldrahmens wird die konkrete Bußgeldzumessung vorgenommen. Ausgehend von dem gesetzlichen Höchstbetrag nach § 4 Absatz 2 NetzDG ist für die konkrete Bußgeldzumessung die Vorschrift des § 17 OWiG maßgebend.

Bei der Zumessung der Geldbuße geht das BfJ in einem auf vier Schritten basierenden Verfahren vor: Im ersten Schritt wird der Grundbetrag mittels tatbezogener Zumessungskriterien ermittelt (I.), im zweiten Schritt wird der Grundbetrag mit Hilfe von weiteren tat- und vor allem täterbezogenen Zumessungskriterien an die konkrete Schuld des Betroffenen angepasst (II.) und in einem dritten Schritt finden die wirtschaftlichen Verhältnisse des Betroffenen Berücksichtigung (III.). In einem vierten Schritt kann das BfJ den wirtschaftlichen Vorteil, den der Betroffene aus der Tat erlangt hat, abschöpfen (IV.) (vergleiche § 17 Absatz 4 OWiG).

Der Grundbetrag spiegelt die Bedeutung der zu ahndenden Ordnungswidrigkeit innerhalb des jeweils anzuwendenden Bußgeldrahmens wider (vergleiche § 17 Absatz 3 Satz 1 OWiG). Durch die Anpassung des Grundbetrags (Erhöhung oder Reduzierung) wird vor allem dem Vorwurf, der den Täter trifft, Rechnung getragen (vergleiche § 17 Absatz 3 Satz 1 OWiG). Die Berücksichtigung der wirtschaftlichen Verhältnisse des Betroffenen, außer bei geringfügigen Ordnungswidrigkeiten (§ 17 Absatz 3 Satz 2 OWiG), sowie die Abschöpfung des wirtschaftlichen Vorteils, der aus der Ordnungswidrigkeit gezogen wurde

(§ 17 Absatz 4 OWiG), sind ebenfalls bei der Bemessung der Geldbuße zu berücksichtigen.

I. Schritt 1 – Ermittlung des Grundbetrags

Der Grundbetrag bewertet die Schwere des Verstoßes innerhalb des jeweils anzuwendenden Bußgeldrahmens. Der Grundbetrag ist den Tabellen unter E. (Seite 16 ff.) zu entnehmen.

Ermittelt wird der Grundbetrag aus der Kombination der tatbezogenen Zumessungskriterien „Größe des sozialen Netzwerkes" (1.) und „Schwere der Tatumstände und Tatfolgen" (2.). Die Kriterien berücksichtigen zum einen die Bedeutung des sozialen Netzwerkes aufgrund seiner Reichweite und der damit verbundenen Meinungsmacht, zum anderen die Umstände, die tatspezifisch für die zu ahndende Ordnungswidrigkeit sind.

Die Grundbeträge in den Tabellen unter E. gelten für vorsätzliches Handeln. Für den Fall, dass der Täter fahrlässig handelt, ist die jeweilige Bußgeldobergrenze zu halbieren (§ 17 Absatz 2 OWiG).

1. Kategorisierung des sozialen Netzwerkes

Das soziale Netzwerk wird zunächst mit Hilfe von vier definierten Größengruppen kategorisiert, die seiner Bedeutung für die Öffentlichkeit entsprechen. Maßgebend ist hierfür insbesondere die Anzahl der registrierten Nutzer im Inland zum Tatzeitpunkt.

Soziale Netzwerke mit weniger als zwei Millionen registrierten Nutzern im Inland bleiben bei der Festlegung der Grundbeträge in den Tabellen unter E. außer Betracht. Lediglich bei der Festlegung von Grundbeträgen für Verstöße gegen § 5 NetzDG sind soziale Netzwerke mit weniger als zwei Millionen registrierten Nutzern im Inland zu berücksichtigen, vergleiche § 1 Absatz 2 NetzDG.

Kategorisierung des sozialen Netzwerkes anhand der registrierten Nutzerzahlen im Inland				
Soziales Netzwerk	A	B	C	D
Registrierte Nutzer im Inland	über 20 Millionen	über 4 Millionen bis 20 Millionen	über 2 Millionen bis 4 Millionen	bis 2 Millionen

2. Kategorisierung der Tatumstände und Tatfolgen

Die Schwere des Verstoßes wird anhand der vorliegenden spezifischen Tatumstände und Tatfolgen des Einzelfalls bewertet. Die Kriterien werden hierzu in „außerordentlich schwer", „sehr schwer", „schwer", „mittel" oder „leicht" eingestuft. Tatumstände und Tatfolgen, die regelmäßig auftreten und welche die typischen

Umstände der zu ahndenden Ordnungswidrigkeiten beschreiben, sind bei den Grundbetragstabellen unter E. beispielhaft zusammengestellt. Diese Auflistung ist nicht abschließend. Dazu gehören vor allem die Art der Zuwiderhandlung, die Dauer der Zuwiderhandlung sowie die Auswirkungen auf den Rechtsverkehr.

Die Kategorien „außerordentlich schwer“ und „sehr schwer“ werden nur in Ausnahmefällen erfüllt sein. Hierfür müssen die Art der Zuwiderhandlung, Dauer und Auswirkung auf den Rechtsverkehr erheblich sein. Zudem können entsprechende Verstöße nur dann angenommen werden, wenn fast keine oder keinerlei Bemühungen um die Einhaltung der jeweiligen Vorgaben des NetzDG erkennbar sind und auch keine Besserungen zu erwarten sind.

Im Übrigen ist davon auszugehen, dass sich im Laufe der Zeit und in Anschauung durchgeführter Verfahren eine weitere Orientierung ergibt, wie welche Verstöße einzuordnen sind. Die Differenzierung in 5 Kategorien zwingt dabei die Verfolgungsbehörde langfristig, genau zu begründen und abzugrenzen, weshalb ein Verstoß in eine bestimmte Kategorie fällt. Damit erhöht sich für die sozialen Netzwerke die Vorhersehbarkeit und Transparenz der zu erwartenden Entscheidungen und die Überprüfbarkeit entsprechender Entscheidungen wird erleichtert.

Die Grundbeträge gelten jeweils für einen Tatverstoß.

II. Schritt 2 – Anpassung des Grundbetrags

Im zweiten Schritt der Bußgeldzumessung sind die Bedeutung der Ordnungswidrigkeit und der Vorwurf, der den Täter trifft, zu beachten (§ 17 Absatz 3 Satz 1 OWiG). Dies kann sich auf die Bußgeldhöhe erschwerend oder mildernd auswirken. Das Vorliegen von Milderungsgründen und/oder erschwerenden Umständen kann dazu führen, dass der ermittelte Grundbetrag unter- oder überschritten wird. Liegen sowohl mildernde als auch erschwerende Anpassungskriterien vor, ist dies bei der Kategorisierung der Tatumstände und Tatfolgen zu berücksichtigen.

Zu berücksichtigen ist ebenfalls, dass die allgemeinen Strafzumessungskriterien nicht in jedem Fall heranzuziehen sind. Den Vorwurf, der den Betroffenen trifft, nennt § 17 Absatz 3 Satz 1 OWiG zwar selbständig neben der Bedeutung der Ordnungswidrigkeit als solcher. Daraus ist auch grundsätzlich abzuleiten, dass hiermit der individuelle Schuldvorwurf gemeint ist und die in § 46 Absatz 1 und 2 des Strafgesetzbuches zusammengefassten Zumessungskriterien herangezogen werden können. Das Ordnungswidrigkeitenrecht weist jedoch gegenüber dem Strafrecht eine andere Ausgangslage auf: Im Ordnungswidrigkeitenrecht sieht das Gesetz als Ahndung eines Verstoßes in der Regel eine bereits festgelegte Geldbuße vor, wohingegen im Strafrecht die für und gegen den Täter sprechenden Tatumstände und Tatfolgen zunächst gegeneinander abgewogen werden müssen, um den Strafrahmen ausfüllen und das Strafmaß festsetzen zu können. Insoweit kann die Rechtsprechung zur Strafzumessung nicht unverändert in das

Ordnungswidrigkeitenrecht übernommen werden. § 17 Absatz 3 Satz 1 OWiG stellt schwerpunktmäßig auf objektive Kriterien ab. Das entspricht auch dem Wesen von Ordnungswidrigkeiten, deren Verfolgung mehr dem Schutz eines bestehenden Ordnungsgefüges als der Ahndung einer persönlichen Schuld dient.

1. Mildernde Anpassungskriterien

a. Geständnis

Als milderndes Anpassungskriterium gilt das Geständnis, durch das der Betroffene die Verwirklichung des objektiven und subjektiven Tatbestands gesteht. Hierbei ist die Qualität des Geständnisses (zum Beispiel vollumfängliches Geständnis oder nur Teil-Geständnis) zu berücksichtigen. Eine Selbstanzeige des Betroffenen ist wie ein Geständnis zu werten.

b. Mitwirkung bei der Sachverhaltsaufklärung

Weiterhin ist mildernd zu berücksichtigen, inwiefern der Betroffene bei der Sachverhaltsaufklärung mitgewirkt hat, indem er die Rekonstruktion des Tathergangs unterstützt hat.

c. Besserungsversprechen und -maßnahmen

Auch glaubhafte Besserungsversprechen oder konkrete Maßnahmen, um weitere Verstöße in der Zukunft zu verhindern, wirken sich mildernd aus. Diese müssen ausführlich und substantiiert dargestellt und gegenüber dem BfJ belegt werden.

d. Lange Verfahrensdauer

Eine lange Verfahrensdauer ist bußgeldmildernd zu werten. Dabei darf die zeitliche Verzögerung nicht auf offensichtlicher Prozessverschleppung des Betroffenen beruhen.

2. Erschwerende Anpassungskriterien

a. Wiederholungstat

Erschwerend ist zu berücksichtigen, wenn es sich bei der Tat um eine Wiederholungstat handelt. Es handelt sich um eine Wiederholungstat, wenn vor einem Verstoß bereits ein anderer, gleichartiger Verstoß gegen das NetzDG durch einen rechtskräftigen Bußgeldbescheid oder eine rechtskräftige gerichtliche Entscheidung geahndet wurde. Eine Wiederholungstat liegt folglich nicht vor, solange zur ersten Tat noch kein rechtskräftiger Bußgeldbescheid erlassen worden oder eine rechtskräftige gerichtliche Entscheidung ergangen ist.

b. Spezialprävention wegen Uneinsichtigkeit

Erschwerend wirkt weiterhin, wenn der Betroffene in einer rechtsfeindlichen Gesinnung zum Ausdruck bringt, dass er die Rechtsordnung auch in Zukunft nicht einhalten will und die Verpflichtung ablehnt, künftig die Vorschriften des NetzDG einzuhalten. Der Betroffene muss der Ansicht sein, er brauche sich um gesetzliche Bestimmungen nicht zu kümmern. Ein bloßes Schweigen in einer Anhörung oder das Bestreiten des Tatvorwurfs darf jedoch nicht als Uneinsichtigkeit gewertet werden. Es darf ebenfalls nicht als Uneinsichtigkeit ausgelegt werden, wenn das betroffene soziale Netzwerk nach ordnungsgemäßer Prüfung eines Inhaltes eine andere Auffassung als das BfJ vertritt und über diesen oder einen gleichartigen Inhalt gegenüber diesem Netzwerk noch kein rechtskräftiger Bußgeldbescheid erlassen worden oder eine rechtskräftige gerichtliche Entscheidung ergangen ist.

III. Schritt 3 – Berücksichtigung der wirtschaftlichen Verhältnisse

Im dritten Schritt kann die Höhe der Geldbuße auf Grundlage der (gegebenenfalls auch geschätzten) wirtschaftlichen Verhältnisse des Betroffenen angepasst werden (§ 17 Absatz 3 Satz 2 OWiG). Ist dem Betroffenen nach seinen wirtschaftlichen Verhältnissen nicht zuzumuten, die Geldbuße sofort zu zahlen, so wird ihm eine Zahlungsfrist bewilligt oder gestattet, die Geldbuße in bestimmten Teilbeträgen zu zahlen (§ 18 OWiG).

IV. Schritt 4 – Abschöpfung des wirtschaftlichen Vorteils

Im letzten Schritt soll der wirtschaftliche Vorteil, den der Täter aus der Ordnungswidrigkeit gezogen hat, abgeschöpft werden (§ 17 Absatz 4 Satz 1 OWiG). Hierfür darf das gesetzliche Höchstmaß, das der jeweilige Bußgeldrahmen vorsieht, überschritten werden (§ 17 Absatz 4 Satz 2 OWiG).

Innerhalb dieses Bußgeldrahmens bildet der abzuschöpfende wirtschaftliche Vorteil grundsätzlich die Untergrenze der zu verhängenden Geldbuße.

Für die Bestimmung des wirtschaftlichen Vorteils ist das sogenannte Nettoprinzip anzuwenden. Von dem durch die Ordnungswidrigkeit Erlangten sind die insoweit beim Täter angefallenen Kosten und sonstige Aufwendungen abzuziehen. Die verbleibende Differenz stellt den wirtschaftlichen Vorteil dar, der abgeschöpft werden soll.

E. Grundbeträge

I. Berichtspflicht

Grundbeträge für juristische Personen

Berichtspflicht zum Umgang mit rechtswidrigen Inhalten auf den Plattformen nach § 2 Absatz 1 NetzDG Bußgeldobergrenze: 50 Millionen Euro § 4 Absatz 1 Nummer 1 in Verbindung mit Absatz 2 NetzDG				
Beträge in Euro		Soziales Netzwerk (siehe D. I. 1)		
		A	B	C
Tatumstände und Tatfolgen	Außerordentlich schwer	20.000.000	10.000.000	7.500.000
	Sehr schwer	10.000.000	5.000.000	4.000.000
	Schwer	5.000.000	2.500.000	2.000.000
	Mittel	2.500.000	1.250.000	1.000.000
	Leicht	500.000	250.000	200.000

Abbildung 1

Grundbeträge für natürliche Personen

Berichtspflicht zum Umgang mit rechtswidrigen Inhalten auf den Plattformen nach § 2 Absatz 1 NetzDG Bußgeldobergrenze: 5 Millionen Euro § 4 Absatz 1 Nummer 1 in Verbindung mit Absatz 2 NetzDG				
Beträge in Euro		Soziales Netzwerk		
		A	B	C
Tatumstände und Tatfolgen	Außerordentlich schwer	200.000	100.000	750.000
	Sehr schwer	100.000	50.000	40.000
	Schwer	50.000	25.000	20.000
	Mittel	25.000	12.500	10.000
	Leicht	5.000	2.500	2.000

Abbildung 2

Spezifische Tatumstände und Tatfolgen

- Ausmaß der Verspätung bei der Erstellung oder Veröffentlichung des Berichts
- Ausmaß der Unrichtigkeit und der Unvollständigkeit des Berichts
- Auswirkung auf die Nachvollziehbarkeit hinsichtlich des Umgangs der sozialen Netzwerke mit Beschwerden über rechtswidrige Inhalte (Transparenz)

- 17 -

II. Umgang mit Beschwerden über rechtswidrige Inhalte

1. Verfahren für den Umgang mit Beschwerden über rechtswidrige Inhalte

Grundbeträge für juristische Personen

Wirksames und transparentes Verfahren für den Umgang mit Beschwerden über rechtswidrige Inhalte, § 3 Absatz 1 Satz 1 NetzDG Bußgeldobergrenze: 50 Millionen Euro § 4 Absatz 1 Nummer 2 in Verbindung mit Absatz 2 NetzDG				
Beträge in Euro		Soziales Netzwerk		
		A	B	C
Tatumstände und Tatfolgen	Außerordentlich schwer	40.000.000	25.000.000	15.000.000
	Sehr schwer	20.000.000	15.000.000	10.000.000
	Schwer	10.000.000	8.500.000	5.000.000
	Mittel	5.000.000	2.500.000	1.000.000
	Leicht	1.000.000	750.000	500.000

Abbildung 3

Grundbeträge für natürliche Personen

Wirksames und transparentes Verfahren für den Umgang mit Beschwerden über rechtswidrige Inhalte, § 3 Absatz 1 Satz 1 NetzDG Bußgeldobergrenze: 5 Millionen Euro § 4 Absatz 1 Nummer 2 in Verbindung mit Absatz 2 NetzDG				
Beträge in Euro		Soziales Netzwerk		
		A	B	C
Tatumstände und Tatfolgen	Außerordentlich schwer	400.000	250.000	150.000
	Sehr schwer	200.000	150.000	100.000
	Schwer	100.000	85.000	50.000
	Mittel	50.000	25.000	10.000
	Leicht	10.000	7.500	5.000

Abbildung 4

Spezifische Tatumstände und Tatfolgen

- Dauer des nicht ordnungsgemäßen Bestehens eines Verfahrens zum Umgang mit Beschwerden
- Ausmaß der Unrichtigkeit des Verfahrens zum Umgang mit Beschwerden
- Ausmaß der Unvollständigkeit des Verfahrens zum Umgang mit Beschwerden

- Schwere der mit nicht ordnungsgemäß gesperrten oder entfernten rechtswidrigen Inhalten einhergehenden Rechtsverletzung (zum Beispiel begrenzte oder unbegrenzte Reichweite des rechtswidrigen Inhaltes)
- Auswirkung der nicht erfolgten, nicht richtig erfolgten oder nicht vollständig erfolgten Einrichtung eines Beschwerdemanagements (Perpetuierung des rechtswidrigen Inhaltes)

- 19 -

2. Verfahren zur Übermittlung von Beschwerden über rechtswidrige Inhalte

Grundbeträge für juristische Personen

Leicht erkennbares, unmittelbar erreichbares und ständig verfügbares Verfahren zur Übermittlung von Beschwerden über rechtswidrige Inhalte, § 3 Absatz 1 Satz 2 NetzDG Bußgeldobergrenze: 50 Millionen Euro § 4 Absatz 1 Nummer 3 in Verbindung mit Absatz 2 NetzDG				
Beträge in Euro		Soziales Netzwerk		
		A	B	C
Tatumstände und Tatfolgen	Außerordentlich schwer	40.000.000	25.000.000	15.000.000
	Sehr schwer	20.000.000	15.000.000	10.000.000
	Schwer	10.000.000	8.500.000	5.000.000
	Mittel	5.000.000	2.500.000	1.000.000
	Leicht	1.000.000	750.000	500.000

Abbildung 5

Grundbeträge für natürliche Personen

Leicht erkennbares, unmittelbar erreichbares und ständig verfügbares Verfahren zur Übermittlung von Beschwerden über rechtswidrige Inhalte, § 3 Absatz 1 Satz 2 NetzDG Bußgeldobergrenze: 5 Millionen Euro § 4 Absatz 1 Nummer 3 in Verbindung mit Absatz 2 NetzDG				
Beträge in Euro		Soziales Netzwerk		
		A	B	C
Tatumstände und Tatfolgen	Außerordentlich schwer	400.000	250.000	150.000
	Sehr schwer	200.000	150.000	100.000
	Schwer	100.000	85.000	50.000
	Mittel	50.000	25.000	10.000
	Leicht	10.000	7.500	5.000

Abbildung 6

Spezifische Tatumstände und Tatfolgen

- Dauer des nicht ordnungsgemäßen Bestehens eines Verfahrens zum Umgang mit Beschwerden
- Auswirkungen der fehlenden oder nicht vorschriftsmäßigen Zurverfügungstellung eines Übermittlungsverfahrens auf die Meldemöglichkeiten der Nutzer

III. Kontrolle

1. Überwachung des Umgangs mit Beschwerden

Grundbeträge für juristische Personen

Überwachung des Umgangs mit Beschwerden durch die Leitung des sozialen Netzwerkes durch monatliche Kontrollen, § 3 Absatz 4 Satz 1 NetzDG
Bußgeldobergrenze: 50 Millionen Euro
§ 4 Absatz 1 Nummer 4 in Verbindung mit Absatz 2 NetzDG

Beträge in Euro		Soziales Netzwerk		
		A	B	C
Tatumstände und Tatfolgen	Außerordentlich schwer	40.000.000	25.000.000	15.000.000
	Sehr schwer	20.000.000	15.000.000	10.000.000
	Schwer	10.000.000	8.500.000	5.000.000
	Mittel	5.000.000	2.500.000	1.000.000
	Leicht	1.000.000	750.000	500.000

Abbildung 7

Grundbeträge für natürliche Personen

Überwachung des Umgangs mit Beschwerden durch die Leitung des sozialen Netzwerkes durch monatliche Kontrollen, § 3 Absatz 4 Satz 1 NetzDG
Bußgeldobergrenze: 5 Millionen Euro
§ 4 Absatz 1 Nummer 4 in Verbindung mit Absatz 2 NetzDG

Beträge in Euro		Soziales Netzwerk		
		A	B	C
Tatumstände und Tatfolgen	Außerordentlich schwer	400.000	250.000	150.000
	Sehr schwer	200.000	150.000	100.000
	Schwer	100.000	85.000	50.000
	Mittel	50.000	25.000	10.000
	Leicht	10.000	7.500	5.000

Abbildung 8

Spezifische Tatumstände und Tatfolgen

- Abweichung von der gesetzlich normierten Häufigkeit der Kontrolle
- Ausmaß des Kontrolldefizits

- 21 -

2. Beseitigung organisatorischer Unzulänglichkeiten

Grundbeträge für juristische Personen

Unverzügliche Beseitigung der organisatorischen Unzulänglichkeiten im Umgang mit eingegangenen Beschwerden, § 3 Absatz 4 Satz 2 NetzDG Bußgeldobergrenze: 50 Millionen Euro § 4 Absatz 1 Nummer 5 in Verbindung mit Absatz 2 NetzDG				
Beträge in Euro		Soziales Netzwerk		
		A	B	C
Tatumstände und Tatfolgen	Außerordentlich schwer	40.000.000	25.000.000	15.000.000
	Sehr schwer	20.000.000	15.000.000	10.000.000
	Schwer	10.000.000	8.500.000	5.000.000
	Mittel	5.000.000	2.500.000	1.000.000
	Leicht	1.000.000	750.000	500.000

Abbildung 9

Grundbeträge für natürliche Personen

Unverzügliche Beseitigung der organisatorischen Unzulänglichkeiten im Umgang mit eingegangenen Beschwerden, § 3 Absatz 4 Satz 2 NetzDG Bußgeldobergrenze: 5 Millionen Euro § 4 Absatz 1 Nummer 5 in Verbindung mit Absatz 2 NetzDG				
Beträge in Euro		Soziales Netzwerk		
		A	B	C
Tatumstände und Tatfolgen	Außerordentlich schwer	400.000	250.000	150.000
	Sehr schwer	200.000	150.000	100.000
	Schwer	100.000	85.000	50.000
	Mittel	50.000	25.000	10.000
	Leicht	10.000	7.500	5.000

Abbildung 10

Spezifische Tatumstände und Tatfolgen

- Dauer des Bestehens organisatorischer Unzulänglichkeiten im Umgang mit eingegangenen Beschwerden
- Auswirkungen der Nichtbeseitigung organisatorischer Unzulänglichkeiten auf den Umgang mit eingegangenen Beschwerden

3. Schulungs- und Betreuungsangebote

Grundbeträge für juristische Personen

Regelmäßige, mindestens halbjährliche deutschsprachige Schulungs- und Betreuungsangebote, § 3 Absatz 4 Satz 3 NetzDG Bußgeldobergrenze: 50 Millionen Euro § 4 Absatz 1 Nummer 6 in Verbindung mit Absatz 2 NetzDG				
Beträge in Euro		Soziales Netzwerk		
		A	B	C
Tatumstände und Tatfolgen	Außerordentlich schwer	25.000.000	15.000.000	7.500.000
	Sehr schwer	15.000.000	10.000.000	5.000.000
	Schwer	8.500.000	5.000.000	3.500.000
	Mittel	2.500.000	1.000.000	750.000
	Leicht	750.000	500.000	300.000

Abbildung 11

Grundbeträge für natürliche Personen

Regelmäßige, mindestens halbjährliche deutschsprachige Schulungs- und Betreuungsangebote, § 3 Absatz 4 Satz 3 NetzDG Bußgeldobergrenze: 5 Millionen Euro § 4 Absatz 1 Nummer 6 in Verbindung mit Absatz 2 NetzDG				
Beträge in Euro		Soziales Netzwerk		
		A	B	C
Tatumstände und Tatfolgen	Außerordentlich schwer	250.000	150.000	75.000
	Sehr schwer	150.000	100.000	50.000
	Schwer	85.000	50.000	25.000
	Mittel	25.000	15.000	7.500
	Leicht	7.500	5.000	3.000

Abbildung 12

Spezifische Tatumstände und Tatfolgen

- Dauer des Fehlens vorschriftsmäßiger Schulungs- und Betreuungsangebote
- Abweichung vom gesetzlich normierten Turnus der vorgeschriebenen Angebote
- Auswirkungen auf Beschäftigte

- 23 -

IV. Zustellungsbevollmächtigter und Empfangsberechtigter

1. Benennung eines inländischen Zustellungsbevollmächtigten und eines inländischen Empfangsberechtigten

Grundbeträge für juristische Personen

Benennung eines inländischen Zustellungsbevollmächtigten und eines inländischen Empfangsberechtigten, § 5 Absatz 1 und 2 Satz 1 NetzDG Bußgeldobergrenze: 5 Millionen Euro § 4 Absatz 1 Nummer 7 in Verbindung mit Absatz 2 NetzDG					
Beträge in Euro		Soziales Netzwerk			
		A	B	C	D
Tatumstände und Tatfolgen	Außerordentlich schwer	3.500.000	3.000.000	2.000.000	1.000.000
	Sehr schwer	3.000.000	2.500.000	1.500.000	500.000
	Schwer	2.000.000	1.750.000	1.000.000	250.000
	Mittel	1.000.000	500.000	250.000	125.000
	Leicht	500.000	250.000	50.000	10.000

Abbildung 13

Grundbeträge für natürliche Personen

Benennung eines inländischen Zustellungsbevollmächtigten und eines inländischen Empfangsberechtigten, § 5 Absatz 1 und 2 Satz 1 NetzDG Bußgeldobergrenze: 500.000 Euro § 4 Absatz 1 Nummer 7 in Verbindung mit Absatz 2 NetzDG					
Beträge in Euro		Soziales Netzwerk			
		A	B	C	D
Tatumstände und Tatfolgen	Außerordentlich schwer	35.000	30.000	20.000	10.000
	Sehr schwer	30.000	25.000	15.000	5.000
	Schwer	20.000	17.500	10.000	2.500
	Mittel	10.000	5.000	2.500	1.250
	Leicht	5.000	2.500	500	100

Abbildung 14

Spezifische Tatumstände und Tatfolgen

- Dauer der pflichtwidrigen Nichtbenennung eines inländischen Zustellungsbevollmächtigten und eines inländischen Empfangsberechtigten

- Ausmaß der fehlenden oder unzureichenden Erkennbarkeit oder Erreichbarkeit eines inländischen Zustellungsbevollmächtigten auf den Plattformen der sozialen Netzwerke
- Auswirkungen der Zuwiderhandlung auf den Rechtsverkehr

2. Antwortpflicht

Grundbeträge für juristische Personen

Nichtreagieren auf Auskunftsersuchen als Empfangsberechtigter, § 5 Absatz 2 Satz 2 NetzDG Bußgeldobergrenze: 5 Millionen Euro § 4 Absatz 1 Nummer 8 in Verbindung mit Absatz 2 NetzDG					
Beträge in Euro		Soziales Netzwerk			
		A	B	C	D
Tatumstände und Tatfolgen	Außerordentlich schwer	3.500.000	3.000.000	2.000.000	1.000.000
	Sehr schwer	3.000.000	2.500.000	1.500.000	500.000
	Schwer	2.000.000	1.750.000	1.000.000	250.000
	Mittel	1.000.000	500.000	250.000	125.000
	Leicht	500.000	250.000	50.000	10.000

Abbildung 15

Grundbeträge für natürliche Personen

Nichtreagieren auf Auskunftsersuchen als Empfangsberechtigter, § 5 Absatz 2 Satz 2 NetzDG Bußgeldobergrenze: 500.000 Euro § 4 Absatz 1 Nummer 8 in Verbindung mit Absatz 2 NetzDG					
Beträge in Euro		Soziales Netzwerk			
		A	B	C	D
Tatumstände und Tatfolgen	Außerordentlich schwer	35.000	30.000	20.000	10.000
	Sehr schwer	30.000	25.000	15.000	5.000
	Schwer	20.000	17.500	10.000	2.500
	Mittel	10.000	5.000	2.500	1.250
	Leicht	5.000	2.500	500	100

Abbildung 16

Spezifische Tatumstände und Tatfolgen

- Abweichung von der gesetzlich normierten Reaktionsfrist
- Auswirkung auf die Arbeit der inländischen Strafverfolgungsbehörden

Kolibri 360 GmbH
Ferdinand-Jühlke-Straße 7
99095 Erfurt, Deutschland
produktsicherheit@kolibri360.de